宁波文物考古研究丛书　乙种第八号

小溪（鄮江）
——考古调查与发掘报告

宁波市文化遗产管理研究院　编著

科学出版社
北　京

内 容 简 介

"小溪（鄞江）"问题曾是宁波古代城市发展史上最为著名也最为复杂的历史公案。根据南宋以来部分志书记载，宋时小溪镇（今宁波市海曙区鄞江镇一带）曾在东晋隆安四年（400年）或五年（401年）至五代后梁开平三年（909年）相继或同时设置过句章县治、鄮州州治、鄞县县治和明州州治及其下辖附廓鄮县县治。但这一说法历来争议不断，难有定论。2011～2015年，宁波市文物考古研究所（现宁波市文化遗产管理研究院）主持对鄞江镇及其周边持续开展了四年多的考古调查、勘探、试掘、发掘和遥感考古、地球物理探测，以实证的角度和科学的辨析，否定了"小溪（鄞江）"之地曾经设有县级以上治所的说法，纠正了部分志书记载的谬误，还原了宁波古代城市发展演变的真相。

本书可供文物、考古、博物馆、地方志工作者以及城市发展史、经济发展史研究者和相关高校师生等阅读参考。

图书在版编目（CIP）数据

小溪（鄞江）：考古调查与发掘报告 / 宁波市文化遗产管理研究院编著. -- 北京：科学出版社，2024.12. -- （宁波文物考古研究丛书）. -- ISBN 978-7-03-080407-5

Ⅰ．K878.34

中国国家版本馆CIP数据核字第2024FR2601号

责任编辑：王琳玮 / 责任校对：邹慧卿
责任印制：肖　兴 / 封面设计：陈　敬

科学出版社 出版
北京东黄城根北街16号
邮政编码：100717
http://www.sciencep.com

北京中科印刷有限公司印刷
科学出版社发行　各地新华书店经销

*

2024年12月第 一 版　开本：787×1092　1/16
2024年12月第一次印刷　印张：19 3/4　插页：54
字数：627 000

定价：328.00元
（如有印装质量问题，我社负责调换）

XIAOXI (YINJIANG)

Archaeological Investigations and Excavation Report

Ningbo Municipal Institute of Cutural Heritage Management

Science Press

Beijing

本报告出版得到
国家重点文物保护专项补助经费
资助

《宁波文物考古研究丛书》
编著委员会

主　　任：应建勇
副 主 任：陈彩凤　　王结华　　林国聪（执行）
编　　委：（按姓氏笔画排序）
　　　　　丁凤雅　　丁洁雯　　王　麟　　王光远　　江怀海
　　　　　许　超　　李永宁　　何华军　　张华琴　　金　涛
　　　　　梅术文　　傅亦民　　雷　少

《小溪（鄞江）——考古调查与发掘报告》执笔作者

前　言：王结华

第一章：王结华　张华琴

第二章：王结华　许　超

第三章：许　超　张华琴

第四章：许　超　于晴琪

第五章：王结华　许　超

后　记：王结华

总　序

　　南部的天台山，西部的会稽、四明两山以及北部的海岸线，在浙江的最东面围合成一个相对封闭的独立平原水系，余姚江和奉化江穿过各自狭长的山谷，在这一广袤的水网平原腹地交汇成甬江，流入茫茫东海。这一特殊的地理骨架，设定了宁波地域发展富有个性的方向。

　　距今7000年前，这里有了择水而栖、农耕渔猎的河姆渡人，产生了"饭稻羹鱼"的物质生活和"双鸟舁日"的精神家园[1]。河姆渡人最终在浙东形成了于越民族。公元前473年（周元王三年），于越人建造了宁波历史上第一座城市句章[2]。公元前221年（秦始皇二十六年），全国一统后开始在这里设县建置，秦汉人和他们的后裔在这片土地上繁衍生息并烙下了生存印记。公元621年（唐武德四年）设置鄞州，这是宁波历史上建州的开始。公元738年（唐开元二十六年）设置明州，至公元821年（唐长庆元年）因港口对外开放和海防军事要塞的需要，而将明州治所迁至三江口[3]并营建子城，至唐末完成了周长18千米的罗城，由此在东海之滨奠定了古代宁波城市的空间形态。在明州城建于三江口之后的一千余年间，以上林湖贡瓷为代表的越窑青瓷的繁盛与运输，以它山堰为重点的一大批水利工程的疏浚与修筑，以与高句丽和日本为主要交往航向的"海上丝绸之路"的开辟与拓展，以象山县学为开端的教育制度的确立与兴盛，以保国寺为典型的建筑技术的隆兴，以天一阁为翘首的藏书文化的兴起与地方文献的修撰，以黄宗羲为宗师的清代浙东学派的开创，生动突现出宁

---

[1]　编著者按：2006年，时任宁波市人民政府副市长的成岳冲先生应邀为"宁波文物考古研究丛书"撰写总序。因彼时改写宁波历史的井头山遗址等重要考古遗存尚未发现，关于宁波港城发展演变的相关学术研究亦不深入，故本序中的一些观点，如宁波境域人文历史开端于距今8000多年前而非距今7000年、宁波第一座城市句章是否肇建于公元前473年、公元738年明州设立之初已治于今宁波城区三江口而非821年迁治于此等问题，在今天看来皆需重写或重作考量。为尊重原文，此处不作修订，敬请诸君自辨之。

[2]　同注[1]。

[3]　同注[1]。

波地域文化的脉络架构。近代因鸦片战争而被迫开埠，宁波城市又印上了中西文化碰撞与融合的历史痕迹。众多丰厚的文物古迹、历史遗存伴随着宁波的发展走到了今天。1986年12月，宁波荣膺国家级历史文化名城称号。

历史虽然已经过去，但文化灵魂犹在，遗风依然。作为历史物化载体的文物和对文献拾遗补正的考古，承载着重新发现历史和诠释文化的新的使命。1932年宁波地域第一个专门化的官方文物机构——宁波古物陈列所的成立，标示着现代文物考古学科在宁波这块古老土地上的滥觞，但这一时期的主要工作还仅仅停留在金石收藏与展陈的初始阶段，具有真正现代科学意味的文物考古工作的拓荒，还要迟至20世纪50年代以后。实质性的突破来自于20世纪70年代河姆渡遗址的两次发掘，得以正式命名的"河姆渡文化"以其久远的历史和独特的内蕴，证明这里同样也是华夏文明的一处源头。嗣后30余年间，伴随着改革开放的强劲号角，宁波文物考古工作一如经济建设的快速推进，开始在这片民风绵长、物色丰饶的沃壤上悄然勃兴、开花结果：大批富于特色的历史建筑与街区、村镇的保护，成就了宁波古代文明的薪火传承；门类丰富的博物馆、陈列馆建设与藏品研究，搭建了现代文化与古代文明的互动平台；起讫千年、长盛不衰的海上交通的拓展和海交史迹的确认，不仅展示出宁波先民"铺桥为路""以舟作楫"的生活特质，同时也勾画出昔日港城与海外文化交流、商旅往来的历史图卷。继河姆渡遗址发掘之后，诸多史前时期聚落遗址的发掘与不同历史时期文物遗存的清理，清晰地揭示着宁波地域人地消长关系、生存能力和生产力水平；大量瓷窑遗址的发现与发掘，既佐证着东汉以来越窑青瓷的发轫与发展，更为宁波赢得了"海上陶瓷之路东方起点"的美誉；城市考古的揭幕与站在学科前沿的水下考古的启动，则让今人有幸阅读昔日宁波城市与港口的沧桑繁华。所有这些都是曾经生活在这块沃土上的先人慷慨赐予我们的厚重礼品。

江山秀丽，乃有学人宴集之典；才俊辈出，遂有文章极盛之会。对宁波地域历史文化的保护、发掘与课题的系统研究，无疑有着富于魅力的广阔前景。兹由宁波市文物考古研究所（文物保护管理所）[1]推出的这套"宁波文物考古研究丛书"，荟历年文物考古之经络，总各代典章器物之精华，既

---

[1] 编著者按：现为宁波市文化遗产管理研究院。

有域内学者之耕耘，也不乏各地同人之奉献，立意悠远，脉目清晰，图文并茂，博专共存。相信丛书的推出，必将厚德于历史之宁波，亦将裨益于宁波之今日。

是为序。

成岳冲

2006年9月于甬上

前　言

　　"四明八百里，物色甲东南。"[1]在中国大陆海岸线中段、长江三角洲东南翼、浙江省东北部、宁绍平原东端，有一片被四明、天台诸山和茫茫东海环拥的土地，这就是昔日的明州、今天的宁波。这片美丽沃饶的土地，不仅孕育了以舟行木构饭稻羹鱼而闻名遐迩的史前文明，也同样创造了越韵瓷风港通书藏并传承至今的历史文化。然而，由于僻居一隅和区域开发的相对偏晚，历史上的宁波在我国古代的政治版图中长期处于江湖之远，不过边陲数县。虽然唐代武德四年（621年）曾有姚、鄞二州之设，开宁波建州之先，但那只是昙花一现，旋即于武德七年（624年）和八年（625年）分别取消，仍复为县[2]。直到开元二十六年（738年），如日中天的大唐王朝才经江南东道采访处置使齐澣奏请，最终批准在这里设立了明州[3]（州治地点位于今之余姚江、奉化江、甬江三江交汇处，也就是今天的宁波城区三江口一带[4]）；并在时隔83年后的长庆元年（821年），再经浙东观察使薛戎奏请朝廷同意，由时任明州刺史韩察主持将州治从"北临鄞江，城池卑隘"[5]之地迁出，

---

[1]　（明）吕时撰：《沈世君问宁波风土应教五首》，（清）胡文学辑选、李邺嗣续传，袁元龙点注，宁波市鄞州区政协文史资料委员会整理：《甬上耆旧诗》，宁波出版社，2010年，第685页。

[2]　（唐）李吉甫撰，贺次君点校：《元和郡县图志》卷二十六《江南道二·越州·余姚》："余姚县……隋平陈废。武德四年复立，仍置姚州，七年废州。"中华书局，1983年，第619页；（北宋）欧阳修、宋祁撰：《新唐书·地理五》鄞县注："武德四年析故句章县置鄞州，八年州废，更置鄞县，隶越州。"中华书局，2011年，第1061页。

[3]　（唐）李吉甫撰，贺次君点校：《元和郡县图志》卷二十六《江南道二·明州》："开元二十六年，采访使齐澣奏分越州之鄮县置明州，以境内四明山为名。"中华书局，1983年，第629页。

[4]　参见许超、张华琴、王结华：《唐代明州初治地望考辨》，《东南文化》2016年第1期；王结华：《从句章到明州——宁波早期港城发展的考古学观察》，《中国港口》2017年第S1期；许超：《宁波地区汉唐港城的考古学研究》，南京大学博士学位论文，2018年；王结华：《关于宁波古代城市发展中的"小溪"问题》，《东南文化》2021年第4期等。

[5]　（北宋）王溥撰：《唐会要》卷七十一《州县改置下·江南道》："长庆元年三月，浙东观察使薛戎上言：'明州北临鄞江，城池卑隘，今请移州于鄮县置，其旧城近南高处置县。'从之。"中华书局，1955年，第1273页；（北宋）乐史撰，王文楚等点校：《太平寰宇记》卷九十八《江南东道十·明州》："长庆元年，浙东观察使薛戎上言：'明州北临鄞江，地形卑隘，今请却移郡于鄮县置，其元郡城近高处却安县。'从之。"中华书局，2007年，第1958页。

择址在今宁波城区鼓楼一带建造明州子城[1]；又在70多年后的唐代末年，由时任明州刺史黄晟主持建造明州罗城[2]，从而奠定了此后近千年间宁波城市发展的基本框架，直至清代末年开埠通商和民国时期罗城被拆方有所变。

在明州设立和州城确立之前，宁波的行政建制曾经过了若干并撤调整，宁波的城市发展也因此经历了多次毁废迁建。根据历史文献记载，在今天宁波境域范围内出现过的唐代以前的县级政区主要有句章、鄞、鄮、余姚四县[3]；唐代以前的县级城邑则主要有句章故城、鄞县故城、鄮县故城、余姚古城四地[4]。其中的句章故城，已被考古证实在今宁波市江北区慈城镇王家坝村境内[5]；鄞县故城，已被考古证实在今宁波市奉化区西坞街道白杜行政村山厂自然村的城山东南[6]；鄮县故城，因城废已久迹象难寻甚或可能已遭破坏殆尽，虽经多年考古作业，至今未能找到具体位置，但据历史文献记载，可以大体推断当在今宁波市鄞州区五乡镇宝幢

---

[1] （南宋）方万里、罗濬纂：《宝庆四明志》卷一《郡志卷第一·叙郡上·郡守》："韩察，滉之孙。长庆元年刺史。易县治为州治，撤旧城筑新城，功大而民不知役，费广而用不厉民。见韩杼村所撰《移城记》。"浙江省地方志编纂委员会编：《宋元浙江方志集成》第7册，杭州出版社，2009年，第3107页。

[2] （南宋）方万里、罗濬纂：《宝庆四明志》卷三《郡志卷第三·叙郡下·城郭》："罗城，周回二千五百二十七丈，计一十八里。奉化江自南来限其东，慈溪江自西来限其北，西与南皆它山之水环之。唐末刺史黄晟所筑。"浙江省地方志编纂委员会编：《宋元浙江方志集成》第7册，杭州出版社，2009年，第3140页。

[3] 隋代开皇九年（589年）平陈后，曾将句章、鄞、鄮、余姚四县合并为句章一县，故此时的宁波，实际只有句章一个县级政区，这也是宁波历史上最大的县级政区，今人多称之为"大句章"。另需说明的是，除以上四县外，根据《元和郡县图志》等文献记载，东晋穆帝永和三年（347年）曾分会稽郡之鄞县置宁海县（一说西晋太康元年即280年置宁海县），但因历史上的宁海及其县治多有撤并变易，且部分时期治所不在今之宁波辖境范围，故此处不计。

[4] 编著者按：学术界一般将荒野废弃型城址称作故城，如秦汉至东晋时期的句章故城和秦汉至隋代初年的鄞县故城、鄮县故城；将古今重叠型城址称作古城，如秦汉至今一直沿用不变的余姚古城。又，句章故城始建于战国时期，乃目前所知今宁波境域出现最早的城邑，秦汉时期至东晋末年为古句章县县治，历史文献中也称之为古句章城或句章古城；鄞县故城即秦汉时期至隋代初年的古鄞县县治，历史文献中也称之为鄞故城或古鄞城；鄮县故城为秦汉时期至隋代初年的古鄮县县治，历史文献中也称之为古鄮城或官奴城。为行文方便，本书统一称之为句章故城、鄞县故城和鄮县故城，特此说明。

[5] 参见王结华、许超、张华琴：《句章故城考古的主要收获与初步认识》，《南方文物》2012年第3期；王结华、许超、张华琴：《句章故城若干问题之探讨》，《东南文化》2013年第2期；宁波市文物考古研究所编著：《句章故城——考古调查与勘探报告》，科学出版社，2014年。

[6] 参见王结华、许超、张华琴：《远逝千年的边陲古城——宁波奉化白杜鄞县故城的考古调查与发现》，《中国文物报》2018年6月15日第6版；张华琴：《鄞县故城考》，《南方文物》2020年第1期；宁波市文化遗产管理研究院、奉化区文物保护管理所编著：《鄞县故城——考古调查与勘探报告》，科学出版社，2022年。

一带[1]；余姚古城，自三国东吴朱然筑城[2]以来一直在今余姚城区龙泉山东不曾变动，且古今相叠沿用至今。

另据南宋以来部分志书记载，宋代时的小溪镇（唐代时称光溪镇[3]。今宁波市海曙区鄞江镇一带）曾在唐代以前设置过句章县治（东晋末年自句章故城迁治至此），并在唐代至五代初年相继设置过句章县治、鄞州州治、鄮县县治和明州初治。相关记载甚多而乱，此处不作一一列举。中华书局1995年版《宁波市志》卷首《大事记》曾依据历代志书，简要梳理"小溪（鄞江）"之地设治历史如下："400年（隆安四年）……刘牢之屯上虞，遣部将刘裕守句章，因句章古城为孙恩所残破，县治迁到小溪（今鄞县鄞江桥）……589年（开皇九年），并句章、鄞、鄮、余姚4县为句章县，仍设治于小溪……621年（武德四年），十一月废句章县，还旧余姚县地，置姚州。原句章、鄞、鄮3县地析置鄞州……625年（武德八年），废鄞州，改置鄮县，设治小溪……738年（开元二十六年）……分越州立明州……析鄮县为鄮、奉化、慈溪、翁山4县，隶于明州，州治、鄮县治均设于小溪……771年（大历六年），迁鄮县治由小溪至三江口（今老市区）……821年（长庆元年），以州城小溪北临鄞江，地形卑隘，经奏准朝廷迁州治至三江口……鄮县治还迁小溪，另择高处建县城……909年（后梁开平三年）……改鄮县为鄞县，县治迁到州城。"[4]同书第一卷《建置》第三章《城垣》第三节"古城遗址"另有专条记载"小溪古城"如下："400年（东晋隆安四年），设在城山句章县城，为孙恩起义军残破，迁治于小溪（唐时曾称光溪，今鄞县鄞江镇）。589年（隋开皇元年。实为开皇九年——编著者注）并鄞、鄮、余姚3县入句章县，县治相仍，但移县署于它山之左。738年（唐开元二十六年）立明州，州治与鄮县治均设于此。771年（大历六年）《乾道四明图经》载，鄮县县治'据江海之冲，为善后之备'移至三江口（今老市区）。821年（长庆元年）明州州治因'北临鄞江，地形卑隘'与鄮县县治互易，州治徙至三江口，县治迁返小溪，但非原治所，而是另择高处建县署。直至909年（后梁开平三年）县治再次移至三江口与州治同设。先后在小溪

---

[1] 参见王结华：《文献记载中的宁波古城》，宁波市文物考古研究所、宁波市文物保护管理所编著《宁波文物考古研究文集（二）》，科学出版社，2012年；宁波市文化遗产管理研究院编著：《城·纪千年——港城宁波发展图鉴》，宁波出版社，2021年，第51~58页。

[2] （北魏）郦道元著，陈桥驿校证：《水经注校证》卷二十九《沔水》："江水又东迳余姚县故城南，县城是吴将朱然所筑。"中华书局，2007年，第688页。

[3] （南宋）方万里、罗濬纂：《宝庆四明志》卷十三《鄞县志卷第二·叙赋·镇市》："小溪镇句章乡，唐曰光溪镇。"浙江省地方志编纂委员会编：《宋元浙江方志集成》第8册，杭州出版社，2009年，第3381页。

[4] 宁波市地方志编纂委员会编：《宁波市志》卷首《大事记》，中华书局，1995年，第24~29页。

建治历500余年。署所三易：初建时一处，扩大为句章县一处，鄞县迁返另择高处新建又一处，历史上无具体记载，仅能以地名或地形猜测，初在鄞江镇东约一里古城畈，地较小，后作稻田，犁耕多瓦砾；继在凤凰山下今浙东啤酒厂一带；最后在今悬慈村，相传'悬慈'系鄞江土音，系'县市'之谐音，此处地势开阔，一畴平野，相传附近有兵营、府第。"[1]

根据以上说法，结合其他志书分析，"小溪（鄞江）"一带曾于400年或401～621年为句章县治；621～625年为鄞州州治；625～738年为鄮县县治；738～771年为明州州治及其下辖鄮县县治；771～821年为明州州治；821～909年复为明州下辖鄮县县治。前后500余年间，"小溪（鄞江）"之地曾相继或同时成为句章、鄞州、鄮县和明州及其下辖鄮县等多个州、县治所。然而，由于隋唐之际宁波建制变迁的频繁，且缺少早期文献的明确记录，也由于古人认识水平的高低、著作态度的差异和记录手段的局限，文献资料中的相关记载或过于简略、语焉不详，或转抄流传、错漏百出，或以讹传讹、人云亦云，或自相矛盾、莫衷一是，或各有偏执、论争纷纭，实可谓繁碎杂乱，疑云重重，后世的臆测多，早期的记录少，间接的演绎多，直接的证据少，兼之"小溪（鄞江）"一带地表城址迹象全无，故而质疑者代不乏人。譬如，南宋《宝庆四明志》即对晋末句章迁治小溪一事持反对意见："古句章县，在今县（指南宋时的慈溪县，治今宁波市江北区慈城镇——编著者注）南十五里，面江为邑，城基尚存，故老相传曰城山，旁有城山渡……旧经（指南宋《乾道四明图经》——编著者注）：古句章城在鄞县南六十里。今鄞县之西南有句章乡。然按《汉书·地理志》：句章，渠水东入海。则所谓城山渡即其渠也。晋刘裕东讨孙恩，实戍句章，每战陷阵，贼乃退还浃口。是时孙恩泛海出没，御之当据要冲，而今句章乡乃在山间，必非戍守之地。乡名句章，特以其地素隶句章县故尔。"[2]《天启慈溪县志》亦作如是观："城在城山渡之东。按宋志云：勾章，面江为邑，旧址尚存。汉地志云：勾章，渠水东入海。今城山渡当即汉渠。故老相传，西去二十五里有勾余山、勾余村。郭璞谓勾余山在余姚北、勾章南，二县因以为名。其实山在余姚东、勾章西，山因二县以名也。昔刘裕东讨孙恩，戍于勾章，每战陷阵，贼乃退保浃口。《图经》载古勾章在鄞县南六十里，其南有勾章乡。是时孙恩泛海出没，御之当据要冲，若鄞之勾章在山谷间，必非当戍守之

---

[1] 宁波市地方志编纂委员会编：《宁波市志》第一卷《建置》第三章《城垣》第三节"古城遗址""小溪古城"条，中华书局，1995年，第43、44页。

[2] （南宋）方万里、罗濬纂：《宝庆四明志》卷十七《慈溪县志卷第二·叙遗·存古》，浙江省地方志编纂委员会编：《宋元浙江方志集成》第8册，杭州出版社，2009年，第3486页。

地。元志又谓勾章城在鄞之小溪镇。盖当时勾章尝并余姚、鄞、鄮三县，则鄞亦在封内，相传讹耳。"[1]陈丹正《隋唐时期宁波地区州县城址沿革三题》一文则认为"小溪（鄞江）"一带历史上从未做过任何县级以上治所[2]。事实真相究竟如何，因为时间的久远和记载的混乱，仅仅依靠以方志为主的史料显然无法彻底解决问题，实有通过现代考古和科技手段予以澄清之必要。

2012年10月，宁波市文物考古研究所（现宁波市文化遗产管理研究院）编制完成《宁波地区早期城址考古调查工作计划》并正式上报国家文物局审批。2013年4月，国家文物局批复同意"宁波地区古代城址考古工作计划"立项，鄞县故城、鄮县故城、"小溪（鄞江）"三地考古调查与勘探项目自此纳入国家科研范畴。实际上，在此之前的2011年10月，"小溪（鄞江）"一带考古调查、勘探工作的提前展开，已经开启了通过现代考古方法和科技手段对以上三地进行科学考察的序幕。截至2020年1月"宁波地区古代城址考古工作计划"的完成，通过持续将近十个年头的野外考古调查、勘探、试掘、发掘和现代科技的广泛深入运用，除鄮县故城的具体位置与基本面貌尚不明晰外，鄞县故城的具体位置、兴废年代等均已得到正式确认，城址布局、保存状况等也都得以基本明晰，考古研究成果亦已相继公开发表或出版[3]；部分地方志书言之凿凿的"小溪（鄞江）"之地曾经存在多个县级以上治所的说法则被完全排除[4]，困扰宁波古代城市发展研究800多年的历史悬案终被

---

[1] （明）李逢申修，（明）姚宗文等纂：《天启慈溪县志》卷五《古迹·句章古城》，明天启四年刻本。

[2] 参见陈丹正：《隋唐时期宁波地区州县城址沿革三题》，《中国历史地理论丛》第23卷第2辑，陕西师范大学，2008年。

[3] 鄞县故城考古研究成果已发表或出版者主要包括但不限于宁波市文物考古研究所、国家水下文化遗产保护宁波基地编著：《宁波考古六十年》之"城市考古"篇，故宫出版社，2017年；宁波市文物考古研究所、奉化区文物保护管理所（王结华、许超、张华琴执笔）：《远逝千年的边陲古城——宁波奉化白杜鄞县故城的考古调查与发现》，《中国文物报》2018年6月15日第6版；张华琴：《鄞县故城考》，《南方文物》2020年第1期；张华琴、王结华：《城市考古与宁波港城》，《中国港口》2021年增刊第1期；宁波市文化遗产管理研究院编著：《城·纪千年——港城宁波发展图鉴》，宁波出版社，2021年；宁波市文化遗产管理研究院、奉化区文物保护管理所编著：《鄞县故城——考古调查与勘探报告》，科学出版社，2022年。

[4] "小溪（鄞江）"考古研究成果已发表或出版者主要包括但不限于：许超、张华琴、王结华：《浙江省宁波鄞江古城考古的主要收获与初步认识》，《南方文物》2015年第4期；许超、张华琴、王结华：《唐代明州初治地望考辨》，《东南文化》2016年第1期；王结华：《从句章到明州——宁波早期港城发展的考古学观察》，《中国港口》2017年第S1期；宁波市文物考古研究所、国家水下文化遗产保护宁波基地编著：《宁波考古六十年》之"城市考古"篇，故宫出版社，2017年；许超：《宁波地区汉唐港城的考古学研究》，南京大学博士学位论文，2018年；宁波市文化遗产管理研究院编著：《城·纪千年——港城宁波发展图鉴》，宁波出版社，2021年；张华琴、王结华：《城市考古与宁波港城》，《中国港口》2021年第S1期；王结华：《关于宁波古代城市发展中的"小溪"问题》，《东南文化》2021年第4期。

揭开了神秘面纱，露出了本来面貌。

汇总我们以往文章和本书的研究成果，关于"小溪（鄞江）"问题和隋唐之际宁波地区的城址沿革，可以大致概括为以下五点：①宋时小溪镇，即今宁波市海曙区鄞江镇一带，历史上从未设置过任何县级以上的治所。"小溪（鄞江）"问题的出现，完全是后世志书臆测和历代转抄讹传的结果。②东晋隆安年间（397～401年）迁移后的句章县治（包括隋代开皇九年即589年并句章、鄞、鄮、余姚四县为一县的句章县治）和唐代武德四年（621年）废句章设立的鄞州州治、武德八年（625年）废鄞州设立的鄮县县治、开元二十六年（738年）析鄮县设立的明州州治，以及明州下辖之附廓鄮县县治，都是在今天的宁波城区三江口一带，与"小溪（鄞江）"之地无涉。③唐代大历六年（771年），曾因袁晁之乱省并明州下辖翁山县（今浙江舟山），但并未发生任何移治事件，与"小溪（鄞江）"之地更无丝毫关联。"大历移城"说同样是后世志书演绎的结果。④唐代长庆元年（821年），明州与其下辖附廓鄮县曾经互易治所，并修建明州子城。但这一事件同样是在今宁波城区三江口一带发生，而非在小溪镇与三江口两地间互移。⑤战国以来，特别是汉晋以后对今宁波城区三江口一带的持续开发，以及句章、鄞州、鄮县的相继迁治或建治于此，为唐代开元二十六年（738年）明州在此的设置打下了坚实基础。而明州的设立，又为后来宁波城市的发展奠定了基本框架。

"小溪（鄞江）"考古成果公布后，曾在业界内和社会上引发巨大反响。特别是在2021年10月11～14日，时值纪念明州子城建设1200周年（821～2021年）之际，针对本书编著者之一王结华在全国中文核心期刊《东南文化》2021年第4期上刊发的《关于宁波古代城市发展中的"小溪"问题》[1]一文，宁波本地知名数字媒体"甬派客户端"曾经连发5篇报道：《王应麟，错了！宁波城"小溪治所说"再遭质疑！》[2]、《小溪真"无城"！考古专家在鄞江找了四年，十多平方公里地下多是沙层》[3]、《小溪没法"有城"！这地方，在古代不适合大规模人口集聚》[4]、《争鸣｜关于宁波古代城市发展中的"小溪"问题》[5]和《三江口之

---

[1] 王结华：《关于宁波古代城市发展中的"小溪"问题》，《东南文化》2021年第4期。

[2] 梅子满：《王应麟，错了！宁波城"小溪治所说"再遭质疑！》，甬派客户端，2021年10月11日。

[3] 梅子满：《小溪真"无城"！考古专家在鄞江找了四年，十多平方公里地下多是沙层》，甬派客户端，2021年10月12日。

[4] 梅子满：《小溪没法"有城"！这地方，在古代不适合大规模人口集聚》，甬派客户端，2021年10月13日。

[5] 甬派客户端转发王结华文章：《争鸣｜关于宁波古代城市发展中的"小溪"问题》，甬派客户端，2021年10月14日。

前,宁波城在哪里?》[1],并配发了宁波早期港城发展路线图,点击量超过110万人次,一度创造了地方媒体报道纯学术研究成果点击量的"神话"。通过甬派客户端的连续报道与其他媒体的纷纷转载,宁波古代州、县治所设置与"小溪(鄞江)"之地没有直接关联的观念开始广为人知,逐步深入人心,学界的研究、官方的宣传和公开的展览等,或者开始采用新的研究成果,或者开始避而不谈有关问题,不再堂而皇之地人云亦云,不再昏昏愦愦地以讹传讹。

当然,不可否认,迄今仍有个别人士、部分民科依旧"坚守"旧观点旧说法,如2023年10月本书编著者曾应上级主管部门函询,为某单位委托某公司编制的《鄞江镇千年古城复兴综合规划》(征求意见稿)提供意见建议,该规划征求意见稿不仅在叙述鄞江镇历史沿革时继续"外甥打灯笼——照旧",更搞笑的是甚而公然将本次考古发现并对外公布的"宋元时期石砌堤岸、道路遗迹"照片名称篡改为"鄞江古城墙挖掘现场",以期达指"路"为"城"、混淆视听之目的,实在是令人瞠目结舌!"惊叹"不已!啼笑皆非之余,正式转交意见建议如下:①句章迁治小溪的说法,缺乏考古实证,不宜在方案中作定性描述,以免形成误导。《规划》中引用的部分资料,如"鄞江古城墙挖掘现场"图片等,与实际情况不符,应予勘正。②据文献记载和历年考古发现研究,鄞江固为千年古镇、"四明首镇",也曾设过"小溪巡检司城",但仍缺乏成体系的城址、护城河等考古实证支撑,不宜称作"千年古城",这已被早期文献记载和历年考古发现所证实,也已为全国学术业界和地方有识之士所公认。因此"风情明州城"的定位也有待商榷。③鄞江镇是省级历史文化名镇,历史悠久,遗产丰富,建议定位打造成为"千年古镇复兴样板"。在强化保护的同时,建议进一步细化镇域内各类遗产名录,明确不同类型文化遗产活化利用的方式方法。至于这一意见建议是否会被采纳,这样的事情今后是否还会发生,实非吾等能够揣度,遑论左右!毕竟,俗语有云:"江山易改,本性难移。"改变一个人的生活习惯本就艰难,改变一群人的固有观念同样不易。或者因为本身视域的限制,或者因为不愿直面自己的失误,或者因为现实利益的考量,原因或许很多,结果往往只有一个,那就是总会有人选择有意地漠视、故意地曲解、刻意地坚持。

行文至此,不由想起,针对"小溪(鄞江)"问题的主要焦点之一——唐代长庆元年(821年)明州和鄞县治所互易的"长庆移城"一事,《宝庆四明志》主要作者、南宋人罗濬曾在该志《序》中发出过这样的感叹:"然自明置州,至是四百三十二年,而城治之迁徙,县邑之沿革,人未有知其者。唐刺史韩察实移

---

[1] 梅子满、孙宇卓:《三江口之前,宁波城在哪里?》,甬派客户端,2021年10月14日。

州城，石刻尚存，于时且未之见，他岂暇详甚哉！作者之难，固有俟乎述于后者也。"[1]这样的感叹，我们曾经也有，时至今日仍有，幸运的是，较之前人，我们拥有更加科学的手段和更加专业的支撑，拥有更加广阔的视野和更加理性的判断，也拥有更加便捷的资料检索系统和更加通畅的信息传播渠道，否则，不难想象这样"剪不断理还乱"的状况恐怕还得持续下去。这一事实同样告诫我们，在利用文献记载特别是地方志书时应有所删减和选择，有所分析和辨证，同时在条件允许时应对这些文献记载提及之地进行必要的实地调查和科学的考古探测，才有可能形成相对符合实际的结论。这，既可说是我们开展"小溪（鄞江）"考古的主要宗旨之所系，也可说是本书最终希望解决的问题根本之所在。

回首过往，历时四年多时间的"小溪（鄞江）"考古，既充满了面对未知问题的困惑，更充盈着揭示历史真相的豪情。今天，在我们将此次考古成果整体公之于世，将历尽辛苦编著而成的书稿正式付梓之际，或许可以说，我们终于解决了一些遗留问题和疑难问题，也有幸拨开了一些历史迷雾，在一定程度上真正发挥了考古研究证史、纠史、补史的功用。至于依然有人或有意漠视或故意曲解或刻意坚持，唯一哂置之而已。

---

[1] （南宋）方万里、罗濬撰：《宝庆四明志》序，浙江省地方志编纂委员会编：《宋元浙江方志集成》第7册，杭州出版社，2009年，第3087页。

目 录

总序
前言
第一章 环境特征 (1)
　第一节 自然环境 (1)
　　一、地理位置与行政区划 (1)
　　二、地形地貌与区域水系 (3)
　第二节 人文环境 (7)
　　一、历史沿革 (7)
　　二、文献辑录 (10)
　　三、文物古迹 (41)
第二章 工作概况 (57)
　第一节 项目背景与预定目标 (57)
　　一、项目背景 (57)
　　二、预定目标 (58)
　第二节 田野考古与科技应用 (58)
　　一、田野考古 (58)
　　二、科技应用 (62)
　第三节 资料整理与报告编写 (63)
　　一、资料整理 (63)
　　二、报告编写 (64)
第三章 考古调查 (66)
　第一节 发现遗迹 (66)
　　一、遗址 (66)
　　二、窑址 (68)
　　三、墓葬 (70)
　第二节 采集遗物 (72)
　　一、地表采集遗物 (72)

二、窑址采集遗物 ……………………………………………………（87）

第四章　考古发掘 ……………………………………………………………（94）
　第一节　古城畈地块 …………………………………………………………（94）
　　一、发掘概况 ……………………………………………………………（94）
　　二、地层堆积 ……………………………………………………………（95）
　　三、发现遗迹 …………………………………………………………（100）
　　四、出土遗物 …………………………………………………………（125）
　第二节　高尚宅地块 ………………………………………………………（178）
　　一、发掘概况 …………………………………………………………（178）
　　二、地层堆积 …………………………………………………………（179）
　　三、发现遗迹 …………………………………………………………（181）
　　四、出土遗物 …………………………………………………………（183）
　第三节　悬慈村地块 ………………………………………………………（189）
　　一、发掘概况 …………………………………………………………（189）
　　二、地层堆积 …………………………………………………………（189）
　　三、出土遗物 …………………………………………………………（192）

第五章　初步认识 …………………………………………………………（195）
　第一节　早期文献不支持"小溪说" ………………………………………（196）
　　一、南宋以来文献记载及其辨析 ……………………………………（196）
　　二、南宋以前文献记载及其解读 ……………………………………（209）
　第二节　考古发现不支持"小溪"说 ………………………………………（213）
　　一、鄞江镇一带的考古发现 …………………………………………（213）
　　二、三江口一带的考古发现 …………………………………………（217）
　　三、其他相关出土文物证据 …………………………………………（221）
　第三节　地理环境不支持"小溪"说 ………………………………………（227）
　　一、地理位置偏远且水陆交通不便 …………………………………（227）
　　二、地形卑隘潮湿且自然灾害易发 …………………………………（229）
　第四节　无中生有的"大历移城"说 ………………………………………（231）
　　一、"大历移城"说相关史料摘要 ……………………………………（231）
　　二、"大历移城"说相关史实探究 ……………………………………（235）

附表 …………………………………………………………………………（241）
　附表一　地表调查采集器物登记表 ………………………………………（241）
　附表二　窑址采集器物登记表 ……………………………………………（243）

附表三　考古发掘出土器物标本登记表 …………………………………（244）
附录 ………………………………………………………………………………（255）
　　附录一　它山堰1号地块考古项目专家论证会会议纪要 ……………（255）
　　附录二　宁波鄞江它山堰1号地块地球物理探测报告 …………………（257）
Abstract …………………………………………………………………………（277）
后记 ………………………………………………………………………………（279）

插图目录

图一	鄞江镇地理位置示意图	（2）
图二	宁波境域主要内河水系分布示意图	（3）
图三	鄞江镇地形地貌	（6）
图四	宁波境域早期城邑分布示意图	（8）
图五	鄞江镇及其周边历年考古发现分布示意图	（42）
图六	小溪（鄞江）考古调查、勘探范围与发掘点位置示意图	（59）
图七	调查发现遗址分布示意图	（67）
图八	调查发现窑址（区）分布示意图	（69）
图九	调查发现墓葬分布示意图	（70）
图一〇	调查发现墓葬墓砖纪年与铭文	（71）
图一一	调查发现墓葬墓砖纹饰	（72）
图一二	地表采集史前—战国时期遗物分布点	（73）
图一三	地表采集史前—战国时期遗物	（74）
图一四	地表采集汉—北宋时期遗物分布点	（75）
图一五	地表采集汉—北宋时期遗物	（76）
图一六	地表采集南宋—清代遗物分布点	（77）
图一七	地表采集宋元时期青釉碗底	（78）
图一八	地表采集宋元时期青釉碗口沿	（79）
图一九	地表采集宋元时期青白釉碗、碗底	（80）
图二〇	地表采集宋元时期青白釉碗口沿	（81）
图二一	地表采集明清时期青花碗底、口沿	（82）
图二二	地表采集宋元时期青釉盘	（83）
图二三	地表采集南宋—清代瓷盏、灯盏、杯、韩瓶、器底、器耳	（85）
图二四	地表采集南宋—清代陶器、建筑构件、陶拍	（86）
图二五	汉代窑址采集遗物	（88）
图二六	明清窑址采集器盖、缸	（89）
图二七	明清窑址采集罐	（90）

图二八	明清窑址采集盘、急须、腹片	（91）
图二九	明清窑址采集模具、陶拍、垫柱	（92）
图三〇	明清窑址采集筒形匣钵	（93）
图三一	古城畈地块发掘探方分布示意图	（95）
图三二	古·T103东壁剖面图	（96）
图三三	古·T103、古·T104北壁剖面图	（96）
图三四	古·T115、古·T125东壁剖面图	（99）
图三五	古·T213、古·T223、古·T233东壁剖面图	（99）
图三六	古城畈地块发现遗迹总平面图	（100）
图三七	古·T211、古·T221西壁剖面图	（102）
图三八	古·T232、古·T233北壁剖面图	（102）
图三九	古·TG1东南—西北壁剖面图	（105）
图四〇	古·TG2东南—西北壁剖面图	（105）
图四一	古·MT1~古·MT5平、剖面图	（107）
图四二	古·L1平、剖面图	（111）
图四三	古·L2平、剖面图	（112）
图四四	古·Z3平、剖面图	（113）
图四五	古·Z4平、剖面图	（114）
图四六	古·Z5平、剖面图	（115）
图四七	古·Z2平、剖面图	（115）
图四八	古·Z1平、剖面图	（116）
图四九	古·F1平、剖面图	（117）
图五〇	古·F2平、剖面图	（118）
图五一	古·F4平、剖面图	（119）
图五二	古·F5平、剖面图	（120）
图五三	古·TJ2平面范围分布示意图	（120）
图五四	古·PSG1平、剖面图	（122）
图五五	古·H1平、剖面图	（123）
图五六	古·H2平、剖面图	（123）
图五七	古·H3平、剖面图	（123）
图五八	古·H4平、剖面图	（124）
图五九	古·H5平、剖面图	（124）
图六〇	古城畈地块出土晚唐至北宋时期越窑青瓷碗	（125）

图六一	古城畈地块出土晚唐至北宋时期越窑Cc型青瓷碗	（126）
图六二	古城畈地块出土晚唐至北宋时期越窑青瓷碗	（128）
图六三	古城畈地块出土晚唐至北宋时期越窑青瓷盘、杯、灯盏	（128）
图六四	古城畈地块出土晚唐至北宋时期越窑青瓷韩瓶	（129）
图六五	古城畈地块出土晚唐至北宋时期越窑青瓷洗、器盖、器底	（130）
图六六	古城畈地块出土南宋至元代龙泉窑碗	（132）
图六七	古城畈地块出土南宋至元代Ca型龙泉窑碗	（133）
图六八	古城畈地块出土南宋至元代龙泉窑碗	（134）
图六九	古城畈地块出土南宋至元代龙泉窑盘	（136）
图七〇	古城畈地块出土南宋至元代龙泉窑炉、杯、瓶、器底	（137）
图七一	古城畈地块出土南宋至元代闽清义窑碗	（138）
图七二	古城畈地块出土南宋至元代C型闽清义窑碗	（139）
图七三	古城畈地块出土南宋至元代闽清义窑碗、碗底、鸟食罐	（140）
图七四	古城畈地块出土南宋至元代A型连江浦口窑碗	（141）
图七五	古城畈地块出土南宋至元代B型连江浦口窑碗	（142）
图七六	古城畈地块出土南宋至元代连江浦口窑碗	（143）
图七七	古城畈地块出土南宋至元代A型柘荣青兰面窑碗	（145）
图七八	古城畈地块出土南宋至元代B型柘荣青兰面窑碗	（146）
图七九	古城畈地块出土南宋至元代景德镇窑、江山碗窑、磁州窑瓷器	（147）
图八〇	古城畈地块出土南宋至元代A型龙泉窑类型青釉碗	（149）
图八一	古城畈地块出土南宋至元代B型龙泉窑类型青釉碗	（150）
图八二	古城畈地块出土南宋至元代龙泉窑类型青釉碗	（151）
图八三	古城畈地块出土南宋至元代龙泉窑类型青釉盘	（153）
图八四	古城畈地块出土南宋至元代A型青白釉碗	（154）
图八五	古城畈地块出土南宋至元代青白釉碗	（154）
图八六	古城畈地块出土南宋至元代青白釉碗	（155）
图八七	古城畈地块出土南宋至元代青白釉碗	（156）
图八八	古城畈地块出土南宋至元代青白釉盘	（157）
图八九	古城畈地块出土南宋至元代青白釉盘、器盖	（158）
图九〇	古城畈地块出土南宋至元代酱色釉瓷器	（160）
图九一	古城畈地块出土南宋至元代A型黑釉盏	（162）
图九二	古城畈地块出土南宋至元代A型黑釉盏	（163）
图九三	古城畈地块出土南宋至元代黑釉盏	（164）

图九四	古城畈地块出土南宋至元代陶器	（166）
图九五	古城畈地块出土南宋至元代陶器	（167）
图九六	古城畈地块出土南宋至元代陶盏	（168）
图九七	古城畈地块出土南宋至元代陶盏	（169）
图九八	古城畈地块出土南宋至元代陶盏	（170）
图九九	古城畈地块出土南宋至元代石器	（171）
图一〇〇	古城畈地块出土南宋至元代石器、玉器	（172）
图一〇一	古城畈地块出土宋代铜钱	（173）
图一〇二	古城畈地块出土宋元瓦当	（174）
图一〇三	古城畈地块出土明清青花瓷器	（176）
图一〇四	古城畈地块出土明清陶器、瓦头	（177）
图一〇五	高尚宅地块试掘探沟分布示意图	（179）
图一〇六	高·T101东壁剖面图	（180）
图一〇七	高·T102西壁剖面图	（180）
图一〇八	高·H1、高·Q1平面分布示意图	（182）
图一〇九	高·Q1平、剖面图	（182）
图一一〇	高·H1平、剖面图	（183）
图一一一	高尚宅地块出土宋元瓷碗底	（184）
图一一二	高尚宅地块出土宋元铜钱	（184）
图一一三	高尚宅地块出土明清青花碗	（185）
图一一四	高尚宅地块出土明清青花杯	（186）
图一一五	高尚宅地块出土明清青花盘底、碗底	（187）
图一一六	高尚宅地块出土明清陶器	（188）
图一一七	悬慈村地块试掘探沟分布示意图	（190）
图一一八	悬·T101东南—西北壁剖面图	（190）
图一一九	悬·T102东南—西北壁剖面图	（191）
图一二〇	悬·T103西北—东南壁剖面图	（192）
图一二一	悬慈村地块出土春秋战国、唐宋时期器物	（193）
图一二二	悬慈村地块出土明清青花瓷器	（194）

图版目录

图版一　鄞江镇地理位置示意图
图版二　今日鄞江与南塘河
图版三　鄞江镇地形地貌与镇区航拍图
图版四　鄞江古镇（鄞江镇政府供图）
图版五　宁波境域早期城邑分布示意图
图版六　鄞江镇境文物保护单位（点）分布示意图
图版七　它山堰今貌
图版八　洞桥树桥遗址与潘家耷遗址
图版九　蜈蚣岭东吴墓与西晋墓部分出土器物
图版一〇　古城畈、高尚宅、悬慈村一带航拍
图版一一　古城畈、高尚宅、悬慈村地块外景
图版一二　它山堰1号地块考古项目专家论证会
图版一三　"宁波鄞州鄞江宋元遗存"获评2015年度"浙江考古重要发现"证书与奖牌
图版一四　科技考古工作
图版一五　乌龟山史前时期遗址
图版一六　凤凰山北汉晋时期遗址、定山桥村北宋元时期遗址、天王寺北宋元时期遗址
图版一七　调查发现汉代窑址
图版一八　调查发现明清窑址（区）
图版一九　调查发现墓葬
图版二〇　地表采集史前—战国时期遗物
图版二一　地表采集汉—五代时期遗物
图版二二　地表采集宋元时期青釉碗底
图版二三　地表采集宋元时期青釉碗口沿
图版二四　地表采集宋元时期青白釉碗、碗底
图版二五　地表采集宋元时期青白釉碗口沿

图版二六	地表采集明清时期青花碗底、口沿
图版二七	地表采集宋元时期青釉盘
图版二八	地表采集南宋—清代盏、灯盏、杯、韩瓶、器底、器耳
图版二九	地表采集南宋—清代陶器、建筑构件、陶拍
图版三〇	汉代窑址采集遗物
图版三一	明清窑址采集器盖、缸
图版三二	明清窑址采集罐
图版三三	明清窑址采集盘、急须、腹片
图版三四	明清窑址采集模具、陶拍、垫柱
图版三五	明清窑址采集筒形匣钵
图版三六	2014年度古城畈地块发掘航拍（上南下北）
图版三七	发掘Ⅱ区内古·G1剖面
图版三八	码头全景
图版三九	古·MT1、古·MT3、古·MT4、古·MT5
图版四〇	古·MT1、古·MT2、古·MT3
图版四一	古·TJ1
图版四二	河道护岸
图版四三	古·L1
图版四四	古·L1
图版四五	古·L2、古·Z3、古·Z4
图版四六	古·Z5、古·Z2、古·Z1
图版四七	古·F2与古·F5
图版四八	古·TJ2与古·PSG1
图版四九	古·H2、古·H3、古·H4、古·H5
图版五〇	古城畈地块出土晚唐至北宋时期越窑青瓷碗
图版五一	古城畈地块出土晚唐至北宋时期越窑青瓷碗
图版五二	古城畈地块出土晚唐至北宋时期越窑青瓷碗
图版五三	古城畈地块出土晚唐至北宋时期越窑青瓷碗、盘、杯
图版五四	古城畈地块出土晚唐至北宋时期越窑青瓷灯盏、韩瓶
图版五五	古城畈地块出土晚唐至北宋时期越窑青瓷洗、器盖、器底
图版五六	古城畈地块出土南宋至元代A型龙泉窑瓷碗
图版五七	古城畈地块出土南宋至元代B型龙泉窑碗
图版五八	古城畈地块出土南宋至元代Ca型龙泉窑碗

图版五九　古城畈地块出土南宋至元代龙泉窑碗
图版六〇　古城畈地块出土南宋至元代龙泉窑盘
图版六一　古城畈地块出土南宋至元代龙泉窑盘、炉、杯
图版六二　古城畈地块出土南宋至元代龙泉窑瓶、碗底
图版六三　古城畈地块出土南宋至元代闽清义窑碗
图版六四　古城畈地块出土南宋至元代C型闽清义窑碗
图版六五　古城畈地块出土南宋至元代闽清义窑碗、碗底、鸟食罐
图版六六　古城畈地块出土南宋至元代A型连江浦口窑碗
图版六七　古城畈地块出土南宋至元代B型连江浦口窑碗
图版六八　古城畈地块出土南宋至元代连江浦口窑碗
图版六九　古城畈地块出土南宋至元代A型柘荣青兰面窑碗
图版七〇　古城畈地块出土南宋至元代柘荣青兰面窑碗
图版七一　古城畈地块出土南宋至元代景德镇窑、江山碗窑、磁州窑瓷器
图版七二　古城畈地块出土南宋至元代龙泉窑类型A型青釉碗
图版七三　古城畈地块出土南宋至元代龙泉窑类型A型青釉碗
图版七四　古城畈地块出土南宋至元代龙泉窑类型B型青釉碗
图版七五　古城畈地块出土南宋至元代龙泉窑类型B型青釉碗
图版七六　古城畈地块出土南宋至元代龙泉窑类型青釉碗
图版七七　古城畈地块出土南宋至元代龙泉窑类型A型青釉盘
图版七八　古城畈地块出土南宋至元代龙泉窑类型青釉盘、青白釉碗
图版七九　古城畈地块出土南宋至元代青白釉碗
图版八〇　古城畈地块出土南宋至元代青白釉碗
图版八一　古城畈地块出土南宋至元代青白釉碗
图版八二　古城畈地块出土南宋至元代青白釉盘
图版八三　古城畈地块出土南宋至元代E型青白釉盘
图版八四　古城畈地块出土南宋至元代青白釉盘、器盖与酱色釉瓷器
图版八五　古城畈地块出土南宋至元代A型黑釉盏
图版八六　古城畈地块出土南宋至元代A型黑釉盏
图版八七　古城畈地块出土南宋至元代黑釉盏
图版八八　古城畈地块出土南宋至元代陶器
图版八九　古城畈地块出土南宋至元代陶器
图版九〇　古城畈地块出土南宋至元代陶拍、陶盏
图版九一　古城畈地块出土南宋至元代陶盏

图版九二　古城畈地块出土南宋至元代陶盏
图版九三　古城畈地块出土南宋至元代石器
图版九四　古城畈地块出土宋元玉器、瓦当
图版九五　古城畈地块出土明清青花瓷器
图版九六　古城畈地块出土明清陶器、瓦头
图版九七　高尚宅地块考古发掘
图版九八　高尚宅地块出土宋元瓷碗底
图版九九　高尚宅地块出土宋元铜钱、明清青花碗
图版一〇〇　高尚宅地块出土明清青花杯
图版一〇一　高尚宅地块出土明清青花盘底、碗底
图版一〇二　高尚宅地块出土明清陶器
图版一〇三　悬慈村地块考古发掘
图版一〇四　悬慈村地块出土春秋战国、唐宋、明清时期器物
图版一〇五　悬慈村地块出土明清青花碗底
图版一〇六　三江口一带唐代以前遗存
图版一〇七　危德图夫人徐氏墓志铭

第一章　环境特征

第一节　自然环境

一、地理位置与行政区划

宁波，简称甬，古称鄞、明州。地处中国大陆海岸线中段、长江三角洲南翼、浙江省东北部、宁绍平原东端。地理坐标东经120°55′~122°16′、北纬28°51′~30°33′。境域东隔东海与舟山群岛相望，北以杭州湾、钱塘江与嘉兴市为邻，西面接壤绍兴市，南面濒临三门湾并与台州市毗连。现辖海曙、江北、镇海、北仑、鄞州、奉化6区，余姚、慈溪2（县级）市和宁海、象山2县。市境陆域面积约9816平方千米，海域面积约8355.8平方千米；海岸线总长约1594.4千米，共有大小岛屿614个，岛屿面积约255.9平方千米[1]。

鄞江镇，唐代时称光溪镇，宋代时改小溪镇[2]，民国二十四年（1935年）始正式定名鄞江镇[3]。原属鄞县（2002年改为宁波市鄞州区）管辖，2016年后改归宁波市海曙区管辖。位于宁波市区西南方向，距离宁波中心城区三江口约25千米（图一；图版一）。地理坐标介于东经121°17′29″~121°23′36″、北纬29°43′47″~29°50′28″。镇域东依古林镇、洞桥镇，南邻奉化区江口街道、萧王庙街道，西连龙观乡、章水镇，北接横街镇，镇境东西长约5、南北长约10千米，行政管辖区域面积约64.43平方千米。截至2022年末，全镇计辖1个社区（亚隆）、12个行政村（金陆、芸峰、清源、悬慈、它山堰、鄞江、光溪、东兴、梅园、大桥、沿山、建岙），镇人民政府驻鄞江镇四明东路101号[4]。

---

[1]　数据来源于百度百科。

[2]　（南宋）方万里、罗濬纂：《宝庆四明志》卷十三《鄞县志卷第二·叙赋·镇市》："小溪镇句章乡，唐曰光溪镇。"浙江省地方志编纂委员会编：《宋元浙江方志集成》第8册，杭州出版社，2009年，第3381页。

[3]　参见鄞县地方志编纂委员会编：《鄞县志》第一编《政区》第二章《行政区划》第四节"民国时期区划"，中华书局，1996年，第47页。

[4]　数据来源于百度百科。

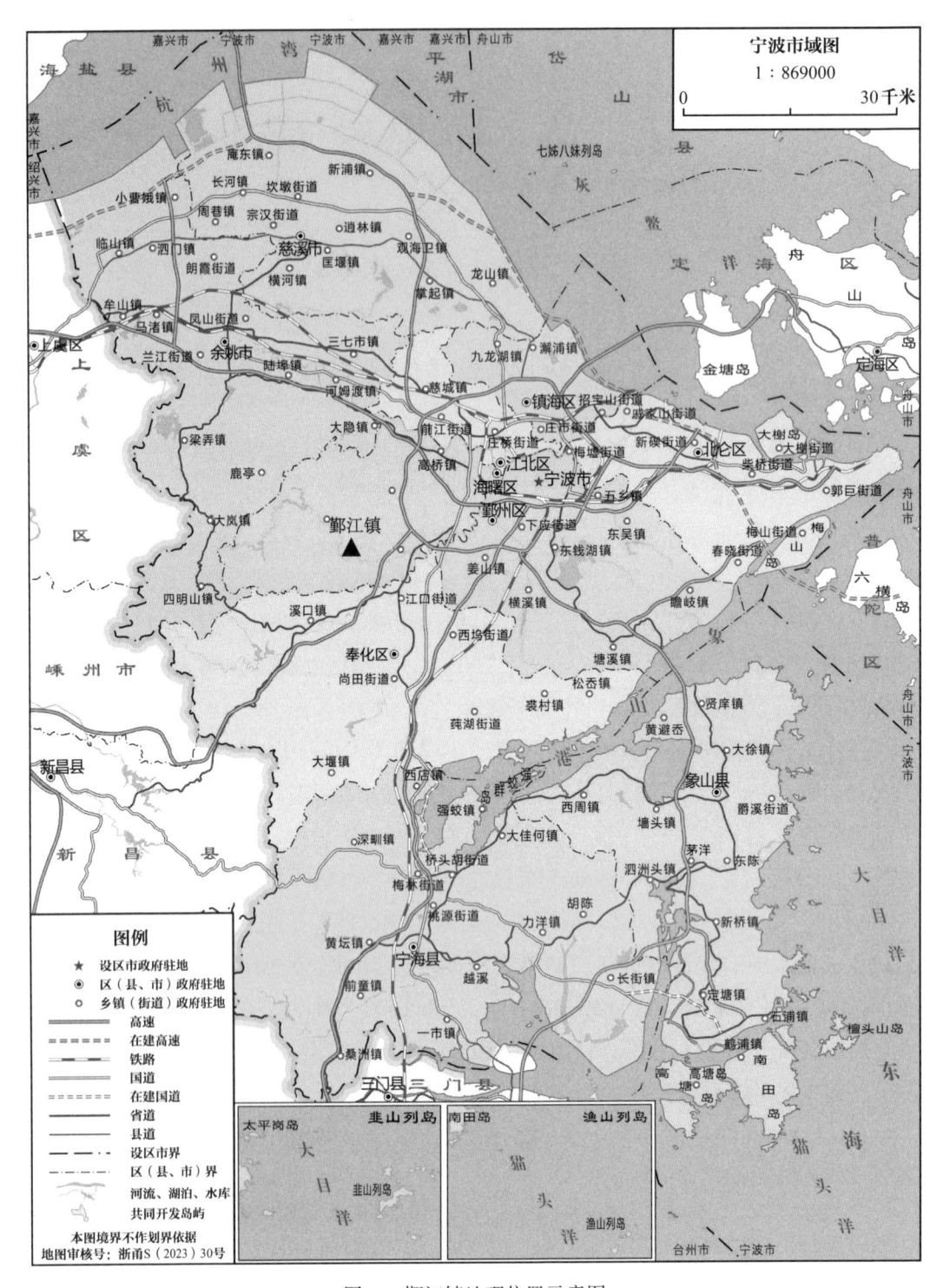

图一 鄞江镇地理位置示意图

二、地形地貌与区域水系

宁波陆域地势西南高、东北低，自西南向东北倾没入海。地形地貌分为山地、丘陵、台地、谷（盆）地、平原几类，其中山地、丘陵、台地和谷（盆）地、平原各占一半左右。辖区东北和中部主要为宁绍冲积平原的甬江流域平原，地势较为平坦，海拔相对较低；西南多为山地丘陵，主要山脉有四明山和天台山两支。鄞江镇即坐落于四明山东麓，属于鄞西平原西部边缘大镇，为进出四明山的重要门户，素有"四明首镇"之誉。

宁波濒临东海，岸线漫长，港湾众多，著名的有两湾一港，分别为三门湾、杭州湾和象山港。境内河流纵横交错，为浙江省八大水系之一，主要有余姚江、奉化江、甬江等内河及其支流（图二），其中今天所称的鄞江即为奉化江的一条主要支流（图版二，1、2）；湖泊星罗棋布，主要有浙江省最大的天然湖泊东钱湖和牟山

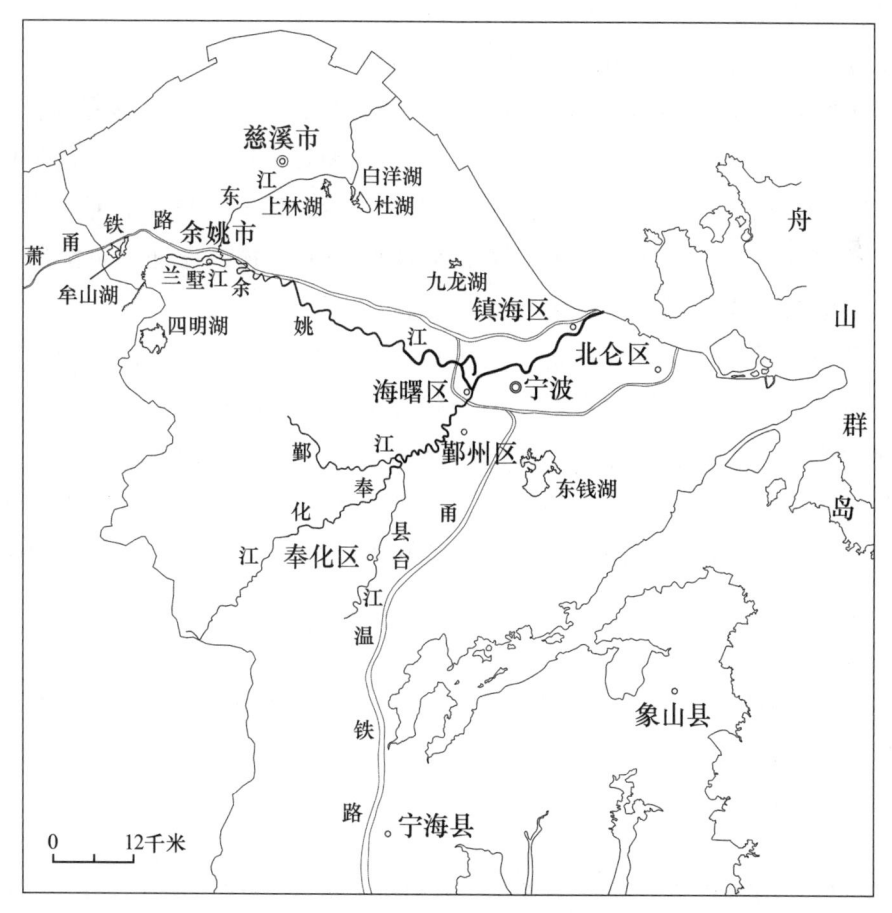

图二　宁波境域主要内河水系分布示意图

湖、四明湖、亭下湖、上林湖、杜白二湖、九龙湖、日湖、月湖等众多湖泊及白溪水库、皎口水库、双溪口水库、周公宅水库、西溪水库、横山水库、溪下水库等人工水库。

鄞江镇上承四明山脉，下扼鄞西平原，南临鄞江，北依锡山。镇域范围以平地为主，间以丘陵、山地。镇区周边小山众多，丘陵起伏，主要分布有乌龟山、沿山、大岩山、凤凰山、狮子山、笔架山、湖山、牛山、钪铣山、塔岭峆山、琉璃山等。流经鄞江镇域的小水系主要有三条：樟溪、鄞江、南塘河，另有众多细小的溪流和水库、池塘等水体遍布全境（图版三，1）。

樟溪，为鄞江上游（自皎口至鄞江镇区段）。根据《鄞县志》记载，鄞江"上游大皎溪发源于四明山中属奉化唐田的白肚肠岗麓，由源头经北溪、大横山、大俞后，在李家坑进入县境，其后经箭岸、周公宅、杜岙、下严、细岭、大皎至蜜岩附近的龙山（旧称鲸鱼山）前，有小皎溪自北汇入，汇水后出皎口改称樟溪。大皎溪控制集水面积169平方公里，主流长42.5公里，其中鄞县境内30公里，河谷山峦陡峭，多呈'V'字形，河床多块石卵石，水流湍急。周公宅以上平均比降1/60，其下为1/170，细岭以上溪床狭窄处仅10余米，两岸古木盘根错节，阔处数十米，青山夹峙，有孤水夺关之势。过细岭后河谷逐渐开阔，平均阔40米。河床阔处近200米，大皎附近溪岸，曲水幽谷中银杏成林，村落呼应，皎口水库建成后该段河谷自细岭至皎口均为水库淹没。樟溪出皎口后滩平岸阔，进入狭长的河谷平原，河床细沙卵石多，潭浅处仅可没膝，深处不可测底。河漫滩上遍植桑树，盛产贝母。樟溪经樟村、长潭、天打岩至中央岸有龙王溪自西汇入，再经桓村滩，又有桓溪汇入，出乌头门经邵家、钟家潭冲出山口，天地豁然开朗，出山口后的河道在南宋前沿谷地南边山脚流经它山，因宋代开发中山林砍伐严重，水土流失导致河流内沙淤而改道，现由谷地北部沿山流入鄞江镇西首。樟溪在鄞江镇西分为两派，一派经光溪桥（今拆建为鄞江大桥）入南塘河（另述），一派越它山堰入江。樟溪在邵家以上均阔60米，以下至分流处均阔70米，河床深2.5米左右。水流较缓，平均比降1/600，主干河流集水面积36平方公里"[1]。

鄞江，为奉化江支流，也是鄞江镇名称的由来。根据《鄞县志》记载："越它山堰后河流始称鄞江，宋、元、明三代又称兰江，为潮汐江段，潮区界在它山堰

---

[1] 鄞县地方志编纂委员会编：《鄞县志》第二编《自然环境》第四章《水文》第一节"水系""鄞江"条，中华书局，1996年，第148、149页。

下，经鄞江镇悬慈村边有清源溪自南面汇入，继续东流经响岩（小岩山）山下后，河流完全摆脱南岸丘陵构成的河岸，进入平原，经兰浦堰、百梁桥、元贞桥至三江口与剡江、东江汇合，主干全长10.8千米，河床平均宽度62米，深2.4米，河道坡道平缓，平时为淡水，大旱年咸潮可上溯响岩附近。鄞江南岸自梁桥以下，北岸自兰浦堰以下有江塘保护。鄞江全流均在县境内。"[1]需要注意的是，今天所说的鄞江，仅仅是自它山堰至其与剡江、东江汇合处的短短一段，主干全长只有10.8千米。而历史上的鄞江，在不同时期的指向是不完全相同的，也并非一成不变的，它既有可能指称今之甬江，也有可能指称今之奉化江，亦可泛指今之三江口水系，在某些特定语境下，"鄞江"二字还可代称明州。没有准确区分不同时期鄞江的不同指称，曾是部分地方志书和现代研究者讹误今之鄞江镇一带设州县置治所的重要原因之一[2]。关于这一点。编著者在本书第五章"初步认识"中将再做专门辨析，此不赘述。

南塘河，宁波三江六塘河之一。根据《鄞县志》记载，南塘河"上接樟溪，自它山堰上游分流处起（《鄞县通志》谓光溪桥起）。流经鄞江镇、洞桥、横涨、栎社、石碶、段塘等乡镇，自南水门入宁波市区。全长24.5公里，均宽33.1米，均深1.84米，河面面积0.81平方公里。南塘河自横涨起与奉化江平行，局部地段只有丘壑之隔，沿途设置较多碶闸，与奉化江间接相通。是河为引樟溪入鄞西河网和行洪、排涝、灌溉、航运的骨干河道，又是宁波市区主要引水河渠，沿河多村镇。此河在清代前又称甬水"[3]。主要支流有小溪港、里龙江、后港、王子汇港、照天港、风棚碶港、千丈镜河、车何埠港、象鉴桥河、南塘新河、启文桥河、会龙河等（图版二，1、3）。

根据以上描述可知，鄞江镇因鄞江而得名，鄞江则源于起自四明山区的樟溪，樟溪之水蜿蜒而下，经它山堰截流后分为两支：一支穿鄞江镇区而过为南塘河；一支过它山堰绕镇区西南为鄞江。镇区东侧江、河之间，为古城畈，其西为沟通鄞江与南塘河之间的洪水湾泄洪渠，西南、东南分别为鄞江环绕，东北倚凤凰山，由此形成了一个相对封闭的半岛状地貌。隔鄞江相望，西南为悬慈村，东南为狮子山，狮子山与鄞江之间的地块即高尚宅。狮子山江段，上游有它山堰来水，左有洪

---

[1] 鄞县地方志编纂委员会编：《鄞县志》第二编《自然环境》第四章《水文》第一节"水系""鄞江"条，中华书局，1996年，第149页。

[2] 王结华：《关于宁波古代城市发展中的"小溪"问题》，《东南文化》2021年第4期。

[3] 鄞县地方志编纂委员会编：《鄞县志》第二编《自然环境》第四章《水文》第一节"水系""南塘河"条，中华书局，1996年，第151页。

水湾下泄之水，右纳清源溪来水，此段原江道窄处不足40米，一般50~60米，每逢汛期，三路来水汇聚于此，排洪受阻，极易滞溃。文献记载中与所谓的"小溪（鄞江）古城"相关的古城畈、高尚宅、悬慈村、凤凰山等地点，均坐落于此（图三；图版三，2；图版四）。

图三　鄞江镇地形地貌

它山堰与南塘河，是自唐代大和七年（833年）以来不断修筑的水利工程，主要用于解决明州（即今宁波）城市的淡水供应以及鄞县西乡农业灌溉用水的问题[1]；宋代在它山堰上游又筑回沙闸，在今南塘河上游筑有洪水湾塘。明代筑官塘、光溪桥。由此形成了复杂的渠首系统。20世纪70年代后期，官塘拆除；80年代，在原洪水湾塘修建了排洪闸、节制闸枢纽工程；90年代，又对狮子山江段进行了拓宽治理。今天我们所见到的古城畈一带的地形地貌，实际上是千百年来人类活动与自然环境彼此作用、交互影响的结果。

---

[1]　参见叶仲龙：《它山堰考略》，《中国水利》1982年第1期。

第二节 人文环境

一、历史沿革

宁波境域的人文历史，至少可以追溯到距今8000多年前。20世纪70年代以来，以河姆渡遗址[1]为代表的一系列史前时期文化遗存的相继面世，凭借其丰富的内涵、深厚的底蕴和独特的面貌，证明这里不仅已有7000余年的历史积淀，同时也是泱泱华夏文明的渊薮之一。2013年井头山遗址的意外发现和2019~2020年度的首次发掘[2]，又将这里人类活动的时间前推到了距今8300~7800年，重新改定了区域历史。

公元前2000年左右，宁波之地进入青铜时代，这里开始成为于越民族和古代越国的重要活动舞台。至迟在战国中晚期，这里已经建立了宁波历史上最早的城邑——句章故城[3]，余姚江、奉化江、甬江三江交汇之地首次拥有了自己的地域中心。

公元前306年，楚灭越，宁波属楚国辖地。

公元前222年（秦始皇二十五年），秦灭楚，平江南，降百越之君，置会稽郡，在今宁波境内初设句章、鄞[4]、鄮、余姚四县（一说鄮与余姚西汉置县），县治分设今宁波市江北区慈城镇王家坝村（沿用战国时期始建的句章故城。东晋末

---

[1] 参见浙江省文物考古研究所：《河姆渡——新石器时代遗址考古发掘报告》，文物出版社，2003年。
[2] 参见浙江省文物考古研究所、宁波市文物考古研究所、余姚河姆渡遗址博物馆：《浙江余姚井头山发现史前贝丘遗址》，《中国文物报》2020年6月19日。
[3] 参见王结华：《句章故城考》，原载宁波市文物考古研究所、宁波市文物保护管理所编著：《宁波文物考古研究文集》，科学出版社，2008年；转载于浙江省社会科学界联合会编：《2007当代浙江学术论坛集萃（上编）》，浙江大学出版社，2009年。王结华、许超、张华琴：《句章故城考古的主要收获与初步认识》，《南方文物》2012年第3期。王结华：《文献记载中的宁波古城》，宁波市文物考古研究所、宁波市文物保护管理所编著：《宁波文物考古研究文集（二）》，科学出版社，2012年。王结华、许超、张华琴：《句章故城若干问题之探讨》，《东南文化》2013年第2期。宁波市文物考古研究所编著：《句章故城——考古调查与勘探报告》，科学出版社，2014年。王结华：《从句章到明州——宁波早期港城发展的考古学观察》，《中国港口》2017年第S1期。许超：《宁波地区汉唐港城的考古学研究》，南京大学博士学位论文，2018年。宁波市文化遗产管理研究院编著：《城·纪千年——港城宁波发展图鉴》，宁波出版社，2021年，第20~34页。
[4] 王莽时，鄞曾一度更名为谨，东汉复旧为鄞。参见（东汉）班固撰，（唐）颜师古注：《汉书·地理志上》，中华书局，2011年，第1591页。

年句章迁治于今宁波城区三江口一带）[1]、奉化区西坞街道白杜行政村山厂自然村城山[2]、鄞州区五乡镇宝幢一带和余姚市区龙泉山东（图四；图版五）。彼时的鄞江镇一带，或属古鄞县的管辖范围。此后直至隋初，虽然会稽之名及其统辖之地时有变化，但今宁波境域的政区格局基本未变，古鄞县也始终是会稽属县之一。

589年（隋代开皇九年），隋平南朝陈，并余姚县、鄞县、鄮县三县入为句章

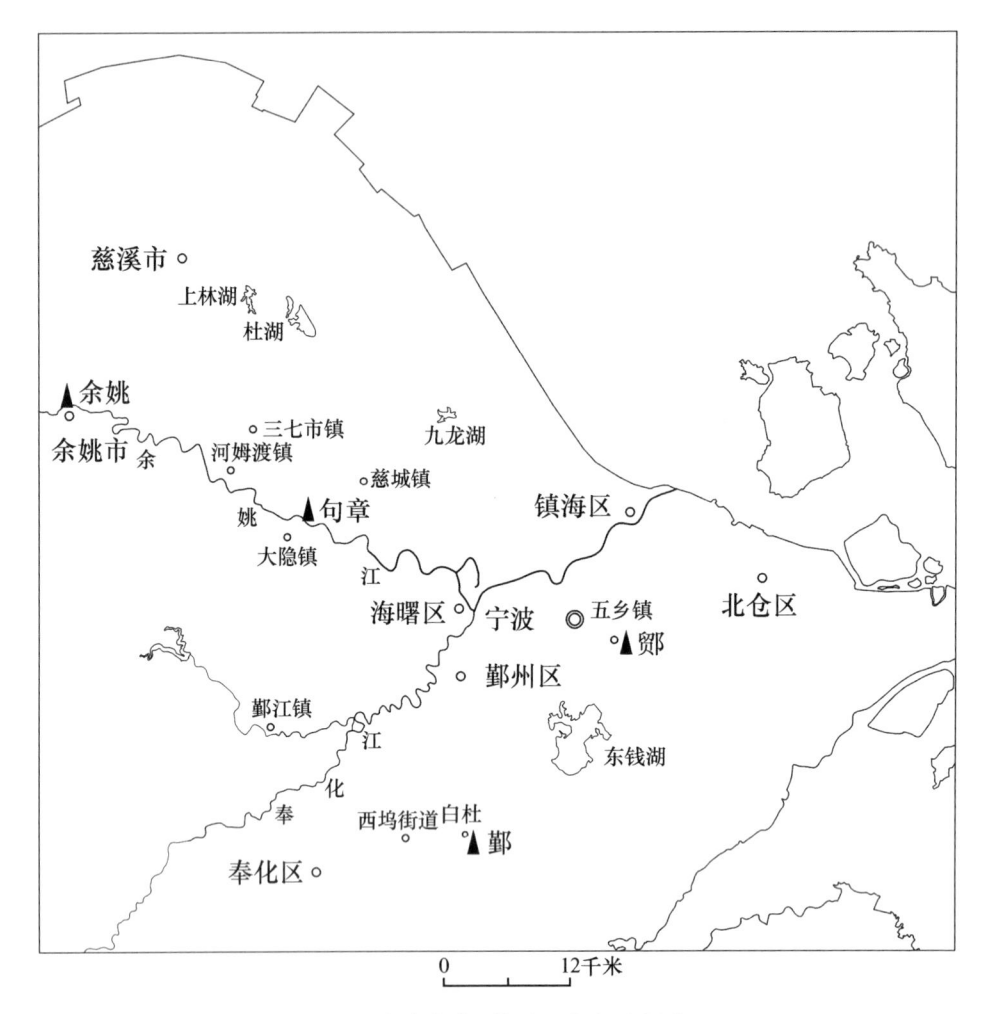

图四　宁波境域早期城邑分布示意图

---

[1] 参见宁波市文物考古研究所编著：《句章故城——考古调查与勘探报告》，科学出版社，2014年；王结华：《从句章到明州——宁波早期港城发展的考古学观察》，《中国港口》2017年第S1期；宁波市文化遗产管理研究院编著：《城·纪千年——港城宁波发展图鉴》，宁波出版社，2021年，第20~34页。

[2] 参见宁波市文物考古研究所、奉化区文物保护管理所（王结华、许超、张华琴执笔）：《远逝千年的边陲古城——宁波奉化白杜鄞县故城的考古调查与发现》，《中国文物报》2018年6月15日第6版；张华琴：《鄞县故城考》，《南方文物》2020年第1期。

一县，隶吴州总管府（后改越州），是为宁波历史上之最大县境，县治仍设于今宁波城区三江口一带。彼时的鄞江镇一带，属于句章县的管辖范围。

621年（唐代武德四年），废句章县，析置鄞州，州治沿用原句章县治，亦设于今宁波城区三江口一带。彼时的鄞江镇一带，属于鄞州的管辖范围。根据地方志书的记载，唐代时的鄞江镇曾被称作光溪镇[1]，今鄞江镇治下仍设有光溪村。

625年（唐代武德八年），改鄞州为鄮县，仍隶越州，治所位置未变。彼时的鄞江镇一带，属于鄮县的管辖范围。

738年（唐代开元二十六年），始分越州设明州，"以境内四明山为名"[2]，辖鄮、奉化、慈溪、翁山四县，州治设于今宁波城区三江口一带。彼时的鄞江镇一带，属于明州下辖四县之一，也是明州附廓县——鄮县的管辖范围。

909年（五代后梁开平三年），改鄮县为鄞县[3]，仍为明州附廓，县治位置不变。彼时的鄞江镇一带，属于鄞县的管辖范围，但此时的鄞县，无论其县治所在抑或管辖范围与历史上的古鄞县皆已大相径庭，名虽相同实则有异矣。

宋代至明清，宁波名称虽迭有易，相继由明州改称庆元、宁波，但鄞县始终为其属县之一，且县治与州治（府治）同城的状况也一直保持未变。这一时期的鄞江镇一带，同样一直属于鄞县的管辖范围。此外，根据史料记载，宋代时的鄞江镇已由唐代时的光溪镇改称小溪镇，仍隶属鄞县治下的句章乡，南宋《宝庆四明志》："小溪镇 句章乡，唐曰光溪镇。"[4] 元代袁桷所撰之《鄞县小溪巡检司记》中，更明确指出小溪镇设置于北宋元丰年间（1078～1085年）："城南门折行四十五里曰小溪镇，宋元丰置焉，唐曰光溪镇，以监酒税烟火得名。"[5]

---

[1] （南宋）方万里、罗濬纂：《宝庆四明志》卷十三《鄞县志卷第二·叙赋·镇市》："小溪镇 句章乡，唐曰光溪镇。"浙江省地方志编纂委员会编：《宋元浙江方志集成》第8册，杭州出版社，2009年，第3381页。

[2] （唐）李吉甫撰，贺次君点校：《元和郡县图志》卷二十六《江南道二·明州》："开元二十六年，采访使齐澣奏分越州之鄮县置明州，以境内四明山为名。"中华书局，1983年，第629页。

[3] （北宋）欧阳忞撰，李勇先、王小红校注：《舆地广记》卷二十三《两浙路下·明州·鄞县》："五代时改（鄮县）曰鄞县。"四川大学出版社，2003年，第655页。按：约成书于北宋徽宗时期的《舆地广记》为目前所见改鄮县为鄞县的最早文献记录，但其仅言"五代时改曰鄞县"。《宝庆四明志》诸书也只是说后梁开平三年后，"未几……鄮县亦改为鄞"。此处系据民国《鄞县通志》、中华书局1996年版《鄞县志》等定为后梁开平三年。

[4] （南宋）方万里、罗濬纂：《宝庆四明志》卷十三《鄞县志卷第二·叙赋·镇市》，浙江省地方志编纂委员会编：《宋元浙江方志集成》第8册，杭州出版社，2009年，第3381页。

[5] （元）袁桷撰：《清容居士集》卷十九《鄞县小溪巡检司记》，《四库全书》本。

1911年（清代宣统三年），今鄞江镇一带改为鄞江乡管辖[1]。"鄞江"作为乡镇之名，开始出现于历史舞台。

1919年（民国八年），改鄞江乡为鄞江区[2]。

1932年（民国二十一年），在今鄞江镇区域内设有堇江镇、光溪镇、悬慈乡三个乡镇。1935年（民国二十四年），并为鄞江镇[3]。"鄞江镇"之名，至此方始出现。

中华人民共和国成立以后，鄞江镇名及其管辖范围又经历了若干复杂的变化，至1981年再次恢复鄞江镇。

2002年，撤销鄞县，设立宁波市鄞州区，鄞江镇属宁波市鄞州区管辖。

2016年，宁波行政区划经历了又一轮调整，鄞江镇划归宁波市海曙区管辖。

二、文献辑录

与"小溪（鄞江）"之地设州县置治所，或与所谓的"小溪（鄞江）古城"直接或间接有所关联的文献资料并不算少，明清以来地方志书记载尤多。但这些记载，或语焉不详，或牵强附会，或胡乱揣度，或人云亦云，或自相矛盾，可信者少，臆测者多。然而，正是这些难以凭借的文献资料，却成为后世诸多人士认定"小溪（鄞江）"之地有城的主要依据，并据之浮想联翩武断推论肆意延伸，以致形成了宁波古代城市发展史上的千年悬案，直白一点，甚至可以说是宁波古代城市发展史研究中的一笔糊涂账，诚为可叹！读者诸君在评阅之际，尚请务必明辨之。

兹以时代为序，简要列举直接或间接相关之部分文献记载如下。相关文献记载内容，既直接涉及所谓的"小溪（鄞江）古城"，也涉及与之相关的大历移城、长庆移城、句章乡、古鄞江、古城畈、悬慈、小江湖，以及小溪酒务、税场、巡检司等问题。

同时，提请注意的是，以下所列文献记载，未点校者系本书编著者自行点校，部分已点校者亦经本书编著者重新校核。

---

[1] 鄞县地方志编纂委员会编：《鄞县志》第一编《政区》第二章《行政区划》第三节"明清时期区划"，中华书局，1996年，第36页。

[2] 鄞县地方志编纂委员会编：《鄞县志》第一编《政区》第二章《行政区划》第四节"民国时期区划"，中华书局，1996年，第36页。

[3] 鄞县地方志编纂委员会编：《鄞县志》第一编《政区》第二章《行政区划》第四节"民国时期区划"，中华书局，1996年，第41~47页。

(一)宋元时期相关记载

《唐会要》卷七十一《州县改置下·江南道》:"明州。开元二十六年七月十三日。析越州鄮县置。以秦昌舜为刺史。仍置奉化、慈溪、翁山等县。慈溪以房琯为县令。翁山以王叔通为县令。广德元年三月四日因袁晁贼废。长庆元年三月,浙东观察使薛戎上言:'明州北临鄞江,城池卑隘,今请移州于鄮县置,其旧城近南高处置县。'从之。"[1]

《太平寰宇记》卷九十八《江南东道十·明州》:"明州,余姚郡。今理鄮县。古舜后为余姚之墟。两汉志为会稽鄞县之地。光武曾为贼所败逐,有奴在田中耕,因藏,光武获免。后定天下,议赏,光武问欲何官,奴云欲得鄞县令。后或号鄞县为官奴县。唐开元二十六年析会稽之鄮县置明州,取境内四明山为名。天宝元年改为余姚郡。乾元元年复为明州。长庆元年,浙东观察使薛戎上言:'明州北临鄞江,地形卑隘,今请却移郡于鄮县置,其元郡城近高处却安县。'从之。皇朝为奉国军节度。"[2]

《新唐书·地理五》:"明州余姚郡,上。开元二十六年,采访使齐澣奏以越州之鄮县置,以境有四明山为名。……县四。……鄮,上。武德四年析故句章县置鄞州,八年州废,更置鄮县,隶越州。开元二十六年析置翁山县,大历六年省。有盐。南二里有小江湖,溉田八百顷,开元中令王元纬(实为暐——编著者注)置,民立祠祀之。东二十五里有西湖,溉田五百顷,天宝二年令陆南金开广之。西十二里有广德湖,溉田四百顷,贞元九年,刺史任侗因故迹增修。西南四十里有仲夏堰,溉田数千顷,大和六年刺史于季友筑。"[3]

《西湖引水记》:"按州《图经》,鄮县南二里有小湖,唐贞观中令王君照修也。盖今俗俚所谓细湖头者,乃其故处焉。湖废久矣,独其西隅尚存,今所谓西湖是也。……侯讳元晖,史不传,不知何许人也?唐太和中实令是邑,得之父老,它山以北,故时皆江也,溪流猥斥,并与潮汐上下,水不蓄泄,旱潦易灾。侯为视地高下,伐木斫石,横巨流而约之。"[4]

---

[1] (北宋)王溥撰:《唐会要》卷七十一《州县改置下·江南道》,中华书局,1955年,第1273页。

[2] (北宋)乐史撰,王文楚等点校:《太平寰宇记》卷九十八《江南东道十·明州》,中华书局,2007年,第1958页。

[3] (北宋)欧阳修、宋祁撰:《新唐书·地理五》,中华书局,2011年,第1061、1062页。

[4] (南宋)魏岘撰:《四明它山水利备览》卷下引(北宋)舒亶《西湖引水记》,宁波市鄞州区地方志编纂委员会编:《鄞州山水志选辑》第一册,宁波出版社,2009年,第13页。

《舆地广记》卷二十三《两浙路下》："句章县，汉属会稽郡。东汉、晋、宋、隋皆因之。唐省入鄮县。故城在今（鄞）县西。"[1]

《宣和奉使高丽图经》卷三十四《海道一》："十六日戊辰，神舟发明州。十九日辛未达定海县。先期遣中使武功大夫容彭年建道场于总持院七昼夜，仍降御香宣祝于显仁助顺渊圣广德王祠，神物出现，状如蜥蜴，实东海龙君也。庙前十余步，当鄞江穷处，一山巍然出于海中，上有小浮屠。旧传海舶望是山则知其为定海也，故以招宝名之，自此方谓之出海口。二十四日丙子，八舟鸣金鼓，张旗帜，以次解发。中使关弼登招宝山焚御香，望洋再拜。是日，天气晴快，巳刻，乘东南风，张篷鸣橹。水势湍急，委蛇而行。过虎头山，水浃港口七里山。虎头山，以其形似名之，度其地已距定海二十里矣。水色与鄞江不异，但味差咸耳。盖百川所会，至此犹未澄彻也。"[2]

《乾道四明图经》卷一《总叙》："上。明州。奉化郡。奉国军节度。治鄮县。……明皇开元二十六年，采访使齐澣始复奏请为州，以境内有四明山，故号州为明。而郡名奉化，属浙东观察使，首命秦舜昌为刺史。天宝元年，改为余姚郡。肃宗乾元元年秋七月，复为明州。仍兼浙东观察使。旧治鄮县，今阿育王山之西，鄮山之东，城郭遗址犹存。代宗大历六年三月，海寇袁晁作乱于翁山，而鄮久弗能复，乃移治鄞。鄞东取鄮城才三十里。……是年，翁山县废。穆宗长庆元年，浙东观察使薛戎上书，明州北临鄞江，地形卑隘，请移郡于鄮县置，其元郡城近南高处却安县。从之。而移否莫得而知。"[3]

《乾道四明图经》卷一《总叙·州城内古迹》："竞渡湖，即开元寺西之小湖也。昔有黄、钟二公竞渡于此，故后人以名其处。亦呼为小江里，又曰沿江里也。"[4]

《乾道四明图经》卷二《鄞县·乡》："武康乡，州城下，管小江里。"[5]

《乾道四明图经》卷二《鄞县·乡》："句章乡，县南六十里，管里一，村

---

[1] （北宋）欧阳忞撰，李勇先、王小红校注：《舆地广记》卷二十三《两浙路下》，四川大学出版社，2003年，第655页。

[2] （北宋）徐兢撰：《宣和奉使高丽图经》卷三十四《海道一》，《四库全书》本。

[3] （南宋）张津等纂：《乾道四明图经》卷一《总叙》，浙江省地方志编纂委员会编：《宋元浙江方志集成》第7册，杭州出版社，2009年，第2879、2880页。

[4] （南宋）张津等纂：《乾道四明图经》卷一《总叙·州城内古迹》，浙江省地方志编纂委员会编：《宋元浙江方志集成》第7册，杭州出版社，2009年，第2884页。

[5] （南宋）张津等纂：《乾道四明图经》卷二《鄞县·乡》，浙江省地方志编纂委员会编：《宋元浙江方志集成》第7册，杭州出版社，2009年，第2888页。

二：夕阳里。高桥村，在县西南五十五里。市中村，在县西南六十里。"[1]

《乾道四明图经》卷二《鄞县·桥梁》："鄞江跨江浮桥，在县东南二里，旧曰灵现桥，亦曰灵建桥。唐长庆三年，刺史应彪建。太和（应为大和——编著者注）三年，刺史李文孺重建。初建桥于东渡门三江口，江阔水驶，不克成，乃徙今建桥之地。"[2]

《乾道四明图经》卷二《鄞县·水》："小江湖，在县南二十里。唐贞观十年，县令王君照修建。溉田八百余顷。"[3]

《乾道四明图经》卷二《鄞县·古迹》："古句章城，在县南六十里。《汉书·地理志》云：渠水东入海。《山海经》云：句余之山，无草木，多金玉。郭璞注以为山在余姚南、句章北，故二县因以为名。汉元帝元鼎六年，东粤王驺余善反，遣横海将军韩说出句章道以伐之。颜师古曰：句章，会稽之县也，今句章乡即其地也。《吴录》云：句章，因山为名。《十道四蕃志》云：在太平山，隋开皇九年平陈，县废。"[4]

《舆地纪胜》卷十一《两浙东路·庆元府·古迹》："句章城，在鄞县，本汉县。废城在县西。《元和郡县志》云在州西一里。颜注云在鄞县之句章乡。古句章城，在鄞县南六十里。东粤王余善反，汉遣横海将军韩说出句章道以伐之。《十道四蕃志》云开皇中平陈，县废。按：《隋志》隋平陈，并余姚、鄮、鄞三县入句章。则隋尚有句章县，而句章非废于隋也。"[5]

《宝庆四明志》卷一《郡志卷第一·叙郡上·沿革论》："州治鄞县，在阿育王山之西，鄮山之东。自鄞州废为鄞县，乃在今州治，非古鄞治矣。《唐书·地理志》鄞县注曰：小江湖在南二里，广德湖在西十二里，仲夏堰在西南四十里。所谓小江湖，即今日湖，又曰细湖，其地实为小江里。盖自析句章为鄞州时，已治此矣，后乃废州为鄞县。旧志谓大历六年州始移治于此，未之考也。长庆元年，刺史韩察欲移州城，以白浙东观察使薛戎。戎上言，明州北临鄞江，地形卑隘，请移明州于鄮县置，而以州旧城近南高处置县。从之。见《唐

---

[1] （南宋）张津等纂：《乾道四明图经》卷二《鄞县·乡》，浙江省地方志编纂委员会编：《宋元浙江方志集成》第7册，杭州出版社，2009年，第2889页。

[2] （南宋）张津等纂：《乾道四明图经》卷二《鄞县·桥梁》，浙江省地方志编纂委员会编：《宋元浙江方志集成》第7册，杭州出版社，2009年，第2890页。

[3] （南宋）张津等纂：《乾道四明图经》卷二《鄞县·水》，浙江省地方志编纂委员会编：《宋元浙江方志集成》第7册，杭州出版社，2009年，第2894、2895页。

[4] （南宋）张津等纂：《乾道四明图经》卷二《鄞县·古迹》，浙江省地方志编纂委员会编：《宋元浙江方志集成》第7册，杭州出版社，2009年，第2902、2903页。

[5] （南宋）王象之撰：《舆地纪胜》卷十一《两浙东路·庆元府·古迹》，中华书局据道光二十五年刊本影印，1992年，第627页。

会要》及《移城记》。"[1]

《宝庆四明志》卷三《郡志卷第三·叙郡下·城郭·罗城》："回城门凡十……南东曰鄞江门，今闭。"[2]

《宝庆四明志》卷三《郡志卷第三·叙郡下·官僚·务、镇官》："小溪酒税，共武一员。"[3]

《宝庆四明志》卷五《郡志卷第五·叙赋上·酒糟、醋附》："国初，有都酒务官，既自榷，亦许民般酤。又募民能分其利，即官给要契，许酤于二十里外，而岁输其直，今坊场课利钱是也。时酒课尽入系省，州用仰足于此。庆历二年，祠部员外郎王琪请增酒价，以其钱起发上供，利端始开。熙宁、元丰以后，买扑名钱入于常平，酒价荐增，又悉桩管，州益苦匮，乃增收买扑净利钱，而诸库并复设。明州租额，在城及奉化、慈溪、定海、小溪五务，岁为钱止八万三千一百五十四贯而已。……慈溪、奉化、小溪三务，隶省场。"[4]

《宝庆四明志》卷五《郡志卷第五·叙赋上·商税并以宝庆元年为准》："奉化、慈溪、定海、小溪、石碶、宝幢、澥浦七税场，四万五百三十贯文。"[5]

《宝庆四明志》卷十二《鄞县志卷第一·叙县·沿革论》："隋开皇九年，并鄞、鄮入句章县。唐武德四年，废句章县，析置鄞州。八年，废鄞州为鄮县，隶越州。……当时县治乃今州治，非古鄮治矣。县南有鲍郎庙，记云：唐圣历二年，县令柳惠古徙祠于县。是知初置鄞州，已治此，继废州为鄮县，不复在鄮山之东也。开元二十六年，即鄮县置明州，鄮为附郭县。长庆元年，刺史韩察请于朝，以县治为州治，而于旧州城近南高处置县。"[6]

《宝庆四明志》卷十二《鄞县志卷第一·叙县·仓、库、务、场等》："小溪

---

[1] （南宋）方万里、罗濬纂：《宝庆四明志》卷一《郡志卷第一·叙郡上·沿革论》，浙江省地方志编纂委员会编：《宋元浙江方志集成》第7册，杭州出版社，2009年，第3101、3102页。

[2] （南宋）方万里、罗濬纂：《宝庆四明志》卷三《郡志卷第三·叙郡下·城郭·罗城》，浙江省地方志编纂委员会编：《宋元浙江方志集成》第7册，杭州出版社，2009年，第3141页。

[3] （南宋）方万里、罗濬纂：《宝庆四明志》卷三《郡志卷第三·叙郡下·官僚·务、镇官》，浙江省地方志编纂委员会编：《宋元浙江方志集成》第7册，杭州出版社，2009年，第3157页。

[4] （南宋）方万里、罗濬纂：《宝庆四明志》卷五《郡志卷第五·叙赋上·酒》，浙江省地方志编纂委员会编：《宋元浙江方志集成》第7册，杭州出版社，2009年，第3187~3189页。

[5] （南宋）方万里、罗濬纂：《宝庆四明志》卷五《郡志卷第五·叙赋上·商税》，浙江省地方志编纂委员会编：《宋元浙江方志集成》第7册，杭州出版社，2009年，第3195、3196页。

[6] （南宋）方万里、罗濬纂：《宝庆四明志》卷十二《鄞县志卷第一·叙县·沿革论》，浙江省地方志编纂委员会编：《宋元浙江方志集成》第8册，杭州出版社，2009年，第3348、3349页。

酒务句章乡,去县四十里。唐谓之光溪镇,本人户买扑。皇朝元丰元年,复置监官,趁酒税课额。……小溪税场与酒务同置。"[1]

《宝庆四明志》卷十二《鄞县志卷第一·叙县·官僚》:"小溪酒税监官共一员句章乡。"[2]

《宝庆四明志》卷十三《鄞县志卷第二·叙赋·乡村》:"武康乡,在府城下,管小江里。"[3]

《宝庆四明志》卷十三《鄞县志卷第二·叙赋·乡村》:"句章乡,在县南。管里一、村二:夕阳里,高桥村、市中村。"[4]

《宝庆四明志》卷十三《鄞县志卷第二·叙赋·镇市》:"小溪镇句章乡,唐曰光溪镇。"[5]

《宝庆四明志》卷十三《鄞县志卷第二·叙赋·酒以宝庆三年为准》:"小溪务,系省场。"[6]

《宝庆四明志》卷十三《鄞县志卷第二·叙赋·商税以宝庆元年为准》:"小溪场旧有管建岙子铺。庆元元年,别解发本府钱三百六十贯文,不理本场课额。后因民讼,漕台行下罢去。"[7]

《宝庆四明志》卷十三《鄞县志卷第二·叙祠·神庙》:"遗德庙,县西南四十里它山堰旁。唐大和中,鄮令王元暐筑堰,扞水入小江湖,灌溉甚溥。"[8]

《宝庆四明志》卷十七《慈溪县志卷第二·叙遗·存古》:"古句章县,在今

---

[1] (南宋)方万里、罗濬纂:《宝庆四明志》卷十二《鄞县志卷第一·叙县·仓、库、务、场等》,浙江省地方志编纂委员会编:《宋元浙江方志集成》第8册,杭州出版社,2009年,第3356页。

[2] (南宋)方万里、罗濬纂:《宝庆四明志》卷十二《鄞县志卷第一·叙县·官僚》,浙江省地方志编纂委员会编:《宋元浙江方志集成》第8册,杭州出版社,2009年,第3358页。

[3] (南宋)方万里、罗濬纂:《宝庆四明志》卷十三《鄞县志卷第二·叙赋·乡村》,浙江省地方志编纂委员会编:《宋元浙江方志集成》第8册,杭州出版社,2009年,第3380页。

[4] (南宋)方万里、罗濬纂:《宝庆四明志》卷十三《鄞县志卷第二·叙赋·乡村》,浙江省地方志编纂委员会编:《宋元浙江方志集成》第8册,杭州出版社,2009年,第3381页。

[5] (南宋)方万里、罗濬纂:《宝庆四明志》卷十三《鄞县志卷第二·叙赋·镇市》,浙江省地方志编纂委员会编:《宋元浙江方志集成》第8册,杭州出版社,2009年,第3381页。

[6] (南宋)方万里、罗濬纂:《宝庆四明志》卷十三《鄞县志卷第二·叙赋·酒》,浙江省地方志编纂委员会编:《宋元浙江方志集成》第8册,杭州出版社,2009年,第3383页。

[7] (南宋)方万里、罗濬纂:《宝庆四明志》卷十三《鄞县志卷第二·叙赋·商税》,浙江省地方志编纂委员会编:《宋元浙江方志集成》第8册,杭州出版社,2009年,第3387页。

[8] (南宋)方万里、罗濬纂:《宝庆四明志》卷十三《鄞县志卷第二·叙祠·神庙》,浙江省地方志编纂委员会编:《宋元浙江方志集成》第8册,杭州出版社,2009年,第3391页。

县南十五里，面江为邑，城基尚存，故老相传曰城山，旁有城山渡，西去二十五里有句余山，又有句余村。郭璞谓句余山在余姚北、句章南，二县因以为名，其实山在余姚东、句章西。旧经：古句章城在鄞县南六十里。今鄞县之西南有句章乡。然按《汉书·地理志》：句章，渠水东入海。则所谓城山渡即其渠也。晋刘裕东讨孙恩，实戍句章，每战陷阵，贼乃退还浃口今定海县大、小浃口是也。是时孙恩泛海出没，御之当据要冲，而今句章乡乃在山间，必非戍守之地。乡名句章，特以其地素隶句章县故尔。"[1]

《宝庆四明志》卷十八《定海县志卷第一·叙水·水》："大浃江，县南一里，与鄞江通。"[2]

《四明它山水利备览》卷上"洪水湾"条："去堰半里余，沙港之南地名'古城'。有小港，南属于江，今为沙所壅。耆老相传，谓旧尝于此置堨。近缘屡经洪水，江流冲入，渐与港通。恐日后为江水冲开，溪流顿泄，宜筑堤岸。"[3]

《四明它山水利备览》卷上"古小溪港"条："许家桥东，有地名童家庙，北有古沟，势与港接，今为沙所塞，而污沥尚在。"[4]

《四明它山水利备览》卷上"造堰协谋之人"条："堰之造也，采公阇黎实佐经营，今有祠像在侯之左。今俗称悬磁法师。"[5]

《开庆四明续志》卷四《兴复省并酒库》："曰林村库，曰小溪子库，则昔败阙而今兴复者也。……小溪子库，宝祐六年正月，据黄迪功澄乞抱纳月息钱四百八十四贯三百五十文会，官不给本钱，岁纳五千八百一十二贯二百文会。"[6]

《开庆四明续志》卷四《经总制司》："小溪酒坊，生煮酒钱年管一千五百一十二贯五百四文钱会。一半元系本坊解发，宝祐六年正月，鲒埼酒务申

---

[1] （南宋）方万里、罗濬纂：《宝庆四明志》卷十七《慈溪县志卷第二·叙遗·存古》，浙江省地方志编纂委员会编：《宋元浙江方志集成》第8册，杭州出版社，2009年，第3486页。

[2] （南宋）方万里、罗濬纂：《宝庆四明志》卷十八《定海县志卷第一·叙水·水》，浙江省地方志编纂委员会编：《宋元浙江方志集成》第8册，杭州出版社，2009年，第3506页。

[3] （南宋）魏岘撰：《四明它山水利备览》卷上，宁波市鄞州区地方志编纂委员会编：《鄞州山水志选辑》第一册，宁波出版社，2009年，第6页。

[4] （南宋）魏岘撰：《四明它山水利备览》卷上，宁波市鄞州区地方志编纂委员会编：《鄞州山水志选辑》第一册，宁波出版社，2009年，第6页。

[5] （南宋）魏岘撰：《四明它山水利备览》卷上，宁波市鄞州区地方志编纂委员会编：《鄞州山水志选辑》第一册，宁波出版社，2009年，第7页。

[6] （南宋）梅应发、刘锡纂：《开庆四明续志》卷四《兴复省并酒库》，浙江省地方志编纂委员会编：《宋元浙江方志集成》第8册，杭州出版社，2009年，第3646、3649页。

请作子店，年解七千四十一贯六百文十七界。一半系建兵坊店户送纳。"[1]

《延祐四明志》卷一《沿革考》："长庆元年，刺史韩察欲移州城，以白浙东观察使薛戎，上言明州北临鄞江，地形卑隘，请移明州置于鄮县，而以州旧城近南高处置县。从之。"[2]

《延祐四明志》卷一《沿革考·辨证》王应麟"辨句章"条："句章，《九域志》云：因山为名。《战国策》有句章昧，盖以邑为氏。汉伐东粤，遣横海将军韩说出句章，浮海从东方往。《史记正义》：句章故城在鄮县西一百里。此张守节以开元之鄮言之。《元和郡县志》：句章故城在今州西一里。此李吉甫以元和之明州言之。《后汉》注与《史记正义》同。《图经》：古句章城在鄮县南六十里。此今之地里也。《虞翻传》注：句章董黯。则慈溪乃汉句章之地。晋刘牢之东屯上虞，使刘裕戍句章。今鄞县有句章乡，盖自此乡及慈溪，皆句章境。古句章城在小溪镇。"[3]

《延祐四明志》卷三《职官考下·鄞县》："小溪巡检司，巡检一员，司吏一名。"[4]

《延祐四明志》卷八《城邑考上·城·本路》："唐长庆元年，刺史韩察移州治于鄮县治，撤旧城而新之。……唐末，黄晟为州刺史，增筑。……辨证：旧志云：罗城，黄晟所筑。长庆所移，子城是也。按《通鉴》唐宣宗大中十三年十二月，裘甫寇浙东，攻陷象山，明州城门昼闭。懿宗咸通元年，甫分兵掠明州，州民相与谋曰：'贼若入城，妻子皆为菹醢，况货财乎！'乃相率出财，募壮士，治器械，为固守之备。黄晟没于梁开平间，距唐大中相云五十余载，岂有城未筑而先有门之理？若指子城而言，其周环才四百余丈，岂足以闭门自保邪？于此则长庆所移之城，即罗城是也。"[5]

《延祐四明志》卷八《城邑考上·公宇》："鄞县小溪巡检司，在县南四十五

---

[1] （南宋）梅应发、刘锡纂：《开庆四明续志》卷四《经总制司》，浙江省地方志编纂委员会编：《宋元浙江方志集成》第8册，杭州出版社，2009年，第3653、3654页。

[2] （元）马泽修，袁桷纂：《延祐四明志》卷一《沿革考》，浙江省地方志编纂委员会编：《宋元浙江方志集成》第9册，杭州出版社，2009年，第3942页。

[3] （元）马泽修，袁桷纂：《延祐四明志》卷一《沿革考·辨证》，浙江省地方志编纂委员会编：《宋元浙江方志集成》第9册，杭州出版社，2009年，第3944页。

[4] （元）马泽修，袁桷纂：《延祐四明志》卷三《职官考下·鄞县》，浙江省地方志编纂委员会编：《宋元浙江方志集成》第9册，杭州出版社，2009年，第4003页。

[5] （元）马泽修，袁桷纂：《延祐四明志》卷八《城邑考上·城·本路》，浙江省地方志编纂委员会编：《宋元浙江方志集成》第9册，杭州出版社，2009年，第4166、4167页。

里句章乡镇都。"[1]

《延祐四明志》卷八《城邑考上·亭·本路》："三江亭，鄞江之东，旧有亭名三江，久废。宋绍兴十年，守潘良贵创亭于江之西城之上，东渡门之北，今废。"[2]

《延祐四明志》卷八《城邑考上·乡都·鄞县》："句章乡，在县南五十里。旧有里一：夕阳。村二：高桥、市中。今管都三：镇都、三十三都、三十四都。"[3]

《延祐四明志》卷十二《赋役考·兵·鄞县》："小溪巡检司二十名。"[4]

《延祐四明志》卷十五《祠祀考·神庙·在城》："鄞江庙，在东南隅狮子桥东，旧有鄞江门，故建。"[5]

《清容居士集》卷十九《鄞县小溪巡检司记》："城南门折行四十五里曰小溪镇，宋元丰置焉，唐曰光溪镇，以监酒税烟火得名。治平元年，罢酒税以便民，独掌烟火，凡言烟火职民讼水火盗贼。其地三境交接，大江贯其中，群溪毕会，水清泠如明镜，岩峦拥秀，千篙竞发，碧瓦朱甍，翚甍鳞比，望之如神仙居。宋绍兴中，北客多乐居之。魏文节公结圃墅，与客大梁张武子为诗友。其它如安仪同，孙、王尚书相继卜筑，而为是镇者。于于养恬，承接履舄，争斗绝庭下。桷幼岁舟至溪上，犹能记仿佛也。皇朝一海，寓立巡检司于是地，而旧镇久废，故家亦湮没毁散，仕者率苟循岁月，处隘踵陋，不复以崇严为事。泰定元年，白君察罕不花莅是职，与父老言曰：'司徼之所不在，荒寂则在犷恶，吾独爱是溪有先贤之遗俗，薪者、贩者前歌后休，绝枹鼓之警，罢千楯之逻，吾心固勤焉。亦是土循谨之，素愿广听事以表兹溪。'咸曰然。于是木踵以至，甓效以来，三年夏阅工，九月告成。远迎龙湫，近接虹梁，举觯以落，而怀牒巧讼者各屏息以避。有合夫道德齐礼之义，乃相与歌曰：'作之烝烝，罔闻其声。养其高明，心清以宁。不卑其官，惟

---

[1]（元）马泽修，袁桷纂：《延祐四明志》卷八《城邑考上·公宇》，浙江省地方志编纂委员会编：《宋元浙江方志集成》第9册，杭州出版社，2009年，第4171页。

[2]（元）马泽修，袁桷纂：《延祐四明志》卷八《城邑考上·亭·本路》，浙江省地方志编纂委员会编：《宋元浙江方志集成》第9册，杭州出版社，2009年，第4188页。

[3]（元）马泽修，袁桷纂：《延祐四明志》卷八《城邑考上·乡都·鄞县》，浙江省地方志编纂委员会编：《宋元浙江方志集成》第9册，杭州出版社，2009年，第4196页。

[4]（元）马泽修，袁桷纂：《延祐四明志》卷十二《赋役考·兵·鄞县》，浙江省地方志编纂委员会编：《宋元浙江方志集成》第9册，杭州出版社，2009年，第4206页。

[5]（元）马泽修，袁桷纂：《延祐四明志》卷十五《祠祀考·神庙·在城》，浙江省地方志编纂委员会编：《宋元浙江方志集成》第9册，杭州出版社，2009年，第4307页。

后来是承。'"[1]

《至正四明续志》卷一《沿革》:"慈溪县,古句章地。《虞翻传》注:句章董黯,慈溪以黯得名。隋并鄞、鄮入句章。唐初置鄞州,复废为鄮县。则慈溪之地,前属句章,句章既废,则属鄮。开元二十六年,析鄮置慈溪。今鄞县有句章乡,古句章城在小溪镇,岂是乡亦句章境,抑鄮、鄞并入之时名之欤?"[2]

《至正四明续志》卷三《鄞县·公宇》:"小溪巡检司,在县南四十五里。"[3]

《至正四明续志》卷三《鄞县·乡都隅社》:"句章乡,三十三都至三十四都,镇都,三十六社。"[4]

《至正四明续志》卷六《赋役·弓兵·鄞县》:"小溪巡检司,二十名。"[5]

(二)明清时期相关记载

《大明一统志》卷四十六《宁波府·山川》:"奉化江,在奉化县北四十五里,俗名北渡江,流入鄞江。"[6]

《大明一统志》卷四十六《宁波府·古迹》:"句章城,汉为县,今为城。有二:一在鄞县西南四十五里通远乡;一在慈溪县西南十五里城山渡东。"[7]

《宁波府简要志》卷一《舆地志·因革》:"秦郡会稽,析其地为三县隶之。……一曰句章,以句余山而名,治在句章乡小溪镇,或曰姚江城山渡是也。"[8]

《宁波府简要志》卷一《山川志·江》:"姚江,源自余姚之太平山,经通明

---

[1] (元)袁桷撰:《清容居士集》卷十九《鄞县小溪巡检司记》,《四库全书》本。
[2] (元)王元恭纂:《至正四明续志》卷一《沿革》,浙江省地方志编纂委员会编:《宋元浙江方志集成》第10册,杭州出版社,2009年,第4478页。
[3] (元)王元恭纂:《至正四明续志》卷三《鄞县·公宇》,浙江省地方志编纂委员会编:《宋元浙江方志集成》第10册,杭州出版社,2009年,第4525页。
[4] (元)王元恭纂:《至正四明续志》卷三《鄞县·乡都隅社》,浙江省地方志编纂委员会编:《宋元浙江方志集成》第10册,杭州出版社,2009年,第4526页。
[5] (元)王元恭纂:《至正四明续志》卷六《赋役·弓兵·鄞县》,浙江省地方志编纂委员会编:《宋元浙江方志集成》第10册,杭州出版社,2009年,第4604页。
[6] (明)李贤等修,(明)万安等纂:《大明一统志》卷四十六《宁波府·山川》,明天顺五年刻本。
[7] (明)李贤等修,(明)万安等纂:《大明一统志》卷四十六《宁波府·古迹》,明天顺五年刻本。
[8] (明)黄润玉、孟清纂:《宁波府简要志》卷一《舆地志·因革》,宁波市地方志编纂委员会整理:《明代宁波府志》第八册,宁波出版社,2013年,第55页。

坝下七里滩，过余姚江桥，直至府城三港口，会鄞江入海。"[1]

《宁波府简要志》卷一《山川志·潭》："悬瓷蓥潭，鄞县西南六十里。岁旱甚，通县河渠皆涸，惟此潭不竭，灌田数千亩。"[2]

《宁波府简要志》卷一《城镇志·城池》："本府城，周围十八里，唐末刺史黄晟所筑也。城西南皆甬水环城为濠，东则鄞江，北则姚江抱城，在三港口合流，东入海。今按《延祐志》所引经书云，晋刘牢之筑城三港口，即今府城所始。本句章境，唐武德四年，析句章置鄞州，在今府城。八年，废鄞州，复鄮县。开元二十六年，以鄮县为明州附郭。大历中，翁山县寇乱，移鄮治今府城之子城。盖翁山海角，顺风一潮可到鄮也。长庆初，移州治于鄮治，撤原城，新子城，就复鄮于原城治近南高处之中。"[3]

《宁波府简要志》卷五《古迹志·古城》："句章城，汉为县。今城有二：一在鄞县西南四十五里通远乡；一在慈溪县西南十五里城山渡东。"[4]

《成化四明郡志》卷一《沿革考》："大历六年，海寇袁晁反，据翁山、鄮二县，久不克复，遂移治鄮即武德四年所置鄞州，今宁波府是也。鄞县旧治在阿育王山西、鄮山之东，城郭遗址犹存。鄮东取鄞才三十里。自鄞州废为鄮县，在今府治，非古鄮治矣。是年废翁山。穆宗长庆元年，刺史韩察欲移州城，以白浙东观察使薛戎，上言明州北临鄮江，地形卑隘，请移明州置于鄮县，而以州旧城近南高处置县。从之。"[5]

《成化四明郡志》卷三《闾里考·鄞县》："句章乡，县南。旧夕阳里、高桥村。领都凡三：镇都，三十三都，三十四都。"[6]

《成化四明郡志》卷三《闾里考·鄞县》："小溪市，县南四十里。属镇都，

---

[1]（明）黄润玉、孟清纂：《宁波府简要志》卷一《山川志·江》，宁波市地方志编纂委员会整理：《明代宁波府志》第八册，宁波出版社，2013年，第78页。

[2]（明）黄润玉、孟清纂：《宁波府简要志》卷一《山川志·潭》，宁波市地方志编纂委员会整理：《明代宁波府志》第八册，宁波出版社，2013年，第82页。

[3]（明）黄润玉、孟清纂：《宁波府简要志》卷一《城镇志·城池》，宁波市地方志编纂委员会整理：《明代宁波府志》第八册，宁波出版社，2013年，第86页。

[4]（明）黄润玉、孟清纂：《宁波府简要志》卷五《古迹志·古城》，宁波市地方志编纂委员会整理：《明代宁波府志》第八册，宁波出版社，2013年，第246页。

[5]（明）杨寔纂：《成化四明郡志》卷一《沿革考》，宁波市地方志编纂委员会整理：《明代宁波府志》第六册，宁波出版社，2013年，第16页。

[6]（明）杨寔纂：《成化四明郡志》卷三《闾里考·鄞县》，宁波市地方志编纂委员会整理：《明代宁波府志》第六册，宁波出版社，2013年，第176页。

旧名小溪镇。"[1]

《成化四明郡志》卷三《河防考·河湖渠塘池井碶闸堰坝水步水则附·郡》"日月二湖"条附有王应麟之辨证及袁楒之考辨："唐志鄞县南二里有小江湖，溉田八百顷，开元中令王元暐置，民立祠祀之。按《九域志》即它山堰也，今有善政侯王长官祠。郡志乃谓城中之小湖，误矣。《图经》云小江湖在鄞县南二十里，唐贞观十年县令王君照修，与唐志不同。唐志又云东二十五里有西湖，溉田五百顷，天宝二年令陆南金开广之，盖今之钱湖也。《南丰记》云鄞东乡之田，钱湖溉之；西乡之田，广德湖注之。唐志鄞县东有西湖，西有广德湖，可以见西湖之为钱湖矣。郡志以西湖为今城中之西湖，亦误。若广德湖则《南丰》谓具于齐、梁之际，今考陆云书，鄞西有大湖，广纵千顷，晋已有湖矣，旧名罂脰湖。《元和郡县志》所载，数在州城未迁之前，唐志因之。长庆始徙今城，郡志乃以今城之远近牵合唐志之里数，宜其差谬也。右尚书王应麟辨证。……楒参考王、舒二言，复以旧志，小江湖在县南，溉田八百余顷，盖即县令王元暐所浚，《九域》言它山堰是元暐建，今有祠在堰侧。南门水由它山入，用《引水记》法为之，犹可复旧。今惠光院旧号小江塔院，正在西南，则小江湖其地相近，旁有千丈镜，支港尤多，以是得名。而城小江盖由灵桥之小江里，非小江湖也。"[2]

《嘉靖宁波府志》卷一下《沿革》："隋平陈，改会稽郡为吴州，后改越州今绍兴府。则取余姚益句章，而郡兼余姚，并鄞、鄮为越州之句章地治在句章乡之小溪镇。后鄞州、鄮治同。……大历六年，鄮、翁山有袁晁之乱，不能讨复，遂废翁山不治，而鄮治原在鄮山因移之今郡治地即今府城地，县先立。穆宗长庆改元，遂以为明州治，而郡之治始定，鄮今鄞之附郭亦始此。"[3]

《嘉靖宁波府志》卷六《山川下·奉化·川·江》："奉化江，抵惠政桥，合诸溪水达郡城，东会鄞江入于海。"[4]

《嘉靖宁波府志》卷十九《古迹·句章城》："句章城，在今慈溪城山渡之东，春秋时越王句践所筑。其曰城山，以句章之城在此山也。刘宋武帝讨海贼孙

---

[1] （明）杨寔纂：《成化四明郡志》卷三《闾里考·鄞县》，宁波市地方志编纂委员会整理：《明代宁波府志》第六册，宁波出版社，2013年，第177页。

[2] （明）杨寔纂：《成化四明郡志》卷三《河防考·河·郡》，宁波市地方志编纂委员会整理：《明代宁波府志》第六册，宁波出版社，2013年，第122~125页。

[3] （明）周希哲、曾镒修，（明）张时彻等纂：《嘉靖宁波府志》卷一下《沿革》，宁波市地方志编纂委员会整理：《明代宁波府志》第一册，宁波出版社，2013年，第93~95页。

[4] （明）周希哲、曾镒修，（明）张时彻等纂：《嘉靖宁波府志》卷六《山川下·奉化·川·江》，宁波市地方志编纂委员会整理：《明代宁波府志》第二册，宁波出版社，2013年，第639页。

恩，改筑于小溪镇，故名其江曰鄞江，名其乡曰句章。《图经》所载句章城在鄞南六十里是也。故吾郡有两句章，遗址俱存。"[1]

《天启慈溪县志》卷五《古迹·句章古城》："城在城山渡之东。按宋志云：勾章，面江为邑，旧址尚存。汉地志云：勾章，渠水东入海。今城山渡当即汉渠。故老相传，西去二十五里有勾余山、勾余村。郭璞谓勾余山在余姚北、勾章南，二县因以为名。其实山在余姚东、勾章西，山因二县以名也。昔刘裕东讨孙恩，戍于勾章，每战陷阵，贼乃退保浃口。《图经》载古勾章在鄞县南六十里，其南有勾章乡。是时孙恩泛海出没，御之当据要冲，若鄞之勾章在山谷间，必非当戍守之地。元志又谓勾章城在鄞之小溪镇。盖当时勾章尝并余姚、鄞、鄮三县，则鄞亦在封内，相传讹耳。"[2]

《敬止录》卷一《沿革考》："隋开皇九年，合句章、鄞、鄮三邑并余姚而为一县，名句章，隶会稽郡，立治小溪今高尚宅。而贸山之鄮县废矣。……八年废鄞州，仍名鄞县，隶于越州，县名虽仍鄞，而地兼三邑，治小溪如故。"[3]

《敬止录》卷八《山川考五》："鄞江，它山以上源见后。水落它山堰者，迤逦东来，会大埠头剡源水同出斗门桥，又会奉化金溪、龙溪水，自方桥出，是名三江口。过郡城南、东至北，东接慈溪江，又名三江口。经梅墟、白沙至定海入海，名大浃港。"[4]

沈嘉则《光溪》诗："十里郊墟山水都，古今遗事未应诬。采芝故近黄公里，洗马犹传贺监湖。六代衣冠成冢墓，千家烟水属麋芜。青天回首归何处？落日千峰兴不孤。"[5]

杨伯翼诗："江碧天高水木清，光溪犹识古城名。阳崖杨色寒仍绿，石壁潮痕午渐平。"[6] 按：诗名不详。

王嗣奭《小溪镇古城旧迹》诗："幽寻步鹿溪，依稀见城郭。凉蟾堕寒流，清

---

[1] （明）周希哲、曾镒修，（明）张时彻等纂：《嘉靖宁波府志》卷十九《古迹·句章城》，宁波市地方志编纂委员会整理：《明代宁波府志》第三册，宁波出版社，2013年，第1438、1439页。

[2] （明）李逢申修，（明）姚宗文等纂：《天启慈溪县志》卷五《古迹·句章古城》，明天启四年刻本。

[3] （明）高宇泰撰：《敬止录》卷一《沿革考》，烟屿楼校本。

[4] （明）高宇泰撰：《敬止录》卷八《山川考五》，烟屿楼校本。

[5] （清）徐兆昺著，桂心仪、周冠明、卢学恕、何敏求点注：《四明谈助》卷三十八《东四明正脉（下）》"光溪"条引（明）沈嘉则（沈明臣）《光溪》诗，宁波出版社，2000年，第1223页。

[6] （清）徐兆昺著，桂心仪、周冠明、卢学恕、何敏求点注：《四明谈助》卷三十八《东四明正脉（下）》"光溪"条引（明）杨伯翼诗，宁波出版社，2000年，第1223、1224页。

辉宛如昨。"[1]

葛仁美诗："雉堞沉荒径，江村锁白云。数问句章事，犹有葛天闻。"[2] 按：诗名不详。

周元孚诗："邑名最古是句章，迹在桃源旧有乡。不羡武陵溪洞隐，依然鸡犬与耕桑。"[3] 按：诗名不详。

《明史·地理五》："宁波府……领县五。西北距布政司三百六十里。鄞……有鄞江，一名甬江。东南有奉化江，西北有慈溪，皆流合焉。西南有小江湖，又西有广德湖，东有东钱湖，皆引流入鄞江。"[4]

《读史方舆纪要》卷九十二《浙江四·宁波府·鄞县》："句章城，府南六十里。志云：故城在今慈溪县界。晋隆安四年孙恩作乱，刘牢之等讨之，改筑勾章城于小溪镇，即此城也。自刘宋及隋、唐句章县皆治此，开元中省入鄞县。"[5]

《读史方舆纪要》卷九十二《浙江四·宁波府·鄞县》："鄞江，府东北二里。一名甬江。"[6]

《读史方舆纪要》卷九十二《浙江四·宁波府·鄞县》："小江湖，……今考湖名小江者，郡西南有惠光院，俗号小江塔院，旁有千丈镜，支港尤多，小江之名盖本于此。"[7]

《读史方舆纪要》卷九十二《浙江四·宁波府·慈溪县》："句章城，县西南三十五里城山渡东。……晋隆安四年刘牢之击孙恩，东屯上虞，使刘裕戍句章。既而裕改筑城于小溪镇，即今府西南故句章城。自晋以前句章县皆治此。"[8]

---

[1]（清）张恕等纂，张如安点校：《同治〈鄞县志〉》卷六十一《古迹一·隋》"古句章城"条引（明）王嗣奭《小溪镇古城旧迹》诗，浙江人民出版社，2020年，第1811页。

[2]（清）张恕等纂，张如安点校：《同治〈鄞县志〉》卷六十一《古迹一·隋》"古句章城"条引（明）葛仁美诗，浙江人民出版社，2020年，第1811页。

[3]（清）张恕等纂，张如安点校：《同治〈鄞县志〉》卷六十一《古迹一·隋》"古句章城"条引（明）周元孚诗，浙江人民出版社，2020年，第1811页。

[4]（清）张廷玉等撰：《明史》卷四十四《地理五》，中华书局，2011年，第1108、1109页。

[5]（清）顾祖禹撰，贺次君、施和金点校：《读史方舆纪要》卷九十二《浙江四·宁波府·鄞县》，中华书局，2005年，第4239页。

[6]（清）顾祖禹撰，贺次君、施和金点校：《读史方舆纪要》卷九十二《浙江四·宁波府·鄞县》，中华书局，2005年，第4241页。

[7]（清）顾祖禹撰，贺次君、施和金点校：《读史方舆纪要》卷九十二《浙江四·宁波府·鄞县》，中华书局，2005年，第4243页。

[8]（清）顾祖禹撰，贺次君、施和金点校：《读史方舆纪要》卷九十二《浙江四·宁波府·慈溪县》，中华书局，2005年，第4244页。

万斯同《竹枝词》："往代光溪曾设州唐初设明州，其地在今光溪，至今民物此中稠。商人解弄三弦子，妇女能梳五凤头。"[1]

《康熙宁波府志》卷一《沿革总论》："至安帝时，孙恩乱海上，句章为其残破，由是改筑于小溪镇今小溪乡名句章，因此。刘牢之又于三江口筑城御贼见《晋书》，为今郡城所自始。而三县之名未尝更易也，宋、齐、梁、陈因之，通隶会稽。隋文帝开皇九年，平陈，改会稽郡为吴州，并鄞、鄮及余姚三县地入于句章，合为一县治仍在小溪，以隶于吴州，后又改越州。大业三年，复为会稽郡。唐高祖武德初，废句章，还余姚之地为姚州，以旧句章、鄞、鄮三县之地置为鄞州，不设县，其治在今郡城即刘牢之三江口所筑处，宝庆、成化、简要诸《志》皆云，然惟《嘉靖志》谓在小溪镇。八年，复废鄞州，以其地为鄮县，徙治育王山故鄮城，而郡为越州之鄮县地。据后袁晁之乱，移县治于今郡治，则是时县治应在古鄮城。若从宝庆、成化《志》谓武德时鄮县已在今郡城，则后袁晁乱时又何所移耶？《嘉靖志》则谓是时鄮县在小溪镇，夫既在小溪，又何时移于育王耶？况小溪乃句章旧城，既立县于此，何不移句章而移鄮耶？若谓是时在今郡城，至开元时分置州县始移鄮于育王，则自武德迄开元承平将百载，何故舍此而他徙耶？况既立明州于小溪，必不复徙鄮县于育王，又理之必然也。至《宝庆志》引《唐书·地理志》小江湖在南二里为据，而谓废鄞州为鄮县时已在今州治，则自古史官书法必据后之已定者书之。《唐书》成于宋人，正系长庆后既移郡城而言，宁得以是为证邪？愚按：武德之初，唐犹未混一天下，一时多置州郡，以异群雄，故有鄞州之建。至八年，则天下既定矣，于是厘制垂统，废州为县，复归旧治，此理之晓然著也。则县治之在古鄮城盖章章矣。明皇开元二十六年，从采访使齐澣奏，析鄮县之地为鄮、慈溪、奉化、翁山四县，别置明州统之，治故句章小溪镇，而州县始并建，不隶于越州矣。……穆宗长庆初，刺史韩察欲移州城，以白观察使薛戎，戎上言明州北临鄞江，地形卑隘，请移明州置于鄮县，从之，遂移鄮县为明州治，而郡治始定，鄮之附郭亦始此。"[2]

《康熙宁波府志》卷二十九《鄮邑古迹》："句章城，一在慈溪城山渡之东，春秋时越王勾践所筑，其曰城山，以句章之城在此山也。刘宋武帝讨海贼孙恩，改筑于小溪镇，故名其江曰鄞江，名其乡曰句章，《图经》所载句章城在鄞南六十里是也。故吾郡有两句章，遗址俱存。"[3]

---

[1] （清）徐兆昺著，桂心仪、周冠明、卢学恕、何敏求点注：《四明谈助》卷三十八《东四明正脉（下）》"张氏怀德堂"条引（清）万季野（万斯同）《竹枝词》，宁波出版社，2000年，第1224页。

[2] （清）左臣黄、姚宗京等纂：《康熙宁波府志》卷一《沿革总论》，宁波市地方志编纂委员会整理：《清代宁波府志》第一册，宁波出版社，2014年，第124~126页。

[3] （清）左臣黄、姚宗京等纂：《康熙宁波府志》卷二十九《鄮邑古迹》，宁波市地方志编纂委员会整理：《清代宁波府志》第四册，宁波出版社，2014年，第3129页。

《大清一统志》卷二百二十四《宁波府·山川》："蕙江，在鄞县南六十里，源出奉化县大晦山，抵它山堰合鄞江，其西与兰江相接。鄞江，在鄞县东北二里，即甬江也。奉化江自南来，慈溪江自西来，俱至县东三港口，合流而东。入镇海县界为大浹江，经县城南至县东入海曰大浹口，即春秋所为甬东。东晋时置浹口戍，隆安中孙恩为刘裕败，自浹口窜入海，即此。"[1]

《大清一统志》卷二百二十四《宁波府·古迹》："句章故城，有二。一为汉县，在慈溪县界。《国语》：句践之地，南至句无。阚骃《十三州志》：句践并吴，大城之，以章霸功，故名句章。秦置句章县，后汉为东郡都尉治。晋改筑城于小溪镇，此城遂废。《括地志》：句章故城在鄞县西一百里。旧志：在今慈溪县西南三十五里城山渡东是也。一为晋县，在今鄞县南，晋隆安四年，孙恩作乱，刘牢之等讨之，改筑句章县于小溪镇，即此。《元和志》：句章城在明州西一里。旧志：晋句章城在鄞县南四十里小溪镇，即唐初鄞县治。大历六年，袁晁作乱，始移于今治。长庆初，始移州亦于鄞县治也。"[2]

《雍正浙江通志》卷十三《山川五·宁波府》："鄞江，《宁波府志》：在县东北二里，即甬江也。南接奉化江，西接慈溪江。三江同会镇海之大浹江，东入于海。"[3]

《雍正浙江通志》卷三十五《关梁三·宁波府》："东津浮桥，《名胜志》：旧名灵桥，跨鄞江上。唐长庆三年，刺史应彪置，凡十六舟亘板其上，长五十五丈，阔一丈四尺。初置东渡门外，江阔水驶，不克成，乃徙今地。方经始时，云中有虹映其上，众咸异之，名桥曰灵现，又曰灵建。今东城门以灵桥名，盖谓此。"[4]

《雍正浙江通志》卷四十三《古迹五·宁波府》："古句章城，《舆地纪胜》：在鄞县南六十里。汉遣横海将军韩说出句章道，征南粤王，即此。《鄞县志》：古句章城在慈溪城山渡之东，越王勾践筑，其曰城山，以城在此山也。宋武帝讨孙恩，改筑于小溪镇，故名其江曰鄞江，名其乡曰句章，《图经》所载古句章城在鄞南六十里是也。故宁郡有两句章，遗址俱存。"[5]

---

[1] （清）徐乾学等主修：《大清一统志》卷二百二十四《宁波府·山川》，《四库全书》本。

[2] （清）徐乾学等主修：《大清一统志》卷二百二十四《宁波府·古迹》，《四库全书》本。

[3] （清）嵇曾筠、李卫等修，（清）沈翼机等纂：《雍正浙江通志》卷十三《山川五·宁波府》，《四库全书》本。

[4] （清）嵇曾筠、李卫等修，（清）沈翼机等纂：《雍正浙江通志》卷三十五《关梁三·宁波府》，《四库全书》本。

[5] （清）嵇曾筠、李卫等修，（清）沈翼机等纂：《雍正浙江通志》卷四十三《古迹五·宁波府》，《四库全书》本。

《雍正宁波府志》卷二《建置·宁波府》："汉仍秦旧，鄞、句章、鄮列见于《地理志》。鄞城在今奉化县白杜里。句章城在今慈溪县城山渡。鄮城在今鄞县鄮山。皆有故城。……安帝时，孙恩乱海上，句章城残破，改筑于小溪镇今小溪乡名句章，因此。刘牢之又于三江口筑城御贼见《晋书》。按：三江口，即今府城外地。迄宋、齐、梁、陈，县治如故。隋文帝开皇九年，改会稽郡为吴州，并鄞、鄮及余姚三县地，合句章为一县治仍在小溪，以隶之，寻改为越州。大业三年，复为会稽郡。唐高祖武德四年，改会稽郡为越州，罢句章县，还余姚之地为姚州，以旧句章、鄞、鄮之地置为鄞州，不设县，其治在三江口即刘牢之所筑处，旧志或云在小溪，误。八年，复废鄞州为鄮县，徙治故鄮城旧志或云即在三江口，误，观后袁晁乱时移治可见，仍隶越州。明皇开元二十六年，从采访使齐澣奏，析鄮县之地为鄮、慈溪、奉化、翁山四县，别置明州统之，治故句章小溪镇，而州县始并建，不隶于越州矣。……大历六年，海寇袁晁据鄮、翁山二县，久不克复，遂废翁山不治，移鄮治于三江口以防之即前鄮州治。穆宗长庆元年，刺史韩察欲移州城，白观察使薛戎，戎上言明州北临鄞江，地形卑隘，请移明州置于鄮县，从之，遂以鄮县为明州治，而郡治始定，鄮县之附郭亦始此。"[1]

《雍正宁波府志》卷二《建置·慈溪县》："周为越东南境地。秦置句章县，隶会稽郡，治在城山渡之南，距今县城十五里。汉及孙吴因之。东晋末为孙恩残破，移治小溪镇。今悬鎞有城址，其地至今名句章乡。"[2]

《雍正宁波府志》卷七《山川·鄞县·川》："鄞江，在县东北二里，即甬江也。南接奉化江，西接慈溪江，三江同会镇海之大浃江，东入于海。"[3]

《雍正宁波府志》卷七《山川·鄞县·川》："小江湖，县西南二十五里，唐令王君照修。"[4]

《雍正宁波府志》卷三十四《古迹·慈溪》："句章古城，在城山渡之东，春秋时越王勾践所筑，其曰城山，以句章之城在此山也。按宋志云：句章，面江为邑，旧址尚存。汉地志云：句章，渠水东入海。今城山渡当即汉渠。东晋安帝时，孙恩由海道入寇，句章为所残破，遂改筑于鄞之小溪镇。合余姚、鄞、鄮为句章，

---

[1]（清）曹秉仁等纂：《雍正宁波府志》卷二《建置·宁波府》，宁波市地方志编纂委员会整理：《清代宁波府志》第五册，宁波出版社，2014年，第3618～3621页。

[2]（清）曹秉仁等纂：《雍正宁波府志》卷二《建置·慈溪县》，宁波市地方志编纂委员会整理：《清代宁波府志》第五册，宁波出版社，2014年，第3624页。

[3]（清）曹秉仁等纂：《雍正宁波府志》卷七《山川·鄞县·川》，宁波市地方志编纂委员会整理：《清代宁波府志》第五册，宁波出版社，2014年，第3700页。

[4]（清）曹秉仁等纂：《雍正宁波府志》卷七《山川·鄞县·川》，宁波市地方志编纂委员会整理：《清代宁波府志》第五册，宁波出版社，2014年，第3706页。

历前五代至唐开元时,始析置慈溪,故鄞亦有句章古城焉。"[1]

《雍正慈溪县志》卷六《古迹·句章古城》:"在城山渡之东。春秋时越王勾践所筑,其曰城山,以句章之城在此山也。按宋志云:勾章,面江为邑,旧址尚存。汉地志云:勾章,渠水东入海。今城山渡当即汉渠。东晋安帝时,孙恩由海道入寇,句章为所残破,遂改筑于鄞之小溪镇。合余姚、鄞、鄮为句章,历前五代至唐开元时,始析置慈溪,故鄞亦有句章古城焉。"[2]

《鲒埼亭集外编》卷四十七《奉答万九沙编修宁志纠谬杂目》"小江湖异同"条:"唐志以小江湖在鄮县南二里,溉田八百顷,开元中令王元暐置,是今城外它山之湖也。但此语本有谬误,它堰以太和(应为大和——编著者注)中始立,非开元也。古句章城尝在溪上,古鄮城不能接溪上也,而谓其二里而近,是以古句章之地望混于鄮也。舒中丞《引水记》据《图经》,以小江湖在鄮县南二里,贞观中王君照修,则是城中之湖。清容谓今千丈镜河之惠光塔院,旧名小江塔院,则小江湖自它堰直至镜川皆其地,盖元暐所置也。而城中之湖,特以其东有小江里,因亦误称为小江湖。其说近之。或曰在城外者小江湖,在城中者小湖,亦非。更有谓君照所修即它堰者,益非。"[3]

《鲒埼亭集外编》卷四十九《志悬磁葧庙缘起》:"悬磁何以名庙,因悬磁之葧也。悬磁何以名葧,肖葧形也。泉深不能及膝,以竿探之,自葧以下可至数丈,岁旱诸溪俱涸,而葧泉涌不竭。说者以为自葧之上,如从空中悬磁者。吾考悬瓮之山,见于《山经》,则悬磁即悬瓮之类,皆取于象形欤!庙之神为谁?殆葧神也。葧神则不应有衣冠面目,而流俗庙必有像,有像则设为衣冠面目,因其衣冠面目而别求其人以实之,于是纷纷不一其说。或曰是鼍峰逸民,乃万历末年有神扶鸾而降,自道其生时事,颇类汉之董征君,里人咸曰'悬磁'者,'悬慈'也,因孝而得慈,犹慈溪之以征君也。然尚未质言其姓氏。或以为宋殿前巡检张宝,建炎扈从来鄞,会金兵迫,避难重跸,负其母入山,其母度不两全,投井而死,宝亦殉焉,故曰'悬慈',盖因慈以愍孝。予考张宝乃卫士,非巡检扈从,以鼓噪伏诛,非投井,无一合者,而里人信之尤笃,至大署其神曰'张公'。或又以悬慈乃老僧之名,有道术尝居于此,殁而里人神之,因为之立庙。是三说者,皆改'磁'为

---

[1] (清)曹秉仁等纂:《雍正宁波府志》卷三十四《古迹·慈溪》,宁波市地方志编纂委员会整理:《清代宁波府志》第八册,宁波出版社,2014年,第5939页。

[2] (清)杨正筍修,(清)冯鸿模等纂:《雍正慈溪县志》卷六《古迹·句章古城》,清乾隆三年许炳增刻本。

[3] (清)全祖望撰:《鲒埼亭集外编》卷四十七《奉答万九沙编修宁志纠谬杂目》,《四部丛刊》本。

'慈'，遂并其地名而易之。然不直曰'悬慈庙'而系之以蟊，则其为祀蟊神也彰彰矣。予故为之志其缘起。"[1]

《水道提纲》卷十六《浙东诸水·宁波府》："甬江，即鄞江。有南北二源：北源曰姚江，亦曰舜江，出余姚县西南八十里之太平山，……南源曰奉化江，亦曰北渡江，亦曰东剡溪，源出奉化县西南连山苏木岭……"[2]

《乾隆鄞县志》卷一《建置沿革》："隆安四年，刘牢之击孙恩，东屯上虞，使刘裕戍句章，既而裕改筑城于小溪镇。《方舆纪要》。案：汉句章故城在慈溪县之城山渡，至是移治小溪，今小溪乡名句章，盖以此。自宋、齐讫梁、陈，句章皆治小溪。隋并三县入句章，县治仍在小溪。……又案：唐初鄞州，新、旧史及《寰宇记》皆不言其治所。《嘉靖志》谓在小溪，李、曹二《志》谓在三江口，即今府城外地，晋刘牢之所筑，未审谁是。至武德八年废州为鄞县，县治仍当在小溪。考《元和郡县志》云：鄞县，隋省入句章，武德八年再置，仍移理句章城。句章城即小溪城也。然则唐初之鄞县与汉之鄞县名同而实异，李《志》云徙治育王山故鄞城，特以意度之，不若《元和志》之可据。……又案：《元和郡县志》：明州管县四，而鄞为郭下县，又云句章故城在今州西一里，然则州、县治皆在小溪也。……大历六年，省翁山县《唐书·地理志》，是年移鄞治于三江口。曹《志》。案：《乾道图经》云：大历六年三月，海寇袁晁作乱于翁山，而鄞久弗能复，乃移治鄞。鄞东取鄞城财三十里，此鄞县徙治今城之始也。今考《通鉴》，代宗宝应元年十月，袁晁陷明州。广德元年四月，李光弼奏擒袁晁，浙东皆平。又阅四年，始改元大历。大历六年距晁就擒已逾十载矣，鄞为附郭之县，岂有久未能复之理？《图经》所言，殆非其实矣。当时县治之移，实以三江口据江海之冲，为善后之备，非因故城未复，而别立治也。诸志皆踵《图经》之伪，兹特援正史驳正之。长庆元年，浙东观察使薛戎上言，明州北临鄞江，地形卑隘，今请却移郡于鄞县置，其元郡城近高处却安县，从之。《太平寰宇记》。"[3]

《乾隆鄞县志》卷二十四《古迹》："句章城，在鄞县南六十里。《乾道图经》。汉句章城在今慈溪县界，晋隆安四年孙恩作乱，刘牢之讨之，改筑城于小溪镇，即此城也。自刘宋及隋唐，句章县皆治此。《方舆纪要》。"[4]

《四明谈助》卷十一《北城诸迹（三上）》"唐鄞州治"条："唐高祖武德四

---

[1]（清）全祖望撰：《鲒埼亭集外编》卷四十九《志悬磁蟊庙缘起》，《四部丛刊》本。
[2]（清）齐召南撰：《水道提纲》卷十六《浙东诸水·宁波府》，《四库全书》本。
[3]（清）钱维乔修，（清）钱大昕纂：《乾隆鄞县志》卷一《建置沿革》，乾隆五十三年刻本。
[4]（清）钱维乔修，（清）钱大昕纂：《乾隆鄞县志》卷二十四《古迹》，乾隆五十三年刻本。

年改会稽郡为越州，罢句章县，还余姚之地为姚州；以旧句章、鄞、鄮之地置为鄞州，不设县，其治在三江口，即刘牢之所筑处。八年废鄞州为鄮县，徙治故鄮城（在贸山），仍隶越州。明皇开元二十六年（738年）从采访使齐浣奏，析鄮县之地为鄮、慈溪、奉化、翁山四县，别置明州统之，治故句章小溪镇，而州、县始并建，不隶越州矣。"[1]

《四明谈助》卷三十八《东四明正脉（下）》"小山"条引明杨伯翼《小山望月》诗序："出城南五十里，舟行水石间，一峰宛宛出林末，为小山；下为下溪，盖杨隋时（581~618年）小溪镇，古句章城废址在焉。"[2]

《四明谈助》卷三十八《东四明正脉（下）》"光溪"条："桓溪诸水，经中潭至它山，为光溪。隋并句章县，唐改鄞州及鄮县与置明州，俱治其上。（闻《志》）。自它山以下至洞桥沙港口，俱称光溪。宋之小溪镇即唐之光溪镇，在光溪之南句章乡；若溪北则光同乡矣。又曹《志》云：晋末，避孙恩之乱，自城山渡移治于小溪，镇在悬磁。今悬磁有城址，其地至今名句章乡。此亦一说。"[3]

《四明谈助》卷四十二《三江达海》"甬江"条："鄞江，一名甬江，四明诸山之水汇流，东北出而达定海县界。（《明史稿》）盖鄞江合奉化江至郡城东，始有甬江之名，及慈溪江西来，同注于镇海，统名甬江矣。（钱《志》）。"[4]

《四明谈助》卷四十二《三江达海》"城山"条："在慈邑界，汉句章故城，春秋时越王句践所筑，在今城山渡之东。其曰'城山'，以句章之城在此山也。晋·安帝隆安四年（400年）孙恩由海道入寇，句章城为所残破。刘牢之讨之，使刘裕戍句章，改筑城于小溪镇，合余姚、鄞、鄮为句章；历前五代至唐初，皆在小溪。开元时（713~741年），始析置慈溪。王伯厚《七观》云：'典午末造，妖寇鸱张，裕以豪英，往戍句章。'即《乾道图经》所谓'在县南六十里'者是也。故郡有两句章：一在城山，一在小溪，遗址俱存。《七观》又云：昔尝窥委宛之简，见神禹之《山经》，东有山曰句余，实维四明；南余姚，北句章，二县以为名，即

---

[1] （清）徐兆昺著，桂心仪、周冠明、卢学恕、何敏求点注：《四明谈助》卷十一《北城诸迹（三上）》，宁波出版社，2000年，第298、299页。

[2] （清）徐兆昺著，桂心仪、周冠明、卢学恕、何敏求点注：《四明谈助》卷三十八《东四明正脉（下）》，宁波出版社，2000年，第1221页。

[3] （清）徐兆昺著，桂心仪、周冠明、卢学恕、何敏求点注：《四明谈助》卷三十八《东四明正脉（下）》，宁波出版社，2000年，第1222页。

[4] （清）徐兆昺著，桂心仪、周冠明、卢学恕、何敏求点注：《四明谈助》卷四十二《三江达海》，宁波出版社，2000年，第1415页。

山氏州,俶自开元之盛。"[1]

《四明谈助》卷四十五《西四明外护(上)》"慈溪县"条:"周为越东南境地。秦置句章县,隶会稽郡,治在城山渡之南,距今县城十五里。汉及孙吴因之。东晋末,为孙恩残破,移治小溪镇。今悬磁有城址,其地至今名句章乡。宋、齐、梁、陈因之。"[2]

《甬上水利志》卷六《鄞江》:"国朝邑令钱维乔《鄞江源流辨》案:鄞江之正源出于四明山,自仗锡过大皎,出它山堰,过鄞江桥,始有鄞江之名。又东南过百梁桥、元贞桥至方桥,而奉化江自东南合焉。又东南经北渡、九经塘、翻石渡、铜盆浦、周宿渡、长春塘,过郡城之东迤北,而慈溪江自西流入焉,所谓三江口也。合流东北,注至镇海而入于海。盖鄞江合奉化江至郡城东始有甬江之名。及慈溪江西来同注于镇海,统名甬江矣。鄞江、奉化江、慈溪江各自有源,始分而后合。"[3]

《四明它山图经·山经》:"距今鄞县之西南六十里,为古句章城,其递西一里,镇奠于外郭者,它山也。《方舆纪要》云,晋隆安四年,刘裕改筑句章城于小溪。镇城说详后。《宝庆四明志》云,它山在县南五十里,水南沿流皆山,水北皆平地,至此始有一山在水北,与水南相对,堰得以成。一曰在县南五十五里,一曰距城六十里。"[4]

《四明它山图经·山经》附《古句章城记》:"今县之东乡为鄮地,南乡为鄞地,西乡为句章地,因古鄮城在今县东、古鄞城在南、古句章在西故也。昔夏后禹东巡狩至大越,朝诸侯上苗山大会,更其名曰会稽。崩而葬焉。少康封庶子夫馀于其地,以奉庙祀,是为越国,句章、鄞、鄮隶为采邑,名未著也。历商及周二十余世,至句践时,结怨于吴,吴击之,败保会稽,使大夫种行成吴,复封之地广八百里,东至句甬,筑城于句章,而句章之名始著。《元丰九域志》与《吴录》皆云句章因山为名者,盖《山海经·南山经》之言曰,又东四百里曰句余之山,注谓在今余姚南、句章北,二县皆因此为名。曹膏《奉化志》曰,句践胜吴之日,筑

---

[1] (清)徐兆昺著,桂心仪、周冠明、卢学恕、何敏求点注:《四明谈助》卷四十二《三江达海》,宁波出版社,2000年,第1422页。

[2] (清)徐兆昺著,桂心仪、周冠明、卢学恕、何敏求点注:《四明谈助》卷四十五《西四明外护(上)》,宁波出版社,2000年,第1515、1516页。

[3] (清)周道遵撰:《甬上水利志》卷六《鄞江》,四明张氏约园开雕本。

[4] (清)姚燮撰:《四明它山图经》,宁波市鄞州区地方志编纂委员会编:《鄞州山水志选辑》第一册,宁波出版社,2009年,第145、146页。

城以章大之，故谓之句章。《战国策》有句章昧，是以邑为氏者。《国语》韦昭注曰，甬，甬江；句，句章也；甬东者，句章东峡口外洲也。《左传》杜预注曰，甬东者，会稽句章县东海中洲也。皆可为句章之说之证。至汉武帝元鼎六年，东越王句馀善反，遣横海将军韩说出句章，浮海从东方往以伐之。颜师古曰，句章，会稽之县。《史记正义》曰，句章故城在鄞县西一百里。鄞县在今县治之东所称甬江者。《名胜志》云，旧名后塘街地，有鄞县城遗址，是也。时句章建于慈谿城山渡，去鄞县西一百里，故《正义》云之自秦之汉之后汉均属会稽郡，见《汉书·地理志》暨《续汉书·郡国志》中。抑闻汉句章属东部都尉治，武帝灭东越，去东部都尉，治鄞，后徙章安。成帝阳朔元年，又治鄞，或有寇害，复徙句章。《会稽典录》尝言之，此又可为句章之证。迨晋隆安四年，刘牢之击孙恩，东屯上虞，使刘裕戍句章，既而裕改筑城于小溪镇，是为小溪建句章城之始。《奉化志》引孔休原碑辞谓明州有两句章城，旧本甬山之南，宋武帝平孙恩，改筑于甬山之北。甬山之南者，今为奉化县句章里；甬山之北者，今为鄞县句章乡。不知在奉化者为鄞城而非句章。《乾道图经》所云白杜里有鄞城山者，且奉化句章里与鄞县句章乡之交，其山并不称甬，是不足征信。至唐魏纾《鄞县图经》云，句章，孙恩所筑，尤为诞之甚者。嗣后宋、齐以及梁、陈，句章皆治小溪，至隋平陈，并馀姚、鄞、鄮三县入句章，城治仍在小溪。《宝庆郡志》云，隋高祖开皇九年，平陈，并馀姚、鄞、鄮三县入句章。闻性道因其说，亦云隋时废鄞、鄮二县，兼馀姚之地而统一为句章县，建治于今县南小溪它山之左，为隋之句章城。而《十道四番志》以为句章在太平山，隋开皇九年平陈遂废者，是瞽说也。此时句章所辖之地为最广。唐高祖武德四年，析故句章县，置鄞州。新旧《唐书》皆不言其治所，《嘉靖志》谓在小溪，曹、李二《志》谓在三江口，即今府城外地刘牢之之所作，未审谁是？武德八年，废鄞州，而仍名鄮县，隶越州，治仍当在小溪。考《元和郡县志》云，鄮县，隋省入句章，武德八年再置，仍移理句章城。故治仍当在小溪也。隐学高氏《敬止录》云，武德八年，地兼三邑，治小溪如故矣。或言废鄞州仍名鄮县，时还鄮山故治，若仍在小溪，何不因旧名句章？何所取于鄮县而改名鄮乎？且后既置明州，而袁晁之乱县若在小溪为附郭，则何不并徙州治？岂附郭之县被乱而州不被乱乎？则此时鄮县仍返治鄮山之下明矣。此一说也。又曰予沿革考颇悉，止有未详者，一即武德八年废鄞州仍名鄮县之时还治鄮山乎？抑仍句章故治乎？一在大历六年徙鄮县于三江口之时自鄮山徙乎？自小溪徙乎？此难臆定矣。高氏之说如此，乃据黄氏润玉《城隍庙记》之言曰，唐武德中以句章为鄞州，寻改为鄮县。开元末始置明州句章之墟，即此说以证高氏，则废鄞改鄮之时，或鄮或句章，诚未可定。乃既有开元末始置明州于句章之说，则当大历六年之徙县其为自句章者，可无疑也。盖开元二十六年七月十三日，从采访使齐瀚奏，析鄮县之地为鄮、慈溪、奉化、翁山四县，治故句章小溪镇，始立明州则是开元以后，明州之治于小溪可知。而大历六年之徙，其徙自小溪亦可知。虽天宝元年改明州为余姚郡，而至德初已复为明州，则明州之还隶于小溪又可知，安见鄮县之徙不徙自小溪也。盖当大历六年尝因袁晁之乱废翁山，而移鄮治于三江口以防之，故有是疑。及长庆元年，徙它山之明州治于鄮，而鄮仍附郭，以刺史韩察欲移州城，白观察使薛戎，上言明州北临鄮江，地形卑隘，称移置明州于鄮县，而小溪之句章遂始废。故至今小溪名句章乡，其城之故址犹在悬磁也。自晋隆安四年庚子改筑，迄唐长庆元年辛丑废，计四百二十有二年云。又案，土人云，它山之东里许曰'古城畈'，为当时句章建城之处，故名之。陈氏《光溪志》已有句章城址在'古城畈'之说，而《它山小志》《鹳岭志》诸书袭其言，今求所谓'古城畈'者，即系马家步、楼家坑、天井地、吴家漕与庄园一带地也。南为江，北为河，其江河之相去不及里，并非可建城之地。或有谓南门临江，而河贯城之中，作东西两水门通之。其说似已第舒氏《西湖引水记》云，自它山以北故时皆江，谓城建其地，则将建于江水中耶。抑唐观察之请移治不曰南临大江地形卑隘，而曰北临大江，则断其地为悬磁一带可以无疑者。《敬止录》云，隋开皇九年，合句章、鄞、鄮三邑并余姚而为一县，名句章，立治小溪今高尚宅。曹《府志》云，宋武帝移句章于小溪镇，今悬磁有城址，一以为高尚宅，一以为悬磁，两地咫尺相连，而又在鄮江之南，其地适北临江水，则又奚所疑者。今悬磁、高尚宅并隶句章乡，而所谓'古城畈'者，隶通远乡而不隶句章乡，是又明征也。此'古城畈'土名，或当时拟议之辞，后人不考，遂以为城址之在，是抑或其地尝有姓顾与陈者居之，如所称朱汤村之属，因音同而误为古城，亦未可知者。"[1]

《同治〈鄞县志〉》卷一《建置表·附考》："王应麟曰：句章，《九域志》云：因山为名。《战国策》有句章昧，盖以邑为氏。汉伐东粤，韩说出句章。《史记正义》：'故城在鄮县西一百里。'此张守节以开元之鄮言之；《元和郡县志》：'在州西一里。'此李吉甫以元和之明州言之。《图经》：'在鄮县南六十里。'此今之地理也。《虞翻传》注：'句章董黯。'则慈溪乃汉句章之地。今鄞县有句章乡，自此乡及慈溪皆句章境。古句章城在小溪镇。《延祐志》。案曰：《方舆纪要》：隆安四年，刘裕戍句章，改筑城于小溪镇。据《宝庆志》，故城在慈溪

---

[1] （清）姚燮撰：《四明它山图经》，宁波市鄞州区地方志编纂委员会编：《鄞州山水志选辑》第一册，宁波出版社，2009年，第173~180页。

第一章 环境特征

县南城山，至是始移小溪。张守节云句章故城者，汉之句章城也。李吉甫所云句章故城者，宋、齐以后之句章城也。开元置明州，鄮为附郭。大历移鄮治，州未之移，开元之鄮治即元和之明州也。厚斋于二句章城混合为一，遂以鄮西百里之城，谓即州西一里之城，误矣。……安帝隆安四年，刘牢之击孙恩，东屯上虞，使刘裕戍句章。既而裕改筑城于小溪镇。《方舆纪要》。汉句章故城在慈溪县之城山渡，至是移治小溪。今小溪乡名句章，盖以此。自宋、齐迄梁、陈，句章皆治小溪。隋并三县入句章，县治仍在小溪。钱《志》。案曰：此所引《纪要》，在慈溪县句章城条，而鄞县句章城即裕所改筑者。《纪要》又云：自刘宋及隋唐，句章县皆治此。开元中省入鄮县。若并正史未尝一阅，可怪也。顾宛溪以地学名，而述宁波掌故，于唐初所省之句章，缓至开元，而又谓鄞州治鄮县，何愦愦耶！……唐高宗武德四年，始析句章县为鄞州。八年，废鄞州，为鄮县，隶越州。《乾道图经》。唐初鄞州，新、旧《史》及《寰宇记》皆不言其治所。《嘉靖志》谓在小溪，李、曹二《志》谓在三江口，即今府城外地，晋刘牢之所筑，未审谁是。至武德八年，废州为鄮县，县治仍当在小溪。考《元和郡县志》云：鄮县，隋省入句章。武德八年再置，仍移理句章城。句章城即小溪城也。然则唐初之鄮县与汉之鄮县名同而实异，李《志》云：'徙治育王山故鄮县'，特以意度之，不若《元和志》之可据。钱《志》。案曰：鄞州之治，当在三江口。《新唐书·地理志》：析故句章县，置鄞州。言'析'者，未必置于故治也。又云：鄞州废，更置鄮县。言'更置'者，未必仍州治也。《元和志》云：鄮县隋省入句章，武德八年，再置，仍移理句章城。是由三江移小溪也。果如《嘉靖志》之言，鄞州本治小溪，何所谓'移理'乎？《乾道图经》：代宗大历六年，鄮移治鄞。鄞东取鄮城财三十里，其所谓鄞者，武德之鄞州也。《成化志》亦云：鄮移治鄞，即武德四年所置鄞州，今宁波府是。鄞城即汉县，在阿育王山西、鄞山东者。今府治去彼亦三十里。《宝庆志》：鄞州治今府治，不误。而谓武德之鄞即治鄞州，反以大历移治一事，疑旧志失考，则谬矣。《系年录》。……代宗大历六年，移鄮治于三江口。曹《志》。《乾道图经》云：大历六年三月，海寇袁晁作乱于翁山，而鄮久不能复，乃移治鄞。鄞东取鄮城财三十里，此鄮县徙治今城之始也。今考《通鉴》，代宗宝应元年十月，袁晁陷明州。广德元年四月，李光弼奏擒袁晁，浙东皆平。又阅四年，始改元大历。大历六年，距晁就擒已逾十载矣。鄮为附郭之县，岂有久未能复之理？《图经》所言，殆非其实矣。当时县治之移，实以三江口据江海之冲，为善后之备，非因故城未复，而别立治也。诸志皆踵《图经》之讹，兹特援正史驳正之。钱《志》。案曰：《新唐书·地理志》：鄮县南二里，有小江湖。《宝庆志》谓即日湖，遂以唐初鄮治属诸今城。王厚斋据《九域志》，辨小江湖为它山堰，斥旧志之牵合。而《成化志》犹袭《宝庆》之误。果如所言，鄞治原在江口，何至大历而始移也。李《志》以为唐初鄞县还治鄞山，朱《志》亦云：复鄞山治。乃云小溪为句章旧城，县既治此，何不称句章，而称鄞？则汉初会稽实治吴门，何不称吴郡，而称会稽？此等建置，古人一时之权宜，岂能考其意旨？李《志》之言，亦迂而不达矣。《敬止录》引或说谓袁晁之乱，县既附郭，何不并徙州治？岂附郭之县被乱，而州不被乱乎？亦疑县治当在鄞山，至是始移江口。但以《唐书》考之，大历辛亥，袁晁之平已久，此时移县，实仿晋季筑城之故智，控扼冲要，多为之备，故州、县分建两城，以壮形势，何必并州而移之？其后长庆移州于县，县即移治于州，犹此意也。旧志承讹袭谬，皆谓鄞尚未复，绝非事实，当以钱《志》为据。若《嘉靖志》既云句章治小溪，鄞治同，及移治之时，又云'原在鄞山'，是尤骑墙之说矣。《系年录》。……长庆元年，刺史韩察欲移州城，以白浙东观察使薛戎。戎上言：'明州北临鄞江，地形卑隘，请移州于鄞县置，而以州旧城近南高处置县。'从之。案：《宝庆志》原注：'见《唐会要》及《移城记》。'"[1]

《同治〈鄞县志〉》卷六十一《古迹一·隋》："古句章城，在县南六十里。《乾道图经》。汉遣横海将军韩说出句章，道征东粤王，即此。《舆地纪胜》。隋时废鄞、鄮二县兼余姚之地，而统为一句章县，建治在今县南小溪它山之左，此隋之句章城也。若汉之句章，则在今慈溪县城山渡之东，名同而时与地则异。闻《志》。"[2]

陆经正诗："山色环临高下田，野翁犹记筑城年。凭君休话沧桑事，且看云生听涧泉。"[3]按：诗名不详。

《光绪慈溪县志》卷二《建置一·沿革表》："按慈溪本名句章，古句章之境。……自周季迄汉晋，并治城山。东晋隆安间，移治于其南境小溪镇。唐开元间，复移治于其北境，始更名慈溪。"[4]

《光绪奉化县志》卷三十七《古迹》："句章城，在县境之北（康、乾

---

[1]（清）张恕等纂，张如安点校：《同治〈鄞县志〉》卷一《建置表·附考》，浙江人民出版社，2020年，第13~19页。

[2]（清）张恕等纂，张如安点校：《同治〈鄞县志〉》卷六十一《古迹一·隋》，浙江人民出版社，2020年，第1811页。

[3]（清）张恕等纂，张如安点校：《同治〈鄞县志〉》卷六十一《古迹一·隋》"古句章城"条引（清）陆经正诗，浙江人民出版社，2020年，第1811页。

[4]（清）杨泰亨修，（清）冯可镛纂：《光绪慈溪县志》卷二《建置一·沿革表》，光绪十四年修，光绪二十五年校补，民国三年重印本。

《志》）。案康、乾《志》句章县注曰：本越王句践胜吴之日筑城以章大之，故为是名。又句章城注曰：明州有两句章城，旧本在甬山之南，宋武帝平孙恩改筑于甬山之北。甬山之南者今为奉化县句章里，甬山之北者今为鄞县句章乡。详见句章令孔休原碑。今考宁波郡境，秦汉时为鄞、鄮、句章三县。鄞，今之奉化；鄮，今之鄞；句章，今之慈溪、镇海诸县。隋开皇间，废鄞、鄮二县并入句章，是三县之地在当时以句章为最大，或包今鄞、奉边界而有之。鄞西南有句章乡其证也。至句章城谓在今慈溪县南十五里，地名城山者，《宝庆志》之说也；谓在鄞之小溪镇者，《延祐志》之说也。谓在慈溪城山渡后徙句章乡小溪镇者，《嘉靖志》之说也。旧说相仍，从无及甬山之南者。《奉化志》所引孔碑有无不可考，今甬山之南亦无句章里，是其说之尤可疑也。然考句章，实因山得名，古书每称句甬，非句践胜吴始有是名。江口山名甬山，山之北又为句章乡，句章之境未始不可及山之南。又考南渡珃琳以下驿道有鄮塘之名，秦汉时鄞之西境或以鄮塘为界。则是甬山之南当属之句章矣。查今甬山西南五里有三界庙，或称城隍庙，其左近之田亦有城里田、城外田之名，疑此即句章城故址。殆不可保障之类，不必附会越王，亦不必与鄞县之小溪、慈溪之城山辨其孰是孰非也。故统其事于秦汉而辨之如此。"[1]

《小溪志》卷三《祠庙》："悬慈庙，县西南五十里，狮山之麓，祀唐孝子张无择。宋淳熙五年毁，里人刘大公移建，后人即于西庑肖大公像祀焉。国朝康熙三十八年重修，鲍光国记。周《志》。"[2]

《清史稿·地理十二》："宁波府……领县六。鄞……奉化江南自其县入，鄞江出四明山，合而北流，为甬江。又与慈溪江合，河流纵贯。"[3]

（三）近现代相关记载

《鄞县通志》第一《舆地志》甲编《建置沿革·历代建置沿革考》："南朝句章移小溪，鄞、鄮如故。隋省鄞、鄮入句章，仍治小溪。故今小溪镇有句章乡名也。唐初置鄞州，治三江口，为今城建州之始。旋改鄮县，还治小溪，是唐初鄮县辖境甚广，实兼两汉鄮、鄞、句章三县之地也。开元建明州于小溪，析置奉化、慈溪、翁山今定海县三县，并鄮为四，而鄮为附郭。大历移鄮治三江口，州、县分二

---

[1] （清）李前泮修，张美翊等纂：《光绪奉化县志》卷三十七《古迹》，光绪三十四年刻本。
[2] （清）柴望纂：《小溪志》卷三《祠庙》，《四明丛书》约园抄本。
[3] （民国）赵尔巽等纂：《清史稿·地理十二》，中华书局，1977年，第2134页。

城，省翁山入鄮。长庆移州于鄮治，鄮却还小溪，其后复为附郭当在五代时州、县合治，而鄮亦改鄞。"[1]

《鄞县通志》第一《舆地志》己编《古迹·古城考略》："鄮：秦，今鄞东有鄮郭，古鄮县城也（在育王山西，亦称鄮山）；汉魏晋，仍；东晋宋齐梁陈，仍；隋，省；唐，高祖时再置治小溪，代宗时移三江口，肃宗时建明州，鄮仍移小溪；宋，移明州于鄮故治，鄮为倚郭，或曰州移县未移，仍治三江口。句章：秦，今慈溪城山渡；汉魏晋，仍；东晋宋齐梁陈，孙恩乱，刘裕戍句章，改筑城于小溪镇（今鄞东三十里）；隋，并治小溪；唐，析。"[2]

《宁波市志》卷首《大事记》："400年（隆安四年）……刘牢之屯上虞，遣部将刘裕守句章，因句章古城为孙恩所残破，县治迁到小溪（今鄞县鄞江桥）……589年（开皇九年），并句章、鄞、鄮、余姚4县为句章县，仍设治于小溪，隶吴州，设总管府于山阴……625年（武德八年），废鄞州，改置鄮县，设治小溪，隶越州。……738年（开元二十六年）……8月3日（七月十三日），江南东道采访使齐澣奏准，分越州立明州，首任刺史秦舜昌。明州始与越州分离，同隶江南东道，析鄮县为鄮、奉化、慈溪、翁山4县，隶于明州，州治、鄮县治均设于小溪……771年（大历六年），迁鄮县治由小溪至三江口（今老市区）……821年（长庆元年），以州城小溪北临鄞江，地形卑隘，经奏准朝廷迁州治至三江口……鄮县治还迁小溪，另择高处建县城……909年（后梁开平三年）……改鄮县为鄞县，县治迁到州城。"[3]

《宁波市志》第一卷《建置》第一章《沿革》第一节"秦至清"："晋。400年（隆安四年）孙恩起义军由海道入浃口（甬江口），句章治所城山为其残破，遂迁治于小溪（今鄞县鄞江镇）。……隋。589年（开皇九年），隋灭陈，罢郡，置州，并县。改东扬州为吴州，置总管府，废会稽郡，并鄞、鄮、余姚3县入句章县，迁治它山之左（今鄞县鄞江镇悬慈村）。……唐。621年（唐武德四年），今浙江地属唐，又罢郡置州，改会稽郡为越州，置总管府，领11州。以原句章、鄞、

---

[1] （民国）张传保、赵家荪修，陈训正、马瀛纂：《鄞县通志》第一《舆地志》甲编《建置沿革·历代建置沿革考》，中国方志丛书·华中地方·第二一六号，据民国二十四年铅印本影印，1974年台湾成文出版社有限公司印行，第18、19页。

[2] （民国）张传保、赵家荪修，陈训正、马瀛纂：《鄞县通志》第一《舆地志》己编《古迹·古城考略》，中国方志丛书·华中地方·第二一六号，据民国二十四年铅印本影印，1974年台湾成文出版社有限公司印行，第1600页。

[3] 宁波市地方志编纂委员会编：《宁波市志》卷首《大事记》，中华书局，1995年，第24～29页。

鄞3县地置鄮州，设治三江口（今老市区）。……625年（武德八年）废鄮州复鄮县，徙治小溪，隶越州。……738年8月3日（唐开元二十六年七月十三日），准江南东道采访使齐澣奏，于越州鄮县别置明州，从此明州始与越州分离，同隶江南东道。并析原鄮县地立鄮、慈溪、奉化、翁山（今舟山市）4县。明州、鄮县同设治于小溪。……771年（大历六年）废翁山入鄮县，鄮县治由小溪徙三江口，即前鄮州治。……821年（长庆元年），州治与县治互易。明州刺史韩察以州治小溪地形卑隘，向浙江东道观察使薛戎请准，徙州治于鄮县县治所在地三江口，至是州治一直未变。同时迁鄮县治于小溪。"[1]

《宁波市志》第一卷《建置》第三章《城垣》第三节"古城遗址·小溪古城"："400年（东晋隆安四年），设在城山句章县城，为孙恩起义军残破，迁治于小溪（唐时曾称光溪，今鄞县鄞江镇）。589年（隋开皇元年。实为开皇九年——编著者注）并鄞、鄮、余姚3县入句章县，县治相仍，但移县署于它山之左。738年（唐开元二十六年）立明州，州治与鄮县治均设于此。771年（大历六年）《乾道四明图经》载，鄮县县治'据江海之冲，为善后之备'移至三江口（今老市区）。821年（长庆元年）明州州治因'北临鄮江，地形卑隘'与鄮县县治互易，州治徙至三江口，县治迁返小溪，但非原治所，而是另择高处建县署。直至909年（后梁开平三年）县治再次移至三江口与州治同设。先后在小溪建治历500余年。署所三易：初建时一处，扩大为句章县一处，鄮县迁返另择高处新建又一处，历史上无具体记载，仅能以地名或地形猜测，初在鄞江镇东约一里古城畈，地较小，后作稻田，犁耕多瓦砾；继在凤凰山下今浙东啤酒厂一带；最后在今悬慈村，相传'悬慈'系鄞江土音，系'县市'之谐音，此处地势开阔，一畴平野，相传附近有兵营、府第。"[2]

《鄞县志》第一编《政区》第一章《建置沿革》第三节"县治"："东晋隆安五年（401年），孙恩义军围攻句章县治城山，城破，改在小溪（今鄞县鄞江镇）筑句章新县城。隋时并鄞、鄮、余姚三县入句章，县治仍沿袭东晋、南朝，设于今鄞江镇古城畈。唐初武德四年（621年），析句章县中余姚地建姚州，其余之地改鄮州，鄮州州治仍在今鄞江镇。武德八年（625年），废鄮州，恢复鄮县，县治仍设于今鄞江镇。开元二十六年（738年），鄮县一分为四，属明州辖。鄮为郭下县，州县合治于今鄞江，鄮县治遂成州级城市。大历六年（771年），因为三江口

---

[1] 宁波市地方志编纂委员会编：《宁波市志》第一卷《建置》第一章《沿革》第一节"秦至清"，中华书局，1995年，第3～5页。
[2] 宁波市地方志编纂委员会编：《宁波市志》第一卷《建置》第三章《城垣》第三节"古城遗址·小溪古城"，中华书局，1995年，第43、44页。

（今宁波城区）据江海要冲，有发展前途，故鄮县治由今鄞江镇移之该地，而明州治仍留今鄞江镇，州、县分治。长庆元年（821年），浙江观察使薛戎因明州治临鄮江，地形卑狭，奏准移治于鄮县（三江口）。同时，鄮县治又迁还今鄞江，州、县两治对调。五代初（909年），为后梁太祖曾祖朱茂琳名讳（鄮、茂同音），改鄮县为鄞县，并移县治至三江口明州城，鄞县又成附廓。今鄞江镇因地位显要而设军事机构光溪镇。"[1]

《鄞县志》第一编《政区》第一章《建置沿革》第三节"县治"附一《古城考略·句章古城考》："句章城初建于姚江边的城山，系周元王四年（前472年，越勾践二十四年）越王勾践所筑。据《十三州志》：'越王勾践之地，南至句余。其后併吴，因大城句余，章伯功以示子孙，故曰句章。'秦置句章县，遂为县治。其地据鄞、姚县界极北处余姚一侧，今属余姚县大隐乡辖，俗名仍称城山，有民渡，称城山渡。晋隆安四至五年（400~401年），孙恩农民军20万人两次围攻句章城，城破。戍将刘裕（后为宋武帝）遂于隆安五年（401年）迁句章县治至小溪（今鄞江镇地），筑句章新城。句章新城西扼四明入山隘口，承光溪和鄞江的丰富淡水资源，利于生繁种植，东临鄞、鄮大批湖沼地带，便于向东拓展，且有小溪港水路沟通故句章和会稽郡，可谓表里江山，进退自如。隋开皇九年（589年），并鄞、鄮、余姚入句章，仍设治于此。唐武德四年至八年（621~625年）又在此设鄞州治。撤州改鄮县后，仍设治于此，开元二十六年（738年）建明州，此又为明州治，成为全国地位显赫的州级城市。故政府对当地的水利与公益事业甚为重视，它山古水利工程即为一例，在此间又浚治了城郊的小江湖以利蓄纳淡水，并建州学和开元宫道观及咸宁佛塔等。此城正确位置在何处？史无记载。大约在今鄞江镇东一里许的凤凰山附近，1958年"大跃进"时期，洪水湾以下的农田里曾掘出隋唐时的砖瓦及陶瓷。这是一块不足一平方公里的田畈，俗称古城畈，在今鄞江镇的洪水湾之东，凤凰山之西，定山桥之南，小岩山隔江以北。署衙的某些机构，可能设置在凤凰山的东侧。与其隔江相望的小岩山，即史称响岩。旧志记载响岩有贺知章故寓、高尚宅等遗迹，清全祖望曾有记。估计响岩为旧时官宦消闲之处。唐大历六年（771年），鄮县为'据江海之冲，为善后之备'（宋乾道《四明图经》）移治到三江口（今宁波市址），鄞江地独为明州城。长庆元年（821年），明州因州城'北临鄮江，地形卑隘'（明成化《四明郡志》迁至三江口鄮城，同年鄮县迁还今鄞江地，

---

[1] 鄞县地方志编纂委员会编：《鄞县志》第一编《政区》第一章《建置沿革》第三节"县治"，中华书局，1996年，第15页。

另择高处建新鄮县城。考'北临鄮江,地形卑隘',其城应在鄮江之南,即今悬慈一带,但悬慈地为一片平川,下成其'隘',故'北临'可能是明代人想象,当系'南临',以凤凰山下一隅之地,南有鄮江,拓展有阻,东山西水,地实卑隘。但其'北'字恰好说明新置鄮县城当地势开阔的悬慈一带。其后撤治,居民仍居,于是一直延承至今。宋元丰间在鄮江上建大德桥。(即后称鄮江桥),即是两岸居民繁衍,需沟通南北的佐证。另据宋·魏岘《四明它山水利备览》所记,今上河头一带称崔府君第,而今跃进桥称马家营,当系兵营,古制兵营常在城边,所以以地名也可证明宋代人口所居均在今镇区,此为唐县城格局的延续。悬慈,古称悬磁,光绪《鄞县志》释为有磁石倒悬之故;另有民间传说为在兵乱中某孝子恐其母罹难乱兵,悬其母亲于井中,均缺少根据,恐望文生义。考'悬慈',今鄮江土音读'县市',极可能原为县城中集市所在,撤治后地名仍延承古称。其读法与庄市、费市、裘市、洋市等'市'同音。五代后梁开平三年(909年,吴越天宝二年)鄮县移治至三江口,与明州合治。今鄮江地遂结束508年县城历史。"[1]

《鄞县志》第二编《自然环境》第四章《水文》第二节"湖泊""小江湖"条:"关于小江湖址的争议自两宋至民国一直未得解决。最早记载此湖为《新唐书·地理志》:'鄮县……南二里有小江湖,溉田八百顷',争议也由此引起。北宋·舒亶将鄮县治定在唐大历元年后的三江口,在其《西湖引水记》中说:'县南二里有小湖,唐贞观中令王君照修也,盖今俗俚所谓细湖头者乃其故处焉。'即指日湖,因此《宝庆四明志》采用此说,小江湖'乃谓城中之小湖也'。但日湖决不可能倒流而溉田800亩。南宋王应麟以大历元年前县治小溪为基点,认为'唐书曰鄮县南二里有小江湖……按《九域志》即它山堰也''盖唐书所云在鄮县未迁之前也'(《新唐书·地理志》)。它山堰处无湖迹可寻,于是明张时彻又另起一说,以古鄮治同谷为基点:'湖在县西南三十五里,盖唐书所云,乃在鄮县未迁之前也。'(明嘉靖《宁波府志》)显然指东钱湖为小江湖。争议未得定论,因此民国《鄞县通志》干脆认为,小江湖址不得而知。……自湖汇山西北如意埭经芦家桥、蜃蛟、蒲家埭、前虞埭、后虞埭、阮家埭、车何埭到栎社,形成一条西北走向的直线带。埭,为鄞县古地名中的高地,可见上述地带为一地理隆起带,其北为广德湖旧址,南即杨守陈所说小江湖址。……以其地来看,湖东岸约距县城南门二十里,故《新唐书·地理志》所说'南二里'可能漏'十'字。小江湖在樟溪下游,泥沙

---

[1] 鄞县地方志编纂委员会编:《鄞县志》第一编《政区》第一章《建置沿革》第三节"县治"附一《古城考略·句章古城考》,中华书局,1996年,第16、17页。

较多，因而自唐代遂逐步沉湮，王元暐筑它山堰后曾'浚小江湖'，可能是开辟南塘河故道。宋时对南塘河一带曾有'潴为平湖，疏为长河'（宋·魏行已《重修增它山堰记》）的记载，实为由湖成河过程的写照。但此时县治已迁三江口，小江湖地处鄙远，湮毁时不为常人注意。据此，小江湖大约湮没于南北宋之间。"[1]

《宁波通史》第1卷《史前至唐五代卷》第二编《六朝时期的宁波》第一章《六朝政局中的宁波地方政情》第三节"六朝时期宁波境内的战乱"："隆安四年……北府名将刘牢之受诏再度东征，亲率主力驻屯上虞，而刘裕受领偏师继续东进，戍守句章。其时句章故城不但'卑小'，而且'战士不盈数百'，故而刘裕改筑句章新城于小溪镇以加强防御。次年二月，即有句章之役发生。"[2]

《宁波通史》第1卷《史前至唐五代卷》第三编《隋唐五代时期的宁波》第一章《政治、军事和对外交往》第一节"隋唐五代宁波的行政建置"："隋文帝开皇九年（589年）改会稽郡为吴州，置总管府，并鄞、鄮、余姚三县入句章，隶吴州。句章县治自城山迁至小溪（今鄞江镇）。……句章县治小溪位于宁波平原西南边缘的四明山麓，地处奉化江支流鄞江之端，水源丰富，极宜发展农桑，经数百年来的经营已成为宁波平原的主要产粮区。但作为句章全境的政治经济中心，地理位置过于偏僻，小溪虽拥有港口及道头，但水上交通需经鄞江、奉化江干流才能到达甬江，不论东行出海，还是西往余姚、会稽的水道，都不及原来的城山渡来得便捷，而且治所背靠四明山，腹地狭窄，物资供应有限，因而后来的发展较为缓慢，文献记载仅有开元宫道馆、咸宁佛塔等寥寥几座文化设施。因此，句章县治虽迁，但从大趋势看，港口主体却分迁到了三江口。唐高祖武德四年（621年），……四明之地以余姚属姚州，以旧句章、鄞、鄮三县地属鄞州，并试探性地设鄞州治于三江口（今宁波市区）。仅仅过了四年，又废鄞州和句章县，恢复鄮县的名称，隶越州，鄮县县治仍在三江口。……唐玄宗开元二十六年（738年）七月十三日，采访使齐澣奏请将鄮县划分为慈溪、奉化、鄮县、翁山（今定海县）四个县，别立明州以统之，因其地有四明山而得名，……不过，明州的州治，设在小溪，鄮县则复鄮山旧治。……唐代宗大历六年（771年），废翁山县，明州仍为4县，但其时最值得注意的是鄮县治移到了三江口。……三江口最终成为鄮县县治，意义重大，这标志

---

[1] 鄞县地方志编纂委员会编：《鄞县志》第二编《自然环境》第四章《水文》第二节"湖泊"，中华书局，1996年，第160页。

[2] 傅璇琮主编，张如安、刘恒武、唐燮军著：《宁波通史》第1卷《史前至唐五代卷》第二编《六朝时期的宁波》第一章《六朝政局中的宁波地方政情》第三节"六朝时期宁波境内的战乱"，宁波出版社，2009年，第123页。

着句章港东迁三江口这一历史过程的最终完成,也标志着甬江流域经济开发从低山丘陵地带向平原中心推进过程的基本完成。唐穆宗长庆元年(821年),刺史韩察向浙江东道观察使薛戎建议,以小溪北临鄞江,地形卑隘,请移明州治于鄮县。这样,明州州治移到了三江口,刺史韩察'易县治为州治,撤旧城,筑新城',此即子城(即内城),又在'旧城近南高处置县',使鄮县成为州治附廓。"[1]

三、文物古迹

今鄞江镇辖境内,所存文物古迹数量颇丰,计有全国重点文物保护单位1处、海曙区级文物保护单位14处、海曙区级文物保护点13处(图版六)[2]。另有第三次全国文物普查登录点、历史建筑和其他不可移动文物若干。此外,除本次考古外,历年来还曾在鄞江镇及其周边洞桥镇、古林镇开展过多次考古调查、勘探和发掘,发现史前至历史时期地下文物遗迹多处(图五)。兹简要列举如下。

(一)鄞江镇境全国重点文物保护单位

1处。它山堰(图版七)。

它山堰位于宁波市海曙区鄞江镇它山堰村、它山与庙前山两山之间,始建于唐代大和七年(833年),是一座由大块条石叠砌而成的拦江河滚水坝。该堰全长113.7米,堰面宽:顶级3.2米,第二级4.8米,总高5米(1995年经钻孔显示,堰底高程-1.95米、堰顶高程3.05米)。其砌筑所用石块从今所见长2~3、宽0.5~1.4、厚0.2~0.35米,堰顶可以溢流。据宋代魏岘的《四明它山水利备览》等有关史料记载,为了选择合理的坝址,王元暐(唐鄮县县令)四处勘察,相度地势,终于发现了"两山夹流,铃锁两岸"的它山。它山地势优越,大溪之南沿流皆山脉连绵,北面都是平壤之地,南岸之山与它山夹流,两岸有石趾可据。因此他决定利用这个优越的坝址兴筑阻咸、蓄淡和引水的渠首枢纽工程,把鄞江上游来水引入内渠南塘河,并在内河与外江之间围堤建闸,把江河分开。堰上之水,旱时七分入河,三分

---

[1] 傅璇琮主编,张如安、刘恒武、唐燮军著:《宁波通史》第1卷《史前至唐五代卷》第三编《隋唐五代时期的宁波》第一章《政治、军事和对外交往》第一节"隋唐五代宁波的行政建置",宁波出版社,2009年,第188~192页。

[2] 数据采自宁波市文化遗产管理研究院编印:《宁波市文物保护单位(点)名册》,2020年9月。

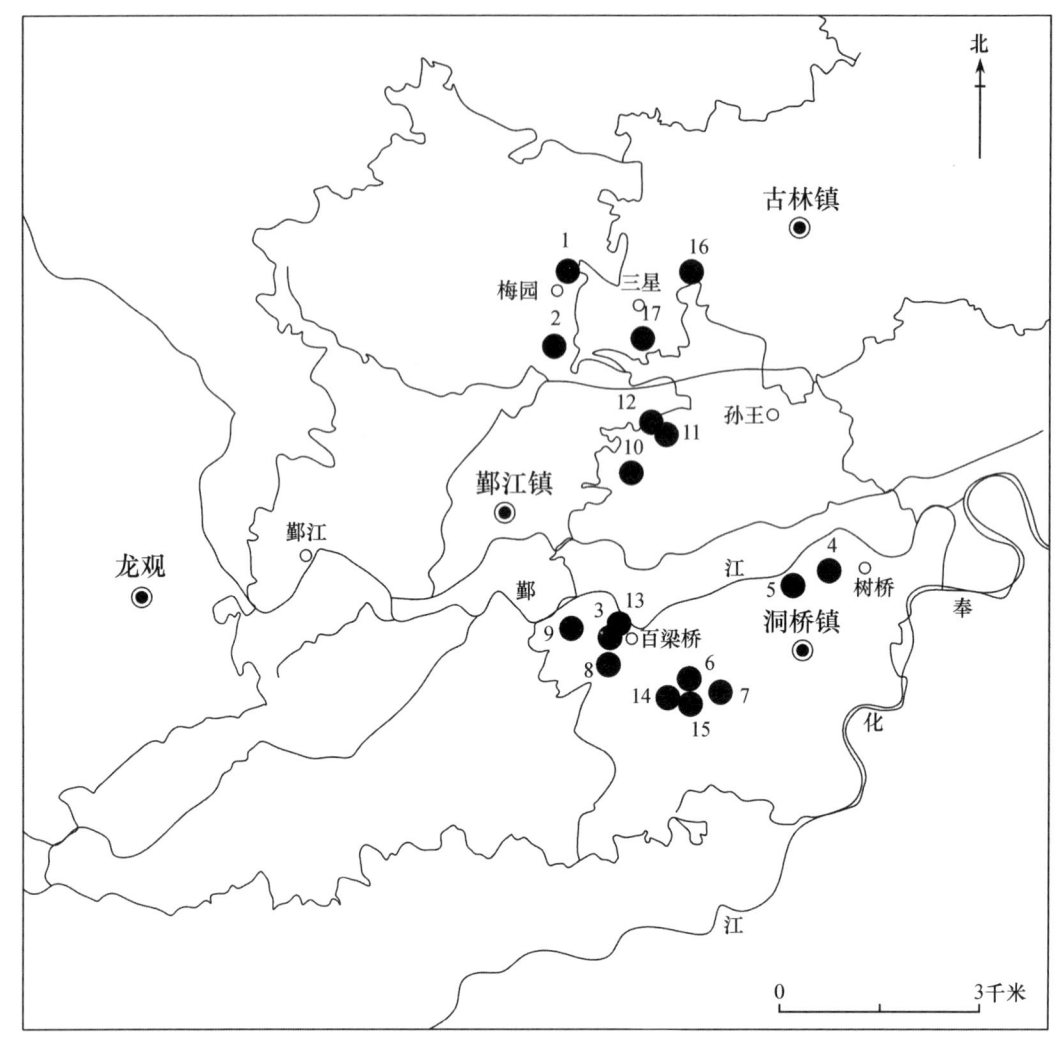

图五　鄞江镇及其周边历年考古发现分布示意图

1. 岳官漕遗址　2. 大桥遗址　3. 上庄山遗址　4. 树桥遗址　5. 潘家耷遗址　6. 湖山墩遗址　7. 豹山墩遗址
8. 周门遗址　9. 后山下遗址　10. 石臼庙遗址　11. 陈家山头遗址　12. 百丈坟遗址　13. 上庄山古墓群
14. 蜈蚣岭古墓群　15. 孟夹岙古墓群　16. 芦家桥遗址　17. 横港岸遗址

入江，涝时七分入江，三分入河。置它山堰后，虑及暴雨时泄流不足，又在南塘河下游续建乌金、积渎、行春三碶，这样涝时可将多余的水排入甬江，旱时利用潮汐的顶托开闸纳淡，补充鄞西灌溉用水。至今，它山堰附近仍保留有历代增建的回沙闸、官池塘、洪水湾塘等配套工程的遗迹和它山庙、片石留香碑亭等纪念建筑。现为全国重点文物保护单位[1]，并入选世界灌溉工程遗产名单。

---

[1] 采自"宁波文化遗产保护网"。

历代吟咏它山堰的诗词较多，兹举两例以赏之：

（唐）僧元亮《它山歌诗》："它山堰，堰在四明之鄞县。一条水出四明山，昼夜长流如白练。连接大江通海水，咸潮直到深潭里。淡水虽多无计停，半邑人民田种费。太和（应为大和——编著者注）中有王侯令，清俭为官立民政。昨因祈祷入山行，识得水源知利病。棹舟直到溪岩畔，极目江山波澜漫。略呼父老问来由，便设机谋造其堰。叠石横铺两山嘴，截断寒潮积溪水。灌溉民田万顷余，此谓齐天功不毁。民间日用自不知，年年丰稔因阿谁。山边却立它神庙，不为长官兴一祠。本是长官治此水，却将饮食祭闲鬼。时人若解感此恩，年年祭拜王元暐。"[1]

（宋）应枢《游它山》："登陆由来说四明，它山胜地久驰名。龙眠巨堰两崖下，鲸吼奔流一水清。宝阁钟鸣群动息，金轮鼓奏百神惊。后来水政谁研究，肯与云涛更主盟。"[2]

（二）鄞江镇境区级文物保护单位

14处。分别为洪水湾古塘遗址、马鞍岗古石宕遗址、上化山古石宕遗址、上化山石宕古道遗址、天塌宕古遗址、回沙闸古遗址、养正堂、光溪桥、槭楂祖庙、毛家宕遗址及石刻、永峰亭、陈晓云烈士墓、华兴宕遗址、悬慈桥[3]。

1. 洪水湾古塘遗址

洪水湾古塘遗址位于宁波市海曙区鄞江镇它山堰村它山堰自然村东北部，距它山堰约500米，为它山堰的重要配套设施之一。据民国《鄞县通志》记载，旧时曾于此置碶，南宋淳祐三年（1243年）秋在此筑堤，堤高二丈，阔一丈二尺，长十二丈，耗工372工，花钱87贯290文。南宋宝祐三年（1255年），制置使吴潜就其地置三坝：一濒江、一濒河、一介其中，后中、外二坝垫于江中，只存濒河一坝，称为

---

[1] （元）王元恭纂：《至正四明续志》卷十二《集古·诗》，浙江省地方志编纂委员会编：《宋元浙江方志集成》第10册，杭州出版社，2009年，第4709页。

[2] （南宋）魏岘撰：《四明它山水利备览》卷下引（宋）应枢《游它山》诗，宁波市鄞州区地方志编纂委员会编：《鄞州山水志选辑》第一册，宁波出版社，2009年，第20页。

[3] 以下各文物保护单位资料主要采自"宁波文化遗产保护网"。

"洪水湾塘"。清代乾隆四十一年（1776年）、咸丰七年（1857年）和民国十三年（1924年）几次重修增筑，旧塘长105.6米，民国十三年（1924年）重修后长达320米，高4.16米，为一条坚固石塘。20世纪70年代以后，因官塘被拆，上下游设障等原因，此塘于1988年在其东侧段改塘为闸，建成洪水湾排洪闸，以提高排洪能力。现仅存西侧石塘遗迹180余米，均由条石砌筑，上覆石板而成。

2. 马鞍岗古石宕遗址

马鞍岗古石宕遗址位于宁波市海曙区鄞江镇它山堰村马鞍岗山的半山腰，距国保单位它山堰直线距离约500米，是唐朝人工开采石料所遗留的采石遗址。东口高2~3米，西口高约5米，洞内深30余米，东西两口，内相连，呈"凹"形。西面宕口石块已出现风化。20世纪70年代，本地村民整山平地时，发现一条宽约3米的碎石路通向山脚，又根据它山堰石料质地与此相同，故推测这条碎石路曾是古代工匠搬运石料的古道，也是它山堰用石材料的见证。

3. 上化山古石宕遗址

上化山古石宕遗址又称光溪塘，位于宁波市海曙区鄞江镇鄞江村北面山顶，与光溪村的毛家宕、天塌宕相连。根据洪水湾塘部分砌筑石料分析，应是上化山石质，故推测洪水湾塘因建于南宋淳祐三年（1243年），所以上化山石宕的开采史为南宋晚期。该山东西连绵数里，成为明清时期光溪塘石块的主要产地。宕口于南北相通，高近十米，南洞口石柱林立，远看如古罗马斗兽场之意境。纵深百余丈，纵横交叉，迂回曲折，可容千人。南口东侧内积水成潭，方圆百米，深可行舟。从石质、石色及残存于洞内的条石分析，洪水湾塘、官池塘条石出于此塘。

4. 上化山石宕古道遗址

上化山石宕古道遗址位于宁波市海曙区鄞江村周家自然村。古道无资料记载，据采石资料推测为明代，是一处上化山石宕开采石块后的运送道路。据说，当时大石料需三十余人抬着重上千千克的大石，从宕口抬到山脚才能用木车运输。从山顶上化山宕口盘至村后山脚，上下落差达113米。古道四周遍布茂密山林，并可见宕渣碎料厚积。现存古道全长563米有余，宽2.5~2.6米，整条古道呈"S"形，主要由碎石块铺砌而成。

5. 天塌宕古遗址

天塌宕古遗址位于宁波市海曙区鄞江镇光溪村毛家自然村上化山东侧。上化山是宁波知名的历代采石场地之一，留有数十个古代石宕，天塌宕为其中一处且较为典型。据上化山的开采历史和第三次全国文物普查中发现宕内有水车被埋，又有资料记载清末起曾禁宕等分析，这里的开采史至少在明之前，断断续续直至现代。至世纪之交后，为保留古迹，当地政府决定全面关闭开采。现有大小宕口几十个，如有宽13.8、深15.2、高7米的宕口，大型的有巨石高耸，难以丈量，石壁上还书写着"胜利永远属于朝中人民！"的口号。特别是"三普"时发现的被埋水车，为研究开宕排水提供了重要的实物依据。

6. 回沙闸古遗址

回沙闸古遗址位于宁波市海曙区鄞江镇它山村西侧、它山堰上游，始建于宋代。根据记载，南宋淳祐二年（1242年），郡守陈恺因上游水土流失，塘河淤积，于它山堰上游西北150米处建三孔回沙闸，以阻沙入港，免受淤塞之患。目前该闸尚存槽柱四根，西首第2根镌有"测水尺"，作为控制水位的标准。第3柱镌有"回沙闸"3字。4根石柱高2.63～2.83米，石柱断面尺寸为0.5～0.52米，闸门槽0.11米，成正方形，闸中孔宽3.57米，二边孔宽3.02米。回沙闸是它山堰水利设施的组成部分，一直以来都同它山堰一起发挥着引泄、滞蓄的作用。

7. 养正堂

养正堂又名绍文堂、朱氏宗祠，曾办过养正小学堂，故名养正堂。位于宁波市海曙区鄞江镇它山堰村养正路，现存建筑前进为民国，后殿为清代。主体坐南朝北，中轴线上由门楼、前进、东西厢、后殿等组成。南北全长44.81、东西阔24.54米，面积达1092平方米。砖楼石库门设于北墙中部。前进单檐硬山顶楼房，后檐置阳台，面阔七开间，穿斗与抬梁式混合结构，进深三柱七檩；次间两侧施"八"字墙，石质墙基，水磨墙砖，上饰八仙砖雕，另有木质牛腿，地面有青色釉面砖刻纹，富有层次；后阳台外沿精雕线条收边，车木栏杆，牛腿承檐檩柱础，山墙墀头彩绘。厢房，单檐硬山顶楼房，面阔三间，穿斗式，三柱五檩，二楼地板线条收边。后殿单檐硬山顶高平房，面阔七间，明、次间梁架五柱十一檩，五架抬梁前后双步，梁枋间有蝙蝠纹云板；梢间、尽间穿斗式结构；前檐卷棚顶，月梁较大，人物雕刻精美繁复，前檐牛腿承檐檩雕倒挂狮子。地面均采用石板错缝铺就，前后进间甬道略高。

8. 光溪桥

光溪桥亦名许家桥，位于宁波市海曙区鄞江镇光溪自然村许家桥弄南端，曾为它山堰的附属设施之一。始建于明代嘉靖三年（1524年），由时任鄞县县令沈继美率民夫所建，清代嘉庆三年（1798年）重修，清代光绪二十八年（1902年）大修。为单孔石拱桥，南北跨，全长39.95、宽4.5、高7.8米，净跨12、矢高6.5米，面积达280平方米。桥面两侧设实心栏板，四只望柱各雕石狮，桥孔两侧各有出挑鳌头石雕，联镌："环溪分月影长涵蕙水文澜；虹桥联古道遥通百里舟车。"西孔悬"光溪桥"额，款镌"大清嘉庆三年，光绪壬寅年重修"；东刻"四明首镇"。南北落坡呈喇叭状，南北埭各设踏跺28、25级，南设平台与官池塘遗址相连，北与光溪路贯通。

9. 槟楂祖庙

槟楂祖庙位于宁波市海曙区鄞江镇梅园村梅锡自然村。始于宋，现为清代建筑。据民国《鄞县通志》记载：槟楂祖庙，祀宋康孝子用锡。宋开庆间里人闻时政创建。据传用锡事寡母至孝，母爱食槟楂（中药材），手植以供亲。邻有亲病者，乞食其果，食之皆愈。后人感其孝德，立庙祀之。该庙坐北朝南，通面宽17.4、进深31.3米，建筑面积544.6平方米。由门厅、天井、大殿三部分组成。门厅宽16.8米，正中大门，两侧偏房，门前廊顶卷棚式，柱枋牛腿等部件雕有狮子、人物图饰，工艺较为考究。中间天井、戏台，左右两厢各三间。后殿梁架明间抬梁式，两边为五柱七檩穿斗式。殿前廊上卷棚顶，柱头、枋额、牛腿雕刻人物鸟兽，全部油漆、贴金，工艺精细高巧。

10. 毛家宕遗址及石刻

毛家宕遗址及石刻位于宁波市海曙区鄞江镇光溪村毛家自然村上化山东侧，约成于北宋晚期，原埋藏于毛家宕及其东和东北带的山宕宕渣内，被发现后集中至现址安放。毛坯石雕中，放置于最北侧的武将像雕刻最完整，仅人物下部未完工，全像高2.84、肩宽0.47米；文臣像仅人物头部雕刻完成，较武将像略矮，高2.47、肩宽0.47米；南侧武将像完成情况较差，仅面部雕刻完成，高约2.76米，肩宽0.5米；石虎与龟趺重叠安放，石虎已大致成形，龟趺仅雕刻外部轮廓。5尊石像气质古朴，面部神态及服饰雕刻精美，虽经长期雨水冲刷，仍基本保存完整。

11. 永峰亭

永峰亭位于宁波市海曙区鄞江镇芸峰村水库脚自然村东面。根据县志记载，该亭始建于南宋末，民国初期重建。永峰亭地处木阜山下，是鄞江至奉化古道的必经之路。亭子为穿心凉亭，面阔三间。亭内柱子为方形石柱，上接木质矮柱。石柱上刻有对联。据当地村民介绍，亭内右侧原设有神像：中设赵公元帅玄坛，上首设土地神，下首设蚕花仙子。

12. 陈晓云烈士墓

陈晓云烈士墓位于宁波市海曙区鄞江镇沿山村边家自然村西面，坐落在呑大里山的山麓，整体坐西南朝东北，占地面积64平方米。墓室呈圆形，直径达3.06米，底部用石块砌成，上部用水泥浇筑而成。墓碑分上下两部分，上端刻"陈晓云烈士之墓"，上款：1975年5月，下款：毛君谨君。墓碑的下端刻"这里安息着边元仁陈继芳"，落款"中华民国三十二年五月"。

13. 华兴宕遗址

华兴宕遗址位于宁波市海曙区鄞江镇梅园村华兴宕自然村南侧。整个石宕呈扇形，直径约55.58米，现已经废弃，被水淹没。鄞江一带梅园石宕开采历史悠久，据现存的北宋徽宗御笔碑及东钱湖石刻情况推断，其历史至少可上溯至宋代。由于古代开采能力有限，只能采取由上至下的开采方式，多为露天开采，所留下的遗迹多为圆形或扇形的水池。华兴宕为民国时期的开采遗迹，石宕老板为民国时期鄞县资本家谢桂生，开采的石料曾被用作宁波交通史上第一条公路鄞奉路的建设。

14. 悬慈桥

悬慈桥位于宁波市海曙区鄞江镇悬慈村南首，根据石碑记载，始建于北宋天圣年间（1023~1032年），现桥为1916年重建。该桥为石墩木梁单孔平桥，南北走向，横跨于清源河两岸。全长19.45、宽4.15米，净跨约12米。西埠踏跺6级，南埠踏跺9级。石砌桥台，台上埋置长4米左右的石梁8根，悬挑出约0.85米。石梁端安放横木2根，支承木梁。桥中间为行人通道，两旁设有固定的木凳供行人憩息。桥上有硬山顶瓦屋5楹，廊屋两端建有四柱桥亭，镌有对联两副："一部春秋匡汉室，五行辛草利民生。""地近诗人高尚宅，亭临佛阁永丰庵。"桥北埠原有"二圣殿"，传说为祭祀文武二圣人，即孔夫子与关夫子，现已毁，仅存石柱数根；南埠尚保留《悬慈茶会碑》及《鄞县正堂碑》各一通。

（三）鄞江镇境区级文物保护点

13处。分别为狮子山古墓群、徐桂林墓及牌坊、高尚宅建筑遗址、象鼻山高氏墓前牌坊、上如松古建筑群、郎官第古建筑群、六贵桥、童家嫁妆井、梅园大桥、蜈蚣桥、大野树山墓道石刻、四明公所（会馆）、三青团鄞县区队旧址[1]。

1. 狮子山古墓群

狮子山古墓群位于宁波市海曙区鄞江镇悬慈村。1973年，当地村民挖土时发现墓葬2座，并在其中墓内甬道口出土青瓷盖罐和钵2件文物。1984年6月经文物普查考察，该古墓均为"凸"字形券顶砖室墓，发现刀形砖上印有"宁康二年作"纪年字样（宁康二年即东晋孝武帝时期，374年）。墓葬两侧尚隐现众多墓穴，其范围约1000平方米。

2. 徐桂林墓及牌坊

徐桂林墓及牌坊位于宁波市海曙区鄞江镇大桥村原金岩寺旁。墓已毁，但牌坊保存完好，为清代"旌表营千总徐桂林"的墓前牌坊，坐北朝南，分前后二道，置于"N"的神道上。每道牌坊的石柱上均镌有楹联，第一道曰："千里之山如视掌，百年德义望传人。"第二道曰："明试以功表厥宅里，赏廷于世佑我后人。"第一道牌坊条石门额镌主人封衔姓氏："皇清故武略骑尉营千总诰赠奉直大夫刑部

---

[1] 以下各文物保护点资料主要采自"宁波文化遗产保护网"。

主事诏表义行鄞县徐府君之封茔。"第二道牌坊额镌"乐善好施",上款"清道光十三年九月二十一日",下款"旌表营千总徐桂林",其上部原有直匾并镌"圣旨"二字,阴面刻"钦旌"两字。两道牌坊形状、大小相似,均为双柱穿头"廿"字形石结构牌坊。通高3.85米,面宽单开间2.85米,柱子正方抹角,边长0.27米,抹角长2.5厘米。柱顶为钟形。

3. 高尚宅建筑遗址

高尚宅建筑遗址位于宁波市海曙区鄞江镇鲍家墈自然村。据文献记载,贺知章(659~744年)应是萧山人,但《四明谈助》和全祖望撰、冯贞群书《高尚泽钓台记》中分别提到这里是其"出生地"和"族祖德仁故也"。碑记存于它山庙内,阴面刻贺公像,并摹自原宁波月湖贺秘监祠内吴道子画本。又据《旧唐书·贺知章传》有"克遂四明之客"句,且贺公自号"四明狂客"等分析,因"四明"是宁波祖山——四明山,鄞江又是山之东大门,所以这里可能是贺知章晚年隐居地。现宅全废,仅存遗址及"贺公亭"。遗址中发现长条石叠筑的墙基高20~40厘米。东端为贺公亭,西端原有"贺公钓台",惜毁于20世纪70年代。

4. 象鼻山高氏墓前牌坊

象鼻山高氏墓前牌坊位于宁波市海曙区鄞江镇沿山村象鼻岙之中部。牌坊分前后二道,立于明代成化年间(1465~1487年),墓主人姓高,身份不详。墓园原有拜台五级,现拾级而上的踏跺石均被搬迁,去向不明,仅存乱石地基和一块完整的踏跺石。另在牌坊西南侧发现墓碑及墓穴,规格较小,墓碑表面粗糙,直书"南乔高囗氏孺人墓",下款漫漶不清,难以辨认。牌坊坐北朝南,偏东30°,为二柱一间石牌坊,面宽2.08米。两柱正面分别楷书阴刻"高氏坟石""大明成化二十六年",柱子断面32厘米×32厘米,方形抹角,抹角边长8厘米×8厘米,其外侧身地高1.8米处未做抹角,表面粗糙,与两边遗存的矮墙相连接,证实了当时墓园四周有围墙,柱子顶端无卷刹,用榫卯与额阑相连接,上额被当地村民挪作他用,今下落不明,下额北面(向内)两端及正中雕有门簪,并有安装门扇的卯口。第二道牌坊仅存一根石柱,其刻工与第一道牌坊的石柱类同,正面阴刻"山形峻伟针平一方",内侧刻"子姓于仁义"五字。其后为墓穴,离地面约1米深6平方米范围内被挖得一无所有,仅存一块墓顶石及半块墓穴盖板。

5. 上如松古建筑群

上如松古建筑群位于宁波市海曙区鄞江镇它山西路2-5号。清末民国初期建筑。主体坐北朝南，偏西9°，整体布局呈方形，占地面积达1113平方米，合院式结构，前后共三进院落。第一进由石库门、门屋、厢房及正厅四部分组成，石库门于南墙东侧；门屋于院落东侧，进深四柱五檩，开双扇木质大门，北侧墀头剥落，柱头有云纹雀替装饰，另饰蝙蝠纹牛腿，雕刻精美；厢房于天井西侧，单檐平房，面阔两间一弄；正厅重檐硬山顶楼房，面阔五间一弄，进深五柱八檩，明间为轩子间，其余各间结构相同；正厅前檐出月梁，有龙形牛腿装饰，西侧梢间与厢房相连。第二、三进院落结构与上基本相似。各进院落互通，西侧设巡更弄，南墙台基较高起到防洪作用。

6. 郎官第古建筑群

郎官第古建筑群又称下如松，位于宁波市海曙区鄞江镇它山堰村它山堰自然村如松弄。据口碑调查，该建筑于清末民初陆续建成。主体坐北朝南，呈方形分布，以正门所在巷道为轴心，共分东、西、北三跨院落。西跨院位于轴线西侧，共五进院落，均为重檐硬山顶楼房；北跨院位于东北侧，原为四进院，现一进已重建；东跨院结构与西跨院相类似，共五进院。正门位于主轴南端，原先有三重门，现已不存。整个建筑群原先通过东西两侧的回廊相连，现西侧廊均已改建为居民室内并使用空调，东侧仍保留，作为贯穿始终的路线，略有曲折。郎官第古建筑群与上如松、大夫第均属当地朱姓大户，统称如松里，是当地乃至全区境内少有的古建筑群体，虽经多次新建和加建，略显得繁杂，但其原始脉络尚清晰可辨，仍不失其历史、文化价值。

7. 六贵桥

六贵桥位于宁波市海曙区鄞江镇大桥村大桥自然村。为二墩三孔石梁平桥，东西走向，横跨六贵桥河两岸。建造年代不详，根据现存构造特征分析应为清代建筑。全长17.74、宽2.31米，桥面每孔及其两侧栏板分别平铺长条石3块和2块，中孔略高，左右略低，呈微拱状，既可提高通航能力，又起坚固美化作用。中额刻"六贵桥"正楷大字，题记漫漶不清。桥墩用长条石叠砌而成，上游略呈尖角菱形，起剖水作用，以减弱水流冲击并加速排泄。桥墩南北两头平面分设锁石，呈"丁"字形，将左右石栏板牢牢锁住，这种形制及构造方法在河流湍急处较为常用。

8. 童家嫁妆井

童家嫁妆井位于宁波市海曙区鄞江镇大桥村西端。为童国祥祖母嫁到童家的嫁妆。据童国祥所述：其祖母嫁到童家时，太祖父雇人挖此井，作为其嫁妆。现已有百年历史。井口为外方内圆，外部边长0.48、内径0.36、深6米余。四周用长方块石砌筑，井底向南延伸2米，以蓄水之用，可谓砌筑考究，设计完美。另据童国祥所述：井内的井底向南延筑2米，用意后代仕途远长，伸向东海方向。又，其祖母嫁来时，嫁妆品甚多，应有尽有，有人问："水有否？"其太祖父遂在此挖井。

9. 梅园大桥

梅园大桥位于宁波市海曙区鄞江镇大桥村中心。南北跨于梅溪上，廊桥结构，为村之交通要道。根据建筑风格分析，桥基部分为宋代，余者为明清重修重建。另据《鄞县通志》载，梅园大桥为宋，桥址未变，桥边有亭，亭桥相连。桥全长9.62、宽3.72米，桥廊单檐歇山顶，用柱六根（前排四、后排二），上圆木、下方石，以榫卯结构；桥梁由六块长方形条石并联铺设，每块长5.1米。其紧邻的西侧桥屋面宽三间，均系近年改建。

10. 蜈蚣桥

蜈蚣桥位于宁波市海曙区鄞江镇金陆自然村凤凰山脚。桥无记载，据调查和结构分析，约为康熙年间（1662~1722年）所建。东西走向，横跨于卖柴岙溪之两岸，岸西为奉化境地，岸东为鄞境，故昔为鄞奉之要津。全长6.6、宽2.4、高3.25、拱跨5.28米，为单孔石拱桥，桥身采用长短不一、加工精致的条石不规则地错缝砌筑。桥之东西各设踏跺5级。目前该桥交通功能已丧失，桥身野藤缠绕，青苔遍及，但仍稳如磐石，保存基本完整。

11. 大野树山墓道石刻

大野树山墓道石刻位于宁波市海曙区鄞江镇建岙村大野树山内。原名"无名墓前石刻"。该墓大部已毁，仅留墓道及部分石刻。根据石刻造型及雕刻风格分析，为明代石刻。整个墓道主体坐北朝南，略有转折，石刻错落分布在墓前七个大平台上，在第三层平台对称放置石羊一对（一只不在原址），第五层平台放置石虎一对（头部损坏严重），第五至六层平台交接处放置石人像（只剩一件并覆地），第六层平台后尚保存较为完整的22阶石阶。石刻周围植被较好，但布局已散乱，部分石刻表面略有风化和人为破坏，但大体尚保存原有分布状态。

12. 四明公所（会馆）

四明公所（会馆）位于宁波市海曙区鄞江镇它山堰村夏朱家自然村东北。民国时期建筑，占地面积约450平方米。该公所最早为外地商人侨居在鄞江的活动场所，公所内建筑均为砖混结构，现存建筑仅剩门楼、西面民宅及其北侧建筑尚保存较完整。西面民宅原曾作为义庄，解放战争时期曾作为士兵宿营地。北侧建筑共有两层，是公所内唯一一幢两层建筑，解放战争时期曾被国民党营长许泽美用作驻防办公场所，也是当时鄞江卫生所的主大楼，1965年卫生所搬拆至古小溪江桥，这里的产权归房管所所有。

13. 三青团鄞县区队旧址

三青团鄞县区队旧址位于宁波市海曙区鄞江镇梅园村华兴宕自然村。据建筑风格判断，约建于民国时期。主体坐北朝南，合院式结构，占地面积1584平方米，由前、后两进及左右厢房4幢建筑构成。整个建筑屋顶均为硬山造，前进面阔五开间，进深七柱七檩，穿斗结构；后进与前进同宽，进深五柱七檩，同为传统结构。厢房位于东、西两侧，西厢原面阔九开间，现仅存八开间，东厢分前后两部分，前部面阔五开间，后部面阔六开间。旧址原为鄞西著名石宕开采工厂老板谢桂生所有，原为工厂办公室及宿舍。1941年12月，郭青白为控制鄞西教育界和知识青年，提出建立"三青团鄞西区"的主张，并自任区队长，任命林一新为区队副，实际负责筹组工作。鄞县县委决定利用"鄞西区队"这一掩护开展党的工作，具体由周思义负责。1942年3月三青团鄞西区队创办的《鄞西三日》油印小报在此出版，1942年9月《鄞西青年》亦在此出版，大力宣传中共的抗日主张。

（四）鄞江镇及其附近其他考古发现

1. 鄞江镇境

岳官漕遗址[1]，位于宁波市海曙区鄞江镇岳官漕村北。2022～2023年开展奉化江流域先秦时期遗址主动性考古调查时发现。遗址分布面积约3500平方米。

大桥遗址[2]，位于宁波市海曙区鄞江镇大桥村西。2022～2023年开展奉化江流域先秦时期遗址主动性考古调查时发现。遗址分布面积约1500平方米。

2. 洞桥镇境

上庄山遗址[3]，现亦称康家园遗址。位于宁波市海曙区洞桥镇上庄山。2003年配合甬金高速公路建设开展考古调查时发现。遗址新石器时代文化层厚3米左右，出土遗物可辨器形主要有陶釜、陶鼎、陶豆、陶罐、陶支脚等，器物外观特征与河姆渡遗址出土的中晚期器物高度一致，年代约距今6500～5500年。此外，在上庄山南部山头的边缘区域，还发现过夹砂陶鱼鳍形鼎足、石镞、石锛、石纺轮、玉锥形器等遗物，属于距今4000多年前的良渚文化时期遗存。

树桥遗址[4]，位于宁波市海曙区洞桥镇树桥村西。遗址可分为Ⅰ、Ⅱ、Ⅲ三个区域，分布面积合计约1400平方米。2023年为配合基本建设进行了抢救性发掘，发掘面积1400平方米。其中，遗址Ⅰ区以宋代堆积为主；遗址Ⅱ区以唐代堆积为主，并有少量良渚文化时期遗存；遗址Ⅲ区以六朝堆积为主。发掘过程中，共清理良渚文化时期灰烬活动面1处，六朝时期灰坑3处、木构建筑1处，唐宋时灰坑各1处；出土良渚文化时期有段石锛、黑陶片、红陶片、夹砂红陶鼎足，六朝时期青瓷碗、钵、盏、盘、碟、砚台、盏托、盘口壶、四系罐和釉陶罐、木构件、木屐、石球、磨石、铜碗、铜刀、铜凿、银钗，以及唐代青瓷碗，宋代青瓷碗、韩瓶等小件标本400余件（图版八，1）。

---

[1]　宁波市文化遗产管理研究院调查资料。
[2]　宁波市文化遗产管理研究院调查资料。
[3]　参见《海曙简史》编委会编：《海曙简史》，宁波出版社，2021年，第2、4页。
[4]　宁波市文化遗产管理研究院：《2023年度宁波地区考古工作撷萃》，《中国文物报》2024年3月22日第8版。

潘家耷遗址[1]，位于宁波市海曙区洞桥镇潘家耷村东。遗址分为南、北两个片区，分布面积合计约3300平方米。2023年为配合基本建设对遗址南区进行了抢救发掘，发掘面积500平方米。遗址堆积深1.4～1.6米，自上至下可分为六层，以史前时期文化堆积为主。发掘过程中，共清理良渚文化时期柱洞，钱山漾文化时期房址、灰坑、柱洞，宋元时期灰坑、灰沟等遗迹现象22处；出土良渚文化时期陶鼎、豆、罐、釜、鬶、杯、器盖和石镞，钱山漾文化时期陶鼎、罐、豆和石钺、锛、镞，宋元时期青瓷碗、盘等小件标本45件（图版八，2）。

湖山墩遗址[2]，位于宁波市海曙区洞桥镇宣裴村原宣家自然村西南湖山墩南坡。2022～2023年开展奉化江流域先秦时期遗址主动性考古调查时发现。遗址东部被近年土地复垦破坏。分布面积约2500平方米。

豹山墩遗址[3]，位于宁波市海曙区洞桥镇宣裴村豹山墩南侧。2022～2023年开展奉化江流域先秦时期遗址主动性考古调查时发现。遗址上大部原为豹山前自然村民房，目前地表为待复垦农林用地。分布面积约13000平方米。

周门遗址[4]，位于宁波市海曙区洞桥镇上庄山（山体现已被取土破坏）东侧，原周门村南。2022～2023年开展奉化江流域先秦时期遗址主动性考古调查时发现。遗址分布面积约1500平方米。

后山下遗址[5]，位于宁波市海曙区洞桥镇后山下村南侧。2022～2023年开展奉化江流域先秦时期遗址主动性考古调查时发现。遗址分布面积约12000平方米。

石臼庙遗址[6]，位于宁波市海曙区洞桥镇石臼庙村南侧。2022～2023年开展奉化江流域先秦时期遗址主动性考古调查时发现。遗址分布面积约3500平方米。

陈家山头遗址[7]，位于宁波市海曙区洞桥镇陈家山头南、北两侧。2022～2023年开展奉化江流域先秦时期遗址主动性考古调查时发现。遗址分为南、北两个片区，其中南区分布面积约1000平方米，北区分布面积约500平方米。

百丈坟遗址[8]，位于宁波市海曙区洞桥镇百丈坟山南侧。2022～2023年开展

---

[1] 宁波市文化遗产管理研究院：《2023年度宁波地区考古工作撷萃》，《中国文物报》2024年3月22日第8版。
[2] 宁波市文化遗产管理研究院调查资料。
[3] 宁波市文化遗产管理研究院调查资料。
[4] 宁波市文化遗产管理研究院调查资料。
[5] 宁波市文化遗产管理研究院调查资料。
[6] 宁波市文化遗产管理研究院调查资料。
[7] 宁波市文化遗产管理研究院调查资料。
[8] 宁波市文化遗产管理研究院调查资料。

奉化江流域先秦时期遗址主动性考古调查时发现。遗址分布面积约1000平方米。

上庄山古墓群[1]，位于宁波市海曙区洞桥镇上庄山。2003年配合甬金高速公路建设开展考古调查时发现并进行了抢救性发掘。共清理古墓葬22座，其中13座属于东汉至东晋时期，包括"太康三年"（282年）和"天口二年"、"太平"等3座纪年墓葬。出土青瓷盘口壶、青瓷洗、青瓷耳杯、陶瓿、青铜斗等遗物多件。此外，在上庄山山顶西侧，还采集有印纹陶和原始瓷片，表明该地可能存在商周时期的土墩墓或土墩石室墓。

蜈蚣岭古墓群[2]，位于宁波市海曙区洞桥镇宣裴村南侧的蜈蚣岭缓坡处。2005年为配合生活垃圾填埋场建设工程进行了抢救性发掘，共清理东汉至明清时期墓葬20座，包括东吴"永安三年"（260年）和西晋"元康六年"（296年）纪年墓各1座。东吴"永安三年"（260年）纪年墓出土器物主要见有青瓷簋、青瓷双系罐、青瓷四系罐、青瓷盘口壶、青瓷盉、银手镯、银发簪、金串珠、铜鐎斗、铜盖盉、铒铛、铜镜、铁三足灯、玛瑙、铜钱等（图版九，1），其形制构筑独特，厚实坚固，砖纹样式繁复精美，随葬品组合丰富，墓葬规格较高，墓主生前当有一定的身份地位。西晋"元康六年"（296年）纪年墓因已被盗，出土器物仅见有青瓷碗、青瓷钵、青瓷三足砚、青瓷三足炉等（图版九，2），此外在该墓墓砖上还发现"中夏里夏丹杨"铭文，其中的"中夏里"很可能是地名，这对研究当时的行政设置具有一定的参考价值。

孟夹岙古墓群[3]，位于宁波市海曙区洞桥镇宣裴村境内。2022年为配合当地基础设施建设进行了抢救性发掘，共清理墓葬49座、窑址1座。其中汉六朝时期墓葬21座，均为砖室券顶墓，部分墓葬有甬道和排水道，小型墓葬多长方形，中型墓葬多"凸"字形、刀把形，尤以"凸"字形居多。唐代墓葬2座，均为砖室券顶墓，其中双室墓和船形单室墓各1座；明清时期墓葬26座，均为竖穴土圹砖室墓，少数墓葬在墓底铺设石板。墓壁垒砌方式多条砖错缝平铺，铺地砖多为方砖平铺，个别不设铺地砖。因墓葬多盗扰严重，仅清理出土各类遗物52件，其中陶器6件、瓷器19件、铜器2件、铁器（含棺钉）20件、纪年砖4件、文字砖1件。窑址1座，破坏严重，无法判定具体年代。

---

[1] 浙江省文物考古研究所发掘资料。另参见《海曙简史》编委会编：《海曙简史》，宁波出版社，2021年，第5页。

[2] 参见宁波市文物考古研究所、宁波市鄞州区文物管理委员会办公室：《浙江宁波市蜈蚣岭吴晋纪年墓葬》，《考古》2008年第11期。

[3] 宁波市文化遗产管理研究院发掘资料。

3. 古林镇境

芦家桥遗址[1]，位于宁波市海曙区古林镇上下陈村与芦家桥村之间。年代约距今6000~5600年，相当于河姆渡遗址第三文化层。1973年疏浚横江河道时发现，2008~2009年开展过全面考古勘探，探明芦家桥遗址总占地面积约24000平方米。出土遗物可辨器形主要有陶瓮、陶盘、陶釜、陶罐、陶豆、陶鼎、石刀、石斧、石锛等，另发现立柱、梁架等建筑木构件和牛头、鹿角、苇编、炭化稻谷、稻壳、稻秆、木炭等动植物遗存。

横港岸遗址[2]，位于宁波市海曙区古林镇姚家村境内的横港河、青龙河、三联河交汇处。2008~2009年开展考古勘探时发现。出土遗物见有木屑、木块、木炭、稻壳、稻秆、稻叶、果核和不同颜色的陶片。该遗址距芦家桥遗址仅百余米，属于同一时期的文化遗存，在文化内涵上既有高度的趋同性又有一定的差异性。

---

[1] 宁波市文物考古研究所勘探资料。
[2] 宁波市文物考古研究所勘探资料。

第二章 工作概况

第一节 项目背景与预定目标

一、项目背景

"小溪（鄞江）古城"是在今天宁波辖境范围内志书记载中最为扑朔迷离的一座"古城"；"小溪（鄞江）"问题也曾是宁波古代城市发展史上最为错综复杂的一个千年公案。

根据南宋以来部分志书记载，宋代时的小溪镇（今宁波市海曙区鄞江镇一带）曾于东晋隆安四年（400年）或五年（401年）至唐代武德四年（621年）间为句章县治；唐代武德四年（621年）至唐代武德八年（625年）间为鄞州州治；唐代武德八年（625年）至唐代开元二十六年（738年）间为鄮县县治；唐代开元二十六年（738年）至唐代大历六年（771年）间为明州州治及其下辖鄮县县治；唐代大历六年（771年）至唐代长庆元年（821年）间为明州州治；唐代长庆元年（821年）至后梁开平三年（909年）间复为明州下辖鄮县县治。前后500余年间，"小溪（鄞江）"之地曾相继或同时成为句章、鄞州、鄮县和明州及其下辖鄮县等多个州、县治所。然而，关于这一说法，质疑者代不乏人，自现存宁波最早方志——南宋《乾道四明图经》成书以来的800多年间始终争议不休、未有定论。究其缘由，一则因为缺少早期文献的明确记录，且后世方志相关记载或者过于简略语焉不详，或者以讹传讹人云亦云，或者自相矛盾莫衷一是，主观臆测的多，客观辨析的少；再则因为"小溪（鄞江）"一带地表城址迹象全无，古人无法直观考察，在现代考古学出现之前，自然难以找到直接的实物证据。因此，要想解决这一问题，仅仅依靠方志等史料显然是不够的，只有通过现代考古和科技手段，同时结合早期文献记载，才有可能证其真伪，最终还原"小溪（鄞江）"问题之本来面目。

2011年10月，宁波市文物考古研究所（现宁波市文化遗产管理研究院）开始组织对鄞江镇区及其周边开展考古调查、勘探，由此拉开了"小溪（鄞江）"问题考古研究的序幕。

2012年10月24日，宁波市文物考古研究所编制完成《宁波地区早期城址考古调查工作计划》并正式上报国家文物局审批。"小溪（鄞江）"问题考古研究系该计划中的一个重要构成部分。

2013年4月9日，国家文物局批复同意《宁波地区古代城址考古工作计划》立项（文物保函〔2013〕431号）。

2013年10~11月，在《宁波地区古代城址考古工作计划》全面展开之际，因鄞州区鄞江镇它山堰1号地块——其时鄞江镇仍属鄞州区管辖，2016年10月以后因宁波行政区划调整始划归海曙区管辖。它山堰1号地块即方志记载和当地人称的"古城畈"地块，亦即部分方志和研究者指认的"小溪（鄞江）古城"所在地点之一——面临出让开发，宁波市文物考古研究所主持对其进行了重点勘探，并于2014年3月至2015年7月分两期对其进行了抢救性发掘。

2015年12月，野外考古调查、勘探和试掘、发掘收官，工作重心开始转入室内资料整理和简报（报告）编写阶段。

二、预定目标

"小溪（鄞江）"考古研究之目标，从一开始即确定为以下三点：①地方志书记载中的"小溪（鄞江）古城"到底是否存在？亦即宋代时的小溪镇（今宁波市海曙区鄞江镇一带）在历史上究竟是否曾经做过句章、鄞州、鄮县和明州及其下辖鄞县等州、县的治所？②假若"小溪（鄞江）"一带确曾做过县级以上的治所，亦即部分方志记载中的"小溪（鄞江）古城"确实存在，它的具体位置到底在哪里？保存状况又如何？③通过野外考古、科技应用和综合研究，同时全面梳理、比较早期文献和方志记载，力求解决宁波古代城市研究之"小溪"公案，力争厘清宁波古代城市发展之真实脉络，力图还原宁波古代城市演变之本来面目。

第二节 田野考古与科技应用

一、田野考古

"小溪（鄞江）"考古工作自2011年10月开始启动，至2015年12月全部结束，前后持续四个多年头之久。按照主要工作内容的不同，大致可以分为调查勘探和试掘发掘两个阶段。

以下分别简要介绍两个阶段的工作情况。

(一)第一阶段：调查勘探

第一阶段工作以地面考古调查为主，并对局部区域开展考古勘探，于2011年10月至2013年8月组织实施。

工作时主要结合鄞江镇区周边地形地貌特征，沿着山系与河流的走向分片实施，调查、勘探范围包括鄞江上游樟溪谷地、鄞江与南塘河流域及其两岸山地，以及小溪江沿岸山地等区块，其中方志记载中与所谓"小溪（鄞江）古城"直接有关的古城畈、高尚宅、悬慈村[1]、凤凰山等地块为工作重点。在近两年时间里，共完成调查、勘探面积约1360万平方米（图六），采集各类文物标本184件，发现不

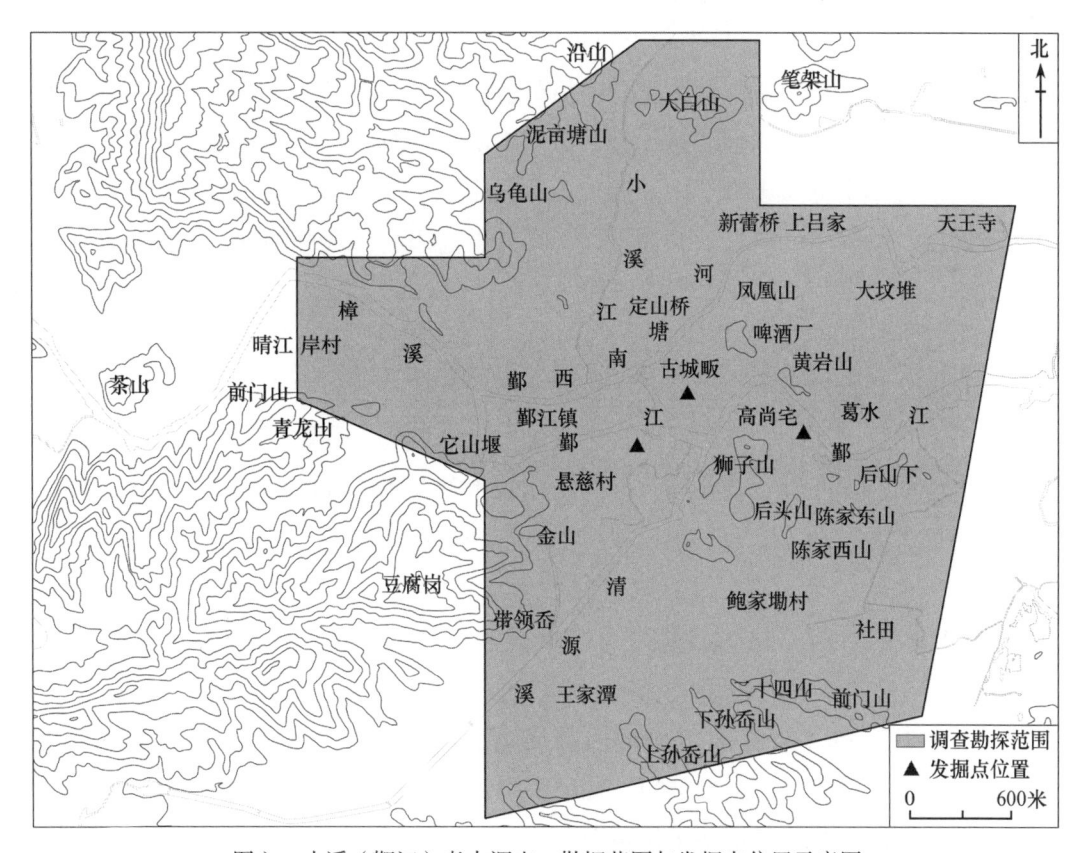

图六 小溪（鄞江）考古调查、勘探范围与发掘点位置示意图

[1] 悬慈，古称悬磁，亦作悬慈。本书除直接引用外，其余均称作悬慈。

同时期墓葬、窑址等遗迹多处。

调查与勘探情况显示，鄞江上游的樟溪两侧以及鄞江南岸的悬慈村地块均为受河道冲刷形成的淤积堆积，沙层较厚；鄞江与南塘河之间的古城畈地块，以及南塘河北侧定山桥一带多受古河道变迁影响，文化层以宋元时期堆积为主；在凤凰山东北的新蕾桥一带发现零星的印纹硬陶片、青瓷片；在鄞江镇东面的洞桥村天王寺一带也发现宋元时期的文化层堆积。

发现的墓葬主要为汉、六朝时期的砖室墓，集中分布在鄞江镇西、南面的前门山、二十四山、下孙岙、上孙岙、牛山、狮子山、陈家山以及北面的太白山、沿山、泥苗塘山等山坡地带。镇区西面的青龙山也有零星发现。调查、勘探过程中采集有"太康""太元"等纪年铭文砖，墓砖纹饰主要见有涡云纹、兽面纹、钱币纹、莲花纹等组合纹饰。唐代墓葬仅在上孙岙发现2座，一为带双耳室的船形墓，一为砖室墓，见有"大中"纪年铭文砖。

发现的窑址数量较为丰富，但多为明清以来烧制民间生活用具的土窑。明清以前的窑址仅发现4座，皆分布在泥苗塘山、沿山南坡，其中龙窑1座，周围未见堆积；1座平面呈扇形，可能为烧炭窑；另外2座窑址，1座形制不明、1座平面呈圆形，窑址周边见有硬质陶罍、罐、壶，以及喇叭形窑具、锥形投材孔塞等器物。明清时期的窑址集中分布于狮子山、后头山、后山下、凤凰山一带，窑址废弃堆积均为粗制陶缸、盆等生活器具。经调查走访得知，这里自清代中晚期以来即是窑区，窑工集中居住在今鄞江镇鲍家墈村一带。

参加这一阶段的工作人员主要有宁波市文物考古研究所王结华、许超、张华琴；鄞州区文物管理委员会办公室（现鄞州区文物保护管理中心）谢国旗（后工作于海曙区文物管理所）；外聘河南技工张灿乐、李胜利、张留军、王跃斌；外聘陕西技工肜海元、李兆勋、刘晓红；外聘山东技工刘文平；外聘辽宁技工张迪；外聘浙江台州技工黄大尧。王结华担任项目领队，许超负责现场主持。

（二）第二阶段：试掘发掘

第二阶段工作主要是对古城畈、高尚宅、悬慈村三个地块进行试掘和发掘（图六；图版一〇），于2013年2月至2015年12月组织实施。

以下分别简要介绍各地块工作情况。

1. 古城畈地块考古发掘

古城畈地块位于鄞江镇环镇东路以西、南塘河以南、鄞江以北（图六；图版一一，1）。2013年10～11月，因鄞江镇它山堰1号地块（即古城畈地块）面临出让开发，宁波市文物考古研究所联合西北大学对其进行了先期考古勘探。2014年3月至2015年7月，经浙江省文物局和国家文物局批准，宁波市文物考古研究所联合鄞州区文物管理委员会办公室、中国国家博物馆、中国科学院、华东师范大学等专业机构，分两期对该地块进行了抢救性发掘和遥感探测，共完成发掘面积1057平方米，揭露宋元时期的古河道、石砌堤岸（坝）、道路、灶、房址等遗迹多处，出土各类遗物标本292件。

参加古城畈地块考古发掘的工作人员主要有宁波市文物考古研究所王结华、王力军（后工作于宁波博物院）、许超、张华琴；外聘陕西技工肜海元、刘晓红、祁玉龙；外聘江苏技工朱广金；吉林大学硕士研究生豆丽丽、山东大学硕士研究生郑秀文、南京大学硕士研究生刘松。王结华担任项目领队，王力军担任2014年度考古发掘领队，许超担任2015年度考古发掘领队并负责现场主持。

古城畈地块考古发掘期间，中国社会科学院考古研究所刘国祥研究员、汪勃研究员，南京大学贺云翱教授，中山大学郑君雷教授，吉林大学段天璟副教授，宁波大学刘恒武教授等专家学者曾多次到现场考察指导。

2014年12月30日，针对2014年度考古发掘成果，宁波市文物考古研究所组织召开了"它山堰1号地块考古项目专家论证会"。参加会议的人员主要有浙江省文物局吴志强副局长，吉林大学段天璟副教授，上海博物馆何继英研究员，华东师范大学张立副教授，南京大学文化与自然遗产研究所考古部周桂龙主任，浙江省文物考古研究所胡继根研究员，杭州市文物考古研究所副所长郎旭峰副研究员，宁波大学刘恒武教授，宁波市文化广电新闻出版局（现宁波市文化广电旅游局/宁波市文物局）文博处徐建成处长，宁波市文物考古研究所所长王结华研究员、副所长王力军研究员、丁友甫副研究员、张华琴副研究员、许超博士，慈溪市文物管理委员会办公室（现慈溪市文物保护中心）谢纯龙研究员，鄞州区文化广电新闻出版局（现鄞州区文化和广电旅游体育局/鄞州区文物局）施建华副局长，鄞州区鄞江镇党委钱范杰书记，鄞州区文物管理委员会办公室主任谢国旗副研究员。会上，许超博士做了它山堰1号地块考古项目工作汇报，张立副教授做了"基于遥感图像的鄞江镇周边环境"的报告。与会专家充分肯定考古发掘成果，并对下一步工作提出了多项意见和建议（图版一二，1、2；附录一）。

2015年12月，古城畈地块考古发现的"宁波鄞州鄞江宋元遗存"获评2015年度"浙江考古重要发现"。2016年5月，浙江省考古学会颁发了获奖证书和奖牌（图版一三，1、2）。

2. 高尚宅地块考古试掘

高尚宅地块位于鄞江南岸的江边台地，与凤凰山隔江相望，原为鄞州区级文物保护点，现为海曙区级文物保护点——高尚宅建筑遗址保护区（图六；图版一一，2）。地表见有砖块、青花瓷片等遗物，分布范围长约300、宽约40米。2013年5~6月，在前期考古调查、勘探的基础上，在该地块布设了2条探沟进行解剖试掘，试掘面积20平方米，出土各类遗物标本21件。

试掘情况显示，高尚宅地块文化堆积厚约1.5米，可分6层，出土遗物主要见有明清时期的青花碗、盘、豆等，也有少量的龙泉青瓷碗、盘等器物。各层出土遗物差别不大，且自上而下皆有早、晚期遗物同层伴出之现象，推测为晚期严重扰动所致。从出土遗物特征分析，该地块文化堆积主体年代应为明清时期。

参加高尚宅地块考古试掘的工作人员主要有宁波市文物考古研究所王结华、许超、张华琴，鄞州区文物管理委员会办公室谢国旗（后工作于海曙区文物管理所）、李彦峰，外聘陕西技工李兆勋、刘晓红。王结华担任项目领队，许超负责现场主持。

3. 悬慈村地块考古试掘

悬慈村地块北邻鄞江，与古城畈地块隔江相望，东邻清源溪、狮子山，南侧为金山、带领峁等山地，西侧为悬慈村居民区（图六；图版一一，3）。该地块地势平坦，为沙性土壤，地表多种植浙贝母等经济作物。2015年8~11月，在该地块布设了三条探沟，共完成试掘面积30平方米，出土各类遗物标本7件。

试掘情况表明，该地块为长期冲积形成的沙土堆积，未见与城址相关的文化层，可排除城址位于该地块的可能。

参加悬慈村地块考古试掘的工作人员主要有宁波市文物考古研究所王结华、许超、张华琴，外聘陕西技工祁玉龙。王结华担任项目领队，许超负责现场主持。

二、科 技 应 用

"小溪（鄞江）"考古伊始便确立了学术目标，并强化课题意识，注重采取多学科合作特别是科技考古的方式开展工作。

主要科技考古合作项目包括：

2013年10月，委托武汉海达数云技术有限公司对鄞江镇周边区域进行了航拍（图版一四，1）。

2014年，与华东师范大学地理科学学院张立副教授合作，开展"基于遥感图像的鄞江镇周边环境"分析。

2015年4月，与中国国家博物馆航空摄影与遥感考古研究中心、中国科学院遥感与数字地球研究所合作，对它山堰1号地块（即古城畈地块）开展地球物理探测工作，并形成了《宁波鄞江古城它山1号地块地球物理探测报告》（现更名为《宁波鄞江它山堰1号地块地球物理探测报告》）（图版一四，2；附录二）。

现代科技手段的应用与科技考古项目的合作，为"小溪（鄞江）"考古研究工作提供了新的素材和新的视角。

第三节　资料整理与报告编写

一、资料整理

"小溪（鄞江）"考古资料室内整理工作基本是与野外考古工作保持同步进行的。2015年12月，它山堰1号地块（即古城畈地块）考古发掘工作结束后，在对考古资料初步整理的基础上，由王结华、许超、张华琴负责执笔撰写并编制完成了《宁波市鄞州区鄞江镇它山堰1号地块考古发掘工作报告》。

2015年度野外考古工作结束后，室内资料整理与相关研究工作一直在断断续续地进行，截至2019年底，先后参加这一阶段室内资料整理工作的人员及其分工情况大致如下：王结华、许超、张华琴共同负责文献查校与资料汇总等工作；许超负责资料统计、器物卡片和工地测绘、摄影、摄像等工作；彤海元、李兆勋、朱广金、祁玉龙、李彦峰、刘松协助负责资料整理工作；李兆勋、祁玉龙负责出土文物修复、拓片工作；刘晓红负责器物线图工作；许超、张华琴负责电子制图工作。但由于种种因素影响，这一阶段的整理工作未及形成报告便被搁置。

2021年底，"小溪（鄞江）"考古资料整理工作被重新提上议事日程，宁波市文化遗产管理研究院李泽琛、于晴琪、何芩和宁波中国港口博物馆王新结等先后加入这一阶段的整理。其中，许超、于晴琪、何芩对既往资料进行了系统梳理；王新结、李泽琛、于晴琪对未及修复的器物进行了修复；于晴琪负责补绘器物线图、电子制图；何芩负责器物描述等工作。

2023年底，委托宁波市海曙前锋流年影像工作室摄影师胡冬青完成了器物摄影工作。

"小溪（鄞江）"考古资料整理期间，项目组主要成员王结华、许超、张华琴等还分别发表了《浙江省宁波鄞江古城考古的主要收获与初步认识》[1]《宁波鄞江发现宋元时期古河道、石砌堤岸与道路遗迹》[2]《唐代明州初治地望考辨》[3]《从句章到明州——宁波早期港城发展的考古学观察》[4]《宁波地区汉唐港城的考古学研究》[5]《关于宁波古代城市发展中的"小溪"问题》[6]《城市考古与宁波港城》[7]诸文，并在《发现——宁波地域重要考古成果图集（2001~2015）》[8]《宁波考古六十年》[9]《甬城千年》[10]《城·纪千年——港城宁波发展图鉴》[11]等书籍中对"小溪（鄞江）"考古成果作了简要介绍，这对本书的编著积累了宝贵的素材，提供了很好的思路，打下了坚实的基础。

二、报告编写

2014年11月，因预算执行之需，宁波市文物考古研究所与科学出版社提前签订了《鄞江古城——考古调查、勘探与发掘报告》（后改名为《小溪（鄞江）——考古调查与发掘报告》）出版合同。

2014年12月，"报告纲要"初稿编制完成。因受种种因素影响，报告编写工作

---

[1] 许超、张华琴、王结华：《浙江省宁波鄞江古城考古的主要收获与初步认识》，《南方文物》2015年第4期。

[2] 许超：《宁波鄞江发现宋元时期古河道、石砌堤岸与道路遗迹》，《中国文物报》2015年7月31日第8版。

[3] 许超、张华琴、王结华：《唐代明州初治地望考辨》，《东南文化》2016年第1期。

[4] 王结华：《从句章到明州——宁波早期港城发展的考古学观察》，《中国港口》2017年第S1期。

[5] 许超：《宁波地区汉唐港城的考古学研究》，南京大学博士学位论文，2018年。

[6] 王结华：《关于宁波古代城市发展中的"小溪"问题》，《东南文化》2021年第4期。

[7] 张华琴、王结华：《城市考古与宁波港城》，《中国港口》2021年增刊第1期。

[8] 宁波市文物考古研究所、国家水下文化遗产保护宁波基地编著：《发现——宁波地域重要考古成果图集（2001~2015）》，宁波出版社，2016年。

[9] 宁波市文物考古研究所、国家水下文化遗产保护宁波基地编著：《宁波考古六十年》，故宫出版社，2017年。

[10] 宁波市海曙区政协文史委编：《甬城千年》，宁波出版社，2020年。

[11] 宁波市文化遗产管理研究院编著：《城·纪千年——港城宁波发展图鉴》，宁波出版社，2021年。

拖延日久。2023年7月，再次对"报告纲要"以及报告编写人员分工情况进行了调整、完善。

根据调整后的"报告纲要"，本书编著体例在参考相关考古发掘报告，特别是"宁波文物考古研究丛书"已出版之其他考古报告的基础上，又因其自身特点略作了调整，共分为"总序""前言""附表""附录""后记"和"环境特征""工作概况""考古调查""考古发掘""初步认识"五个章节。

"报告纲要"同时确定本书编著人员分工如下：王结华具体负责"前言""后记"和中文"内容提要"的撰写工作，以及报告全文的统稿工作，并与张华琴共同负责第一章"环境特征"的编写工作，与许超共同负责第二章"工作概况"、第五章"初步认识"的编写工作；许超、张华琴共同负责第三章"考古调查"的编写工作；许超、于晴琪共同负责第四章"考古发掘"的编写工作；许超同时负责报告相关附录的整理、校对工作。

2024年3月，报告初稿编写完成。

2024年4月，报告提交科学出版社编辑出版。

需要说明的还有以下三点：

1）本报告在编写过程中，曾经得到福建博物院栗建安研究员、厦门大学刘淼副教授的指导，特此致谢。当然，报告中的不当之处，概由编著者负责。

2）"小溪（鄞江）"考古工作持续时间长，报告编写工作历时久。在报告编写过程中，我们对原始发掘编号作了统一：对于采集器物，原始编号以"年度+地点+序号"的方式进行，报告中为行文简便省略了年度，仅以"地点+序号"的方式编号；由于发掘工作分别于高尚宅、古城畈、悬慈村三地开展，三地发掘材料统一以"高·TXXX""古·TXXX""悬·TXXX"的方式描述，并省略年度，以便于区分。

3）此前刊发的有关报道、文章中，在数据、描述上若有与本报告不一致之处，概以本报告为准。

第三章 考古调查

野外考古调查工作于2011年10月至2013年8月组织实施，调查、勘探的范围主要沿着鄞江、南塘河、小溪江等水系进行，包括鄞江上游樟溪谷地、鄞江与南塘河流域及其两岸山地，以及小溪江沿岸山地等区块。在近两年时间里，共完成调查、勘探面积约1360万平方米（见图六），采集各类文物标本184件，发现不同时期遗址、窑址、墓葬等遗迹多处。

第一节 发现遗迹

一、遗　　址

调查过程中，共发现各时期遗址6处，其中史前时期遗址1处、汉晋时期遗址1处、宋元时期遗址3处、明清时期遗址1处（图七）。

（一）史前时期遗址

史前时期遗址仅发现1处，位于小溪江西侧乌龟山东北坡及山脚。山坡处文化堆积自耕土下深约0.5米，山下文化堆积从距地表0.5米处开始至2米左右，自西向东趋厚。遗址堆积面积3000平方米左右。文化层中包含物多为夹砂红陶片，推测为一处史前时期遗址（图版一五，1、2）。

（二）汉晋时期遗址

汉晋时期遗址仅发现1处，位于南塘河南岸、新蕾桥及新蕾南路以西、凤凰山以北（图版一六，1）。遗址大致沿南塘河呈东西走向分布，北距南塘河约20米。东西长约120、南北宽20~70米，其中西端较窄，东端较宽。遗址所在地势较周边

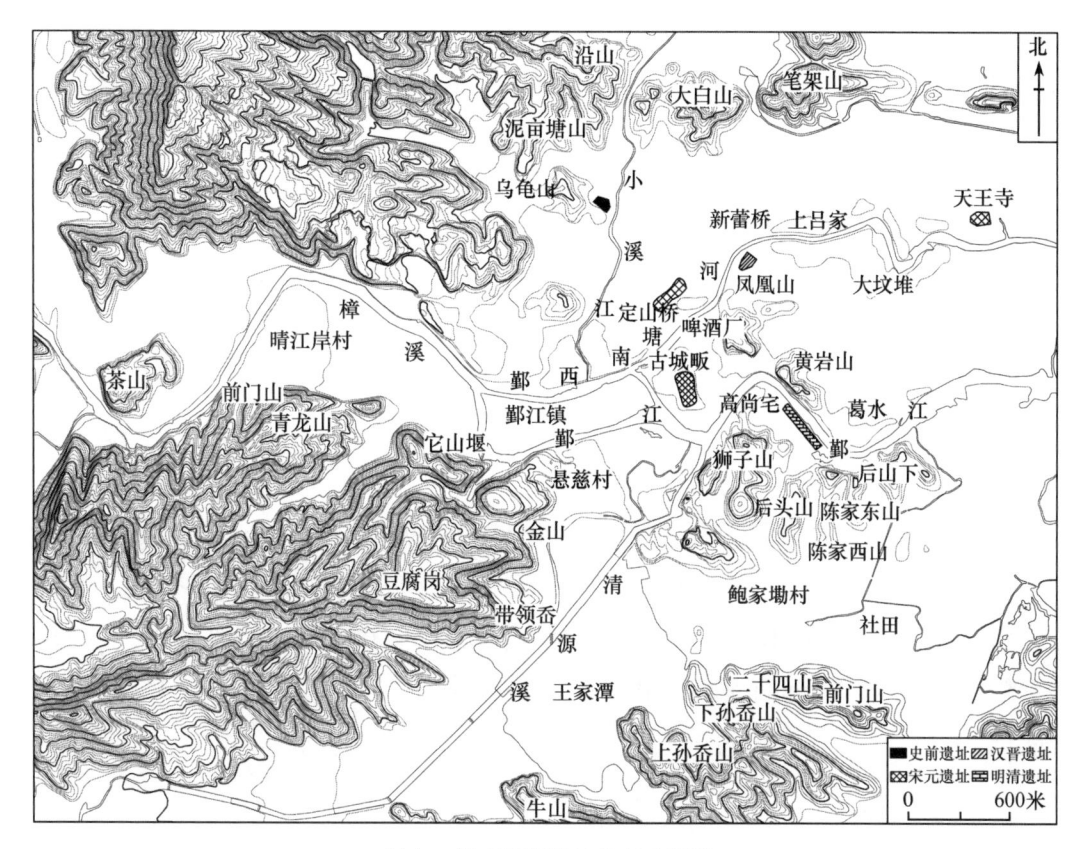

图七　调查发现遗址分布示意图

高出0.3～0.5米，分布区域内堆积状况：0.3米厚耕土；0.4～1.2米厚花土，该层花土土色多样，各区域不大一致，但基本呈现为黄白色花土、黑黄色花土，其中西侧花土中包含较多泥质红陶片、夹炭夹砂陶片，东侧的花土中见有印纹硬陶片、硬陶器底、瓦片、瓷片等。推测该遗址时代为汉晋时期。

（三）宋元时期遗址

宋元时期遗址共发现3处。

定山桥村北遗址　位于南塘河北侧，定山桥村北，南塘小区东南。遗址范围东西长约200、南北宽约70米。勘探发现文化层堆积自耕土层下开始，堆积深度距地表约1.5米，包含物主要为宋元时期瓷片。该区域内勘探发现有东西向河道，包含物有炭屑、木块、淤沙，可能为古南塘河河道（图版一六，2）。

古城畈遗址　北邻南塘河，南邻鄞江，西邻洪水湾闸，东邻澄浪潭路（图版一一，1）。地表采集有宋元时期瓷片，地块北部发现一处南北向河道。地块南北两侧地层堆积多为淤沙，应是河道泛滥后淤积而成。地块中部地势较高，遗址范围南北长约130、东西宽约50米，勘探显示耕土层下有砖瓦、石块堆积层，深约0.7米（详见第四章"考古发掘"第一节"古城畈地块"）。

天王寺北遗址　位于洞桥镇洞桥村天王寺北侧地块，东西长约50、南北宽约40米（图版一六，3）。该地块未进行勘探，地表采集有唐宋时期板瓦、瓷片等。

（四）明清时期遗址

明清时期遗址仅发现1处。

高尚宅遗址　位于鄞江南岸，与凤凰山隔江相望的江边台地处（见图版一一，2）。该区域现为海曙区高尚宅遗址保护区，地表主要见有砖块、青花瓷片，分布范围长约300、宽约40米。勘探所见文化堆积层深0.5～1.3米，主要见有烧灰、红陶片等（详见第四章"考古发掘"第二节"高尚宅地块"）。

二、窑　　址

调查过程中，共发现汉代窑址4处；明清时期窑址（区）3处，其中2处发现有窑炉遗迹（图八）。

（一）汉代窑址

汉代窑址集中在泥亩塘山一带，其中3处位于泥亩塘山南坡、1处位于沿山南坡。分别编号为Y1、Y2、Y3、Y4。

Y1　位于泥亩塘山南坡。平面长约2.3、宽约1.4米。窑身内烧灰堆积深约0.8米。推测可能为汉代烧炭窑（图版一七，1）。

Y2　位于泥亩塘山西南坡。窑身形制不明。周边见有喇叭形窑具、硬陶罐、罍、青瓷罍残片，器物表面多饰方格纹、席纹（图版一七，2）。

Y3　位于泥亩塘山西南坡。龙窑，东西向，首尾高差近16米，尾部已被破坏。窑身宽度不明，周围未见堆积，从烧土分布范围看窑身长约50、宽约7米（图版一七，3）。

Y4　位于沿山南坡。平面呈圆形，直径约2米。开口距地表约0.4米，窑壁残高

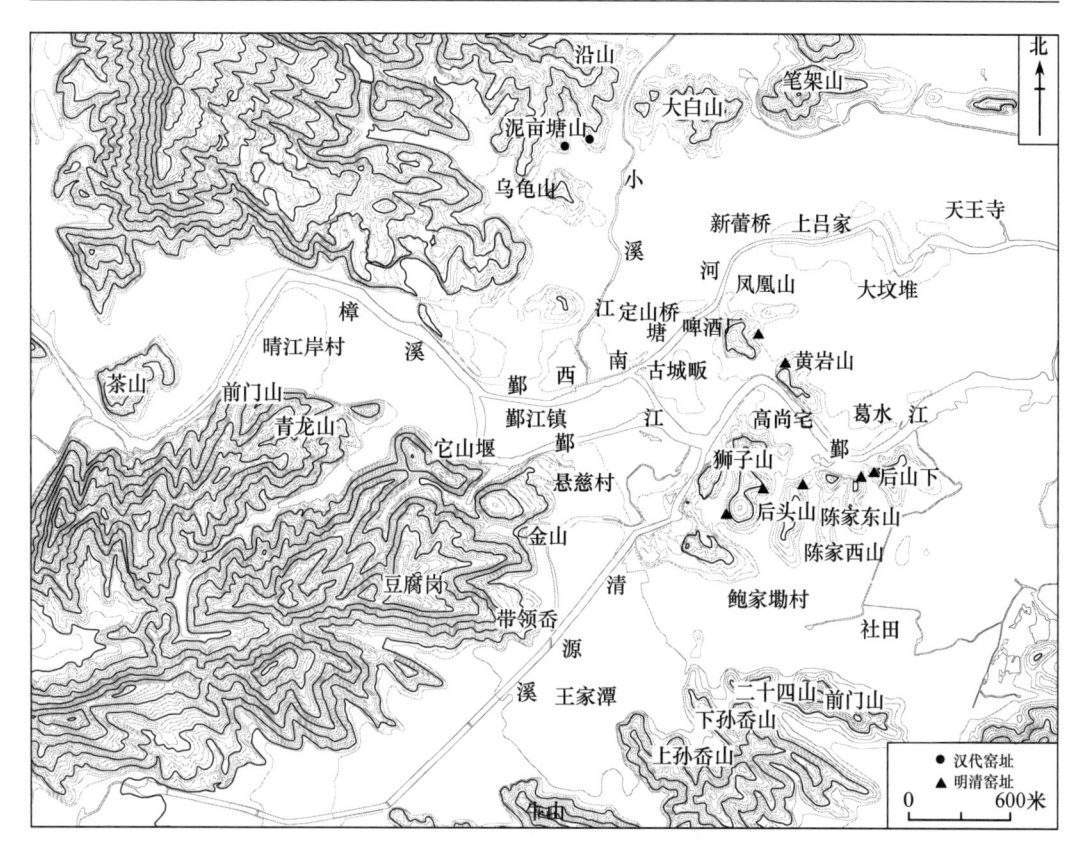

图八 调查发现窑址（区）分布示意图

0.8米，周边废弃堆积中见有硬陶罍、壶等器物（图版一七，4）。

（二）明清时期窑址（区）

明清时期窑址（区）在狮子山、后头山、陈家东山、后山下、凤凰山和黄岩山一带均有发现，产品较为一致，皆为明清以来烧制的粗制生活器具。

狮子山窑址区　废弃堆积集中分布在狮子山南坡。调查中在狮子山西南发现窑址1处，编号Y6。因被挖掘机取土破坏，形制不明（图版一八，1）。

后头山、陈家东山、后山下窑址区　废弃堆积集中分布在后头山东北部、陈家东山与后山下北部。后头山西北探明窑炉1处，编号Y5，窑炉残长24、宽2.1米，底部距地表0.7米，方向约315°，窑壁砖砌（图版一八，2）。

凤凰山与黄岩山窑址区　未发现窑炉，但在凤凰山东南和黄岩山东北部集中分布了大量窑业废弃堆积（图版一八，3、4）。

三、墓　葬

调查发现的墓葬主要为两晋以来砖室墓，多分布在鄞江镇周边的低缓山坡。主要分布区有沿小溪江流域泥亩塘山、沿山、大白山山坡地带分布的两晋墓群；沿鄞江流域狮子山、陈家东山分布的两晋墓群；沿鲍家堪村南、前门山、廿四山、下孙岙、上孙岙、牛山等山地北坡分布的晋、唐墓群（图九；图版一九，1）。此外，在晴江岸村的前门山、青龙山北坡以及茶山，悬慈村西金山、带领岙一带也零星发现两晋墓葬或采集有墓砖。

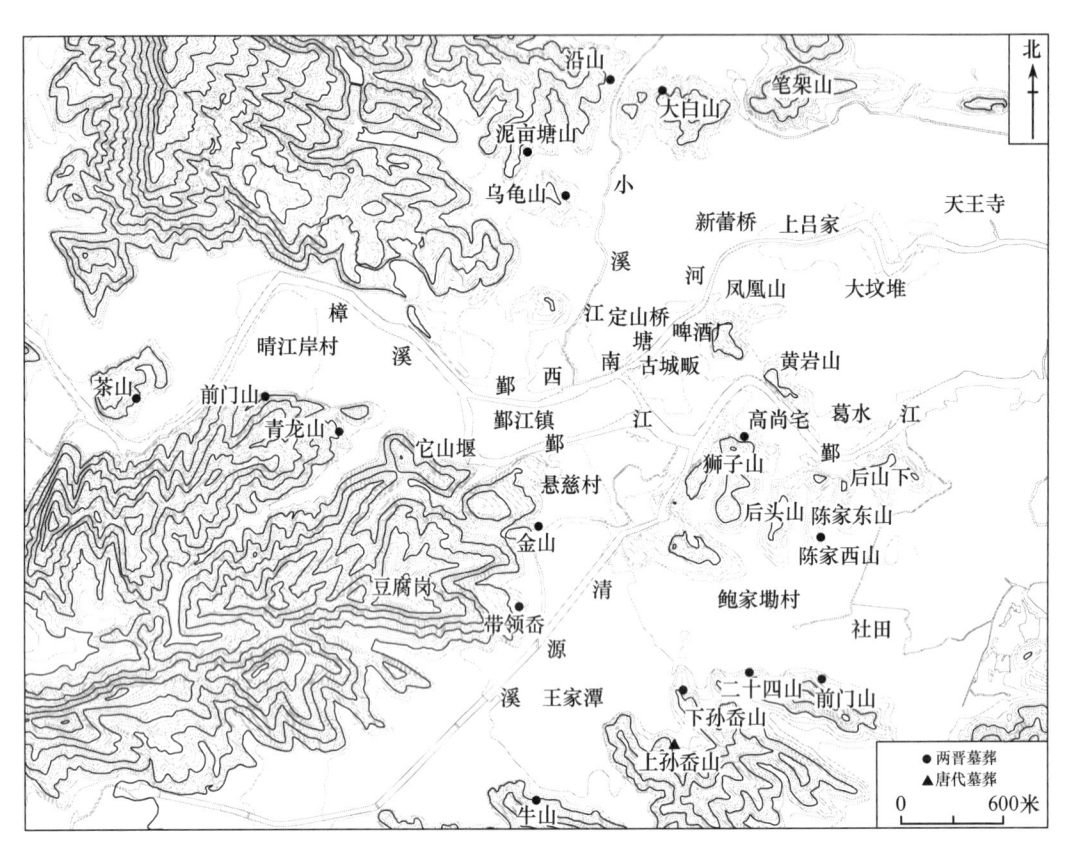

图九　调查发现墓葬分布示意图

调查发现的两晋墓葬皆为被盗扰的砖室墓。发现的两晋纪年铭文有"太康四年八月廿一日造□"（图一〇，1）、"太康四年八月廿……"（图一〇，2）、"□元十五□□月作□下邑"（图一〇，3）；唐代纪年铭文有"大中十二年□□□"（图一〇，4；图版一九，2）。此外，还发现部分其他内容的铭文砖，可辨铭文有"□神□□□子孙□"（图一〇，6）、"□□姑□□□"（图一〇，5）。两晋时期砖室墓墓砖平面模印有菱形纹（图一一，1）、涡旋纹与枝叶组合纹等纹饰（图一一，2）；端面模印有兽面纹（图一一，3、4）、四出钱币纹（图一一，5）、"×"与钱币纹、直线纹的组合纹饰等（图一一，6、7）；侧面多见有对角线纹、钱币纹、菱形网纹、三角纹、枝叶纹、凤鸟纹、鱼纹的组合纹饰等（图一一，8~17）。

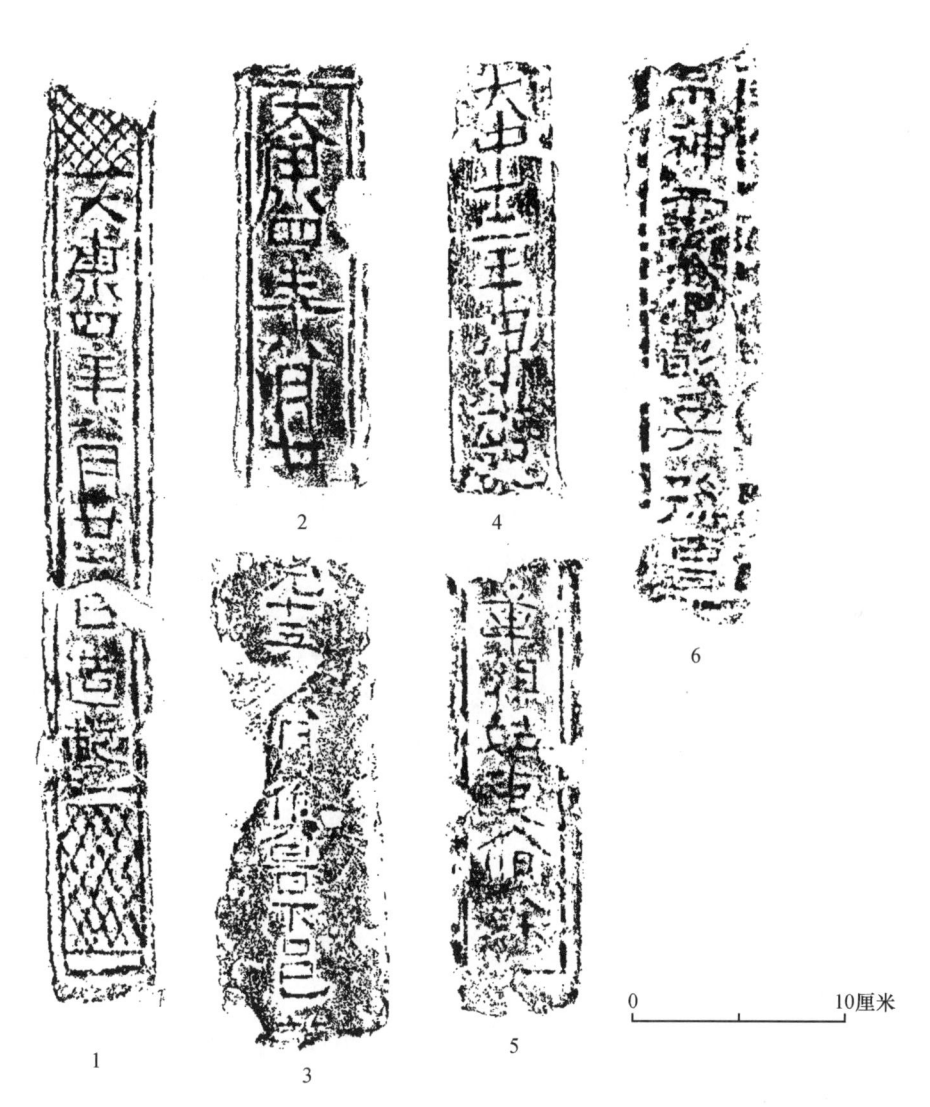

图一〇　调查发现墓葬墓砖纪年与铭文
1. 下孙峇M1　2. 下孙峇M2　3. 大白山M2　4. 上孙峇M1
5. 陈家东山采集　6. 鲍家墈村前门山采集

图一一　调查发现墓葬墓砖纹饰

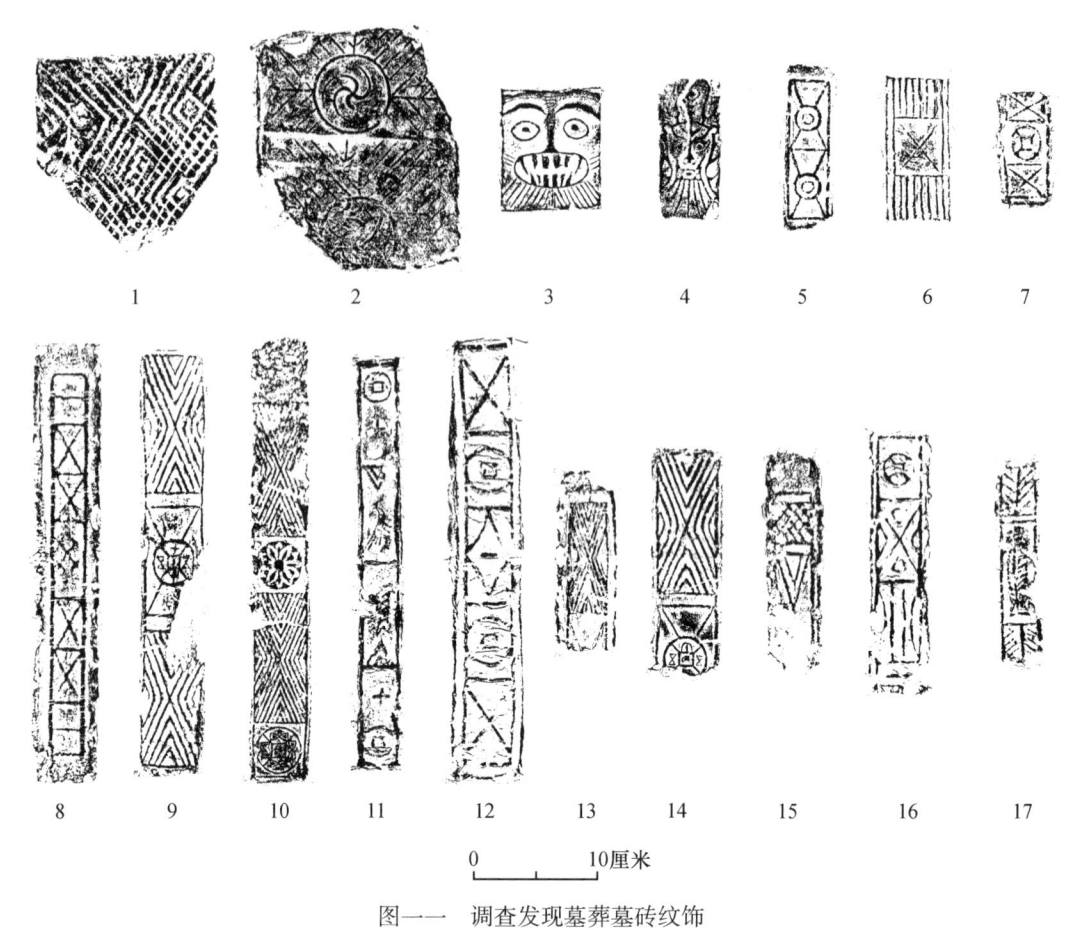

1.茶山采集　2.下孙岙M1　3、9.大白山M2　4.晴江岸村前门山M3　5、7.大白山M3　6.狮子山M2　8.陈家东山采集　10、14.大白山M4　11.金山采集　12、16.二十四山采集　13.陈家东山M2　15.带领岙M1　17.狮子山M3

第二节　采集遗物

一、地表采集遗物

调查过程中，地表共采集遗物标本144件，其中时代明确、形制鲜明者69件（附表一）。依时代分别简要介绍如下。

（一）地表采集史前时期遗物

史前时期遗物仅采集1件，采集于陈家东山（图一二）。

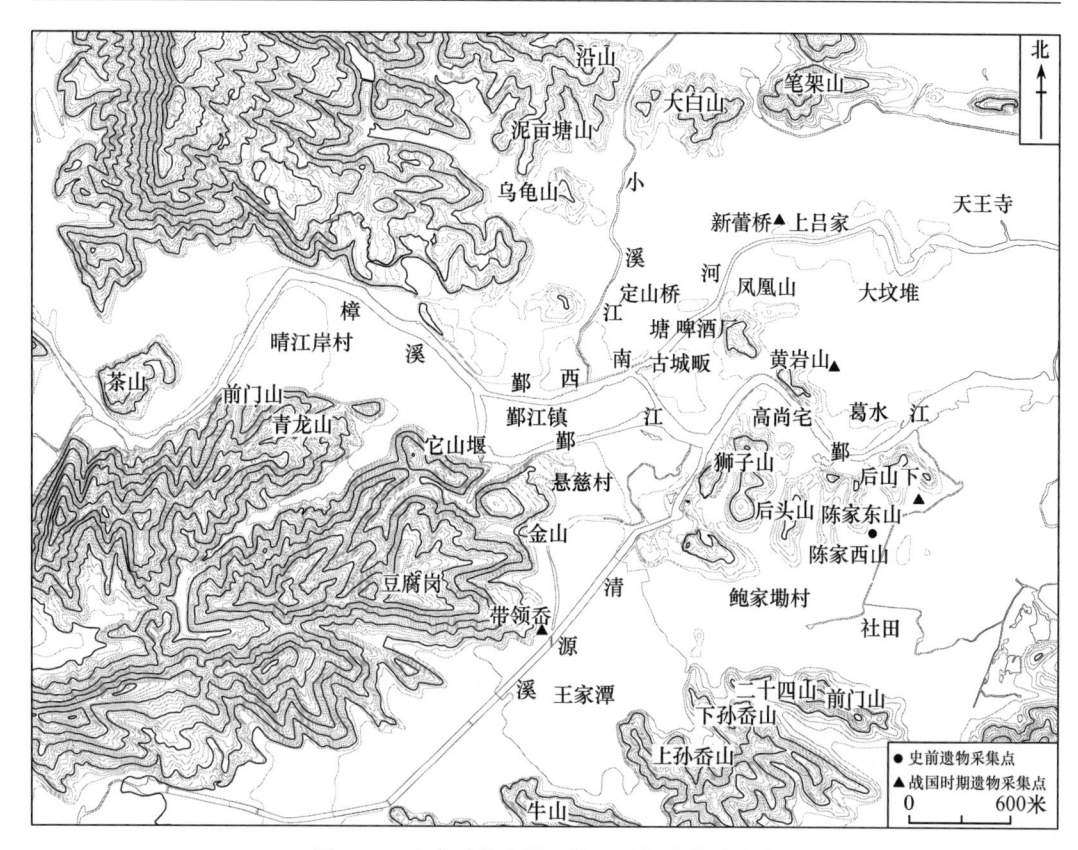

图一二 地表采集史前—战国时期遗物分布点

陈家东山采：2，鼎足。夹砂红陶。鳍形扁宽足。残高9.4厘米（图一三，1；图版二〇，1）。

（二）地表采集战国时期遗物

战国时期遗物采集共8件，散布于后山下、带领岙、黄岩山、社田、新蕾桥等处（见图一二）。从质地上看，可分为原始瓷、印纹硬陶两类，主要器形见有盅、罐以及器底、腹片等。

盅 1件。后山下采：1，原始瓷。敞口，尖圆唇，深腹。泥质灰胎，内外壁施青釉，釉薄，多脱落。内腹壁有轮制痕。口径9、残高3.5厘米（图一三，2；图版二〇，2）。

罐 3件。印纹硬陶，均为残件。

带领岙采：1，敞口，尖唇，短颈，溜肩。器身及胎呈浅红色。外壁饰细密的斜方格纹。残高8.5厘米（图一三，3；图版二〇，3）。黄岩山采：2，敞口，尖

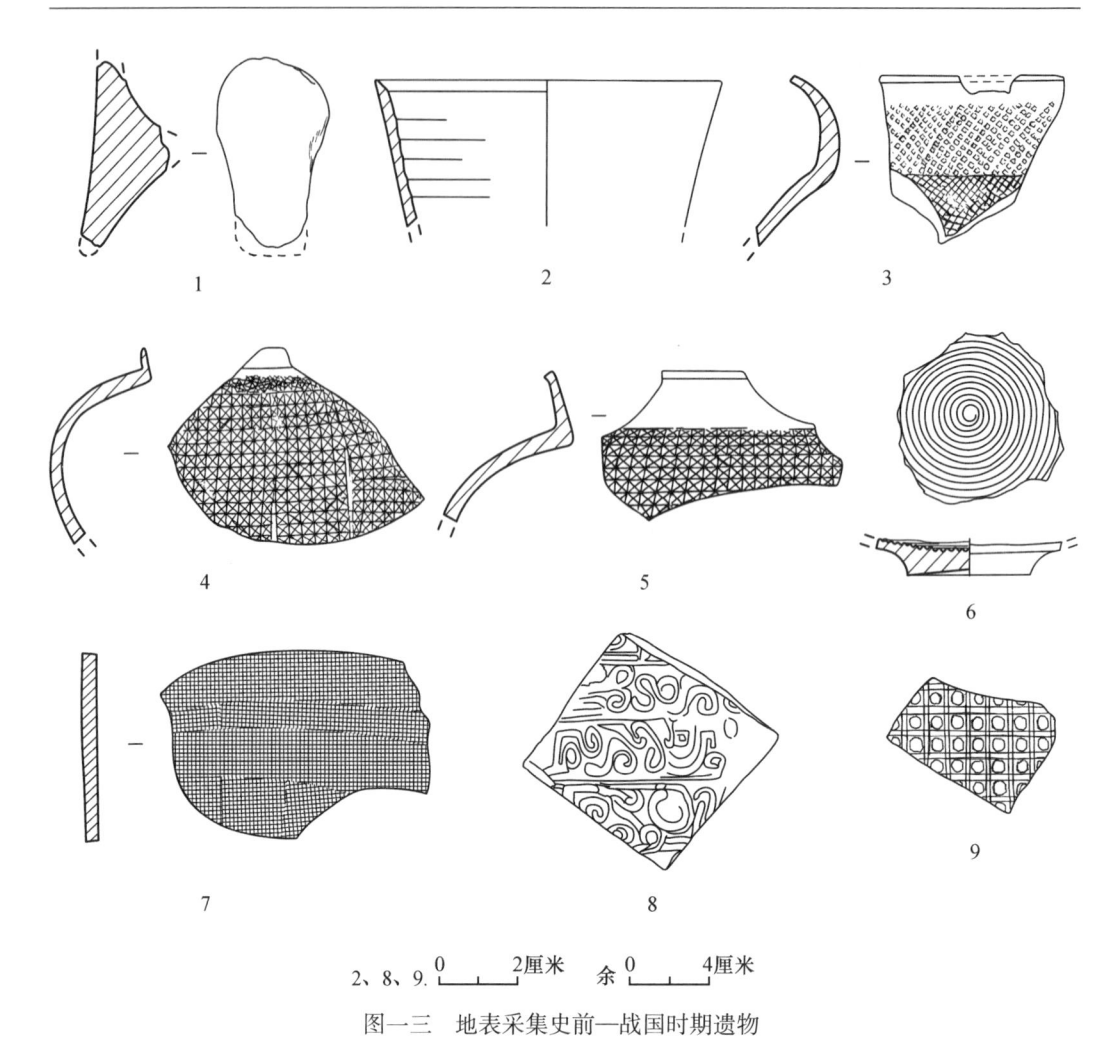

图一三 地表采集史前—战国时期遗物

1.鼎足（陈家东山采：2） 2.盅（后山下采：1） 3~5.罐（带领岙采：1、黄岩山采：2、新蕾桥采：1）
6.器底（后山下采：2） 7~9.腹片（新蕾桥采：2、社田采：4、社田采：5）

唇，束颈，扁鼓腹。色紫红。泥质胎，胎体中间灰黑，两侧暗红，呈夹心状。外壁饰米字方格纹，内壁见有指窝及抹痕。残高10厘米（图一三，4；图版二〇，4）。新蕾桥采：1，敞口，斜颈，广肩。色紫红。泥质胎，胎体中间红色，内外灰色，呈夹心状。腹壁及领部饰米字方格纹，领部纹饰已被抹平，内壁见有指窝痕。高7.6厘米（图一三，5；图版二〇，5）。

器底 1件。后山下采：2，原始瓷。平底内凹。灰白色胎。内底施青釉，釉层薄，多脱落。内底有弦纹，外底有线拉切痕。残高1.6、底径6.5厘米（图一三，6；图版二〇，6）。

腹片 3件。新蕾桥采：2，印纹硬陶。色灰红，紫红色胎。外壁饰小方格纹。内壁有泥条盘筑及抹痕（图一三，7；图版二〇，7）。社田采：4，原始瓷。灰白色胎，外壁施青釉，多脱落。饰夔龙纹（图一三，8；图版二〇，8）。社田采：5，印纹硬陶片。胎身及器壁呈深红色。外壁饰米筛纹（图一三，9；图版二〇，9）。

（三）地表采集汉—六朝时期遗物

汉—六朝时期遗物采集5件，散布于葛水、上吕家等地（图一四）。均为瓷器，器形有罐、钵两类。

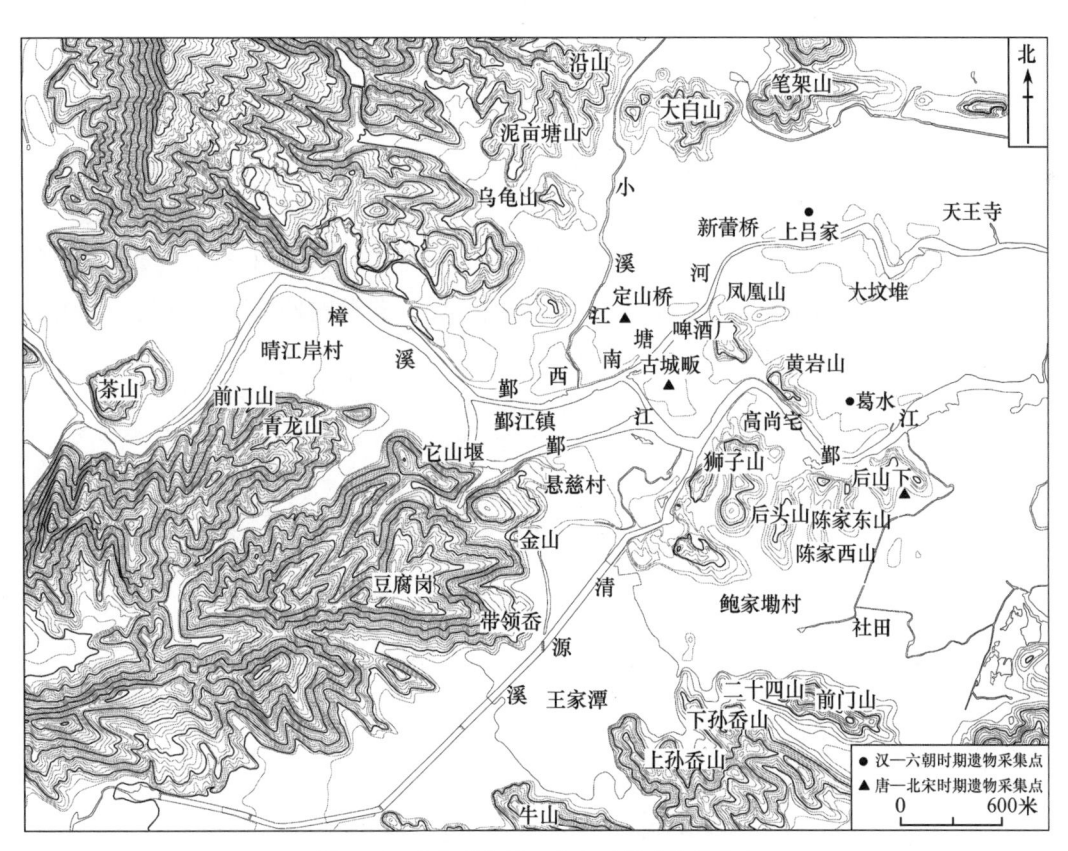

图一四　地表采集汉—北宋时期遗物分布点

罐　1件。葛水采：3，口沿残片。卷平沿，束颈，溜肩。灰白胎，施酱釉。残高2.7厘米（图一五，1；图版二一，1）。

钵　4件。上吕家采：1，敛口，圆唇，弧腹，平底内凹。灰白胎，器身施青釉，外壁施釉不及底，多脱落，内壁釉有开片。外壁沿下饰弦纹，内壁近底处有折痕。口径16、底径8、通高6厘米（图一五，2；图版二一，2）。上吕家采：4，残。敞口，圆唇，斜沿，折腹。灰色胎，器身上腹部内外施酱釉，多脱落，下腹露胎处呈紫红色。残高5厘米（图一五，3；图版二一，3）。上吕家采：5，残。敞口，平沿，折腹。灰色胎，器身上腹部内外施青釉，有开片。外壁腹露胎处呈浅灰色，内壁露胎处呈灰黄色。残高4.5厘米（图一五，4；图版二一，4）。上吕家采：9，残。敛口，圆唇，弧腹。白胎，器身施青釉，外壁施釉不及底，多脱落，内壁釉有细小开片。外壁沿下饰弦纹，内壁近底处有折痕。口径15.8、残高5.7厘米（图一五，5；图版二一，5）。

（四）地表采集唐—五代北宋时期遗物

唐—五代北宋时期遗物共采集3件，散布于定山桥、后山下、古城畈等地（见图一四）。均为瓷器，器形有碗、盒两类。

碗　2件。定山桥采：3，碗底。浅玉璧底，近圈足。灰胎，器身内外施青釉，内底有松子形支烧痕，外底有刮釉痕。底径9.2、残高3.6厘米（图一五，6；图版二一，6）。古城畈采：6，敞口，尖唇。灰白色胎，器身内外施青釉不及底，表面有气孔。残高4厘米（图一五，7；图版二一，7）。

盒　1件。后山下采：3，子母口，折腹。残高2厘米（图一五，8；图版二一，8）。

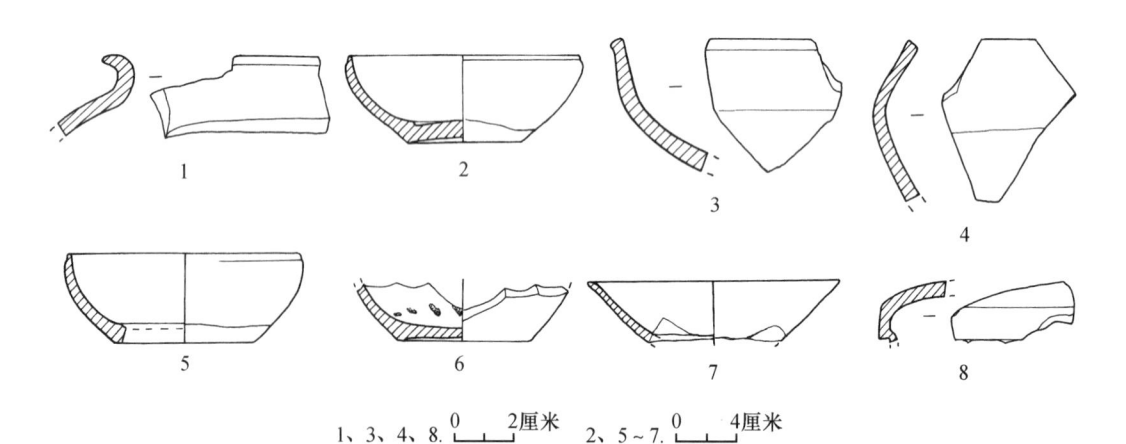

图一五　地表采集汉—北宋时期遗物
1.罐（葛水采：3）　2~5.钵（上吕家采：1、上吕家采：4、上吕家采：5、上吕家采：9）
6、7.碗（定山桥采：3、古城畈采：6）　8.盒（后山下采：3）

（五）地表采集南宋—清代遗物

南宋至清代遗物共采集52件。散布于带领岙、狮子山、定山桥、陈家西山、上吕家、葛水、古城畈、大白山、天王寺、大坟堆、高尚宅、鲍家墩、社田、王家潭、啤酒厂等地（图一六）。按质地可分瓷器、陶器两类。

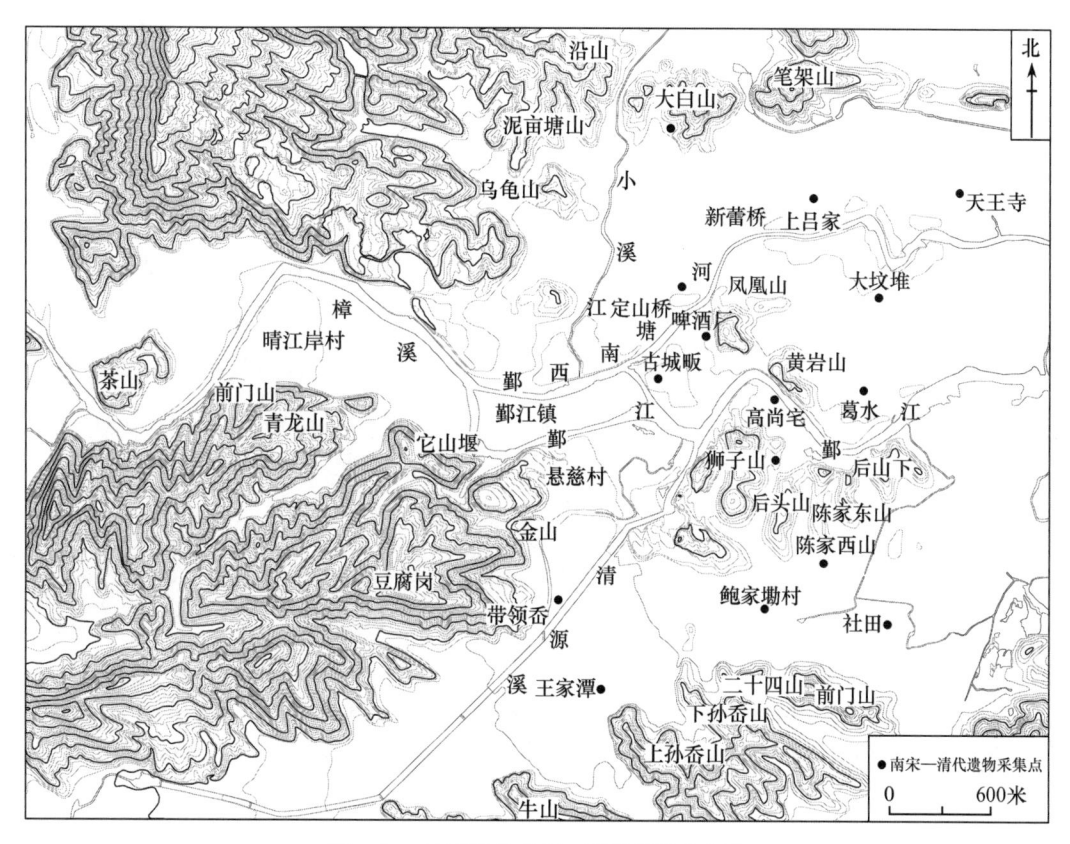

图一六 地表采集南宋—清代遗物分布点

1. 瓷器

瓷器共45件，主要器形有碗、盘、盏、灯盏、杯、韩瓶等。以下分类介绍。

碗 30件。多为器底及口沿残片，不分型。从釉色上看，有青釉、青白釉、青花三大类，分别介绍如下。

青釉碗 13件，其中碗底7件、口沿6件。

碗底 7件。带领岙采：3，弧腹，圈足深挖，底胎厚重。胎色灰。器身外壁施釉不及底，内底满釉，釉色青黄。外壁斜刻较粗的折扇纹。底径5、残高3厘米（图一七，1；图版二二，1）。带领岙采：4，弧腹，圈足深挖，底胎较厚。胎呈夹心状，中间灰色，两侧灰白。器身外壁施釉不及底，内底满釉，釉色青黄。内外壁斜刻折扇纹。底径6、残高3厘米（图一七，2；图版二二，2）。狮子山采：19，弧腹，圈足深挖，底胎厚重，内底有一宽大的涩圈。胎色灰黄，胎质较粗。器身内外施青绿釉，釉有细小开片，外壁有滴釉痕。底径6.5、残高4.5厘米（图一七，3；图版二二，3）。上吕家采：6，弧腹，圈足深挖，底胎较薄，内底有一涩圈。胎色灰。器身内外施青黄釉，多脱落。底径5.6、残高2.6厘米（图一七，4；图版二二，4）。定山桥采：1，弧腹，圈足，挖足较浅，内底有内模压痕。胎色灰。器身通体施青黄色釉，外壁饰莲瓣纹，有粗大的开片，有气泡与漏釉痕。底径5.8、残高4.3厘米（图一七，5；图版二二，5）。定山桥采：2，弧腹，圈足，挖足较浅，内底有一宽大的涩圈。胎色红。器身通体施青黄色釉，外壁饰莲瓣纹，有细开片与气泡痕。底径5.6、残高5厘米（图一七，6；图版二二，6）。陈家西山采：1，斜弧腹，圈足，挖足较浅，内底心内凹。胎色灰白。器身内外施青黄色釉，多脱落。底径6、残高4厘米（图一七，7；图版二二，7）。

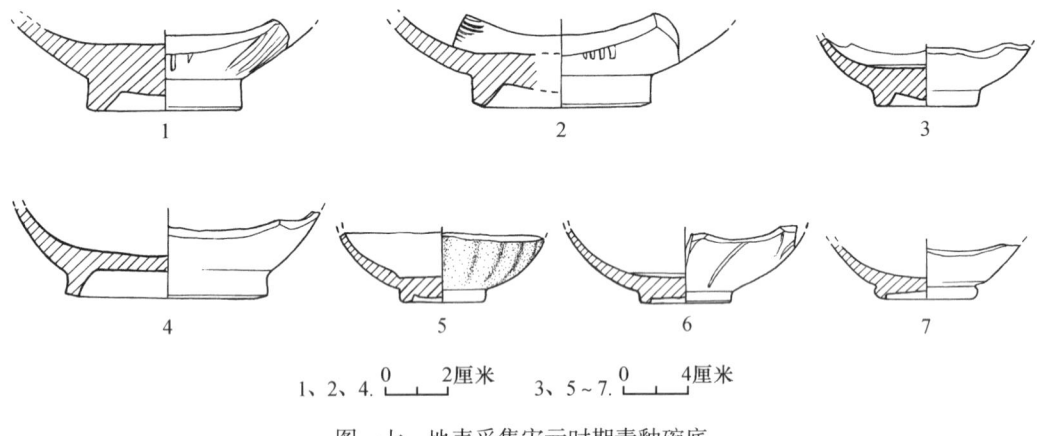

图一七 地表采集宋元时期青釉碗底
1. 带领岙采：3 2. 带领岙采：4 3. 狮子山采：19 4. 上吕家采：6
5. 定山桥采：1 6. 定山桥采：2 7. 陈家西山采：1

口沿　6件。上吕家采：3，直口，白胎，器壁内外施青绿色釉，有开片。外壁沿下饰回形纹。残高3.4厘米（图一八，1；图版二三，1）。葛水采：6，侈口，白胎，器壁内外施青绿色釉，有开片。外壁饰莲瓣纹。残高2.3厘米（图一八，2；图版二三，2）。陈家西山采：2，侈口，灰白胎，器壁内外施青绿色釉，釉层较厚。残高3.8厘米（图一八，3；图版二三，3）。啤酒厂采：4，撇口，弧腹，灰胎，器壁内外施青绿色釉，有开片。残高3.8厘米（图一八，4；图版二三，4）。啤酒厂采：5，敞口，弧腹，灰胎。器壁内外施米黄色釉，有开片，外壁有气孔。残高4.6厘米（图一八，5；图版二三，5）。带领岙采：2，侈口微外撇，弧腹，灰色胎。器壁内外施米黄色釉，有开片。残高3厘米（图一八，6；图版二三，6）。

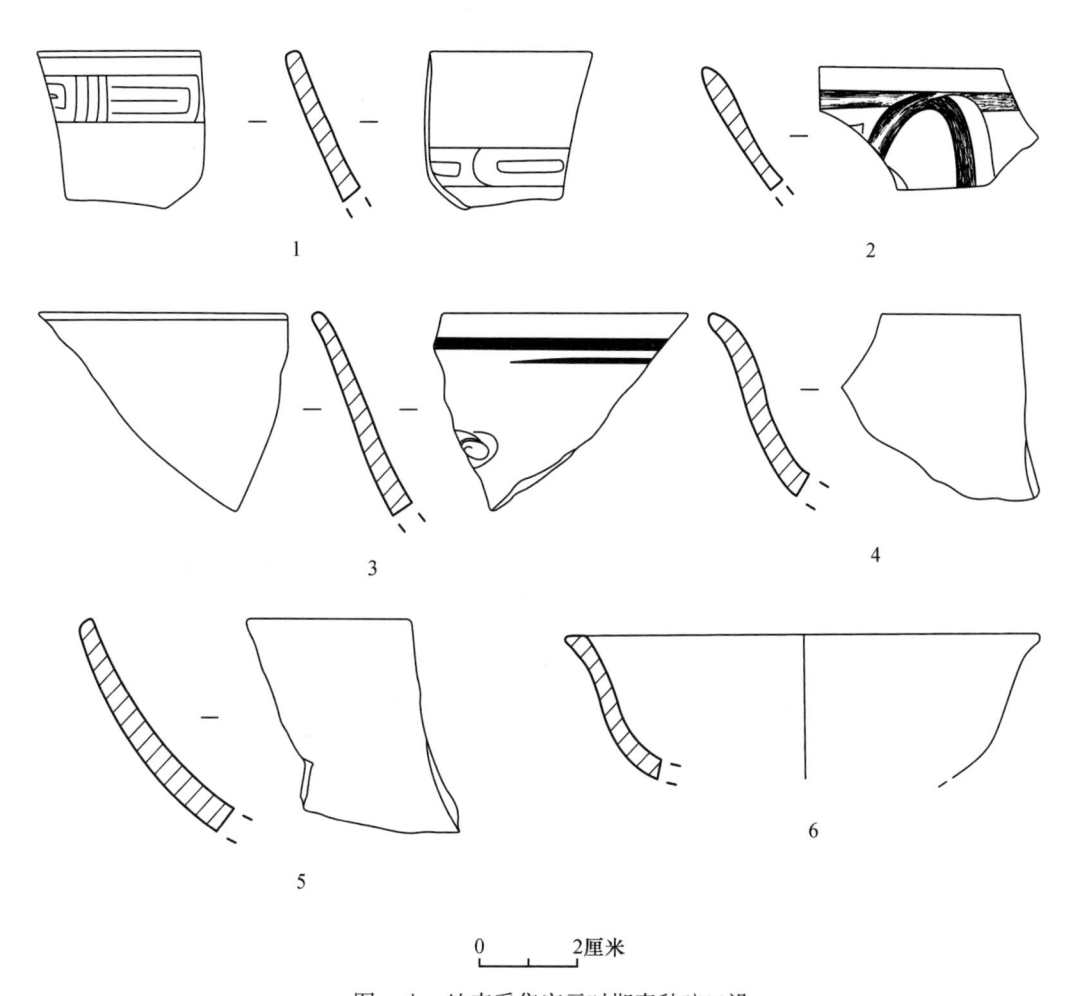

图一八 地表采集宋元时期青釉碗口沿
1.上吕家采：3 2.葛水采：6 3.陈家西山采：2 4.啤酒厂采：4 5.啤酒厂采：5 6.带领岙采：2

青白釉碗 12件。其中可复原器3件、碗底3件、口沿6件。

碗 3件。古城畈采：3，敞口，沿下稍内收，弧腹，圈足，挖足较浅，底心内外有凸起，内底有模压痕，芒口覆烧。灰白胎。器身内外施青白釉，有气孔。口径17.5、底径5.3、高7.7厘米（图一九，1；图版二四，1）。大白山采：1，撇口，斜腹，圈足，挖足较浅，底心内外有凸起，内底心有较深的模压痕。灰白胎。器身内外施青白釉，呈乳浊状，有气孔。口径16、底径6、高5厘米（图一九，2；图版二四，2）。沿山采：1，敞口外撇，弧腹折收，圈足，挖足较浅，外底心外凸。白色胎。器身内外施青白釉，有开片。口径11.3、底径4.5、高3.1厘米（图一九，3；图版二四，3）。

碗底　3件。天王寺采：3，弧腹，圈足，挖足，外底心有凸起，底胎厚重。胎色红，胎质粗。器身内外施乳浊状青白釉，外壁不及底。底径6、残高2.6厘米（图一九，4；图版二四，4）。大坟堆采：2，弧腹，圈足，挖足较浅，内底有旋削痕。胎色灰白。器身内外施乳浊状青白釉，外壁不及底。底径7、残高2厘米（图一九，5；图版二四，5）。高尚宅采：2，弧腹，圈足，挖足，内底心有模压痕。胎色灰。器身内外施乳浊状青白釉，有气泡，外壁不及底，有滴釉痕。底径5、残高3.6厘米（图一九，6；图版二四，6）。

口沿　6件。葛水采：2，撇口，弧腹，灰白胎，芒口覆烧。器壁内外施青白色釉。口径15、残高5厘米（图二〇，1；图版二五，1）。葛水采：4，撇口，弧腹，灰白胎。器壁内外施青白色釉。沿下内外有弦纹。口径16、残高4厘米（图

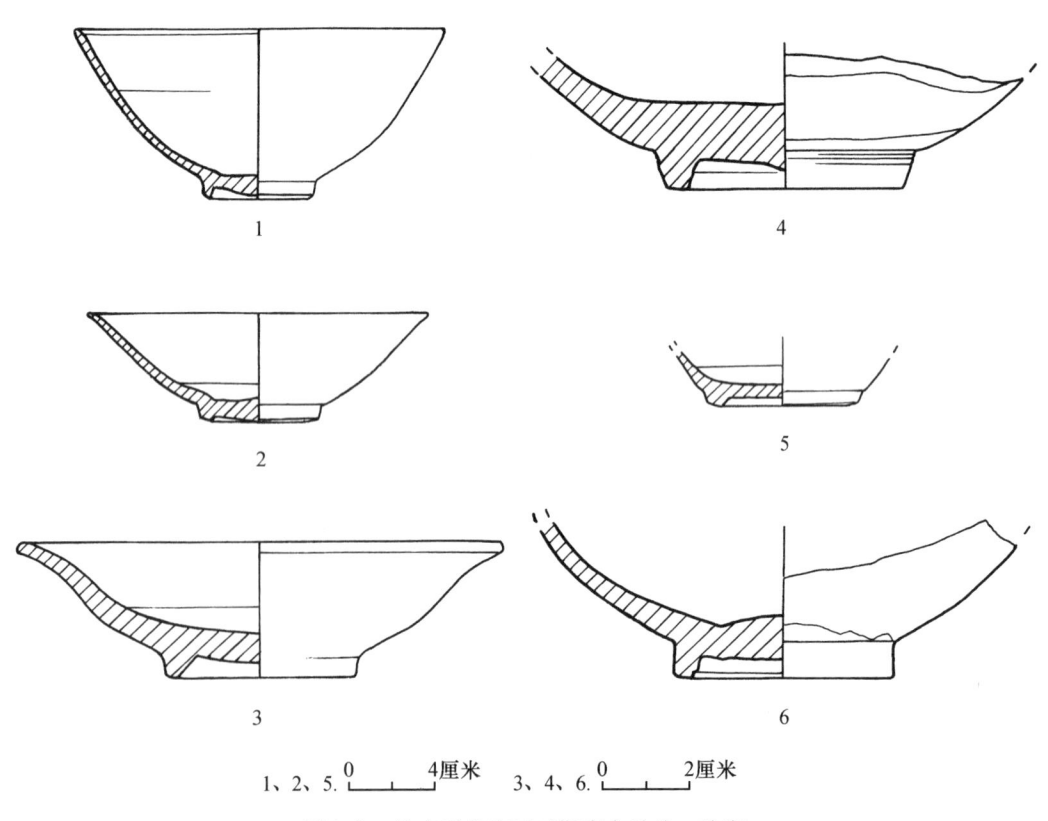

图一九　地表采集宋元时期青白釉碗、碗底
1～3.碗（古城畈采：3、大白山采：1、沿山采：1）　4～6.碗底（天王寺采：3、大坟堆采：2、高尚宅采：2）

二〇，2；图版二五，2）。葛水采：5，撇口，斜腹，白胎，芒口覆烧。器壁内外施青白釉。残高3厘米（图二〇，3；图版二五，3）。社田采：1，侈口微外撇，斜腹，灰白胎。器壁内外施青白釉。残高3.5厘米（图二〇，4；图版二五，4）。王家潭采：3，撇口，弧腹，灰白胎，芒口覆烧。器壁内外施青白色釉，有气孔。口径16、残高4.5厘米（图二〇，5；图版二五，5）。王家潭采：4，撇口，弧腹，白胎。器壁内外施青白色釉，外壁有气孔。残高3厘米（图二〇，6；图版二五，6）。

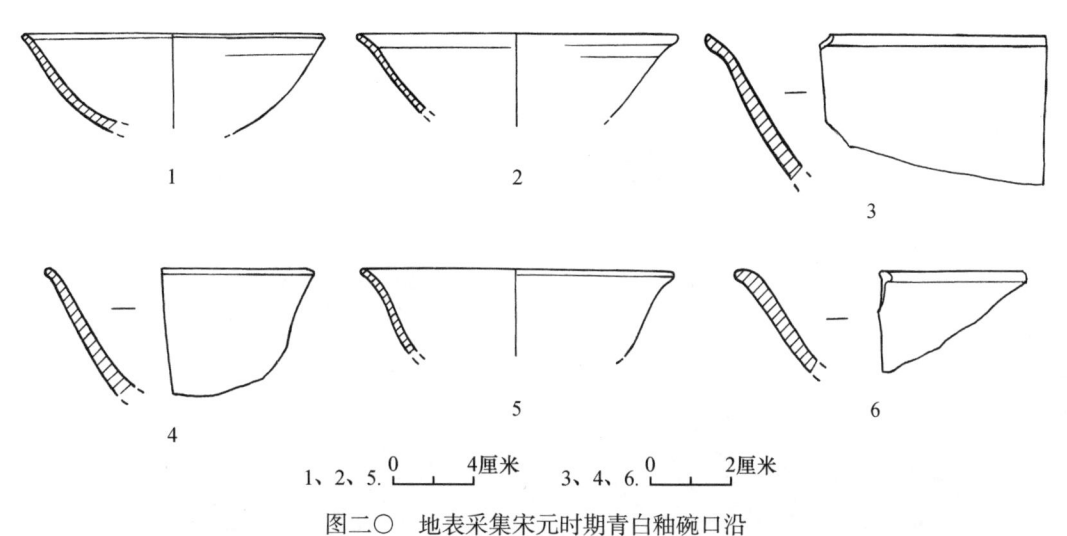

图二〇　地表采集宋元时期青白釉碗口沿
1. 葛水采：2　2. 葛水采：4　3. 葛水采：5　4. 社田采：1　5. 王家潭采：3　6. 王家潭采：4

青花碗　5件。其中器底4件、口沿1件。

碗底　4件。鲍家塆采：1，弧腹，圈足内敛。外底心乳凸，内底心微凹。白胎。青白色釉，青花暗浊。外壁饰简笔花草，内底一弦，内草书"福"字。底径5.8、残高4厘米（图二一，1；图版二六，1、2）。鲍家塆采：2，弧腹，圈足内敛，足跟刮釉。内底心乳凸。灰胎。青灰色釉，青花暗浊。内壁下腹双弦，外壁下腹双弦，其上饰花草，外底满釉，有花草纹。底径6.5、残高5厘米（图二一，2；图版二六，3）。鲍家塆采：3，弧腹，圈足内敛，足跟刮釉。内外底心微凸，内底有一宽大的涩圈。灰胎。青灰色釉，青花暗浊。口内双弦，外壁下腹部双弦，弦纹两侧饰草叶纹。底径6.5、残高3.5厘米（图二一，3；图版二六，4、5）。高尚宅采：1，弧腹，圈足较低，足面有旋削痕。外底平，内底微凸，内底有一宽大的涩圈。灰胎。青灰色釉，青花暗浊。内壁下腹双弦，内底心有草书字款。底径7、残高2.3厘米（图二一，4；图版二六，6）。

口沿　1件。鲍家墩采：4，侈口微外撇，弧腹。白胎。青白色釉，青花色暗近黑。口外双弦，口内一弦，内壁下腹双弦，外腹壁饰花草纹。口径12.5、残高4.7厘米（图二一，5；图版二六，7）。

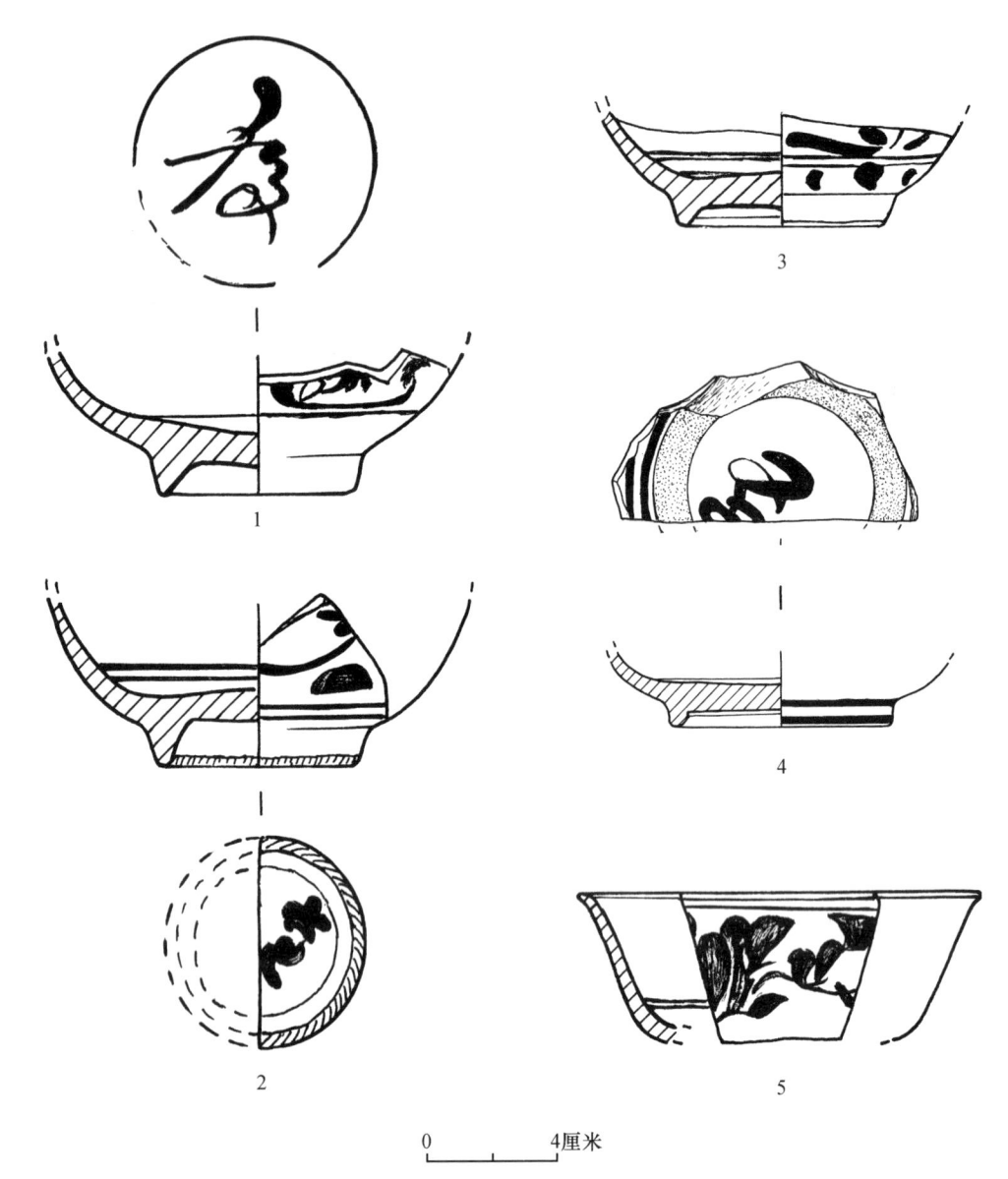

图二一　地表采集明清时期青花碗底、口沿
1~4.碗底（鲍家墩采：1、鲍家墩采：2、鲍家墩采：3、高尚宅采：1）　5.口沿（鲍家墩采：4）

盘　6件。皆为青釉瓷器，其中器底3件、口沿3件。

盘底　3件。古城畈采：4，浅弧腹，浅圈足，外底乳凸。胎色灰白，内外壁施青釉，釉层较厚。内底模印莲瓣纹。底径5.5、残高4厘米（图二二，1；图版二七，1）。古城畈采：5，浅弧腹，浅圈足，底厚重。灰胎，内外壁施青绿色釉，釉层较厚。内底沾有一层沙粒。底径5.7、残高3厘米（图二二，2；图版二七，2）。天王寺采：4，底心残片。胎色灰白，内外壁施青釉。内底模印花卉纹。残宽4.5厘米（图二二，3；图版二七，3）。

口沿　3件。上吕家采：2，宽折沿，浅弧腹。灰胎，内外壁施青绿色釉，釉层厚，有粗开片。残高2.5厘米（图二二，4；图版二七，4）。社田采：2，敞口，折沿，斜腹。灰胎，内外壁施青黄色釉，有开片。残高3.5厘米（图二二，5；图版

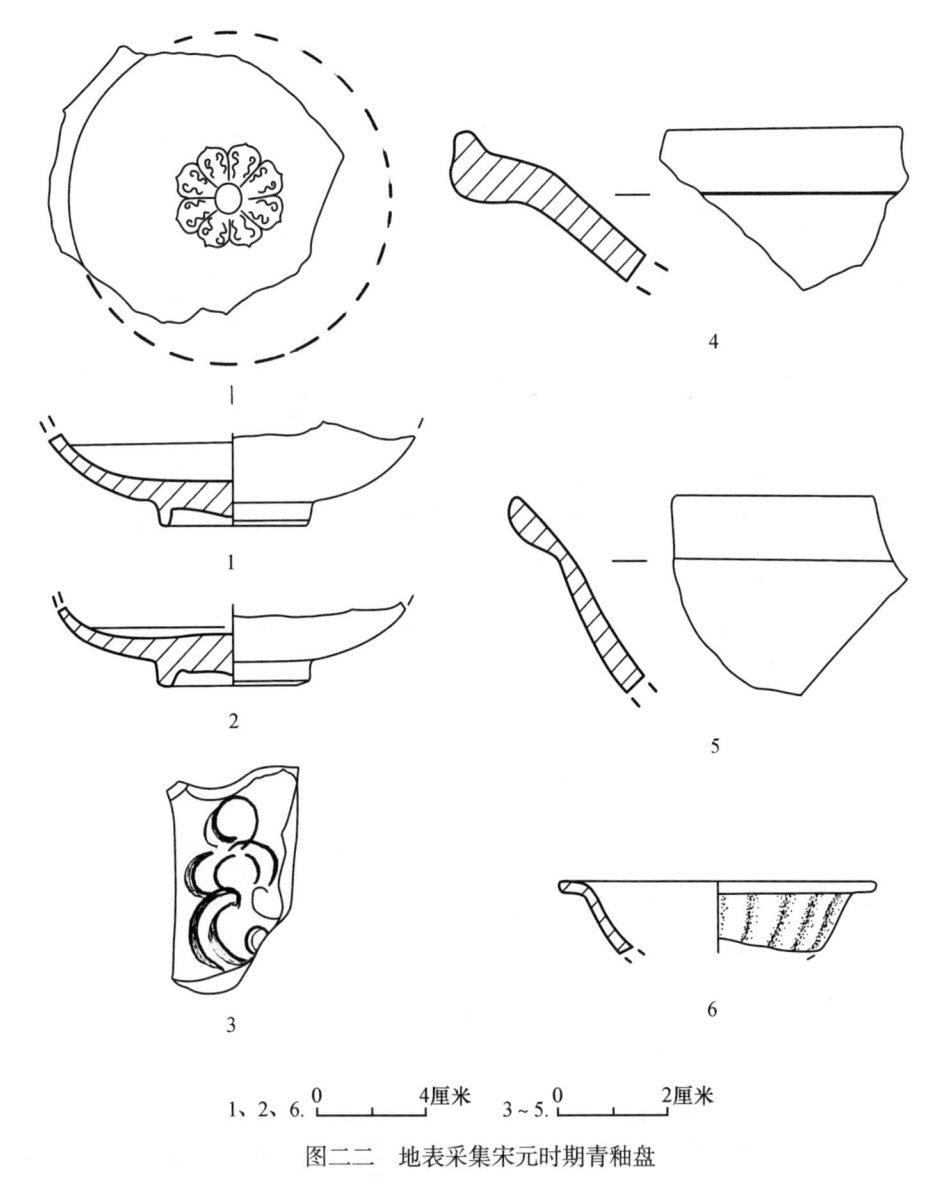

图二二　地表采集宋元时期青釉盘

1～3.盘底（古城畈采：4、古城畈采：5、天王寺采：4）　4～6.口沿（上吕家采：2、社田采：2、葛水采：1）

二七，5）。葛水采：1，敞口，折沿，深弧腹。白胎，内外壁施青釉，釉色莹润。外壁饰竖条纹。口径11.6、残高2.6厘米（图二二，6；图版二七，6）。

盏　3件。皆为黑釉瓷器。古城畈采：2，直口，圆唇，折腹。灰胎，外壁旋削痕明显。内施满釉，外壁施半釉，釉色酱黑。口沿、内壁折腹处、外壁滴釉处呈酱色，釉面粗涩。口径12、残高5.5厘米（图二三，1；图版二八，1）。啤酒厂采：6，侈口，尖唇，斜腹微折。灰胎，内外壁施酱黑色釉，口沿处呈酱色，釉面有气孔。口径11、残高4厘米（图二三，2；图版二八，2）。带领岙采：5，斜腹折收，圈足浅挖。灰胎，内施满釉，外壁施半釉，釉色酱黑，釉面有粗开片。外壁有滴釉现象。底径4.3、残高3.5厘米（图二三，3；图版二八，3）。

灯盏　2件。古城畈采：1，敛口，浅弧腹，平底微内凹。灰胎，胎质粗疏。内外壁施酱色釉，外壁多脱落。口径11.5、底径3.5、高2.7厘米（图二三，4；图版二八，4）。天王寺采：1，翻沿口，浅弧腹，平底微内凹。灰胎，内施满釉，外施半釉，釉色青黄，釉层较薄，釉面粗涩。口径9.4、底径3.8、高2.7厘米（图二三，5；图版二八，5）。

杯　1件。大坟堆采：1，敞口，斜直腹，圈足浅挖，外壁及内壁近底处有轮旋痕。器身内外施青白釉。残高5厘米（图二三，6；图版二八，6）。

韩瓶　1件。天王寺采：2，侈口，圆唇，束颈。灰胎，夹粗砂。器壁内外施青釉。残高5厘米（图二三，7；图版二八，7）。

器底　1件。社田采：3，斜腹，圈足，灰胎，器壁内外满施酱釉。底径15、残高3.5厘米（图二三，8；图版二八，8）。

器耳　1件。上吕家采：7，半圆形竖耳，上下两端饰凸点纹。灰胎，内外满施深绿色釉。残高4厘米（图二三，9；图版二八，9）。

2. 陶器

陶器共7件。皆为残片，可分为日用器、建筑构件、窑具三类。

日用器　4件。王家潭采：1，口沿残片。直口，平折沿，深腹。夹砂灰陶。残高5.7厘米（图二四，1；图版二九，1）。王家潭采：2，口沿残片。直口，平沿，弧腹。夹砂灰陶，胎体外侧深灰，内侧红。残高4厘米（图二四，2；图版二九，2）。啤酒厂采：3，口沿残片。直口，圆唇，溜肩。泥质红陶。肩部捏置横系，已脱落。口径15.7、残高5.3厘米（图二四，3；图版二九，3）。啤酒厂采：2，器底残片。斜腹折收，大平底。夹砂灰陶，胎体外侧深灰，内侧红。底径8.4、残高3.8

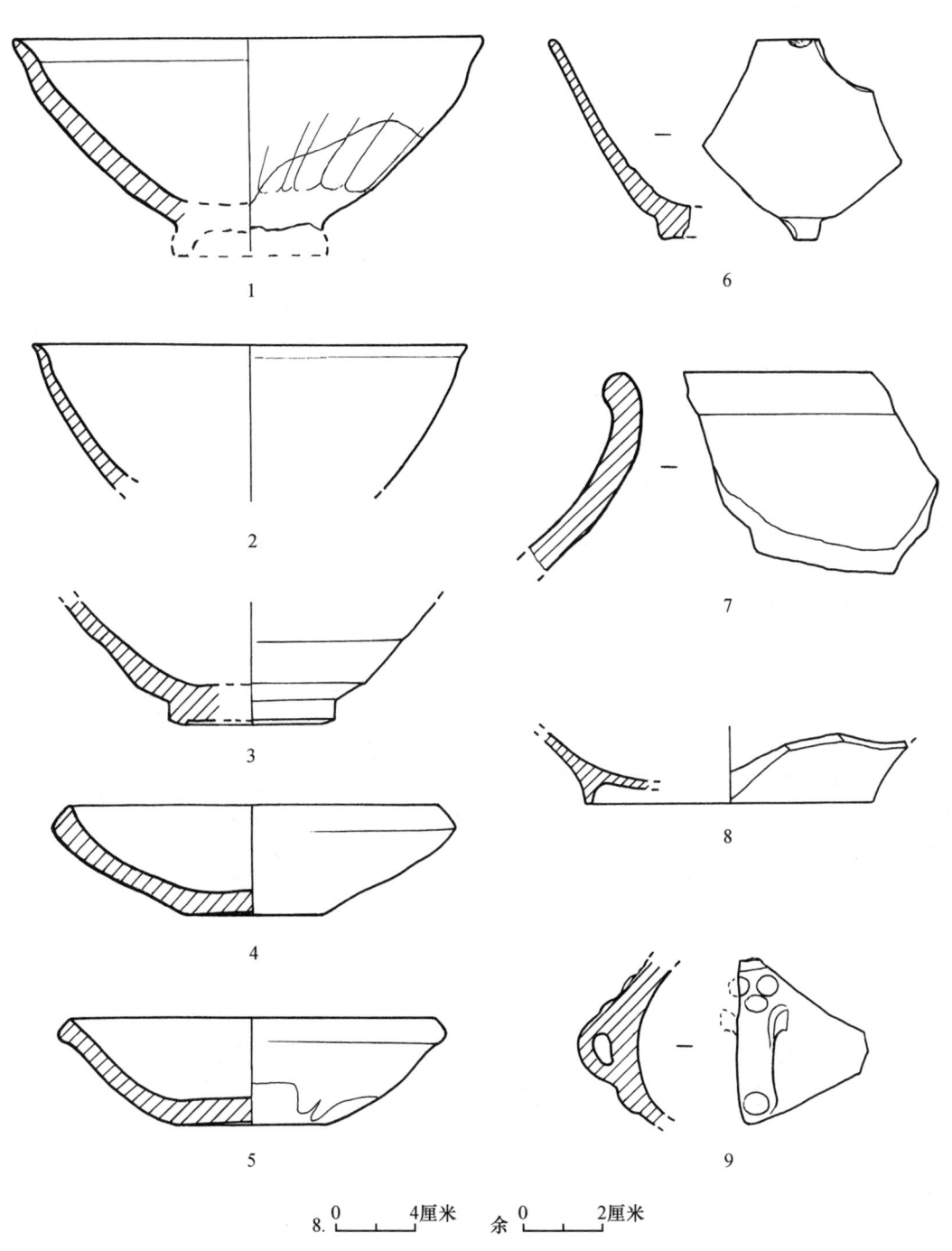

图二三　地表采集南宋—清代瓷盏、灯盏、杯、韩瓶、器底、器耳
1~3.盏（古城畈采：2；啤酒厂采：6；带领岙采：5）　4、5.灯盏（古城畈采：1；天王寺采：1）
6.杯（大坟堆采：1）　7.韩瓶（天王寺采：2）　8.器底（社田采：3）　9.器耳（上吕家采：7）

厘米（图二四，4；图版二九，4）。

建筑构件　2件。啤酒厂采：1，板瓦。瓦身较平，外壁饰细绳纹，内壁饰麻布纹。瓦壁内侧有切痕。泥质灰陶。残长9、宽8.4、厚0.8厘米（图二四，5；图版二九，5）。上吕家采：8，残甚，整体形制已不可辨，仅残见较深的刻划卷纹。泥质灰陶。残长8、厚2.5厘米（图二四，6；图版二九，6）。

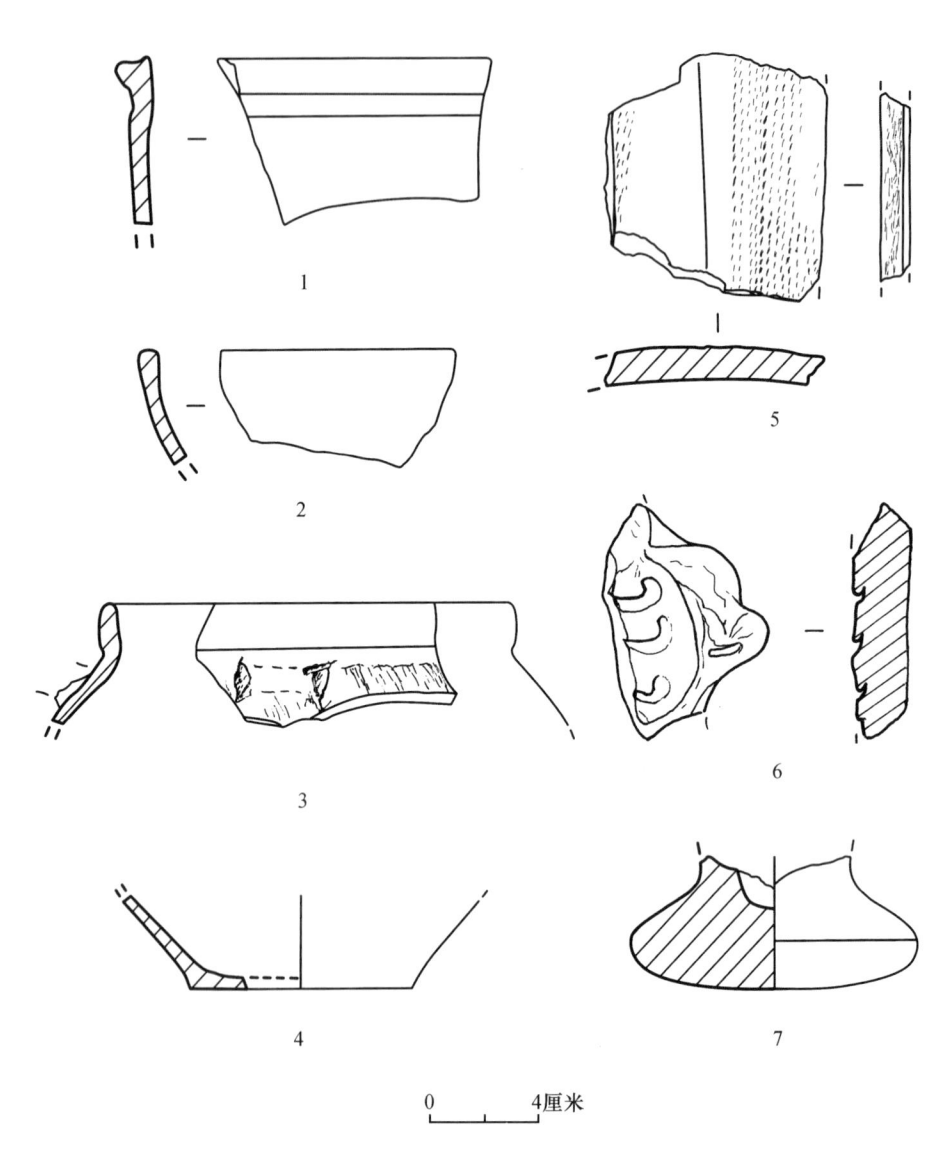

图二四　地表采集南宋—清代陶器、建筑构件、陶拍
1~3.口沿（王家潭采：1、王家潭采：2、啤酒厂采：3）　4.器底（啤酒厂采：2）
5、6.建筑构件（啤酒厂采：1、上吕家采：8）　7.陶拍（大坟堆采：3）

窑具　1件。大坟堆采：3，陶拍。端面弧凸，捉手已残。夹砂灰陶，胎体呈夹心状，中部浅灰，两侧铁红。直径11、残高5厘米（图二四，7；图版二九，7）。

二、窑址采集遗物

窑址及周边共采集各类遗物40件（附表二）。

（一）汉代窑址采集遗物

汉代窑址遗物共采集8件。分别采集自Y2与Y4周边的废弃堆积。现分别介绍如下。

Y2采：1　器底残片。斜直腹，平底微内凹，内壁见有轮制痕。灰胎，夹细石英颗粒。内底见有较薄的青釉，外壁饰细弦纹。底径8.8、残高3.8厘米（图二五，1；图版三〇，1）。

Y2采：2　罍，口沿残片。子母口，斜弧腹。灰色胎，外壁施青绿色釉，多脱落。腹壁拍印方格纹。残高5厘米（图二五，2；图版三〇，2）。

Y2采：3　圈足残片。灰白色胎，夹粗砂。圈足内外壁见有轮制痕，外壁施较薄的青釉，多脱落。底径16、残高6厘米（图二五，3；图版三〇，3）。

Y2采：4　喇叭形支架。泥质灰陶。内外见有较粗的轮制痕。底径16、残高8厘米（图二五，4；图版三〇，4）。

Y2采：5　器底残片。斜直腹，平底。泥质硬陶，胎呈夹心状，内侧浅灰，中部土黄，外侧暗红。外壁饰梯格纹。残高6厘米（图二五，5；图版三〇，5）。

Y4采：1　口沿残片。敛口，平沿，束颈，鼓腹。泥质硬陶，灰胎。沿中部饰一道凹弦纹，径下饰两周凸弦纹，腹壁拍印有几何纹。残高4厘米（图二五，6；图版三〇，6）。

Y4采：2　盘口壶腹片。泥质红陶。上腹部饰两组四周凹弦纹，上下两组间饰一组水波纹。残高8厘米（图二五，7；图版三〇，7）。

Y4采：3　锤底残片。弧腹、高圈足，圈足中部凸折。泥质灰胎，胎体致密。内底见有较薄的青釉，多脱落。底径14、残高12.5厘米（图二五，8；图版三〇，8）。

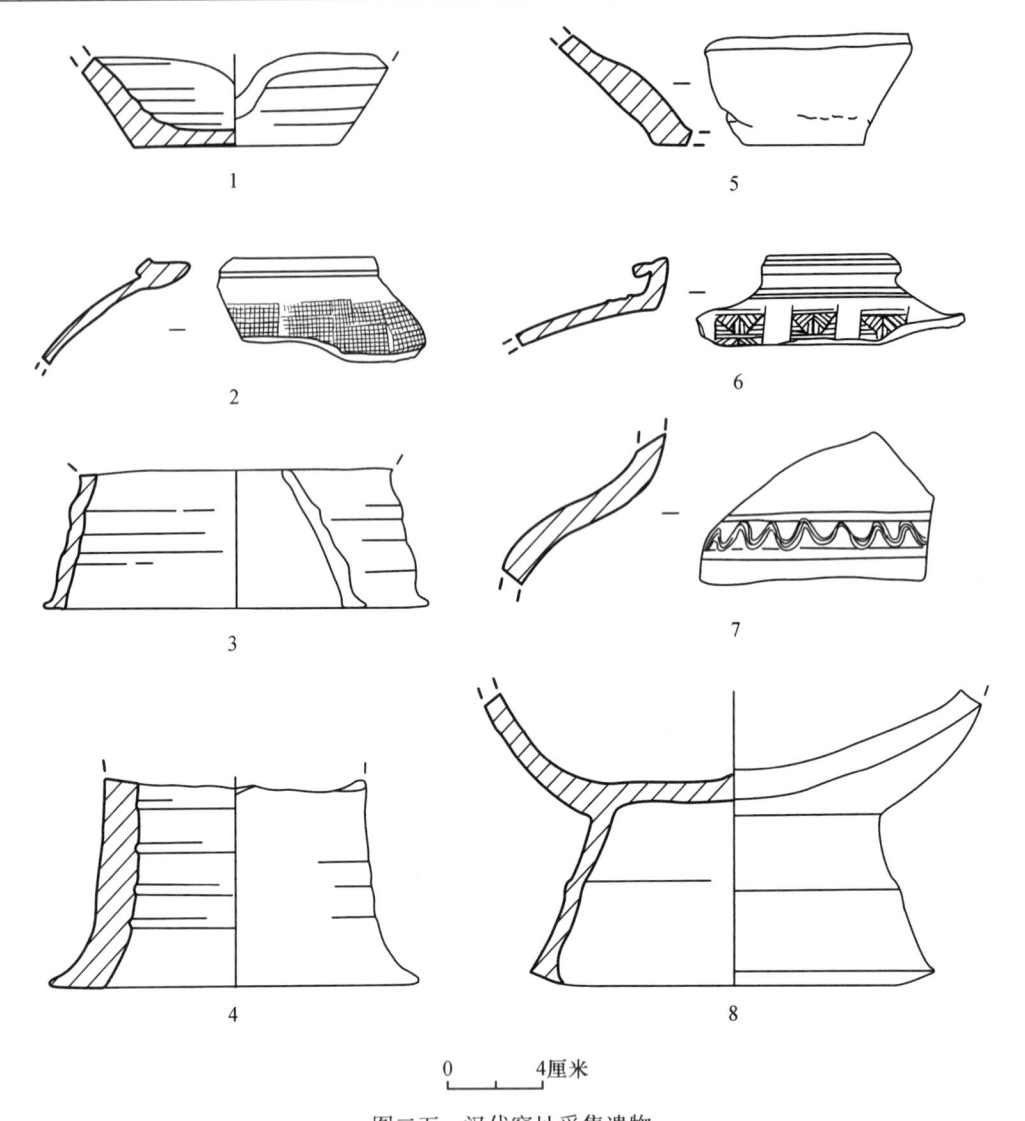

图二五　汉代窑址采集遗物
1、5、8.器底（Y2采：1、Y2采：5、Y4采：3）　2、6.口沿（Y2采：2、Y4采：1）
3.圈足（Y2采：3）　4.支架（Y2采：4）　7.腹片（Y4采：2）

（二）明清时期窑址采集遗物

明清时期窑址及周边采集遗物32件。可分为产品和窑具两类（见附表二）。

产品标本20件，从质地上看，多为夹砂陶，少量器形施薄釉。从器形上看可分为器盖、缸、罐、盘、急须及腹片等。

器盖　1件。狮子山采：1，浅盘状，中部捏置一纽。灰胎夹粗砂，器表呈铁红色，有稀薄的青釉斑。底径12.1、高2.8厘米（图二六，1；图版三一，1）。

缸　6件。皆为口沿残片。分三型。

A型　2件。敛口，宽沿，沿部饰花边。狮子山采：10，灰胎夹粗砂。器表呈铁红色。残高6厘米（图二六，2；图版三一，2）。后头山采：5，夹砂灰陶。残高6厘米（图二六，3；图版三一，3）。

B型　3件。敛口，沿内翻。狮子山采：2，夹砂红陶。残高7厘米（图二六，4；图版三一，4）。狮子山采：9，泥质红陶。残高4.5厘米（图二六，5；图版

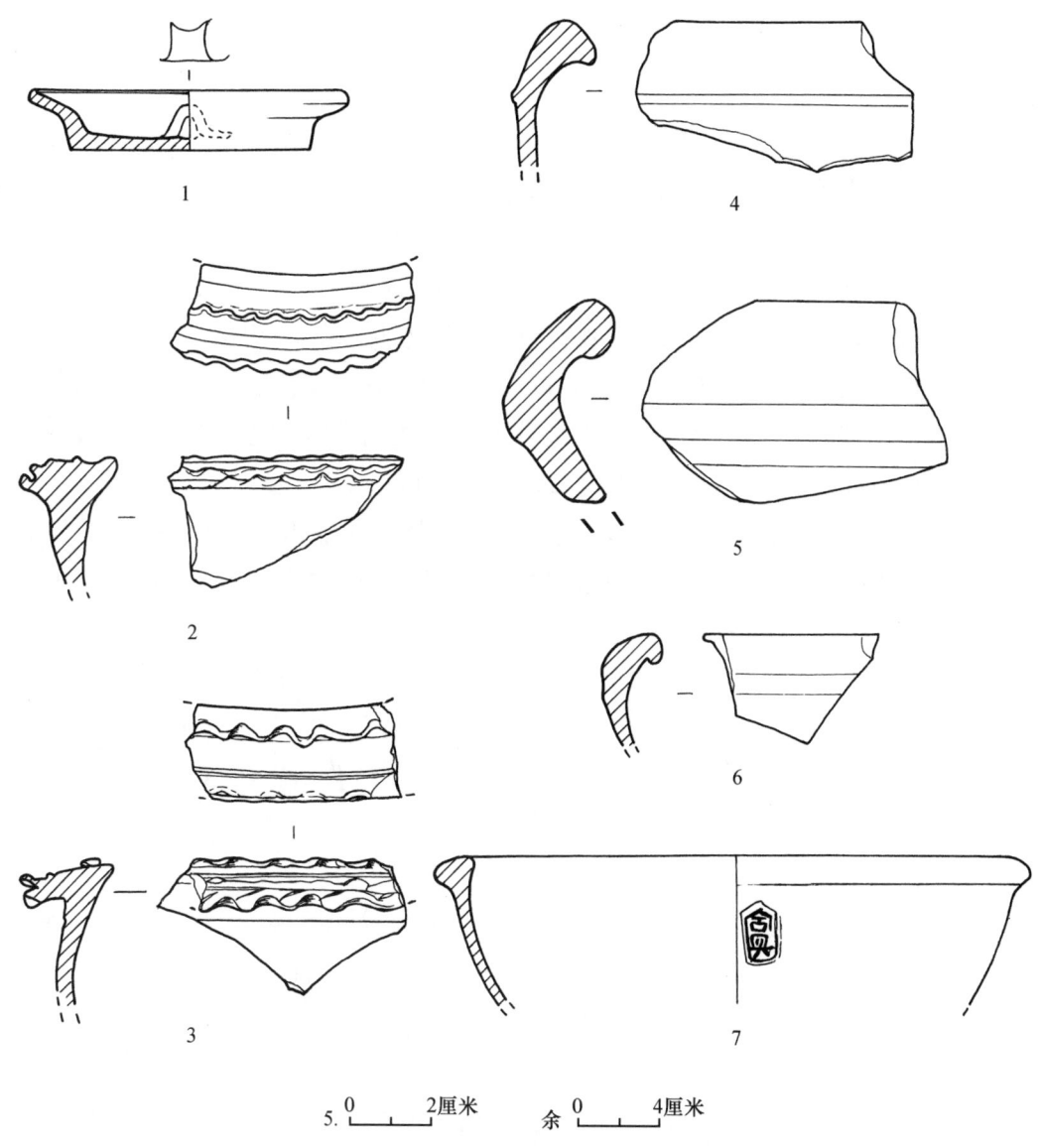

图二六　明清窑址采集器盖、缸
1.器盖（狮子山采：1）　2、3.A型缸口沿（狮子山采：10、后头山采：5）　4～6.B型缸口沿（狮子山采：2、狮子山采：9、狮子山采：11）　7.C型缸口沿（凤凰山采：1）

三一，5）。狮子山采：11，胎体夹粗砂。外壁色灰，内壁色红。残高6厘米（图二六，6；图版三一，6）。

C型　1件。敛口，斜沿，弧腹。凤凰山采：1，胎色暗红夹粗砂。器表施青绿色薄釉，有压印戳记。口径30、残高7.3厘米（图二六，7；图版三一，7）。

罐　7件。皆为口沿残片，不分型。

狮子山采：4，敛口，圆唇，弧腹。夹砂红陶。器表呈暗灰色，刻划有"×"纹。残高9厘米（图二七，1；图版三二，1）。狮子山采：5，敛口，折沿，深腹。泥质红陶。器表饰疏朗的斜线纹。残高9厘米（图二七，2；图版三二，2）。狮子山采：6，敛口，圆唇，鼓腹。夹砂灰陶。腹部有戳孔。口径10、残高3.5厘米（图二七，3；图版三二，3）。狮子山采：7，敛口，圆唇，垂腹。暗灰色胎夹粗砂。器表施较薄的青釉。沿下饰弦纹，上腹部饰一周戳孔间菊花纹。口径15、残高9厘米（图二七，4；图版三二，4）。狮子山采：16，敞口，平沿，束颈，弧腹。暗灰色胎夹粗砂。器表刷较薄的红釉。口径19、残高11厘米（图二七，5；图版三二，5）。后头山采：2，敛口，圆唇，弧腹折收。胎体夹砂。内壁暗红，外壁暗灰。沿下饰一周凹弦纹。口径15、残高7厘米（图二七，6；图版三二，6）。陈家东山采：4，敛口，圆唇，折腹。胎体夹砂。中部灰，两侧砖红，呈夹心状。上腹部饰两周戳孔。口径12、残高8.3厘米（图二七，7；图版三二，7）。

盘　1件。狮子山采：3，敛口，平折沿，弧腹，平底内凹。胎体夹粗砂，中部灰黑，两侧暗红，呈夹心状。腹壁饰粗弦纹。口径26、底径21.6、高4.5厘米（图

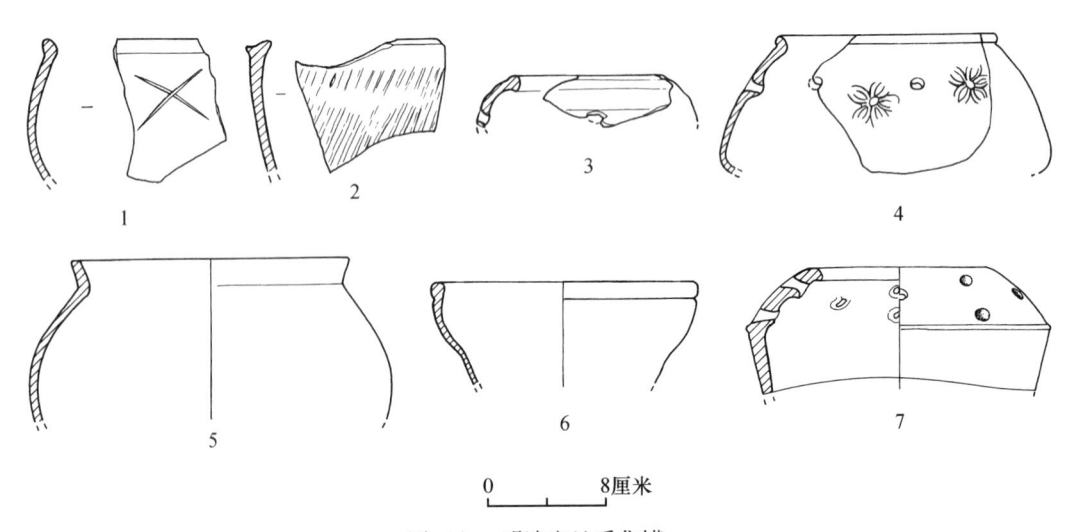

图二七　明清窑址采集罐

1.狮子山采：4　2.狮子山采：5　3.狮子山采：6　4.狮子山采：7　5.狮子山采：16
6.后头山采：2　7.陈家东山采：4

二八，1；图版三三，1）。

急须　2件。残，皆余手柄。狮子山采：8，尾端圆形，上翘，中空。灰黑色胎夹细砂。器表呈暗红色。尾端直径3.8厘米（图二八，2；图版三三，2）。后头山采：4，尾端椭圆，上翘，中空。夹心胎夹粗砂。中间灰黑，两侧红。尾端长径3.6、短径2厘米（图二八，3；图版三三，3）。

腹片　3件。狮子山采：17，束颈，弧腹。灰胎，夹粗砂。器表内外刷青绿色釉。腹部捏置花边。残高11厘米（图二八，4；图版三三，4）。狮子山采：18，夹砂灰陶。器表饰同心圆纹（图二八，5；图版三三，5）。黄岩山采：4，夹砂红陶。器表饰刻划纹（图二八，6；图版三三，6）。

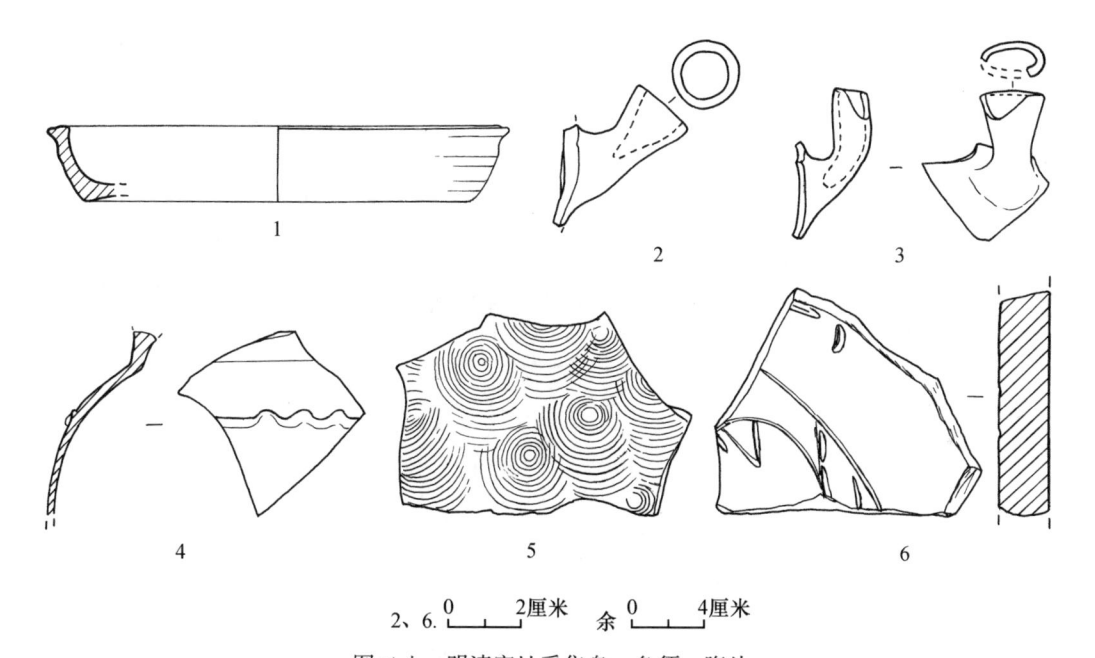

图二八　明清窑址采集盘、急须、腹片
1.盘（狮子山采：3）　2、3.急须（狮子山采：8、后头山采：4）
4~6.腹片（狮子山采：17、狮子山采：18、黄岩山采：4）

窑具　12件。可分为模具、陶拍、垫柱、筒形匣钵四类。

模具　1件。后头山采：1，敞口，弧腹，饼足，内底凸起，刻"大"字。灰胎夹粗砂。器表呈铁红色。口径13.5、底径7.6、高5.4厘米（图二九，1；图版三四，1）。

陶拍　1件。后头山采：3，端部弧凸，捉手已残。夹砂灰胎。胎体呈夹心状，中部浅灰，两侧铁红。器表刷酱釉。直径7、残高4厘米（图二九，2；图版三四，2）。

垫柱　2件。狮子山采：12，环状，顶面有凹槽，环面有指抹痕、刻划痕。器身灰褐色，夹粗砂，有窑汗。直径17.7、高7.6、壁厚3.3厘米（图二九，3；图版三四，3）。狮子山采：13，环状，顶面有凹槽，环面有刻划痕。器身灰褐色，夹粗砂，有窑汗。直径18.7、高6.5、壁厚3.4厘米（图二九，4；图版三四，4）。

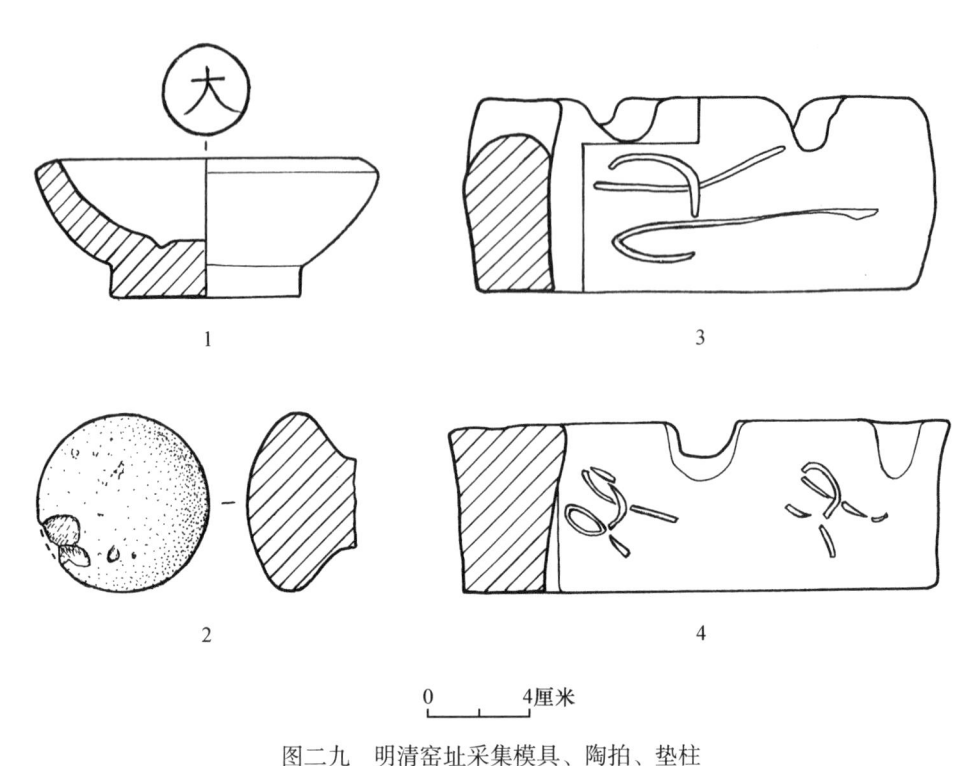

图二九　明清窑址采集模具、陶拍、垫柱
1.模具（后头山采：1）　2.陶拍（后头山采：3）　3、4.垫柱（狮子山采：12、狮子山采：13）

筒形匣钵　8件。狮子山采：14，暗红色胎夹粗砂。外壁有窑汗，压印有戳记。口径13.2、残高13.5厘米（图三〇，1；图版三五，1）。狮子山采：15，灰黑色胎夹粗砂。内外壁有抹痕，外壁有刻划纹、镂孔。残高16厘米（图三〇，2；图版三五，2）。陈家东山采：1，斜直壁，平底。砖红色胎夹粗砂。残高9.6厘米（图三〇，3；图版三五，3）。陈家东山采：3，残高8厘米（图三〇，4；图版三五，4）。黄岩山采：1，红褐色胎夹粗砂。器表有窑汗。器身镂孔，有刻划痕，底有深指窝。口径15.2厘米（图三〇，5；图版三五，5）。黄岩山采：3，灰褐色胎夹粗砂。器表刷较薄的青绿釉，刻划花卉纹、带状段直线外，底部有戳孔。底径14、残高7.7厘米（图三〇，6；图版三五，6）。后头山采：6，红褐色胎夹粗砂。器表有窑汗，底有深指窝。底径20、残高10厘米（图三〇，7；图版三五，7）。

第三章 考古调查

后山下采：4，红褐色胎夹粗砂。器表有窑汗。器身镂孔，有刻划痕。残高7.5厘米（图三〇，8；图版三五，8）。

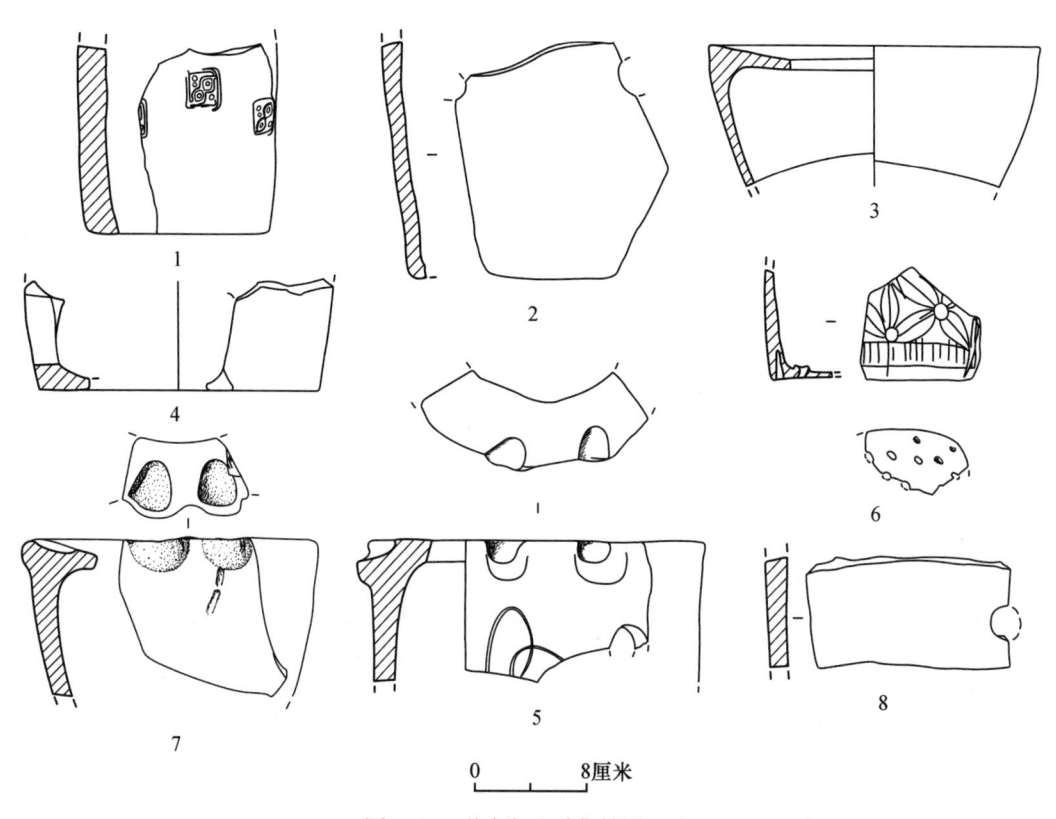

图三〇　明清窑址采集筒形匣钵
1. 狮子山采：14　2. 狮子山采：15　3. 陈家东山采：1　4. 陈家东山采：3　5. 黄岩山采：1
6. 黄岩山采：3　7. 后头山采：6　8. 后山下采：4

第四章 考古发掘

野外考古发掘工作于2013年2月至2015年12月展开，分别针对与文献记载中所谓的"小溪（鄞江）古城"密切相关的古城畈、高尚宅、悬慈村三个地块，逐一实施试掘和发掘（图六），其中以古城畈地块的发掘工作为重点。

第一节 古城畈地块

一、发掘概况

古城畈地块位于鄞江镇区东南，北邻鄞西南塘河，西邻洪水湾排洪渠、南邻鄞江，东依凤凰山下啤酒厂（图版一〇；图版一一，1）。该地块地表多为农田，在该区块的地表调查中采集有南宋以来的陶瓷器残片。2010年9月该地块被公布为鄞州区文物保护点（现为海曙区文物保护点）。

古城畈地块发掘的区域位于地块西南部台地及其边缘，经历了2014、2015两个年度的发掘。整个发掘区块分为两区，其中台地中南部为发掘Ⅰ区，台地西部边缘及以西部分为发掘Ⅱ区。在2014年度的发掘中，我们于该地块布设了12个探方，分别编号为2014·古·T103（简称古·T103。以下探方、探沟、遗迹等编号均简省编号前的年份）、古·T104、古·T113、古·T211、古·T212、古·T213、古·T221、古·T222、古·T223、古·T231、古·T232、古·T233。其中，古·T103、古·T104、古·T113位于Ⅰ区；古·T211、古·T212、古·T213、古·T221、古·T222、古·T223、古·T231、古·T232、古·T233位于Ⅱ区。随着发掘工作的深入，为进一步解剖发现的古河道遗迹，又在台地北侧布设了古·TG1、古·TG2两条探沟；为解剖石砌堤岸的基础构造，在古·T221、古·T222内布设了探沟古·TG3。

2014年度共完成发掘面积857平方米（图版三六）。

在2015年度发掘中，为进一步了解遗址区台地中部的堆积情况，于该地块中部台地布设了古·T115、古·T125两个探方，完成发掘面积200平方米（图三一）。

2014、2015年度共完成发掘面积1057平方米。

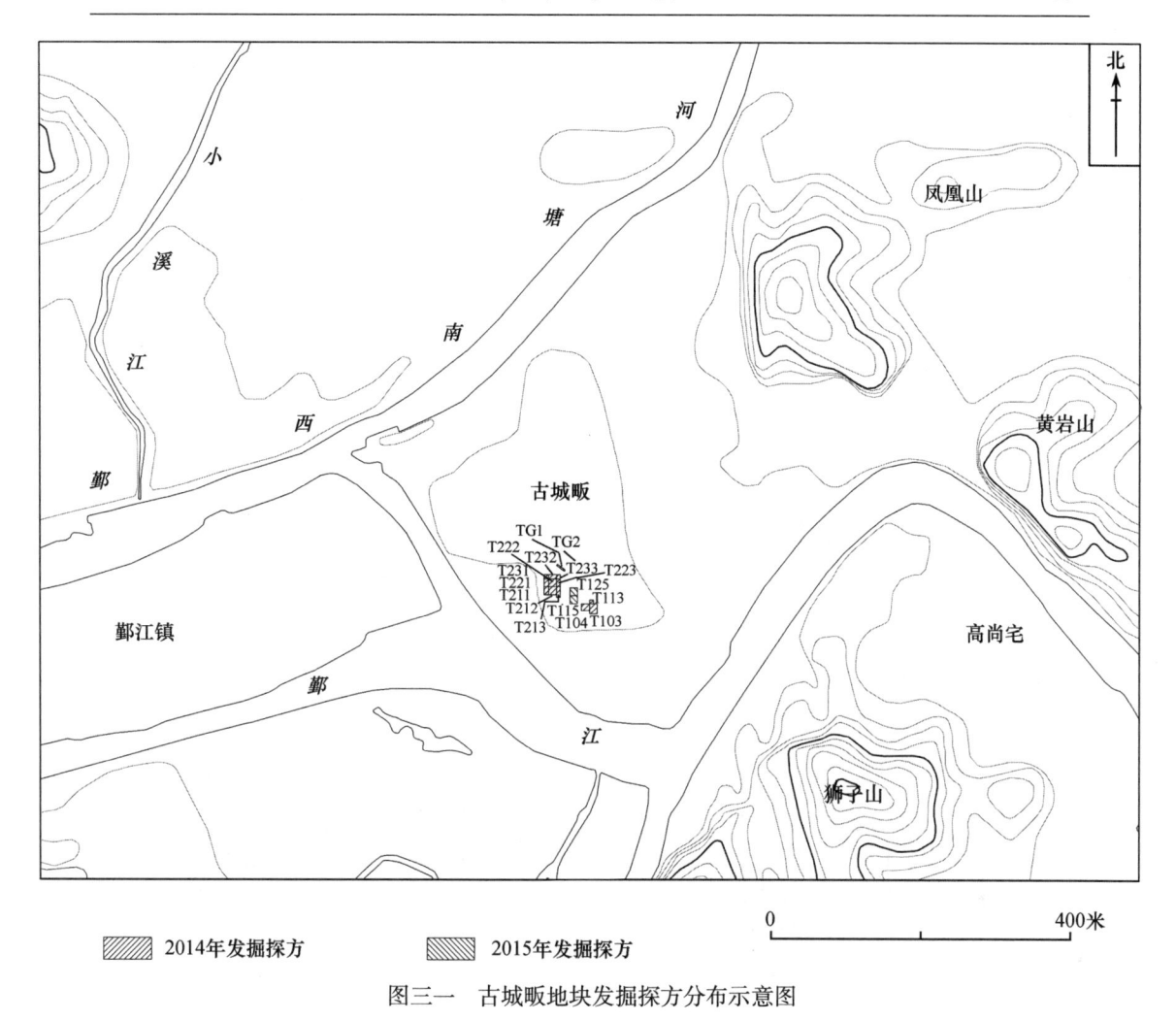

图三一 古城畈地块发掘探方分布示意图

二、地层堆积

古城畈地块中部为台地，勘探、发掘表明该台地经过了剧烈的扰动，因此在台地和周边形成了不同的堆积。

（一）台地东南部地层堆积

台地东南部地层堆积受晚期扰动剧烈，自北向南倾斜，下部平缓，文化层厚约1.5米。该区域发现密集的建筑堆积、道路、灶、坑等遗迹。发掘结果显示在宋元时期这一区域经历了多次建筑的废弃和重建。下面以古·T103、古·T104为例介绍（图三二、图三三）。

图三二 古·T103东壁剖面图

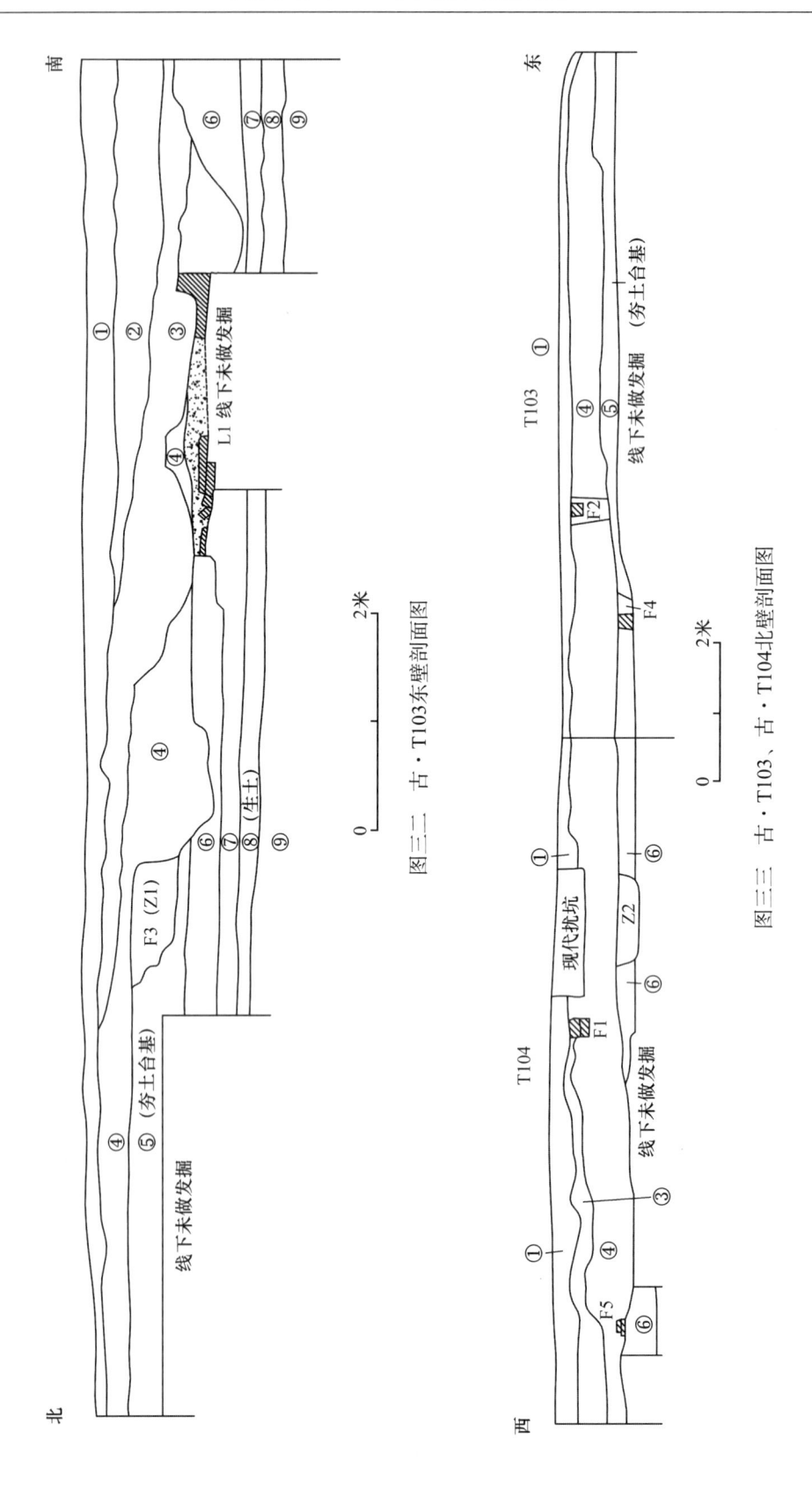

图三三 古·T103、古·T104北壁剖面图

第1层：黑灰色耕土层。厚20~55厘米。土质疏松，包含物有散乱的石块。该层堆积北薄南厚。

第2层：浅黄色土。厚0~60厘米。土质较疏松，含沙性大，包含物有少许瓦片、烧土粒等。主要分布于探方南半部，北薄南厚。该层出土青花碗、盘、盏，米黄釉碗，青釉盏，青黄釉小罐，以及零星的磁州窑残片。该层为明代文化层。

第3层：为古·F1、古·F2废弃堆积。厚0~1.03米。土色驳杂，主要包含物为瓦片、砖块、小石块等，不同的区域密集程度不一。该层出土器物主要有龙泉窑莲瓣纹碗、双鱼纹碗、八卦纹炉、盘，黑釉盏，灰白釉高圈足碗、芒口碗、盘、盏等瓷器，石柱础、石杵、石磨盘等石器，"皇宋通宝""元祐通宝""嘉泰通宝"铜钱。该层为宋元时期文化层。

该层下发现遗迹有古·F1和古·F2。

第4层：主要为古·F3、古·F5废弃堆积。浅黄色土。厚0~35厘米。土质细密，含沙性大。包含物有少许碎砖瓦、碎石粒。该层主要出土灰陶罐、釉陶罐，龙泉窑梳篦纹碗，灰白釉折腹碗、高圈足碗、芒口盘、盏，黑釉盏等陶瓷器，还出土"天圣元宝""熙宁重宝""熙宁元宝""元丰通宝"铜钱。

该层下发现遗迹有古·F3、古·F4、古·F5、古·H4、古·L1、古·Z2和古·TJ2（即第5层）。

第5层：为夯土台基。厚约50厘米。分布于古·T103的东北部。此层为夯筑土，最上层为硬实的碎砖瓦层，其下土色杂乱，有黄色土、褐色土、灰黄色等多色土。质地紧硬，夯层清晰，局部夯面有夯窝迹象，夯层厚3~9厘米，多层夯面显有白色粉土，使夯层自然分离。夯土中出土南宋时期陶瓷片。

第6层：灰黄色土。厚5~60厘米。土质致密，包含物有少量砖瓦片、草木灰、红烧土等。该层出土器物主要有南宋时期的黑釉瓷、影青瓷以及少量晚唐五代时期陶瓷残片，此外还见有"治平元宝""绍圣元宝"铜钱。

第7层：浅黄色土。厚15~32厘米。土质致密，包含物有碎砖瓦片、红烧土、草木灰等。该层出土少量南宋时期白瓷、越窑青瓷以及晚唐五代时期陶瓷残片。

第8层：灰黄色生土层。厚约20厘米。土质较松，沙性大含铁锈多，纯净未见包含物。从解剖来看，该层以下地层仅在土质疏松度和锈斑含量上稍有差异，未见包含物，皆为生土层。

（二）台地中部地层堆积

与东南部相比，台地中部地层堆积受建筑扰动较少。下面以古·T115、古·T125东壁剖面为例介绍（图三四）。

第1层：黑灰色耕土层。厚20~50厘米。土质较硬，包含物有碎砖瓦片、石块、近现代生活垃圾。

第2层：浅黄色土。厚8~26厘米。土质较疏松，含沙性大，包含物有碎砖瓦片、石块等。该层出土龙泉窑青釉、灰白釉瓷器残片及少量的青花瓷残片。

该层下发现遗迹有古·L2和古·PSG1。

第3层：灰黄色土，夹褐斑。厚9~34厘米。土质较硬，该层出土黑釉盏、灰白釉碗、青釉碗、龙泉窑梳篦纹碗、义窑米黄釉碗等。

该层下发现遗迹有古·L1、古·Z5、古·H1和古·H3。

第4层：浅黄褐色土，夹褐斑、白斑。厚6~36厘米。该层出土极少量的青瓷片、陶片。

该层以下为富含细沙的黄色生土。

（三）台地西北部边缘地层堆积

台地西北部边缘主要有古河道、码头驳岸及附属的道路、夯筑台地等遗迹，地层堆积相对简单。下面以古·T213、古·T223、古·T233东壁剖面为例介绍（图三五）。

第1层：耕土层。厚5~55厘米。土质疏松，土色杂乱，局部包含物以砖瓦片为主，呈黑灰色；局部呈灰白色，含大量细沙。

第2层：局部分布。浅黄色土。厚0~38厘米。土质较疏松，含沙较多，包含物有料姜石。该层出土青花瓷碗、杯，灰白釉碗、深腹碗，义窑"寿"字款碗，龙泉窑花口盘、莲瓣纹碗，双鱼纹碗，黑釉盏，硬陶火盆、灯盏等陶瓷器。

该层下发现遗迹有古·G1、码头驳岸、古·L1、古·TJ1、古·H2和古·H5等。

第3层：局部分布。灰黄色土。土质疏松，含沙较多，夹有较多的草木灰，该层出土粗质的釉陶器、石质工具、黑釉盏，灰白釉盘，仿龙泉莲瓣纹碗等。该层未做完全发掘，仅局部下做2厘米深度。

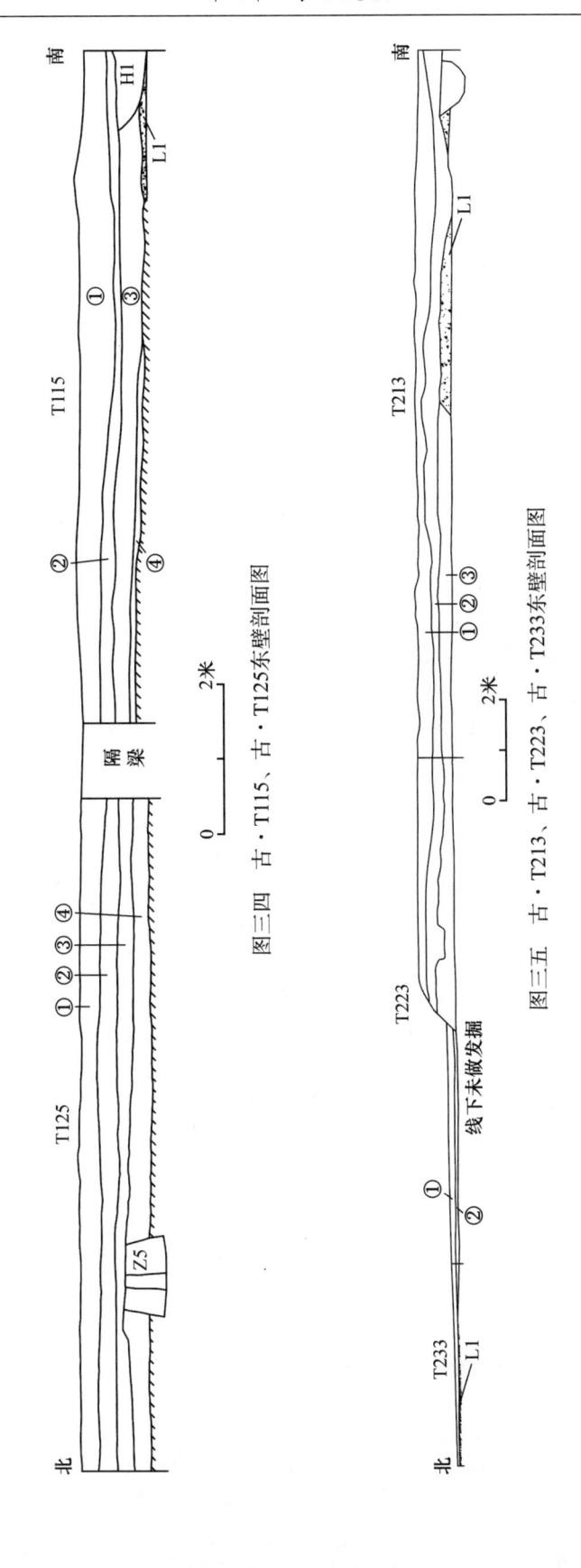

图三四　古·T115、古·T125东壁剖面图

图三五　古·T213、古·T223、古·T233东壁剖面图

三、发现遗迹

古城畈地块发现的主要遗迹有河道1条，码头及附属台基、河道护岸各1处，道路2处，夯筑台地1处，房址5处，灶4处，排水沟1处，灰坑5处（图三六）。

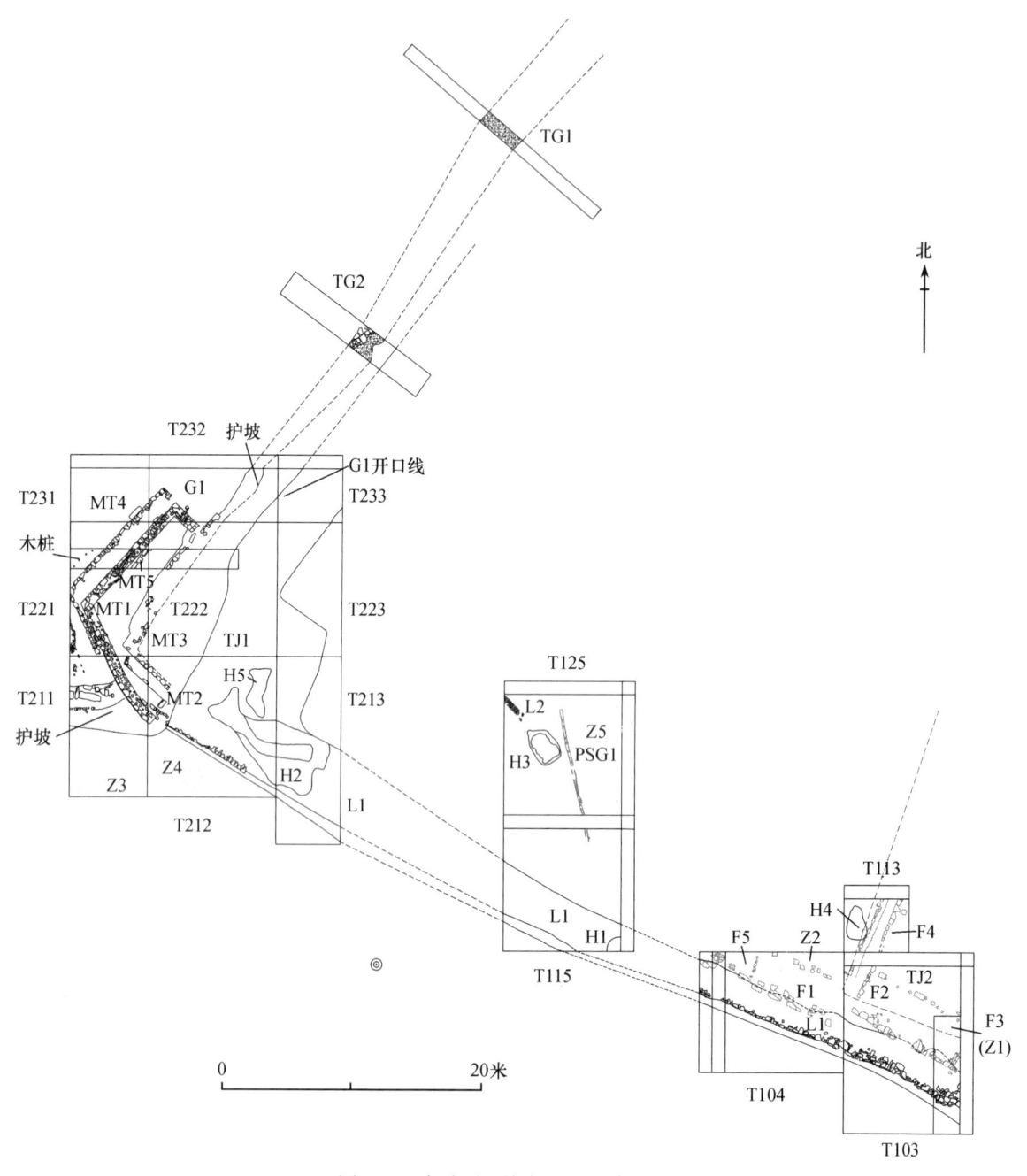

图三六 古城畈地块发现遗迹总平面图

（一）河道

发现1处（编号古·G1。以下简称G1）。勘探显示，G1宽约20米，探明长度约280米，距现地表最深超过4.5米。东北—西南方向贯穿古城畈地块，注入鄞江。发掘区域位于G1与鄞江交汇处，仅发现G1内侧（东侧）岸线及附属的码头、道路、夯筑台地等遗迹。在发掘区北部，垂直于河道方向布设探沟两条（古·TG1、古·TG2），同样发现了G1内侧（东侧）岸线，确认了G1走向。

G1内部堆积较为复杂，其在发掘Ⅱ区内的堆积与古·TG1、古·TG2内的堆积地层无法统一，以下分别介绍。

1. 发掘Ⅱ区G1堆积

在发掘Ⅱ区，G1开口于第2层下，内部堆积可分为17层，深约3.7米（图三七、图三八；图版三七，1、2）。

G1①层：河道填埋堆积。厚0~102厘米。灰色土，质地较松，含大量碎砖瓦，出土晚清时期陶瓷器。

G1②层：河道内淤积堆积。厚0~34厘米。为青灰色，质地松软，沙性大，比较纯净，含腐殖物，包含极少量碎砖瓦，出土少量清代陶瓷器。

G1③层：河道内淤积堆积。厚0~30厘米。灰黄色土，质地较松，沙性大，出土明清时期陶瓷器。

G1④层：河道内淤积堆积。厚32~68厘米。灰黄色土，质地较紧，包含较多碎砖瓦，出土少量明代陶瓷器。

G1⑤层：河道内淤积堆积。厚0~70厘米。浅黄色土，质地较松，含沙性大，包含少许碎砖瓦，出土明代陶瓷器。

G1⑥层：河道内淤积堆积。厚0~60厘米。灰黄色土，质地松软，含沙性大，比较纯净，包含极少量碎砖瓦，出土少量明代陶瓷器。

G1⑦层：河道使用期间倾倒的废弃堆积。厚0~133厘米。灰黄色土，质地较松，含大量碎砖瓦、红烧土、草木灰等，出土"洪武十二年"铭文瓦头、青花瓷器等。

G1⑧层：河道内淤积堆积。厚0~17厘米。灰黄色土，质地松软、细，含沙性大，比较纯净，包含极少量碎砖瓦。

G1⑨层：河道使用期间倾倒的废弃堆积。厚0~53厘米。灰色土，质地较松，

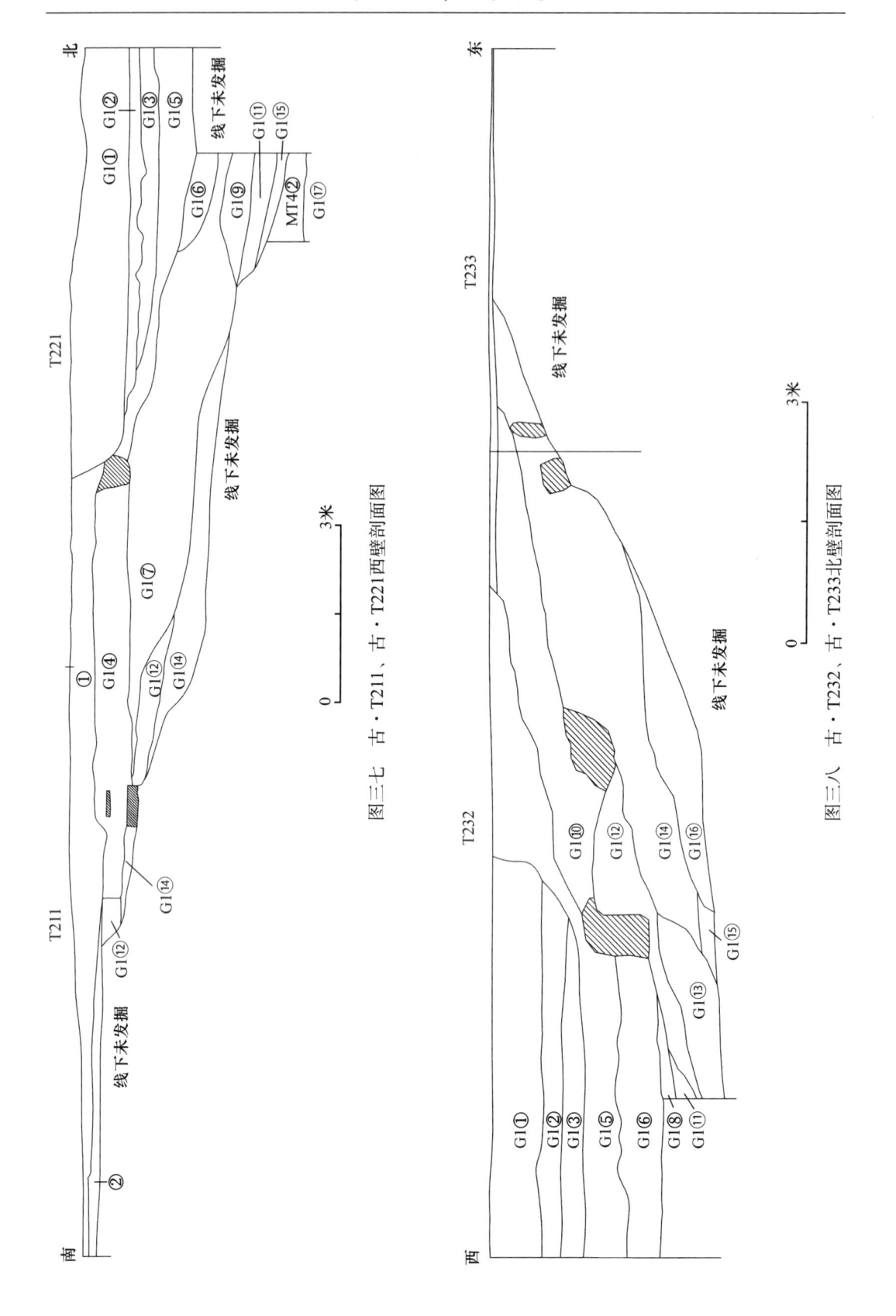

图三七 古·T211、古·T221西壁剖面图

图三八 古·T232、古·T233北壁剖面图

含较多碎砖瓦、红烧土、草木灰等。

G1⑩层：河道内淤积堆积。厚0~76厘米。灰黄色土，质地较松，含少量碎砖瓦、红烧土等，出土元明时期陶瓷器。

G1⑪层：河道内淤积堆积。厚0~38厘米。青灰色土，质地松软，细腻，含腐殖物，包含极少量碎砖瓦。

G1⑫层：河道内淤积堆积。厚0~75厘米。灰黄色土，质地较松，含少许碎砖瓦、红烧土等。

G1⑬层：河道使用期间倾倒的废弃堆积。厚0~60厘米。灰褐土，质地较松，含大量碎砖瓦、红烧土、草木灰等，出土宋元时期陶瓷器。

G1⑭层：河道使用期间形成的废弃堆积。厚0~123厘米。灰黄色土，质地较松，含少量的碎砖瓦、红烧土，草木灰等，出土宋元时期陶瓷器。

该层下发现码头驳岸的石渣基础。

G1⑮层：河道淤积堆积。厚0~20厘米。灰色土，质地松软，含腐殖物，包含少量碎砖瓦。

该层下叠压有第四期码头填土。

G1⑯层：河道淤积堆积。厚0~60厘米。灰黄色土，质地较松，含少许碎砖瓦、草木灰等。

该层下发现码头驳岸的石渣基础。

G1⑰层：河道淤积堆积，为灰色沙土。质地松软，含腐殖物。该层以下未做发掘。

从Ⅱ区发掘情况看，G1的使用大体可以分为三个阶段。

第一阶段为宋元时期，为G1内侧码头驳岸的修筑阶段，对应地层堆积为G1⑰层至G1⑭层，G1⑰层为河道内的自然淤积层，其上开始修筑码头驳岸，首先对原始自然岸线进行了改造，在G1⑭、G1⑯层以下形成了石渣岸线，并修筑了多级的码头驳岸。

第二阶段为宋元时期，为码头驳岸的使用阶段，对应地层堆积为G1⑬至G1⑧层。这一阶段的淤积堆积层内，包含物并不单一，显示出这是一个在码头驳岸使用过程中不断收缩的阶段。

第三阶段为明清时期，为河道的废弃阶段，对应地层堆积为G1⑦层至G1①层。G1⑦层堆积厚，包含物单一，表明这是一次突然的行为，河道宽度大幅收缩，最终被完全填平消失。

2. 古·TG1内G1堆积

古·TG1内G1地层堆积如下（图三九）。

G1①层：灰黄色粉沙土。质地疏松，为河道内的淤积土。该层堆积东部较薄，厚约19厘米，西部较厚，已发掘1.5米，以下未做发掘。该层出土青花碗、青灰釉碗等器物。

G1②层：浅黄色粉沙土。质地稍硬，为河道内淤积土。该层堆积东部薄西部厚。厚12～112厘米。出土青花瓷器、灰白釉瓷器等。

G1③层：黄色沙土，土质紧密。厚14～66厘米。为河道内淤积土。该层出土厚胎青瓷碗、粗陶缸等陶瓷器残片。

G1④层：斜坡状局部分布，该层上部为碎砖瓦堆积，底部为细碎石子堆积。厚0～35厘米。应为人为修筑的护坡岸线。该层出土龙泉窑碗、影青瓷盘、黑釉盏等器物，时代与发掘Ⅱ区G1⑭、G1⑯层下发现的石渣基础层一致。

G1⑤层：黄色沙土，土质疏松。厚0～43厘米。为河道内淤积土。该层出土少量的越窑青瓷碗、盘、罐等残片。

G1⑥层：黄褐色土，土质较硬实，为河道内淤积堆积，仅在探沟东侧发掘了10厘米，以下未做发掘。出土越窑青瓷器残片。

古·TG1内未发现明确的河道开口层位，但清理的地层显然系河道内的淤积堆积。其中，G1⑤层和G1⑥层为北宋时期的堆积层，G1④层为与Ⅱ区码头驳岸同时的护岸堆积，G1③层以上为明清时期的淤积堆积。

3. 古·TG2内G1堆积

古·TG2内，G1开口于第2层下，内部堆积可分为13层，深约2.8米（图四〇）。

G1①层：河道填埋堆积。厚约71厘米。灰色土，质地较松，含大量碎砖瓦。

G1②层：河道内淤积堆积。厚0～52厘米。为青灰色，质地松软，沙性大，比较纯净，含腐殖物，包含极少量碎砖瓦。

G1③层：河道内淤积堆积。厚0～90厘米。灰黄色土，质地较松，沙性大，出土明清时期陶瓷器。

G1④层：河道内淤积堆积。厚0～34厘米。清灰色土，质地松散，包含零星的碎砖瓦颗粒。

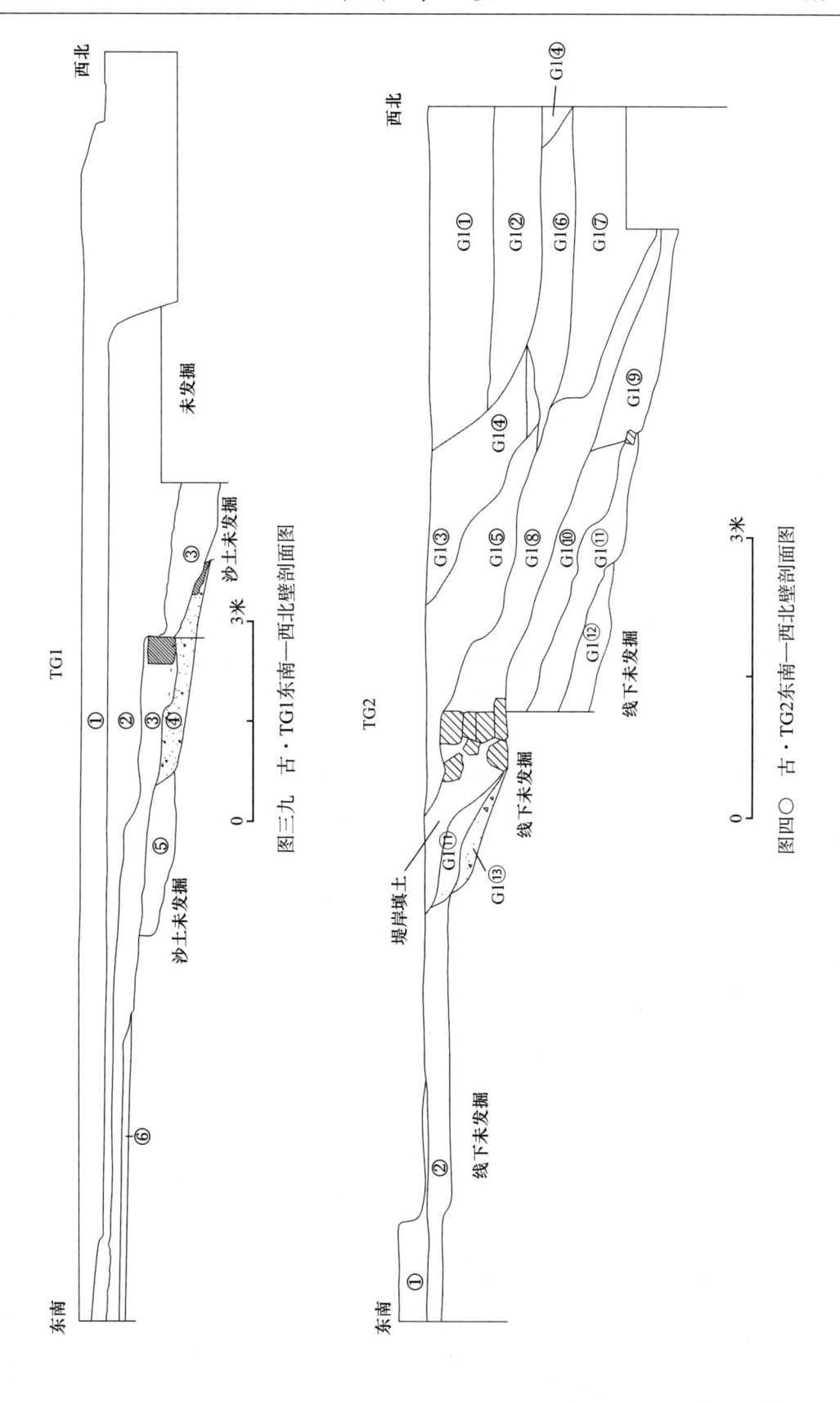

图三九 古·TG1东南—西北壁剖面图

图四〇 古·TG2东南—西北壁剖面图

G1⑤层：河道内淤积堆积。厚0~85厘米。灰黄色土，质地较松，含沙性大，包含少许碎砖瓦，出土元明时期的龙泉窑青釉、青黄釉碗。

G1⑥层：河道内淤积堆积。厚0~45厘米。黄褐色土，质地松软，含沙性大，比较纯净，包含极少量碎砖瓦。

G1⑦层：河道内淤积堆积。厚0~133厘米。灰沙土，质地松散、纯净。

G1⑧层：河道使用期间倾倒的废弃堆积。厚0~133厘米。灰黄色土，质地较松，含大量碎砖瓦、陶瓷片等，陶瓷片中见有龙泉窑青釉厚胎碗，青灰釉、米黄釉碗，硬陶灯盏等。

该层下发现石砌的堤岸。

G1⑨层：河道内淤积堆积。厚15~50厘米。青灰色，土质细腻，出土青釉瓠式瓶。

G1⑩层：河道使用期间倾倒的废弃堆积。厚22~45厘米。灰色土，质地松散，含大量碎砖瓦、陶瓷片等。陶瓷片中见有米黄釉义窑碗，仿龙泉窑青釉碗、盘，芒口青白釉碗等。

G1⑪层：河道内淤积堆积。厚0~50厘米。灰黄色土，质地疏松，包含碎砖瓦、陶瓷片，陶瓷片中见有青灰釉碗、仿龙泉碗、芒口青白釉盘、龙泉窑盘等。

G1⑫层：河道内淤积堆积。发掘深度约33厘米，以下未发掘。灰土，质地较松，出土龙泉窑莲瓣纹碗、青釉碗、青灰釉碗、粗制的青釉盘等。

G1⑬层：河道护岸堆积。厚0~20厘米。由颗粒较大的石子斜坡状铺垫而成。

从古·TG2内G1的试掘情况来看，G1⑬层年代与古·TG1内G1④层、Ⅱ区码头驳岸石渣基础相一致，G1⑨至G1⑫层为宋元时期堆积层，G1⑧层下发现的石砌堤岸为河道岸线收缩后形成的又一道护岸，年代约为元明之际，G1⑦层以上堆积大致与发掘Ⅱ区G1⑦层以上堆积相一致。

（二）码头、台基与护岸

码头位于发掘Ⅱ区台地西南，凸出于古河道与古鄞江的交汇处，为石包土心结构。码头后方的台基、两侧的护岸与码头是一体的，这里一并介绍。

码头共编号5处，分别编号为古·MT1~古·MT5（图四一；图版三八，1、2）。以下根据其形成年代早晚分别介绍。

第四章 考古发掘

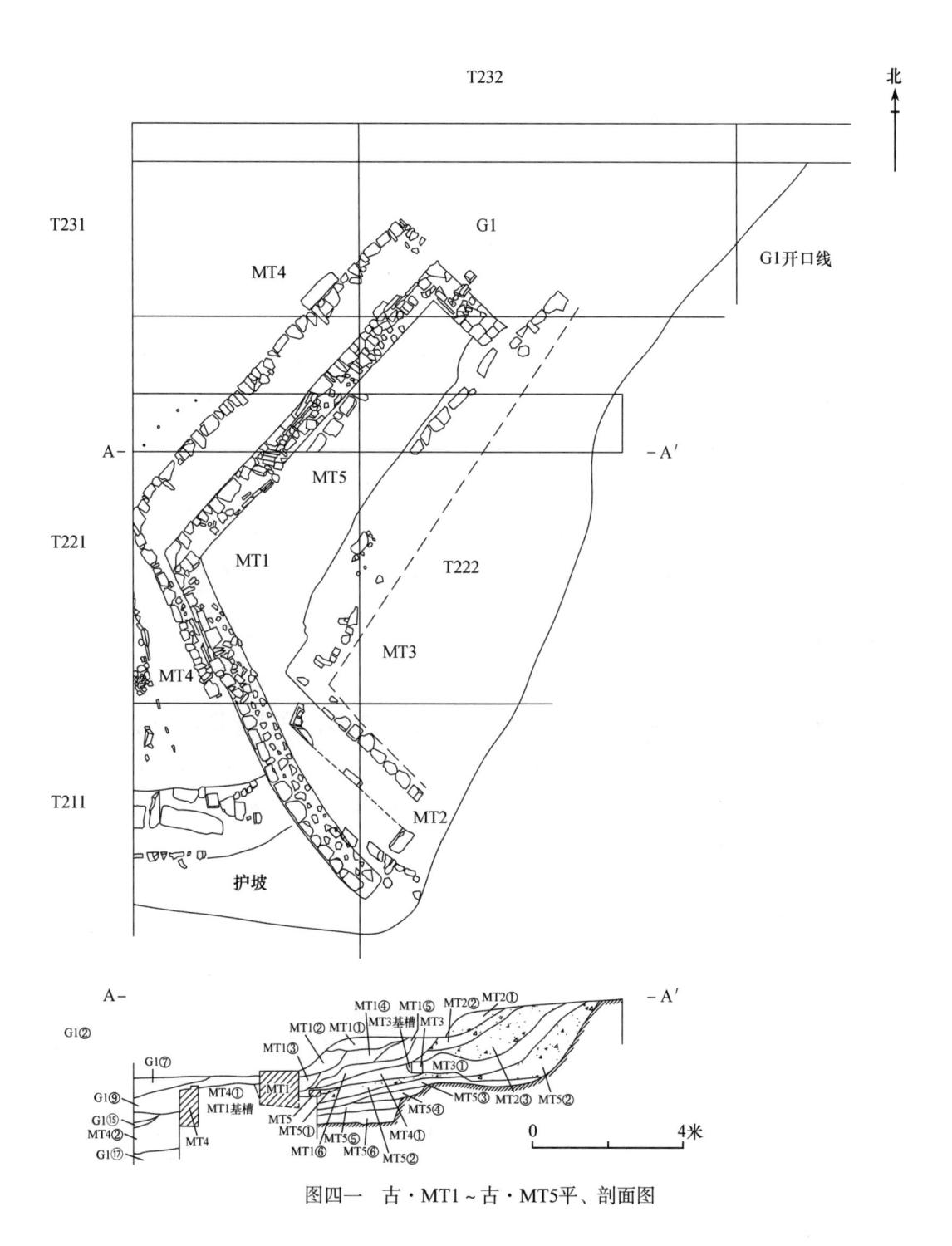

图四一 古·MT1～古·MT5平、剖面图

1. 古·MT5

古·MT5（以下简称MT5）仅在解剖沟内揭露出一段，由一排石块构筑，距地表深约2.5米，方向40°，长约1.9、宽0.3～0.35、残高约0.2米（图版三九，1）。

MT5的修筑，系先在原河道坡岸上开挖基槽堆筑基础，然后在堆筑基础上采用不同规格的石块砌筑简易码头，以便于船只靠岸。码头的临水面相对工整，内侧参差不齐，采用碎石夹土填筑。基础堆筑厚约1.1米，可分五个堆筑层，分别为MT5②～MT5⑥层：MT5⑥层，淡黄色土，质地较紧，含少许碎砖瓦粒、碎石粒、草木灰等；MT5⑤层，灰黄色土，质地较紧，比较纯净，含少许碎石粒、草木灰等；MT5④层，为黄褐色土，质地较紧，比较纯净，含少许草木灰、碎石粒；MT5③层，为浅黄色土，质地较紧，含少许碎砖瓦粒与碎石粒；MT5②层，灰土，质地较紧，夹大量碎石渣堆筑而成，含大量草木灰。码头内填土大部分已被破坏，现仅存MT5①层，为灰黄色沙性土，质地较松，比较纯净，含少量砖粒。MT5②这一石渣堆积层，斜坡状向上延伸，构筑了码头内侧夯筑平台的基础。

2. 古·MT4

古·MT4（以下简称MT4）平面形状近似"〔"形，中段南北向方向45°，长约10.6、宽约0.5米；东北段转角近直角，破坏严重，残长约1、宽约0.45米；西南段转角呈钝角，约113°，残长约5.1、宽约0.5米。MT4残高约1米，外侧有活动面，活动面局部残留铺垫的石板，活动面距地表约3.2米。MT4内侧距MT5约2.9米，西南段紧贴古·MT1（图版三九，2）。

MT4的修筑，系先在外侧约70厘米处水面打木桩一排，木桩直径5～7厘米，间距50～65厘米，木桩打破了G1⑰层（图版三九，3）。在木桩基础上用灰黄土夹大量碎石块夯筑基础（MT4②），基础夯筑厚约1米，最后在夯筑基础上采用不同规格的石块砌筑简易码头。码头的临水面相对工整，内侧参差不齐，采用碎石夹土填筑。码头内填土（MT4①）为黄灰色，质地较紧，含少许碎砖瓦、碎石块等。砌筑码头的石块大小不等，最大的长0.5、宽0.4、厚0.35米，最小的仅为碎石块。

3. 古·MT3

古·MT3（以下简称MT3）平面形状近似"L"形，南北段方向约35°，残长约12、宽约0.4米；西南段转角呈钝角，转角约100°，残长约4.4、宽约0.4米。MT3残高0.3米左右，破坏严重，局部有向外侧坍塌现象。外侧活动面距地表深1.75米。MT3外侧距MT5约1.9米（见图版三九，1；图版四〇，1）。

MT3的修筑，系先在MT4的基础上开槽，采用石块砌筑石墙，构筑简易码头。码头的临水面相对工整，内侧参差不齐，采用碎石夹土填筑。码头内填土仅一层，MT3①为灰黄色，质地较紧，夹有碎石层，含少许碎砖瓦、草木灰等，斜坡状叠压于MT5②层上。砌筑码头的石块大小不等，最大的长0.7、宽0.3、厚0.2米，最小的仅为碎石块。

4. 古·MT2

古·MT2（以下简称MT2）平面形状近似"L"形，仅残存西南角。南北向方向约22°，残长0.6米。转角约110°，东西方向仅残余数块石块，残长约4.4米。MT2整体破坏严重，宽约0.3、残高约0.3米。外侧活动面距地表深1.5米。MT2东西方向段外距MT3约0.68米（见图版四〇，1）。

MT2系在MT3的基础上以石块加筑，局部可能利用了MT3内侧填土。MT2临水面相对工整。码头内填土呈斜坡状堆积，分为三层：MT2③层，灰色土，质地紧硬，夹大量碎石渣块，少许碎砖瓦，较多草木灰等，叠压于MT3①之上；MT2②层为灰黄色土沙性土，质地较紧，含少许碎砖瓦、草木灰等；MT2①层为灰色土，质地紧硬，夹大量碎石渣，含少许碎砖瓦，较多草木灰等。砌筑码头的石块大小不等，最大的长0.8、宽0.2、厚0.3米，最小的仅为碎石块。

5. 古·MT1

古·MT1（以下简称MT1）平面形状近似"〔"形，中段南北向方向约47°，长10.5米；东北端转角近直角，转折东西长约3.3米；西南端转角约111°，转折东西长约10.5米。MT1墙体宽0.8米左右，残高1.1米（不含地下基础部分。地下基础部分未解剖，深度不详）。MT1外侧活动面距地表深2.2米，外侧距MT4约1.65米（见图版三九，2；图版四〇，2）。

MT1系在MT4的内侧填土上修筑，所用材料以石块为主，局部使用石板。修筑方式粗放，多用石块叠砌，偶尔使用石板竖向顺铺。临水面较为工整，内侧粗糙，采用碎石夹土填筑。码头内填土分为MT1①～MT1⑥六层：MT1⑥层为灰黄色，质地较紧，含少许碎砖瓦、草木灰等；MT1⑤层为浅灰色，质地较紧，含较多碎砖瓦、红烧土、草木灰等；MT1④层为灰黄色，质地较紧，含少许碎砖瓦、红烧土、草木灰等；MT1③层为黄灰色沙性土，质地较松，含少许碎砖瓦；MT1②层为黄褐色，质地较紧，含少许碎砖瓦；MT1①层为灰黄色，质地较紧，含少许碎砖瓦、红烧土、草木灰等。MT1所用石块大小不等，最大的长0.65、宽0.4、厚0.35米，最小的仅为碎石块。

以上5处码头遗迹中，以MT1现存高度最高，沿用时间也最久。其他几处码头修筑过程虽然有早晚，但形制均较简陋，应是短时期内的频繁行为。发掘中各码头填土出土遗物多为宋元时期，少量为晚唐至北宋时期。整理过程中，我们发现各级码头填土出土的陶瓷片甚至可以拼合，也进一步说明了这一点。

6. 古·TJ1

码头后方的台基（编号古·TJ1。以下简称TJ1），平面近方形，方向约55°，南北方向长约7.6（不含古·L1宽度）、东西方向宽约8.8米（不含码头内部填土）。TJ1与最早一期码头同时修筑，坐落于生土层上。保存较差，东南侧仅剩薄薄一层石渣能与周边相区分；南侧靠近码头及古·L1的区域，从被后期扰坑破坏而暴露出的剖面来看，还保留了多层斜坡状石渣基础（图版四一，1、2）。

7. 护岸

码头区域的护岸，皆是在码头修筑期间作为码头的基础部分铺设而成的，在完成对自然岸线的加工后，分层铺设石渣、石块，间隔以填土，形成护岸。

护岸在古·TG1和古·TG2内也有发现。在古·TG1内，护岸为第4层堆积，该层上部为碎砖瓦堆积，底部为细碎石子堆积，厚0~35厘米，斜坡状，水平方向长约3.4米（图版四二，1）。在古·TG2内护岸分两期，晚期为石砌护岸，开口于地面，残高约0.74米，由四层石块筑砌，临水面平整，内侧填筑碎砖瓦片（图版四二，2）。早期开口于第2层下，为粗大的石子颗粒铺垫而成，为探沟内第13层堆积，厚0~0.2米，水平方向仅揭露0.14米。

（三）道路

道路发现两处，分别编号为古·L1和古·L2。

1. 古·L1

古·L1（以下简称L1）呈曲尺形，以码头后方的夯筑台基为中心，可分为东南方向与东北方向两段。东南方向共清理揭露出三段，从码头台基处向东南方向延伸，大致与鄞江流向平行，方向约116°，探明长度约67.5米，并继续向东南延伸（图四二）。

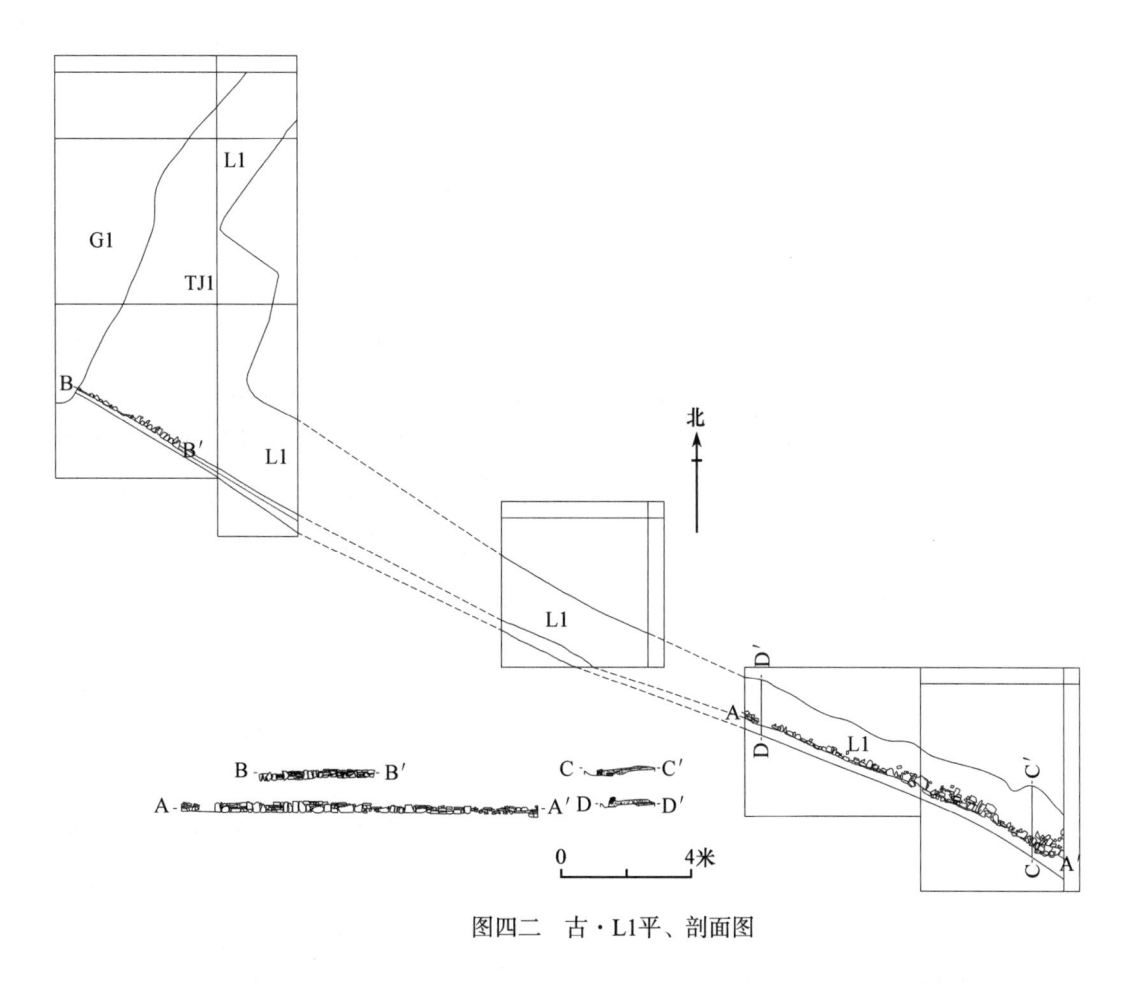

图四二 古·L1平、剖面图

在发掘Ⅱ区，L1与码头台基一样，坐落于生土层上，从河道开口处延伸而来。L1外侧（南侧）包石，石块外设有排水沟，内侧为石渣夹土结构，从暴露出来的剖面看残存两层石渣，最厚处约0.65米。该段L1揭露长度15.5、宽约5米。西北段残留包石部分长约7.08、残高约0.5米，包石的方式局部采用片石立砌，局部横向叠砌，所用石材尺寸较大者长约0.53、宽约0.29、厚约0.07米。包石外侧排水沟宽0.25～0.35、深约0.4米（图版四三，1）。

在古·T115内，L1开口于第3层下。外侧包石已不存，仅保留内侧渣石路面，揭露长度约10、宽约2.9米，外侧排水沟宽0.56~0.73米（含原包石宽度），深0.4米。该段L1未再做解剖，从清理情况看，L1路面中部保留较两侧略高（图版四三，2）。

在古·T103、古·T104内，L1开口于第4层下。该段道路揭露长度约22、宽2.1~3.1米，外侧包石，石块外有排水沟，内侧为石渣夹土结构。包石的方式局部采用片石立砌，局部横向叠砌，所用石材尺寸较大者长约0.93、宽约0.46、厚约0.2米。包石外侧排水沟宽约0.47、深约0.4米。我们对该段道路进行了解剖，解剖中发现残存的石渣大多分上下两层，中间间隔一层黄土，残存厚度0.08~0.37米（图版四四，1~3）。石渣中包含物有南宋时期黑釉盏残片，进一步证实了道路的年代上限。

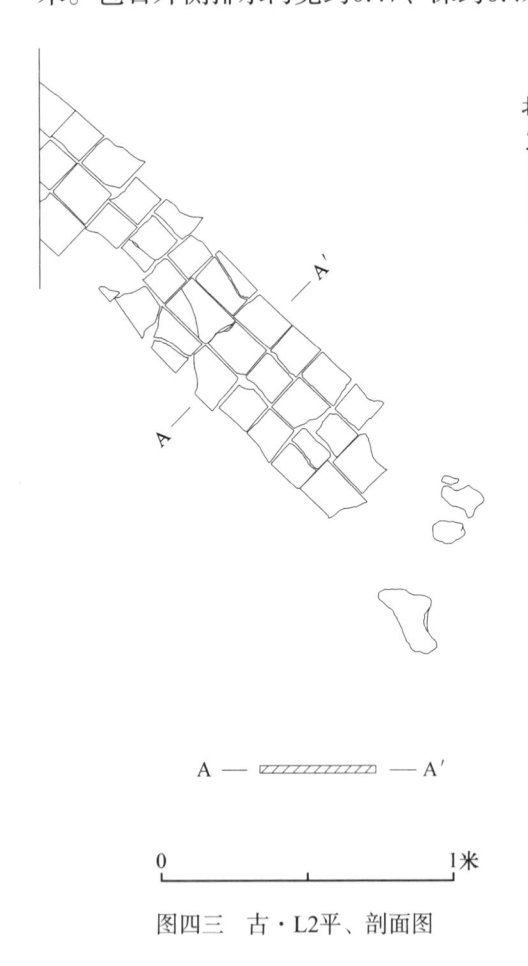

L1的东北方向，方向约37°，自码头后方的台基起，揭露长度约10.7、宽约4.4米。路面外侧因近G1坡岸而不再包石，越往东北方向石渣层保存越差，大部分仅残留薄薄一层而暴露于地表。

2. 古·L2

古·L2（以下简称L2）位于古·T125西北部，开口于第2层下，方向132°。L2由三列残砖平铺而成，揭露长度2、宽约0.38米。路面用砖皆为残半砖，残长0.1~0.2、宽约0.13、厚约0.025米（图四三；图版四五，1）。

图四三 古·L2平、剖面图

（四）灶

灶共发现5处，邻近码头区的2处发现于L1外侧（分别编号古·Z3和古·Z4），其他3处均发现于L1内侧（分别编号古·Z1、古·Z2和古·Z5）。分别介绍如下。

1. 古·Z3

　　古·Z3（以下简称Z3）位于古·T211西南角，半地穴式圆形砖灶，开口于第2层下，方向135°。Z3灶坑上口内径约0.8、深0.55米，底径约0.48米，灶门宽约0.27米。灶门紧邻古·T211南壁，前方操作坑情况不明。灶坑底部平铺方形砖，灶身由碎砖平砌。灶膛内壁用砖，上部呈橘红色，下部及灶底呈青灰色（图四四；图版四五，2）。

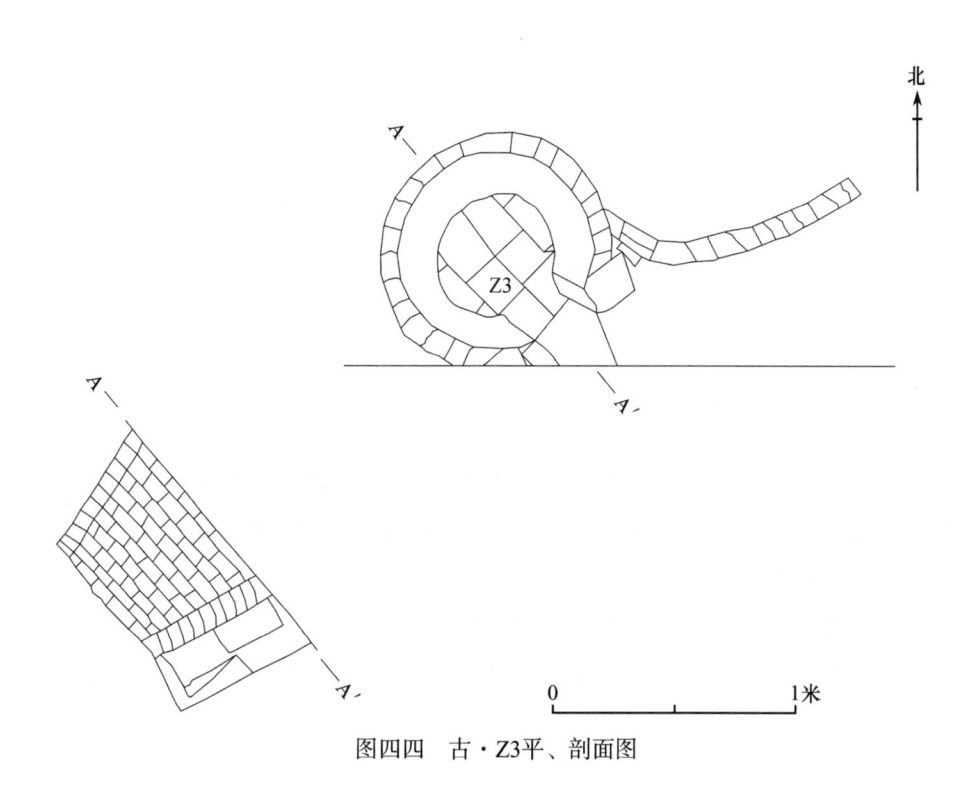

图四四　古·Z3平、剖面图

2. 古·Z4

　　古·Z4（以下简称Z4）位于古·T212西南部，半地穴式方形石灶，开口于第2层下，方向208°。Z4灶坑上口平面近方形，内长约1.08、内宽约1.12、深约0.57米。灶身用石厚约0.15米。灶膛用石在底部加厚，形成二层台，内底宽约0.65米。火门宽约0.28米。火门外侧与操作坑之间，斜立两块较大的石块。操作坑紧邻古·T212南壁，宽约1.2米，长度不明。灶膛与操作坑底部有一层浅薄的烧灰堆积，其下为纯净的黄沙土（图四五；图版四五，3）。灶坑填土中出土灰白釉芒口碗。

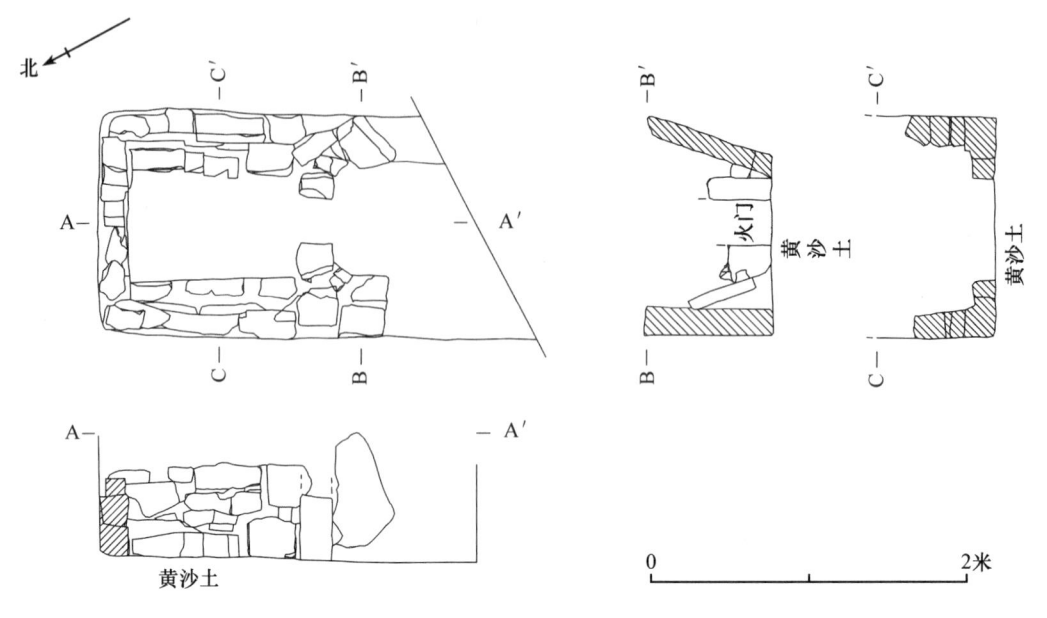

图四五　古·Z4平、剖面图

3. 古·Z5

古·Z5（以下简称Z5）位于古·T125东北部，半地穴式圆形砖灶，开口于第3层下，方向90°。Z5灶坑上口内径约0.7、深0.54、底径约0.48米，灶门上口宽约0.14、下口宽约0.2米。灶门紧邻古·T125东壁，前方操作坑情况不明。灶身由残碎砖平砌。灶膛内壁用砖多呈橘红色（图四六；图版四六，1）。灶坑填土内出土宋元时期黑釉盏、龙泉窑青釉花口碗、义窑米黄釉碗、青白釉深腹碗、白釉芒口盘等。

4. 古·Z2

古·Z2（以下简称Z2）位于古·T104中北部，开口于第4层下，方向约180°。古·Z2仅余一椭圆形操作坑，灶体大多处于探方北壁外。操作坑南北约1.06、东西约1.64、深约0.67米，火门宽约0.7米，灶体结构不明（图四七；图版四六，2）。

5. 古·Z1

古·Z1（以下简称Z1）位于古·T103中东部，半地穴式圆形砖灶，开口于第

第四章 考古发掘

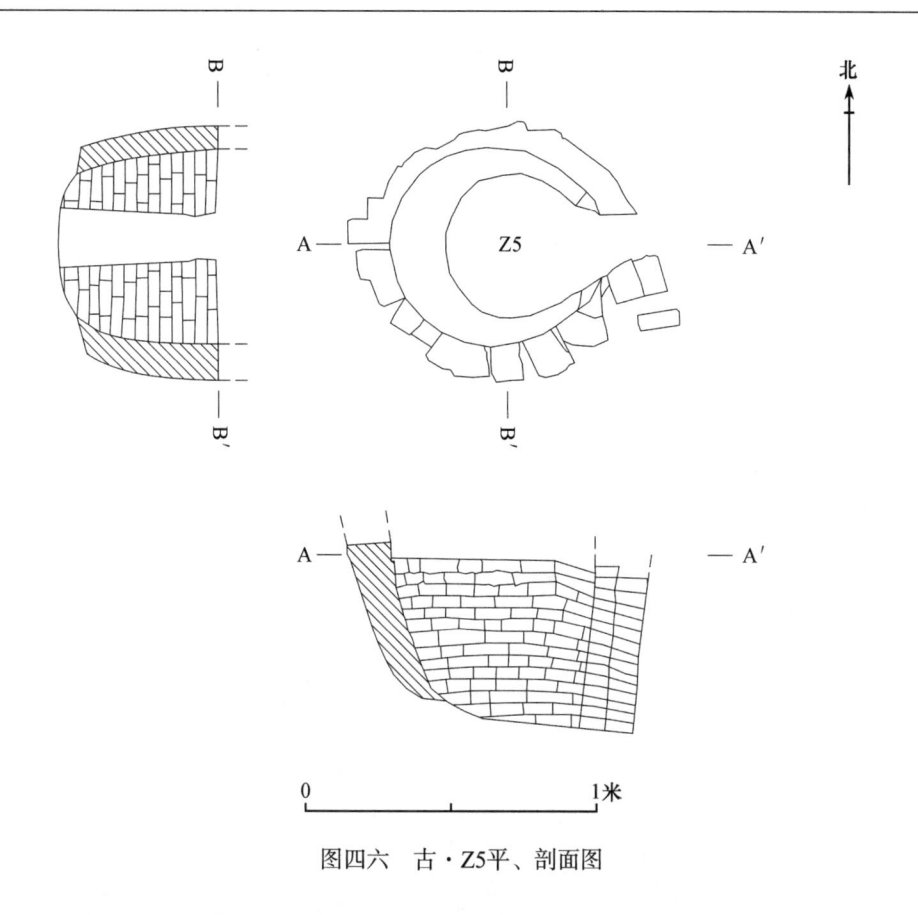

图四六 古·Z5平、剖面图

4层下，方向200°。古·Z1灶坑上口内径约0.7、深约0.6、底径约0.32米。灶门宽约0.33米。灶前操作坑破坏严重，情况不明。底部铺砖，灶身的起砌方式为先使用残断砖平砌两层，其上使用半砖倚壁立砌一层，再平砌两层，其上再立砌两层（图四八；图版四六，3）。

古·Z1右前方约1.6米处发现一砖石混砌的墙体转角，转角以内至古·Z1火门，向东北方向延伸至古·T103东壁外，散布大量的碎砖瓦、陶缸、罐等残片。推测这是一处房址的倒塌堆积（编号古·F3。以下简称F3）。F3房址边界难以确认，但Z1当位于F3室内，故于此

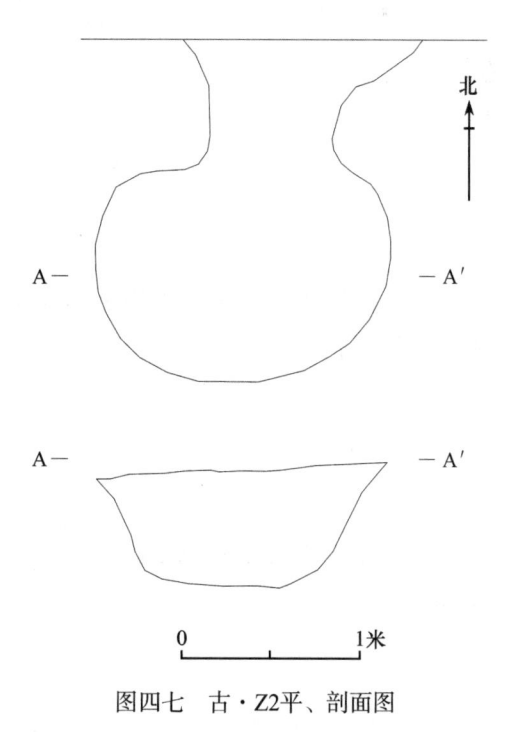

图四七 古·Z2平、剖面图

图四八 古·Z1平、剖面图

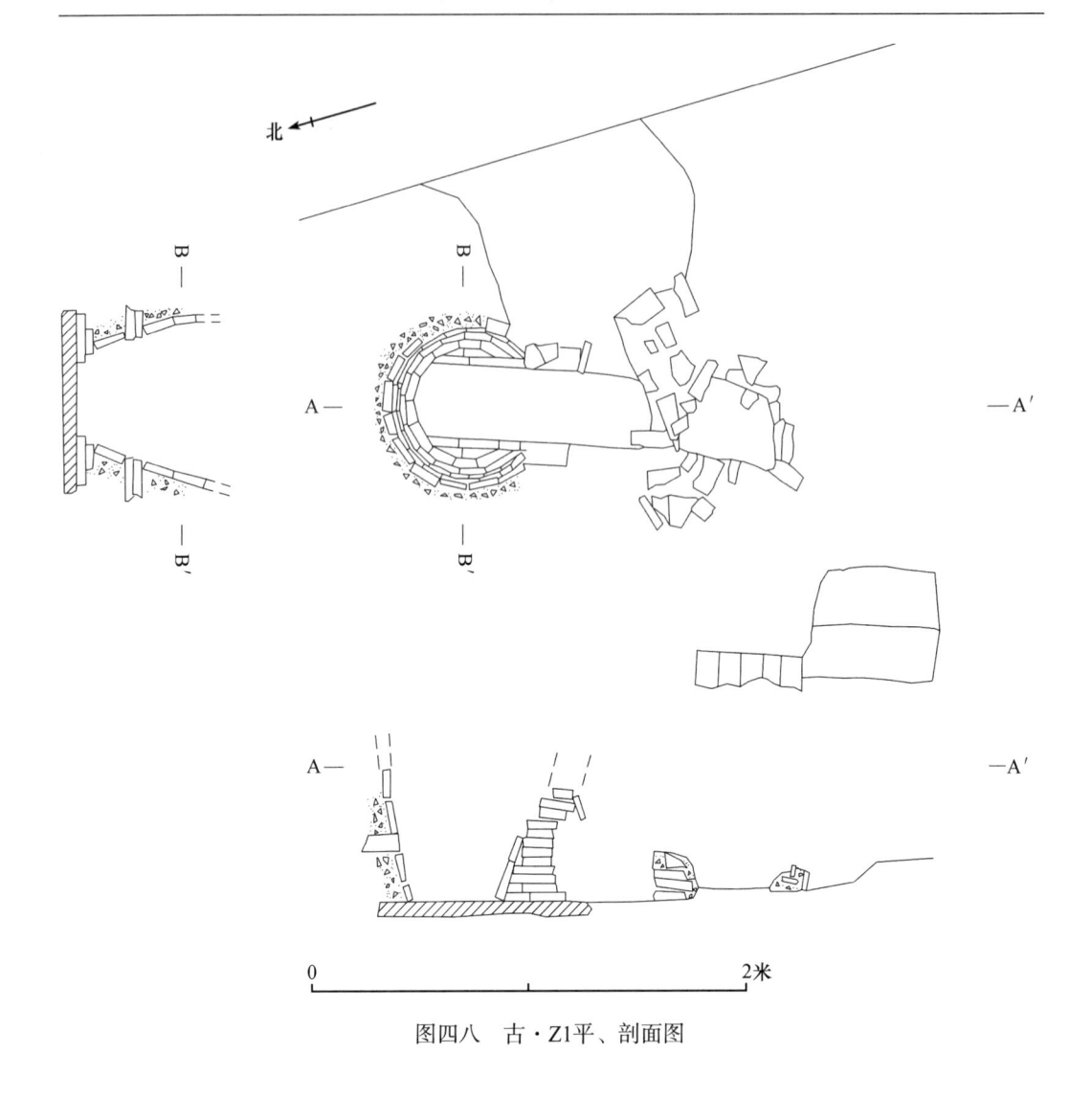

一并介绍。F3内倒塌堆积中出土黑釉盏、青灰釉碗、灰白釉碗、鸟食罐、黑陶罐、硬陶盏等器物。

（五）房址

房址主要发现于发掘Ⅰ区，共发现5座，分别编号为古·F1~古·F5。分别介绍如下。

1. 古·F1

古·F1（以下简称F1）位于古·T104东北部。开口于第3层下，仅残余两排墙体。墙体方向与L1平行，约113°。两排墙体间距约2.1米，外侧墙体叠压于L1之上。墙体由石块垒砌，破坏严重，局部缺失，大多存余1~3层，残高约0.52米，外侧墙体宽约1米，内侧墙体宽约0.5米（图四九）。墙体所用石块不规整。F1倒塌堆积以碎瓦砾为主，出土韩瓶、菊瓣纹瓦当、龙泉窑莲瓣纹碗、灰白釉高圈足碗等，时代为宋元时期。

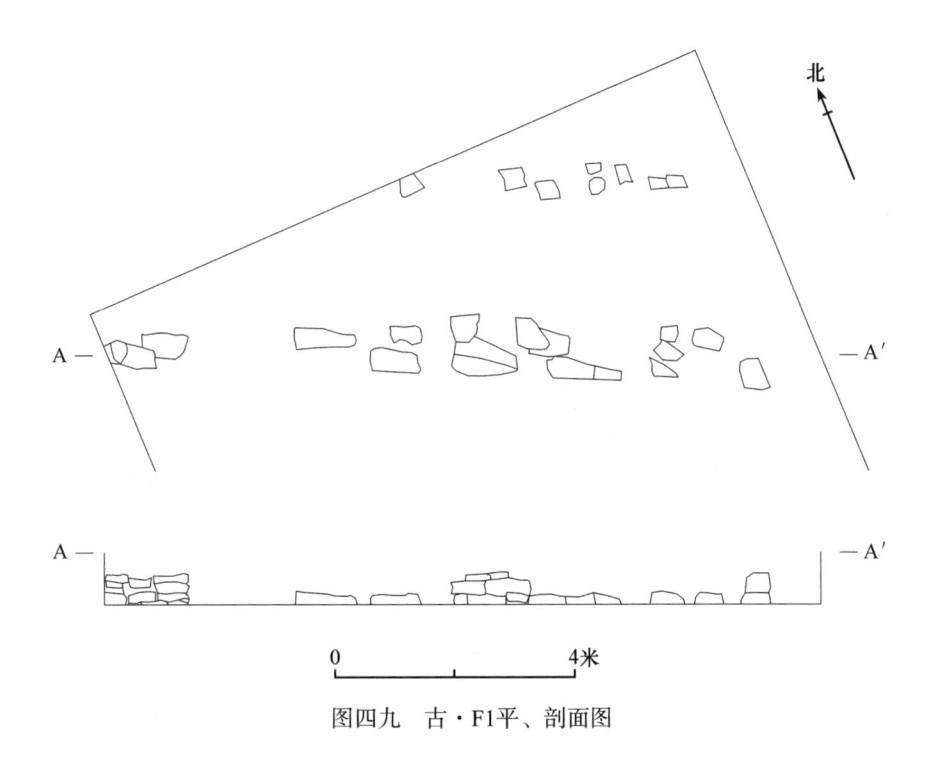

图四九 古·F1平、剖面图

2. 古·F2

古·F2（以下简称F2）位于古·T103中北部，并延伸至古·T113。开口于第3层下，现存3组墙体，其中东北—西南方向1组，方向约27°；西北—东南方向两组，方向与L1、F1平行，但外侧墙体比F1向东北方向内收约1.73米。东北—西南方向墙体长约8.2米，延伸出发掘探方，宽约0.5、残高约0.31米，仅保留一层石块高度；西北—东南方向内侧墙体，长约7.7米，破坏严重，仅保留零散的石块；西北—东南方向外侧墙体，长约9.3、宽约0.65、残高约0.67米，局部保留两层石块。

该组墙体东南角，发现套接而成的排水管，直径约15厘米。排水管出口处为一排西北—东南向踏步，残长约3.9、宽约0.84米，踏步低于外侧墙体一层石块，直接叠压于L1外侧包石之上（图五〇；图版四七，1）。F2倒塌堆积以碎瓦砾为主，出土黑釉盏、龙泉窑八卦炉、青灰釉碗、盏等器物，时代为宋元时期。

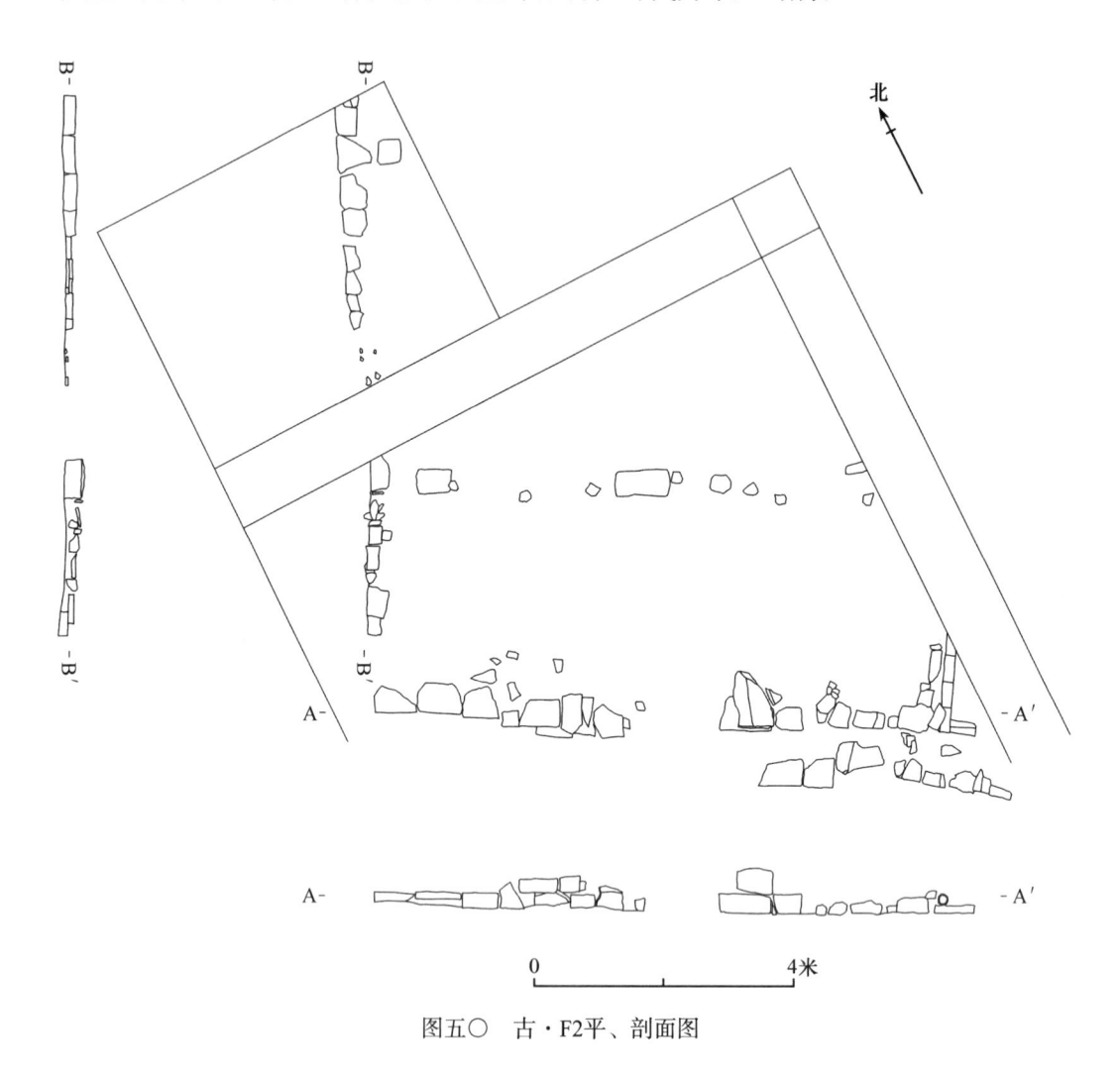

图五〇 古·F2平、剖面图

3. 古·F3

详见上文古·Z1。

4. 古·F4

古·F4（以下简称F4）开口于第4层下，由古·T103西北角，东北方向贯穿古·T113，仅保留一段墙体，在古·T103方内有向西北方向转折迹象。墙体方向约23°，长约6.25、宽约0.21、残高约0.28米，大多仅保留一层石块（图五一）。F4墙体的筑砌，开有基槽，基槽宽约0.5、深约0.3米，石块紧贴内侧筑砌，外侧填土，填土中出土极少量的黄褐釉罐残片及越窑圈足碗残片，时代当为南宋时期。

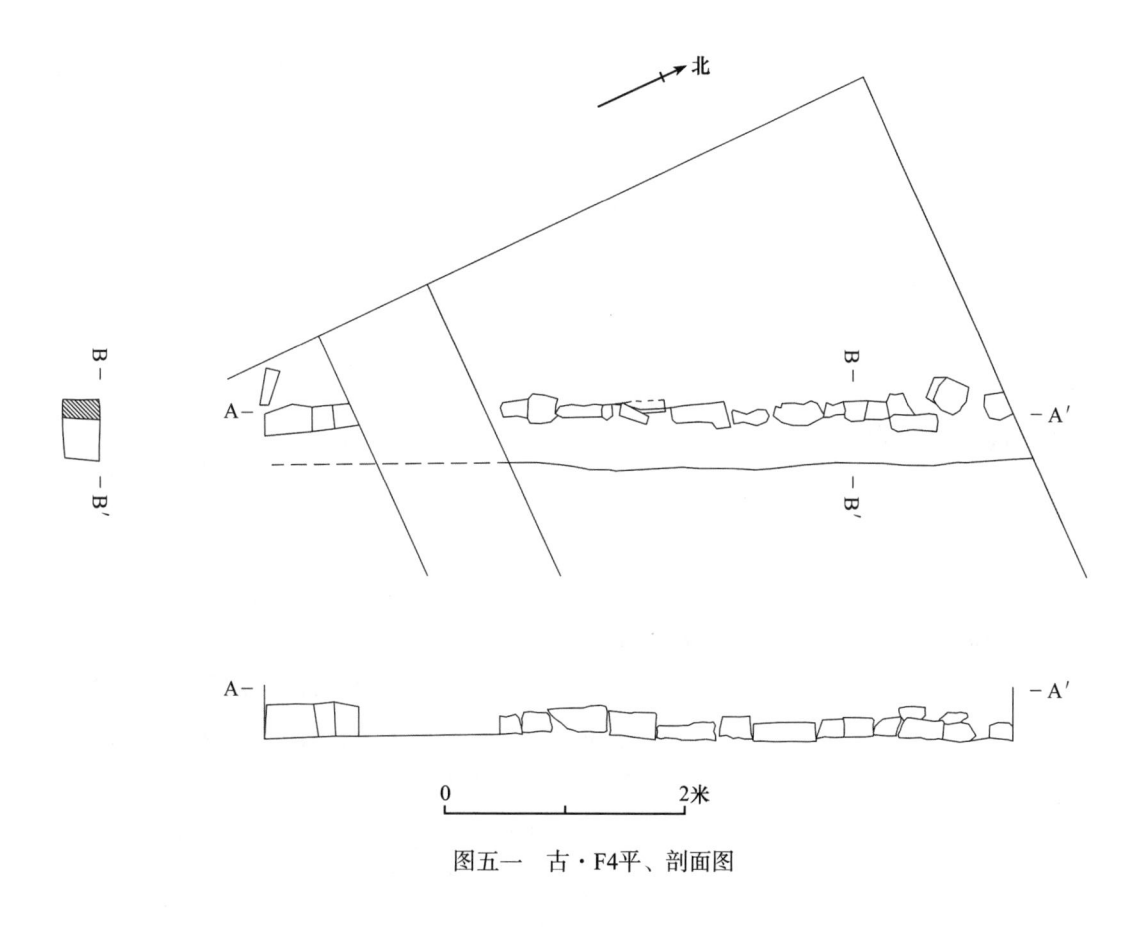

图五一　古·F4平、剖面图

5. 古·F5

古·F5（以下简称F5）开口于第4层下，位于古·T104西北，墙体破坏严重，仅从零散的石块及倒塌堆积区分出房址范围。F5仅揭露东南一角，其余部分延伸出古·T104，其西北—东南方向长约3.52米，方向与L1平行，约116°；西南—东北方向长约1.62米，方向约22°（图五二；图版四七，2）。F5内倒塌堆积以碎砖瓦残片为主，包含了一定的龙泉窑梳篦纹碗、灰白釉碗、青灰釉碗、黑釉盏等，时代为南宋时期。

图五二　古·F5平、剖面图

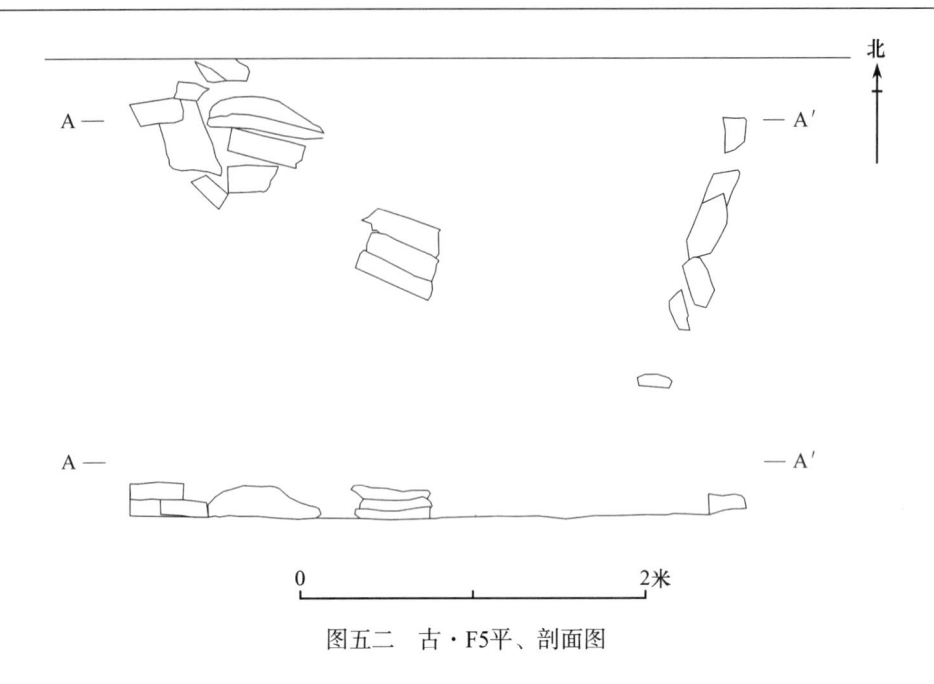

（六）夯土台基

夯土台基仅发现1处，编号为古·TJ2（古·TJ1为码头后方台基，已在前文介绍）。

古·TJ2（以下简称TJ2）发现于古·T103的东北部与古·T113，即以上两探方内第5层，受场地限制，仅探明并揭露其一角。TJ2方向约19°，东西方向清理长度约9.8米，并继续向东延伸，由于发掘区东侧为围墙与公路，无法勘探，东西向长度不明。南北方向向北探明长度22米，并继续延伸出发掘区。TJ2南侧距L1内侧边缘约1.5米。TJ2最上层为硬实的碎砖瓦层，其下土色杂乱，有黄色、褐色、灰黄色等多色土。TJ2质地紧硬，夯层清晰，局部夯面有夯窝迹象，夯层厚3～9厘米，多层夯面显有白色粉土，使夯层自然分离（图五三；图版四八，1、2）。对夯土的解剖中出土南宋时期的陶瓷片。

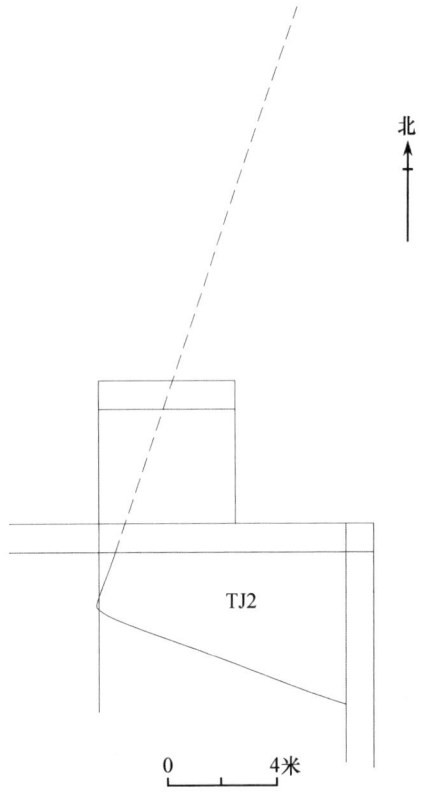

图五三　古·TJ2平面范围分布示意图

（七）排水沟

除L1、F2附属的排水沟、排水管外，在古·T115、古·T125中还单独发现了一段排水沟（编号古·PSG1，以下简称PSG1）。

PSG1纵贯古·T125中部，并延伸至古·T115北部。开口于第2层下，方向168°，残长约10米。北高南低，落差约0.3米。PSG1由两部分构成，北部为套接的陶水管、筒瓦，长约4.2、宽约0.21米，陶管、筒瓦完整者长约0.48米。南部砖砌，长约5.5、宽约0.18、高约0.22米（图五四；图版四八，3）。这一部分在修筑时，系先挖沟槽，两壁由顺砖立砌，顶部一层顺砖平铺。

（八）灰坑

共清理5处。编号为古·H1~古·H5。分别介绍如下。

1. 古·H1

古·H1（以下简称H1）位于古·T115东南，开口于第3层下。平面呈圆形，仅发掘1/4，其余部分位于探方外。弧壁，圜底，坑口半径约1.07、深约0.47米（图五五）。H1内填土主要为碎砖瓦片。

2. 古·H2

古·H2（以下简称H2）位于发掘Ⅱ区，横跨古·T212、古·T213两探方，开口于第2层下。形状不规整，东北—西南方向长约9.3、西南—东北方向宽1.3~4.5米（图五六；图版四九，1）。H2坑内堆积杂乱，有烧土块、石块、砖块，出土灯盏、韩瓶、越窑青瓷碗、龙泉窑梳篦纹碗等陶瓷器残片。

3. 古·H3

古·H3（以下简称H3）位于古·T125，开口于第3层下。平面不规整，近圆角方形，方向324°。坑口南北向长约2.8、东西向宽约1.9米。坑口向下约0.28米斜壁，以下直壁深约0.48米。平底，底长约2.2、宽约1.3米（图五七；

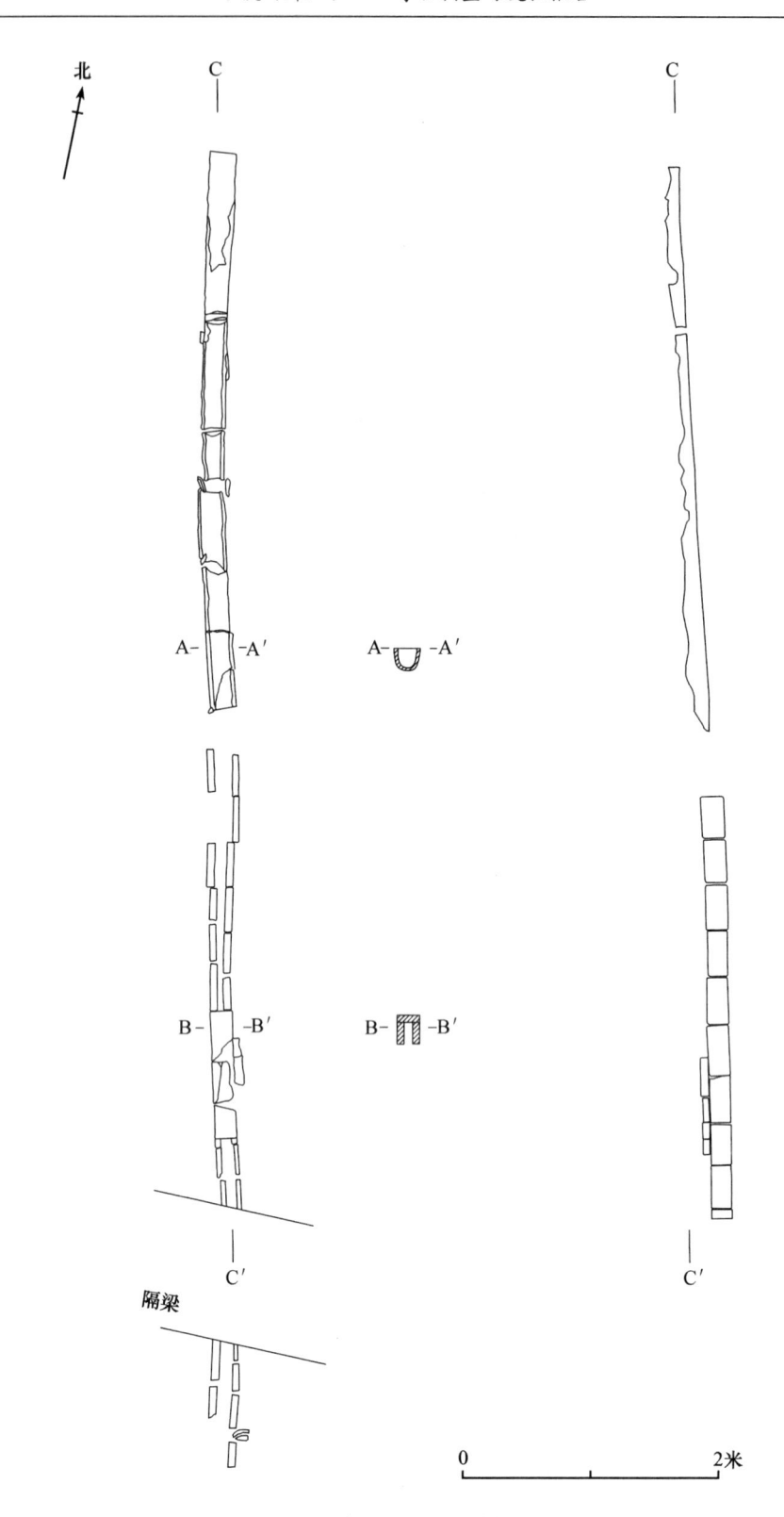

图五四 古·PSG1平、剖面图

第四章 考古发掘

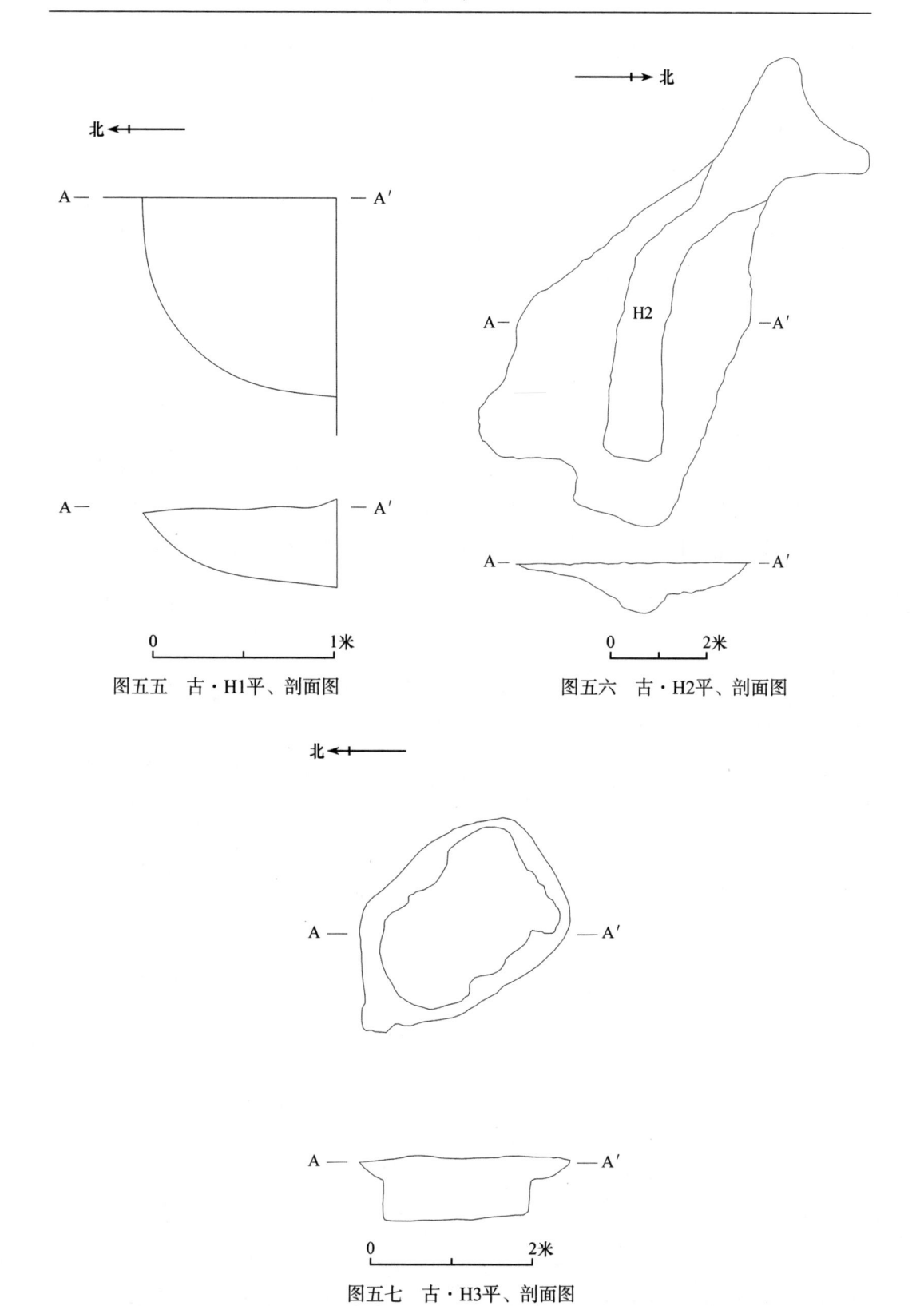

图五五 古·H1平、剖面图

图五六 古·H2平、剖面图

图五七 古·H3平、剖面图

图版四九，2）。H3内填土为浅灰褐色沙土，纯净，未见包含物。

4. 古·H4

　　古·H4（以下简称H4）位于古·T113，开口于第4层下。平面近椭圆形，方向0°。南北向长约2.5、东西向最宽处约1.56米，弧壁，寰底，深约0.64米（图五八；图版四九，3）。H4内填土为灰褐色土，土质疏松，出土韩瓶、黑釉盏、灰白釉碗、龙泉窑梳篦纹碗等遗物。

5. 古·H5

　　古·H5（以下简称H5）位于古·T212东北部，开口于第2层下。形状不规整，南北方向最长约3.65、东西方向最宽约1.66米，弧壁，平底，深0.16～0.27米（图五九；图版四九，4）。H5坑内填土为灰黄色土，包含物见有酱釉双系罐残片。

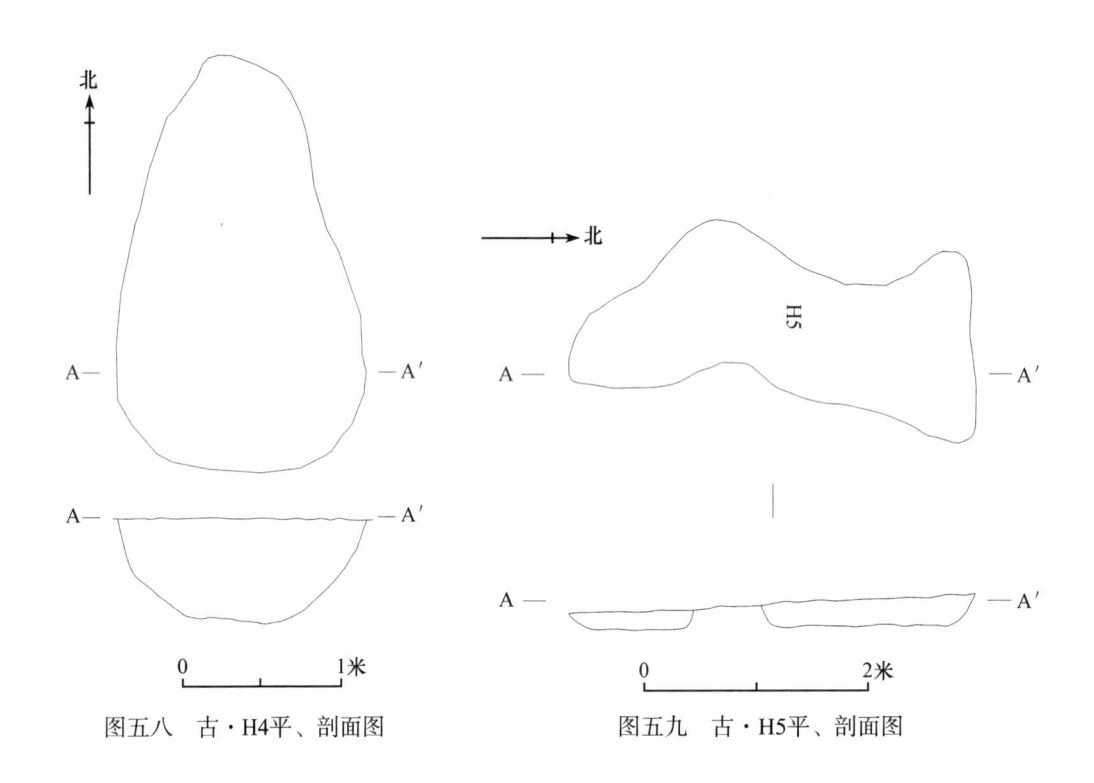

图五八　古·H4平、剖面图

图五九　古·H5平、剖面图

四、出土遗物

古城畈地块考古发掘共出土遗物标本292件（附表三）。现依遗物年代早晚分别介绍如下。

（一）晚唐至北宋时期遗物

38件。均为越窑青瓷。有碗、盘、杯、灯盏、韩瓶、洗、器盖、器底等类。

碗　23件。分六型。

A型　1件。古·F1:14，大敞口外翻，斜直腹，玉璧底。内底有支烧痕。内外施青釉，釉质较差有脱落。灰白色胎纯净致密。口径21、底径11.5、高6.4厘米（图六〇，1；图版五〇，1）。

B型　1件。古·TG1⑤:1，敞口，斜直腹，玉璧底有支钉痕。釉色青黄。灰色胎较纯净致密。口径13、底径4.9、高4.2厘米（图六〇，2；图版五〇，2）。

C型　14件。分三亚型。

Ca型　1件。古·H2:1，大敞口外撇，弧腹，圈足，挖足过肩。内底有支烧痕，外底心乳状凸出。内施满青釉，外施青釉至下腹壁。灰色胎较纯净致密。口径13.2、底径6.2、高3.7厘米（图六〇，3；图版五〇，3）。

Cb型　2件。敞口外撇，弧腹，圈足，挖足过肩。古·H4:8，内底压印一道

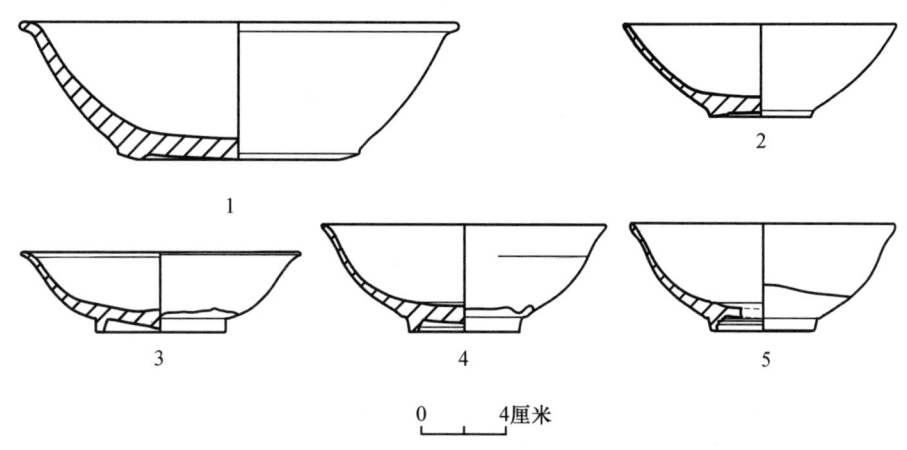

图六〇　古城畈地块出土晚唐至北宋时期越窑青瓷碗
1.A型（古·F1:14）　2.B型（古·TG1⑤:1）　3.Ca型（古·H2:1）
4、5.Cb型（古·H4:8、古·H4:12）

弦纹，外腹壁底端有一圈凹槽，外底微凸。内施满青釉，外施青釉至下腹部，露胎处呈红色。灰色胎较纯净致密。口径13.4、底径5.1、高4.9厘米（图六〇，4；图版五〇，4）。古·H4∶12，内底四周有一圈凹槽，有叠烧痕。内施满青釉，外施青釉至下腹部。灰色胎较纯净致密。口径12.6、底径5、高5厘米（图六〇，5；图版五〇，5）。

Cc型 11件。敞口外翻，弧腹，圈足。器身多内施满釉，外施釉不及底，釉层薄，釉色差。灰色胎较致密。古·T103⑥∶2，内底有一圈支烧痕。口径16、底径6.4、高5.9厘米（图六一，1；图版五〇，6）。古·F3∶11，口径15.2、底径6.3、高6.3厘米（图六一，2；图版五〇，7）。古·T213②∶4，挖足肩过。口径14.4、底径5.2、高5.1厘米（图六一，3；图版五〇，8）。古·F5∶14，口径13.4、底径5.4、高4.9厘米（图六一，4；图版五一，1）。古·H4∶6，口径13.4、底径5.5、高4.8厘米（图六一，5；图版五一，2）。古·H4∶7，挖足过肩，内底有叠烧痕。口径12.5、底径5.5、高4.7厘米（图六一，6；图版五一，3）。古·H4∶9，

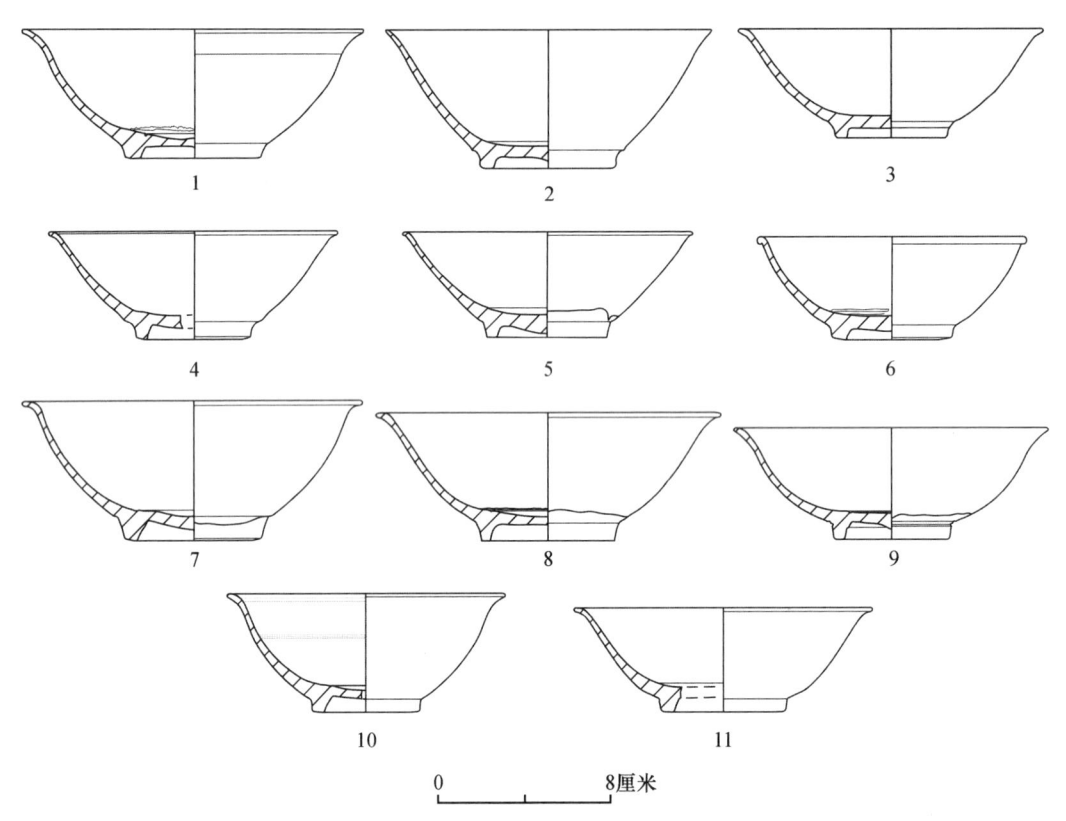

图六一 古城畈地块出土晚唐至北宋时期越窑Cc型青瓷碗

1.古·T103⑥∶2 2.古·F3∶11 3.古·T213②∶4 4.古·F5∶14 5.古·H4∶6 6.古·H4∶7
7.古·H4∶9 8.古·H4∶10 9.古·H4∶11 10.古·H4∶13 11.古·H4∶14

挖足过肩，内底有叠烧痕。口径16、底径6.3、通高6.3厘米（图六一，7；图版五一，4）。古·H4：10，挖足过肩，内底有叠烧痕。口径16、底径6.1、高5.8厘米（图六一，8；图版五一，5）。古·H4：11，挖足过肩。口径14.6、底径5.3、高5.1厘米（图六一，9；图版五一，6）。古·H4：13，挖足过肩。口径13、底径5.1、高5.5厘米（图六一，10；图版五一，7）。古·H4：14，内底有叠烧痕。口径13.8、底径5.6、高4.8厘米（图六一，11；图版五一，8）。

D型 1件。古·MT1①：6，敞口，尖唇，弧腹，圈足。内外施满釉，外底有四支钉痕。胎色灰，胎质细腻。口径15.8、底径6.2、高6.9厘米（图六二，1；图版五二，1）。

E型 2件。敞口，斜直腹，圈足。古·F3：4，内底有一圈支烧痕，外底心微凸。内外施青黄釉，足底露胎。有轮制痕。灰色胎较致密。口径14.6、底径6.4、高6.2厘米（图六二，2；图版五二，2）。古·TG2G1⑪：2，内外施满青釉，釉质较差。灰色胎较致密。口径15.8、底径7.2、高6.4厘米（图六二，3；图版五二，3）。

F型 4件。大敞口，斜直腹，圈足。古·G1⑤：3，内施满青釉，足底露胎。灰色胎较致密。口径15.8、底径6、高6厘米（图六二，4；图版五二，4）。古·G1⑩：2，内底不施釉，有支烧痕。外施青釉至下腹部，釉面差。灰色胎较粗。口径17.8、底径6.7、高6.2厘米（图六二，5；图版五二，5）。古·G1⑩：3，内底有支烧痕，外底有灼烧痕。口沿内外施青釉，釉面差，有流釉、积釉现象。灰黄色胎较粗。口径15.6、底径7、通高5.4~6.2厘米（图六二，6；图版五二，6）。古·T213②：3，内施青釉，内底刮釉露胎，外施青釉至下腹部。灰色胎较致密。口径19.5、底径8.8、高6.2厘米（图六二，7；图版五三，1）。

盘 3件。分二型。

A型 2件。敞口，弧腹，圈足外撇。古·TG1⑤：2，内外施满青釉。灰色胎纯净致密。口径13、底径7.4、高3.8厘米（图六三，1；图版五三，2）。古·TG2G1⑪：6，外底有四枚支钉痕。内外施满青釉。灰白色胎纯净致密。口径13、底径7.3、高3.2厘米（图六三，2；图版五三，3）。

B型 1件。古·T115③：7，敞口，弧腹微折，圈足。内底由四组双直线纹四分。内外施满青釉，有开片。灰色胎纯净致密。口径13.4、底径4.5、高4厘米（图六三，3；图版五三，5、6）。

杯 1件。古·H2：3，敞口外撇，圆唇，深弧腹，圈足。内外施满青釉。灰色胎较纯净致密。口径7.8、底径3.6、高4.2厘米（图六三，4；图版五三，4）。

灯盏 1件。古·T113②：1，大敞口外撇，浅弧腹内收，平底。内壁腹部残

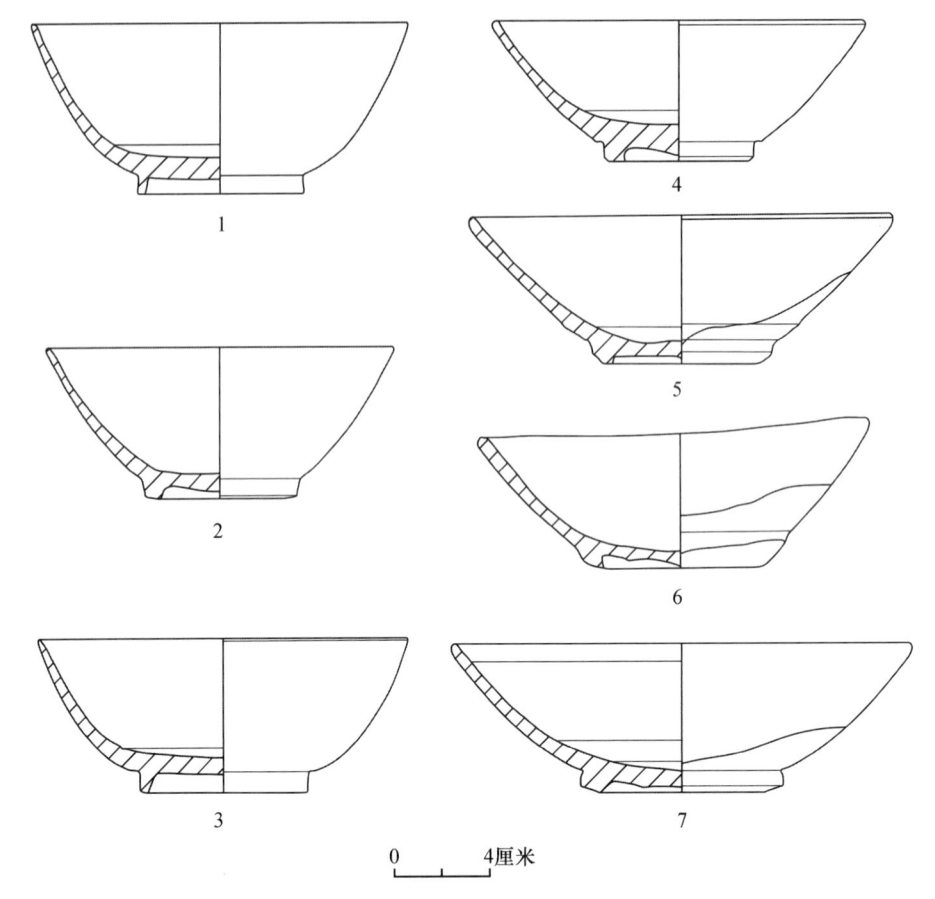

图六二　古城畈地块出土晚唐至北宋时期越窑青瓷碗
1. D型（古·MT1①：6）　2、3. E型（古·F3：4、古·TG2G1⑪：2）
4~7. F型（古·G1⑤：3、古·G1⑩：2、古·G1⑩：3、古·T213②：3）

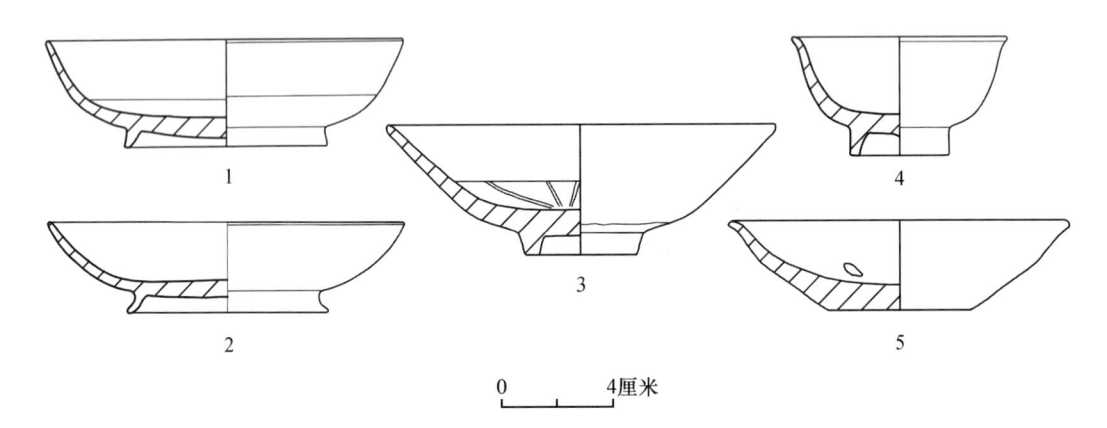

图六三　古城畈地块出土晚唐至北宋时期越窑青瓷盘、杯、灯盏
1、2. A型盘（古·TG1⑤：2、古·TG2G1⑪：6）　3. B型盘（古·T115③：7）
4. 杯（古·H2：3）　5. 灯盏（古·T113②：1）

第四章 考古发掘

有半环，外底带鸡心。内外壁施青釉，外壁施釉至近底部，釉层薄。胎色灰，胎质较细腻。口径12、底径5.2、高3.2厘米（图六三，5；图版五四，1）。

韩瓶　4件。分二型。

A型　1件。古·F1∶11，敞口，圆唇，斜肩，直腹微收，平底。腹部有凹凸棱。内外施青釉，釉层薄有露胎，下腹部至底釉质较差，釉色泛白。灰色胎较纯净致密。口径6、腹径9.7、底径6.5、高19.2厘米（图六四，1；图版五四，2）。

B型　3件。敞口，圆唇，斜肩，弧腹斜收，平底。腹部有凹凸棱。古·H4∶1，外施青釉。灰色胎纯净致密。口径5.8～7.7、腹径8.5～11.8、底径7、高19.9厘米（图六四，2；图版五四，3）。古·H4∶2，内外施青釉，外底露胎。灰色胎纯净致密。口径5.7、腹径9.8、底径5.6、高17.7厘米（图六四，3；图版五四，4）。古·H4∶3，外施青釉，釉色泛白，釉质较差有脱落。灰色胎纯净致密。口径6.6、腹径11.7、底径6.7、高19.6厘米（图六四，4；图版五四，5）。

洗　2件。不分型。敛口，斜沿，深弧腹，腹下斜收，圈足。古·H4∶4，外腹壁上部有一道凹弦纹，内底心微凸。上腹部施极薄的青釉。灰色胎较致密。口径24、底径8.2、高12.4厘米（图六五，1；图版五五，1）。古·F5∶19，素胎，灰色胎较致密。口径15.6、底径8.3、高12.6厘米（图六五，2；图版五五，2）。

器盖　2件。不分型。古·MT1①∶18，残。圆形，弧形顶，中间一纽。顶上压印莲瓣纹，盖底有支烧痕。通体施青釉。灰色胎较纯净致密。下口径4.6、残高2.7厘米（图六五，3；图版五五，3）。古·MT4②∶5，残。平顶，顶部饰弦纹，饼形纽。器身施青釉，釉面有开

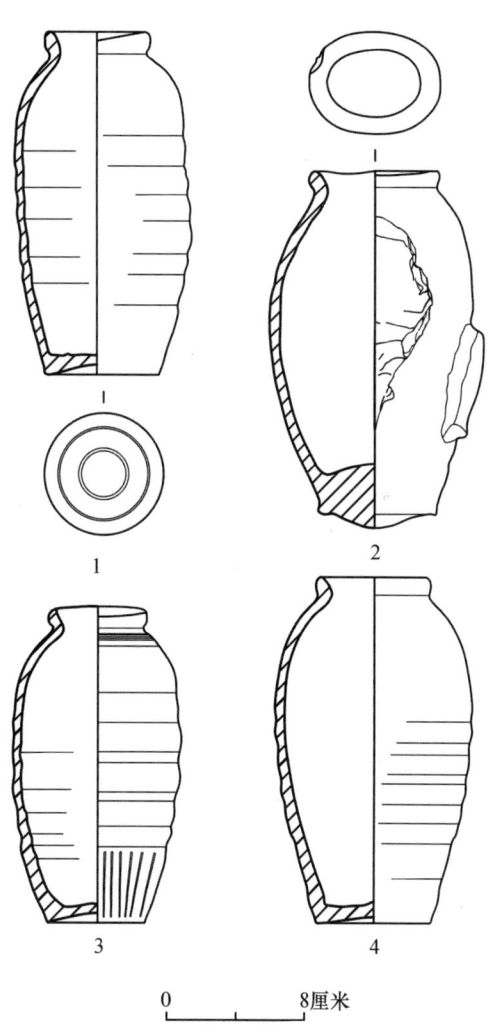

图六四　古城畈地块出土晚唐至北宋时期越窑青瓷韩瓶

1. A型（古·F1∶11）　2～4. B型（古·H4∶1、古·H4∶2、古·H4∶3）

片。胎色灰褐，胎质细腻。下口径5.2、高2.1厘米（图六五，4；图版五五，4）。

器底　2件。不分型。古·MT4②：4，仅余下腹及底。圈足，内底有一圈压印痕，外底残一"千"字，足沿黏附有泥条。内外施青釉，足沿涩。胎色灰，胎质细腻。底径5、残高2.4厘米（图六五，5；图版五五，5）。古·H2：6，大敞口，斜直腹，玉璧底。内底有支钉痕。内施满青釉，外施釉至下腹部，釉质差。灰白色胎较纯净致密。口径7.8、底径3.6、残高4.8厘米（图六五，6；图版五五，6）。

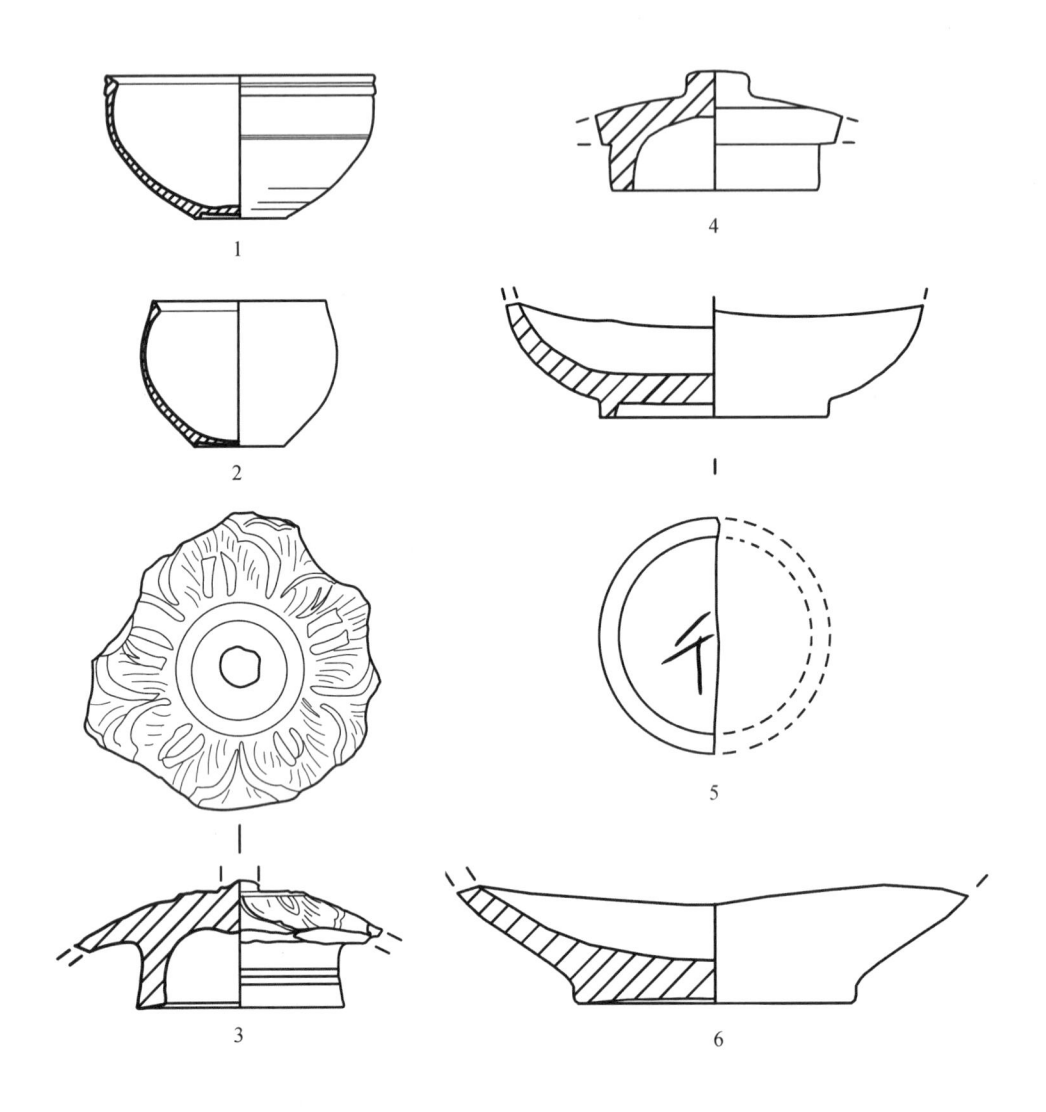

图六五　古城畈地块出土晚唐至北宋时期越窑青瓷洗、器盖、器底
1、2.洗（古·H4：4、古·F5：19）　3、4.器盖（古·MT1①：18、古·MT4②：5）
5、6.器底（古·MT4②：4、古·H2：6）

（二）南宋至元代遗物

1. 瓷器

176件。可以确定窑口的有龙泉窑、闽清义窑、连江浦口窑、柘荣青兰面窑（泰顺玉塔窑、福鼎南广窑）、景德镇湖田窑、江山碗窑（浦城大口窑）、磁州窑七种。此外还有一定数量的龙泉窑类型的青釉瓷器、青白釉瓷器、酱色釉瓷器及黑釉盏等。遗址中发现的这些产品很难明确其具体的窑口，但大体可以确定其产地不出浙南、福建这一范围。对于这些窑口未定的瓷器，只能按釉色介绍。

（1）龙泉窑瓷器

31件。有碗、盘、炉、杯等类。

碗 20件。据口沿、腹部特征及装饰风格分五型。

A型 3件。敞口外侈，圆唇，深弧腹，圈足。内腹壁用双曲线刻划"S"纹。

古·TG2G1⑫：3，内腹壁"S"纹间用细线刻划花蕊，内底刻划有五瓣的花纹。内外施满青釉，足底露胎。有轮制痕。灰白色胎较致密。口径17、底径6.5、高7.5厘米（图六六，1；图版五六，1、2）。古·TG2G1⑫：4，内底刻划一道弦纹，有支钉痕。内施满青釉，外施青釉至下腹部。有轮制痕。灰色胎较致密。口径15.4、底径5.5、高6厘米（图六六，2；图版五六，3、4）。古·Z5：1，花口，内腹壁"S"纹间用细线刻划花蕊，内底微凸。内外施青釉，足底露胎。有轮制痕。灰色胎较纯净致密。口径16、底径5.8、高6.5厘米（图六六，3；图版五六，5、6）。

B型 6件。敞口外侈，尖唇，深弧腹，圈足。外腹壁饰莲瓣纹。

古·T212②：1，灰白色胎，青釉。内底模印相交的菱形纹。外腹壁刻划莲瓣纹，瓣脊微凸。内施满青釉，外施青釉至下腹部，足底露胎呈红色。灰白色胎较致密。口径15.6、底径5.1、高6.1厘米（图六六，4；图版五七，1、2）。古·F1：2，外腹壁刻划莲瓣纹，瓣脊微凸。内外施青釉，足底露胎，釉面开片。灰色胎较致密。口径17、底径5.6、高6.8厘米（图六六，5；图版五七，3）。古·T222②：2，外腹壁刻划莲瓣纹。内外施青釉，足底露胎，釉面有小开片。灰色胎较致密。口径16、底径5.6、高6厘米（图六六，6；图版五七，4）。古·MT1①：5，外腹刻划莲瓣纹，内底饰弦纹。内外施青釉，外底涩。釉色不均，局部呈青黄，釉面有开片，局部有气孔。胎色灰，胎质较粗糙。口径15.6、底径5.5、高7.6厘米（图六六，7；图版五七，5）。古·MT1①：4，外腹刻划莲瓣纹，内底饰弦纹，模印有符号。器身内外施青黄釉，足沿及外底涩。釉面有开片，局部有气孔。胎色灰，胎质较粗糙。口径15.6、底径5.6、高5.4厘米（图六六，8；图版五七，7、8）。古·TG2G1⑫：1，外腹壁刻划莲瓣纹，瓣脊微凸。内外施满青釉，足底露胎。灰白色胎较致密。口径17.7、底径6.3、高7.6厘米（图六六，9；图版五七，6）。

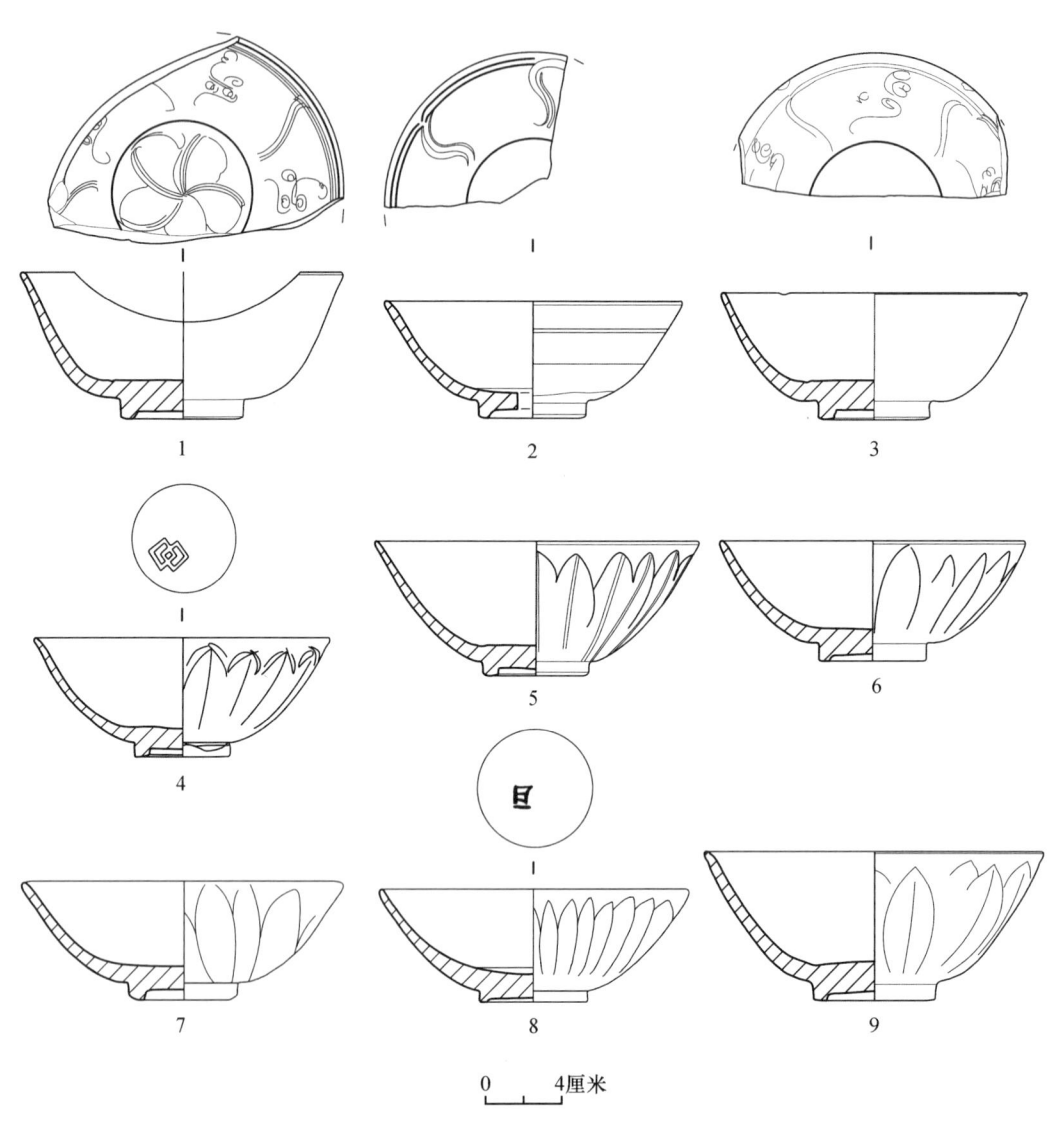

图六六　古城畈地块出土南宋至元代龙泉窑碗

1~3.A型（古·TG2G1⑫：3、古·TG2G1⑫：4、古·Z5：1）　4~9.B型（古·T212②：1、古·F1：2、古·T222②：2、古·MT1①：5、古·MT1①：4、古·TG2G1⑫：1）

C型　7件。敞口外撇，圆唇，深弧腹，圈足。据口沿形态可分二亚型。

Ca型　5件。

古·T222②：3，内外施青釉，釉质较差，有流釉、积釉现象，足底露胎。有轮制痕。灰色胎较致密。口径15.8、底径5.8、高6.8厘米（图六七，1；图版五八，1）。古·TG2G1⑧：2，内底刻划两支葵花，花之间刻划"壬"字，外腹壁口沿附近刻划四道弦纹。内外施满青釉，足底露台呈红色。有轮制痕。灰色胎较致密。口径16.4、底径6.4、高6.7厘米（图六七，2；图版五八，3、4）。古·G1⑩：7，内施满青釉，足底露胎，釉面有开片。灰色胎较致密。口径15.6、底径5.9、高7.5厘米（图六七，3；图版五八，2）。古·TG2G1⑤：2，灰色胎，青黄色釉。口径17.6、底径6.2、高6.1厘米（图六七，4；图版五八，5）。古·MT1①：2，内施满青绿釉，外施青绿釉至圈足。灰色胎较致密。口径19、底径6.3、高8厘米（图六七，5；图版五八，6）。

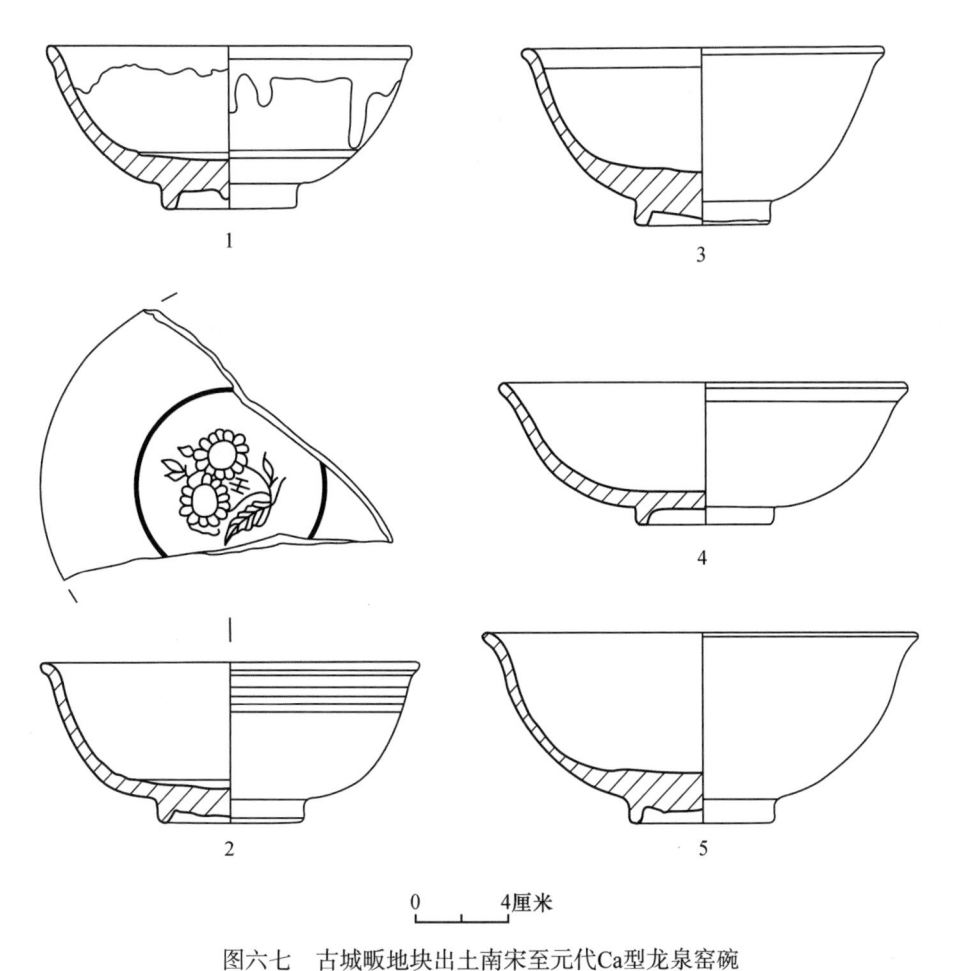

图六七　古城畈地块出土南宋至元代Ca型龙泉窑碗

1. 古·T222②：3　2. 古·TG2G1⑧：2　3. 古·G1⑩：7　4. 古·TG2G1⑤：2　5. 古·MT1①：2

Cb型 2件。胎体较厚，口沿外翻，圈足挖足较深，内底不施釉。

古·TG1③：2，内底微凸，外底有旋削痕。内外施青釉，内底和足底露胎，釉面有开片。有轮制痕。灰色胎较致密。口径15、底径6.2、高7.5厘米（图六八，1；图版五九，1）。古·F1：6，内外施青釉，内底涩饼状，外底施釉至足沿。釉色不均，釉面有开片。灰色胎较致密。口径15.8、底径5.8、高7厘米（图六八，2；图版五九，2）。

D型 3件。大敞口外撇，矮弧腹，圈足。灰色胎，青灰色釉。

古·G1⑦：4，内底刮釉，外底心乳状凸出。施青釉，内外底露胎为红色。灰色胎较致密。口径15.6、底径5.2、高4.8厘米（图六八，3；图版五九，3）。古·G1⑩：5，内施满青釉，模印菊花纹，足底露胎为红色。有轮制痕。灰色胎较致密。口径15.4、底径5、高5.2厘米（图六八，4；图版五九，4）。

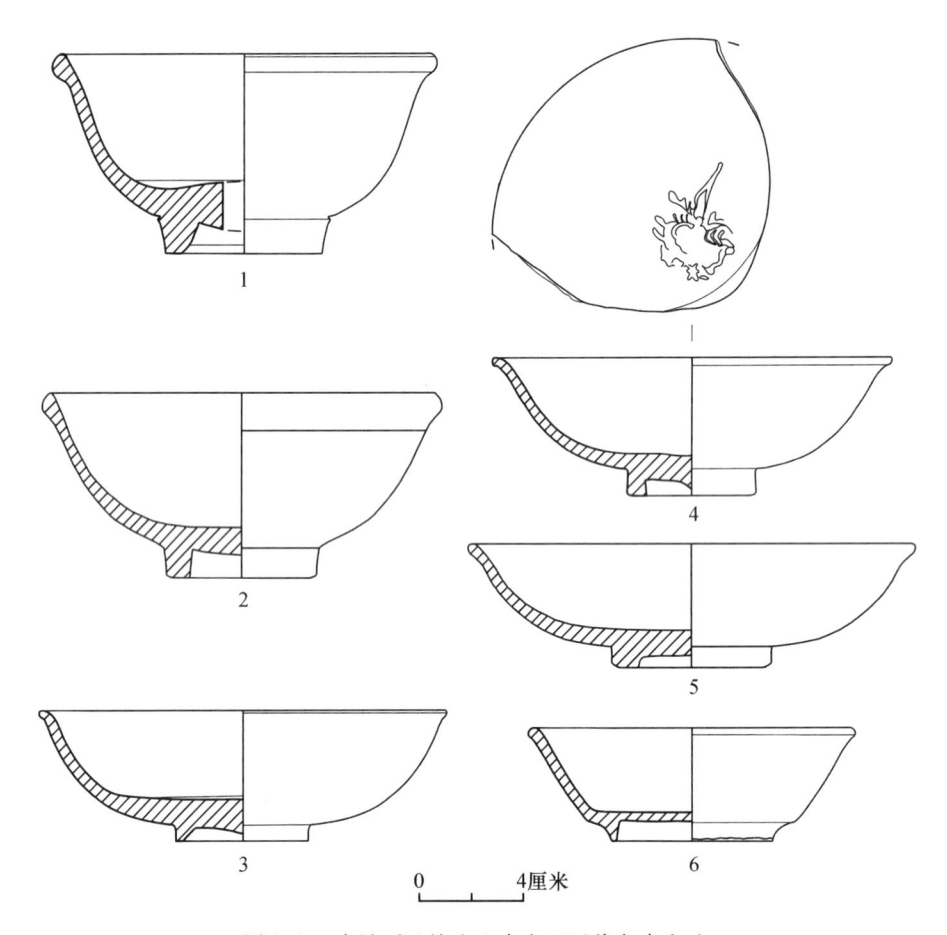

图六八 古城畈地块出土南宋至元代龙泉窑碗
1、2.Cb型（古·TG1③：2、古·F1：6） 3～5.D型（古·G1⑦：4、古·G1⑩：5、古·G1⑬：1）
6.E型（古·MT1①：9）

古·G1⑬：1，内底有支烧痕，内外施青釉，釉色不均，釉面有较多的斑点。胎色灰，胎质较细腻。口径18.2、底径6.2、高4.8厘米（图六八，5；图版五九，5）。

E型　1件。古·MT1①：9，敞口外撇，圆唇，深弧腹，圈足，挖足过肩。内外施满青绿釉，釉质温润，圈足底露胎。灰白色胎较纯净致密。口径12.6、底径6.2、通高4.3厘米（图六八，6；图版五九，6）。

盘　6件。据足部特征分三型。

A型　3件。敞口，圆唇，浅弧腹，圈足。

古·G1⑤：5，内底四周有一道凸棱。内外施青釉，内底和足底露胎。有轮制痕。灰色胎较纯净致密。口径12.4、底径7.2、高3.3厘米（图六九，1；图版六〇，1）。古·G1⑩：4，内外施青釉，内底及足底不施釉，内外腹壁有积釉、流釉现象。有轮制痕。灰色胎较纯净致密。口径13、底径5.2、高3.4厘米（图六九，2；图版六〇，2）。古·TG2G1⑩：3，内外施青釉，内底心和足底不施釉。白色胎较纯净致密。口径12、底径4.8、高3.5厘米（图六九，3；图版六〇，3）。

B型　1件。古·TG2G1⑪：5，敞口，圆唇，浅弧腹，卧足。内外施青釉，外底露胎。有轮制痕。白色胎较纯净致密。口径13、底径7.8、高4厘米（图六九，4；图版六〇，4、5）。

C型　2件。敞口，浅弧腹内收，平底。古·F1：5，内底压印有细篦纹组成的草叶纹。内外施青釉，外底露胎。有轮制痕。灰色胎较纯净致密。口径10.6、底径5、高1.9厘米（图六九，5；图版六一，1、2）。古·G1⑤：6，小花口，外底微凹。内外施青釉，外底露胎，釉面有开片。灰白色胎较致密。口径11.8、底径6.2、高3.4厘米（图六九，6；图版六一，3）。

炉　1件。古·F2：1，宽唇内折，敛口，直腹，圈足底。腹壁有数道凹凸棱。内外施碧绿色釉，圈足底部不施釉呈铁红色，釉面有开片。白色胎较纯净致密。口径13、底径6.5、通高9.1厘米（图七〇，1；图版六一，4）。

杯　1件。古·MT1①：12，口部残。弧腹平面近椭圆形，高圈足。内底心有凸出物，圈足呈喇叭状。内外施满青釉。有轮制痕。灰白色胎较致密。残高4.2厘米（图七〇，2；图版六一，5、6）。

瓶　1件。古·TG2G1⑨：1，残。瓶身有竖条棱。内外壁施青釉，釉色不均，釉面有开片。胎色灰白，胎质较细腻。瓶身残留一耳。残高18.8厘米（图七〇，3；图版六二，1）。

器底　2件。皆为碗底。古·T213②：5，弧腹，圈足。内底压印鱼纹，外底心乳状微凸。内外施青釉，足底露胎呈红色。有轮制痕。白色胎较致密。底径

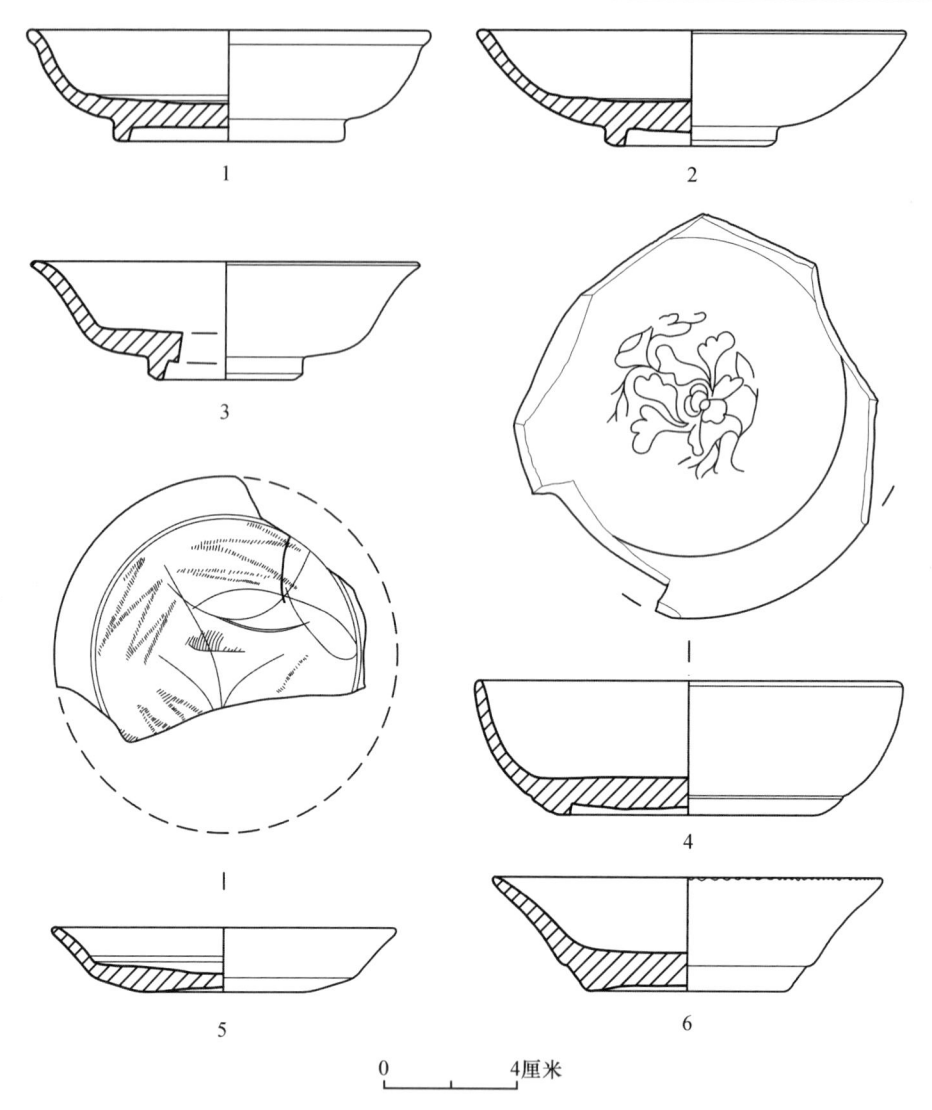

图六九　古城畈地块出土南宋至元代龙泉窑盘
1~3.A型（古·G1⑤：5、古·G1⑩：4、古·TG2G1⑩：3）　4.B型（古·TG2G1⑪：5）
5、6.C型（古·F1：5、古·G1⑤：6）

6.4、残高4.1厘米（图七〇，4；图版六二，3、4）。古·F2：18，弧腹，圈足。挖足过肩，内底贴塑双鱼纹。内外施青绿釉，圈足露胎。灰白色胎较纯净致密。底径6、残高1.9厘米（图七〇，5；图版六二，2）。

（2）闽清义窑瓷器

17件。有碗、鸟食罐两类，另有1件器底。

碗　15件。分四型。

A型　2件。花口，敞口外撇，尖唇，斜直腹，圈足。内底压印一周弦纹，内

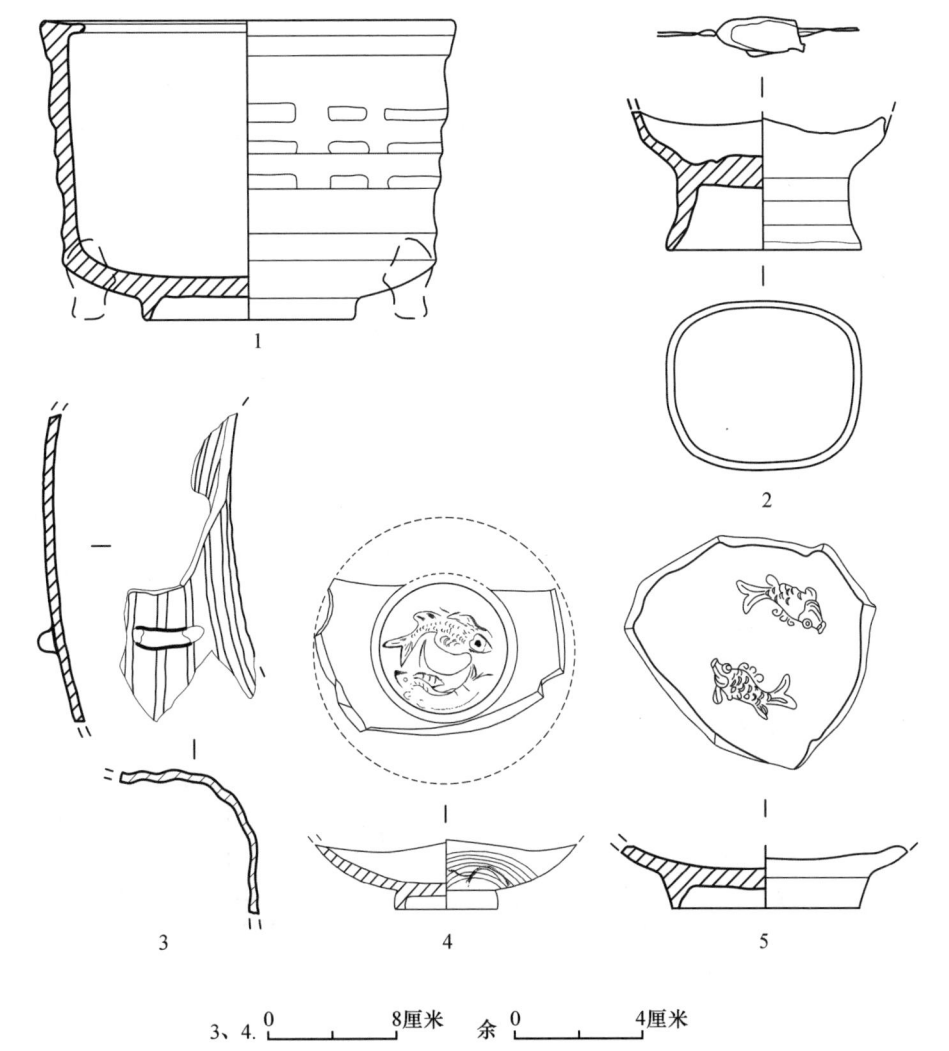

图七〇 古城畈地块出土南宋至元代龙泉窑炉、杯、瓶、器底
1.炉（古·F2：1） 2.杯（古·MT1①：12） 3.瓶（古·TG2G1⑨：1）
4、5.器底（古·T213②：5、古·F2：18）

壁模印变形卷云纹和细篦纹。釉色米黄有开片。黄色胎较致密。古·TG1③：1，口径18.2、底径6.4、高6.4厘米（图七一，1；图版六三，1、2）。古·Z5：2，口径18.7、底径6.4、高6.7厘米（图七一，2；图版六三，3、4）。

B型 4件。敞口，圆唇，弧腹，圈足。胎体厚重。古·G1⑦：5，内施满青白釉，外施青白釉至下腹部，釉面有开片。灰白色胎较粗。口径15.8、底径5.4、高6.3厘米（图七一，3；图版六三，5）。古·G1⑬：2，腹下部饰弦纹两周，内底有泥条痕。内施满米黄釉，外施米黄釉至下腹部，釉面有开片。胎色灰黄，胎质较粗糙。口径17.6、底径6、高7厘米（图七一，4；图版六三，6）。古·TG2G1⑧：4，内施满米黄釉，外施米黄釉至下腹部，釉面有开片。黄灰色胎较粗。口径16.4、底径6、高5.8厘米（图七一，5；图版六三，7）。古·TG2G1⑩：1，内施满米黄釉，外施米黄釉至下腹部，釉面有开片。黄色胎较致密。口径16、底径5.6、高6.3厘米（图七一，6；图版六三，8）。

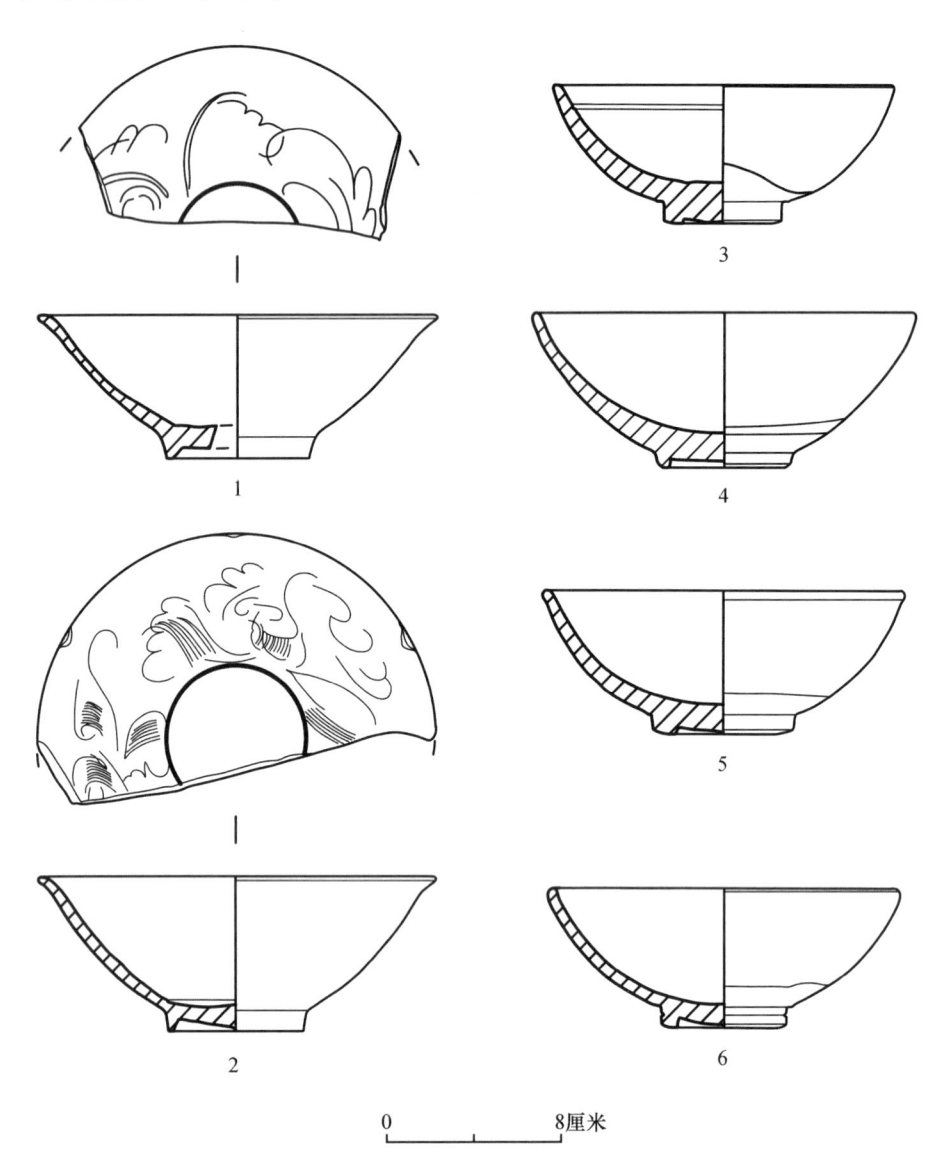

图七一　古城畈地块出土南宋至元代闽清义窑碗
1、2.A型（古·TG1③：1、古·Z5：2）　3~6.B型（古·G1⑦：5、古·G1⑬：2、古·TG2G1⑧：4、古·TG2G1⑩：1）

C型　8件。敛口，圆唇，弧腹，圈足。胎体厚重。古·TG2G1⑧：3，内施满青白釉，外施青白釉至下腹部，有流釉、积釉现象。灰色胎较致密。口径

15.6、底径5.6、通高6.1厘米（图七二，1；图版六四，1）。古·TG2G1⑩：2，内施满青黄釉，外施青黄釉至下腹部，有小开片。黄色胎较致密。口径17、底径5.8、高6厘米（图七二，2；图版六四，2）。古·TG2G1⑪：3，内施满青白釉，外施青白釉至下腹部。灰白色胎较致密。口径15.8、底径5.2、高5.6厘米（图七二，3；图版六四，3）。古·TG2G1⑫：2，内施满青白釉，外施青白

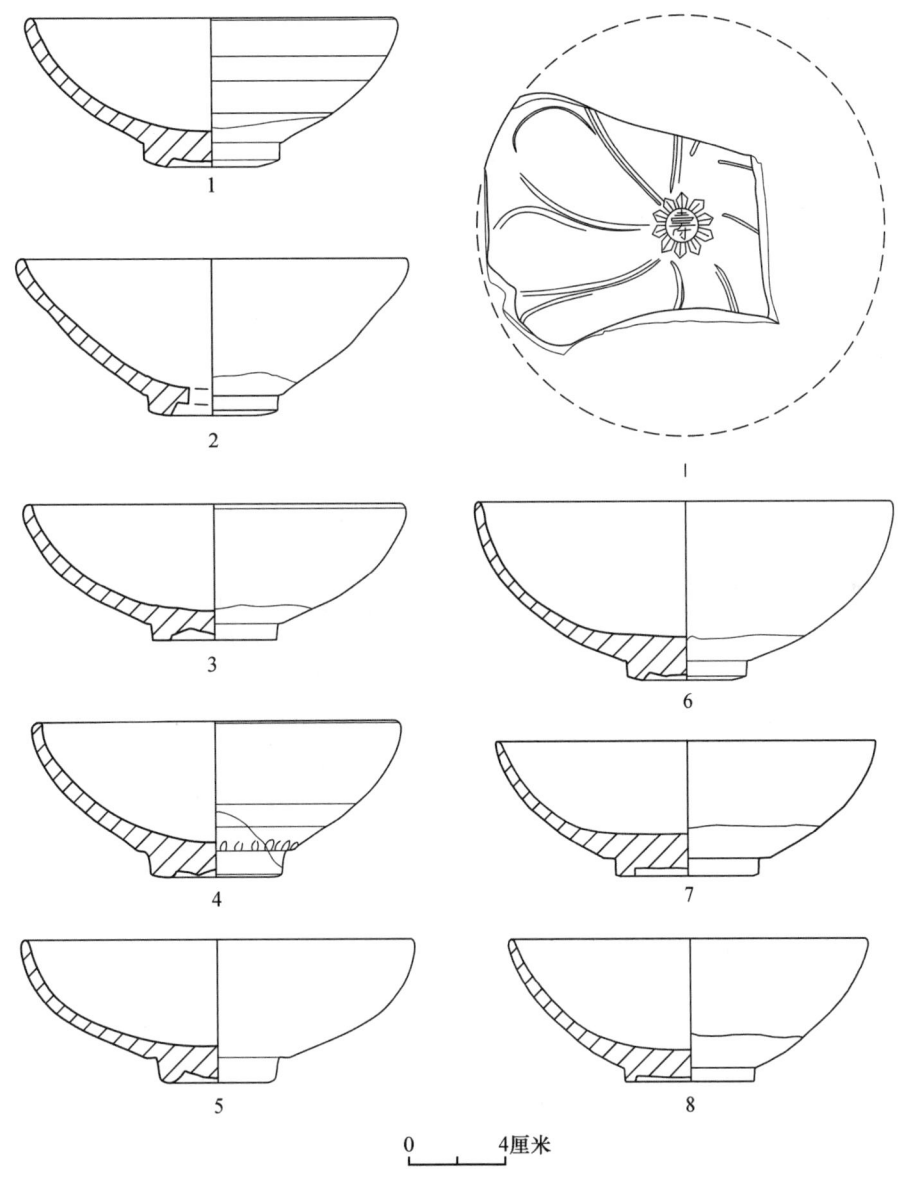

图七二　古城畈地块出土南宋至元代C型闽清义窑碗

1.古·TG2G1⑧：3　2.古·TG2G1⑩：2　3.古·TG2G1⑪：3　4.古·TG2G1⑫：2
5.古·T103②：3　6.古·T213②：2　7.古·T125③：3　8.古·T125③：4

釉至下腹部。灰白色胎较致密。口径15.4、底径5.5、高6.3厘米（图七二，4；图版六四，4）。古·T103②：3，内施满米黄釉，外施米黄釉至下腹部，釉面有小开片。黄色胎较致密。口径16.2、底径4.8、高5.8厘米（图七二，5；图版六四，5）。古·T213②：2，内腹壁刻划大莲瓣纹，内底心刻划葵花纹，中心刻划"寿"字，外底有旋削痕。内施满青白釉，外施青白釉至下腹部。灰白色胎较致密。口径17.6、底径5.1、高7.4厘米（图七二，6；图版六四，7、8）。古·T125③：3，内施满青白釉，外施青白釉至下腹部，釉面有开片。胎色灰白，胎质细腻。口径16、底径5.2、高5.8厘米（图七二，7；图版六四，6）。古·T125③：4，内施满青白釉，外施青白釉至下腹部。胎色灰，胎质较粗糙。口径15、底径5.4、高5.9厘米（图七二，8；图版六五，1）。

D型 1件。敞口，圆唇，斜弧腹，圈足。古·T213②：1，内底心微凹，外底有旋削痕。内施满青黄釉，内底有支烧痕，外施青黄釉至下腹部，釉面小开片。灰色胎较致密。口径16.8、底径5.6、高6.6厘米（图七三，1；图版六五，2）。

碗底 1件。古·T213②：7，弧腹，圈足。内底刻划葵花纹与"寿"字，腹壁刻划大莲瓣纹。内外施满青黄釉，釉面开片。黄色胎较纯净。底径5.9、残高3.2厘米（图七三，2；图版六五，3、4）。

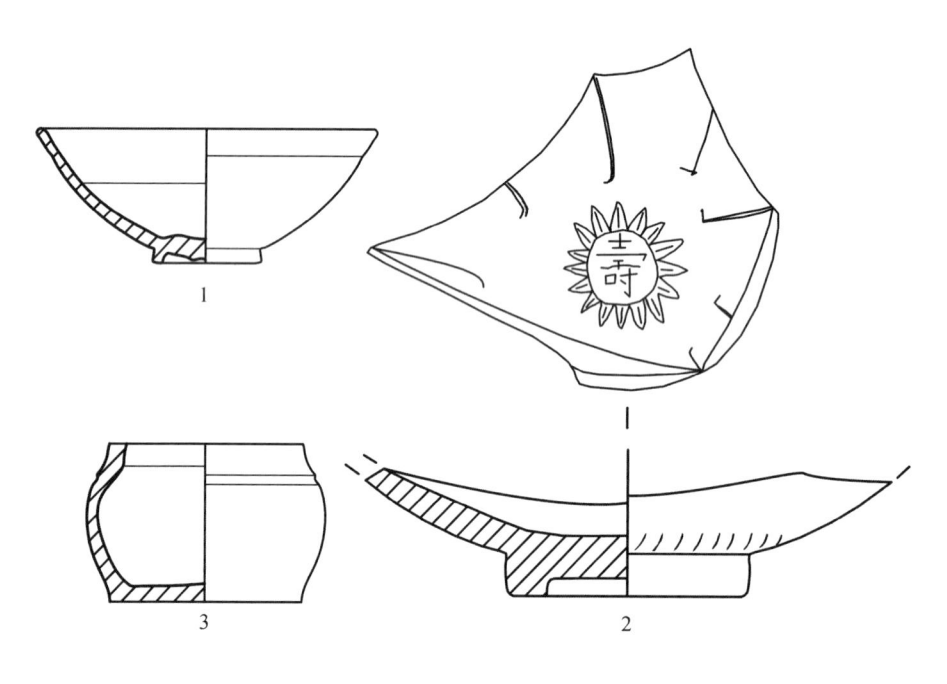

图七三 古城畈地块出土南宋至元代闽义窑碗、碗底、鸟食罐
1. D型碗（古·T213②：1） 2. 碗底（古·T213②：7） 3. 鸟食罐（古·F3：6）

鸟食罐　1件。古·F3：6，敛口，平沿，鼓腹，平底。肩部饰双圈凸弦纹。口沿刮釉，器身内外施满米黄釉，有小开片。黄色胎较纯净致密。口径4.9、底径4.8、高3.8厘米（图七三，3；图版六五，5）。

（3）连江浦口窑瓷器

15件。皆为碗，分五型。

A型　6件。大敞口外撇，尖唇，弧腹，高圈足。器身通常内施满青白釉，外施青白釉至下腹部。灰白色胎较致密。古·F2：8，内腹壁下部饰一周弦纹，内底微凸。内外施满青白釉，足底露胎。口径16、底径5.7、高7.8厘米（图七四，1；图版六六，1）。古·F2：9，青釉碗。内腹壁上部饰一周弦纹，以下刻划多组细篦纹。口沿刮釉。灰白色胎较致密。口径17.8、底径6.3、高6.4厘米（图七四，2；

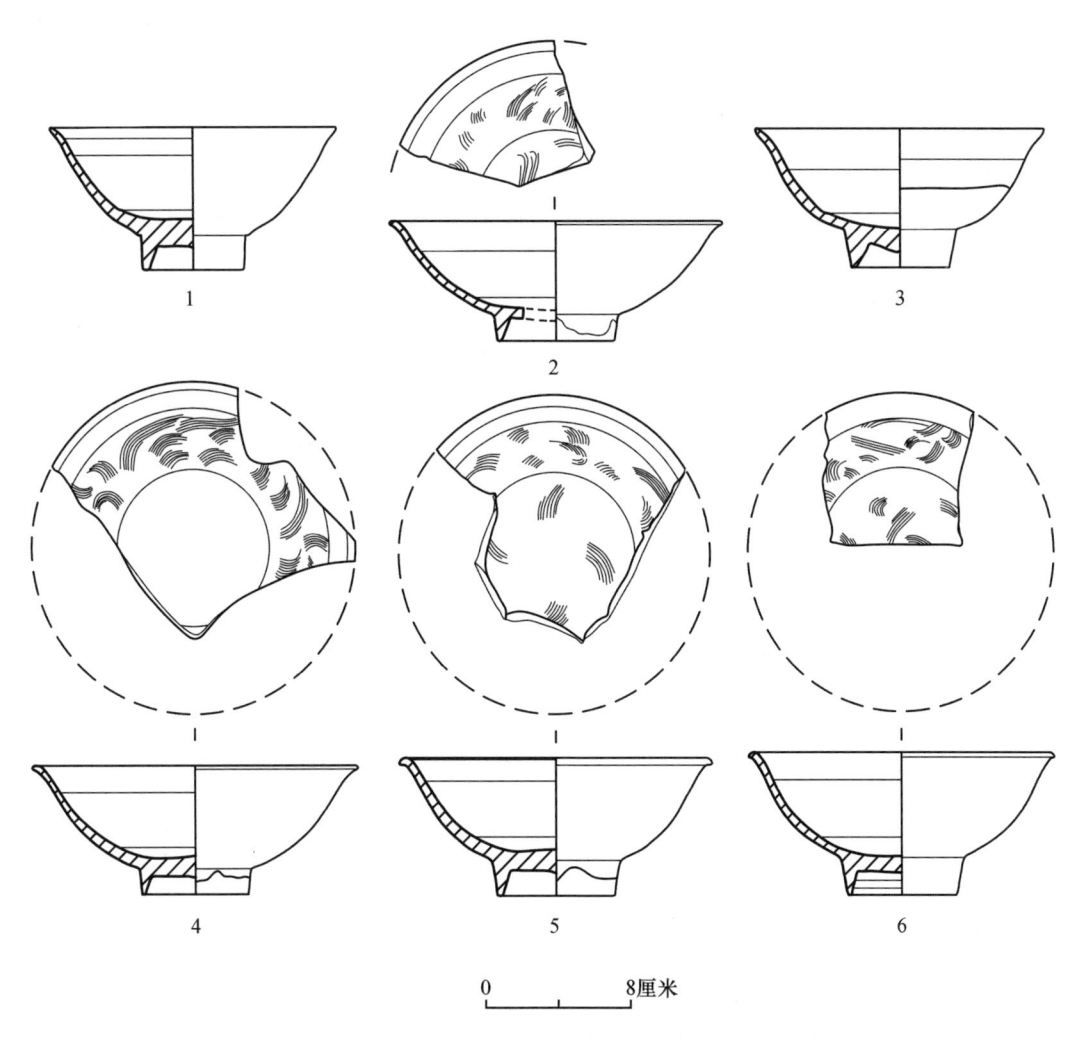

图七四　古城畈地块出土南宋至元代A型连江浦口窑碗

1.古·F2：8　2.古·F2：9　3.古·H4：16　4.古·H4：20　5.古·H4：24　6.古·H4：26

图版六六，2）。古·H4：16，内腹壁下部压印一道弦纹，外底心乳状凸出。口径16.2、底径5.6、通高7.6厘米（图七四，3；图版六六，3）。古·H4：20，内腹壁上下部各刻划一道弦纹，内部刻划多组细篦纹，内外底心乳状凸出。口径18.2、底径6.1、通高7厘米（图七四，4；图版六六，5、6）。古·H4：24，内腹壁上下部各压印一道弦纹，内部刻划多组细篦纹，外底心乳状凸出。口径17.4、底径6.5、通高7.5厘米（图七四，5；图版六六，7、8）。古·H4：26，内腹壁上下部各压印一道弦纹，内部刻划成组的细篦纹。足底露胎。口径17.3、底径6.3、通高7.7厘米（图七四，6；图版六六，4）。

B型　4件。大敞口外撇，尖唇，弧腹，圈足。古·H4：19，内腹壁上部压印一道弦纹，以下刻划多组细篦纹，内底刻划"S"形粗线纹。外底心微凸。内施满青白釉，外施青白釉至下腹部。灰白色胎较纯净致密。口径15.7、底径5.6、高4.9厘米（图七五，1；图版六七，1、2）。古·F2：3，内腹壁刻划变形卷云纹。内施满青白釉，内外施青釉，足底露胎，有积釉、流釉现象。灰色胎较致密。口径17、底径6.3、高6厘米（图七五，2；图版六七，3、4）。古·MT1①：3，内底饰凹弦纹。内施满青白釉，外施青白釉，釉至下腹部。胎色灰，胎质细腻。口径17.4、

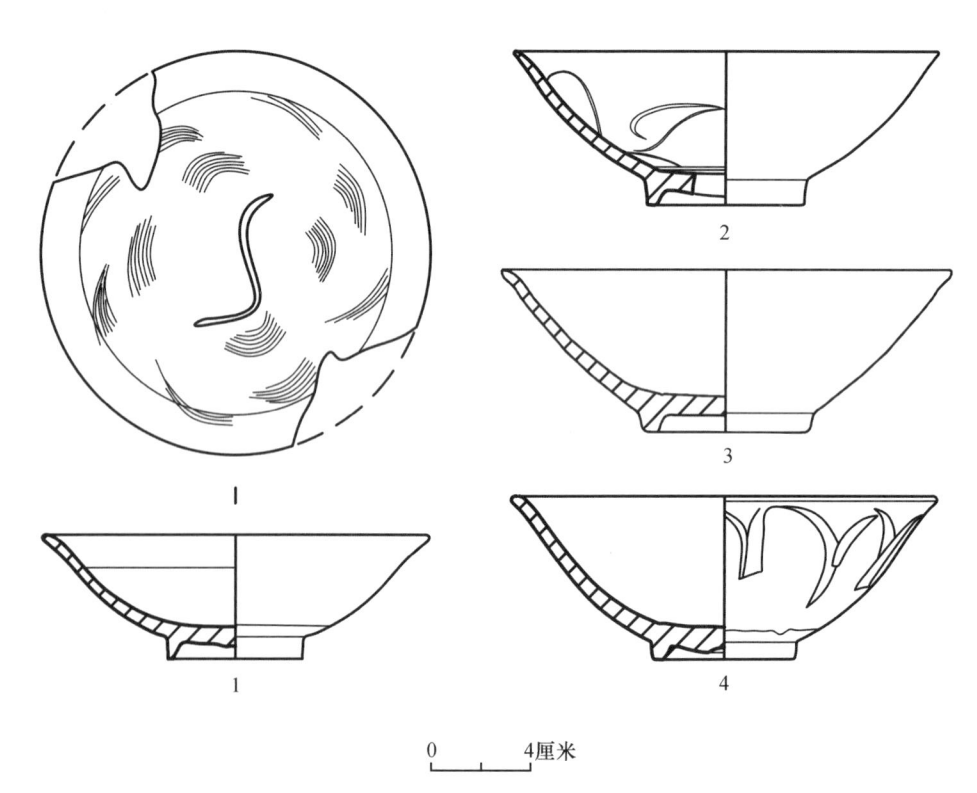

图七五　古城畈地块出土南宋至元代B型连江浦口窑碗
1.古·H4：19　2.古·F2：3　3.古·MT1①：3　4.古·TG2G1⑧：1

底径6.4、高6厘米（图七五，3；图版六七，5）。古·TG2G1⑧：1，外腹壁刻划粗莲瓣纹。内施满青白釉，外施青白釉至下腹部。灰色胎较致密。口径17、底径5.7、通高6.4厘米（图七五，4；图版六七，6）。

C型　2件。敞口，斜直腹，圈足。古·F3：3，内腹壁刻划多组细篦纹，外底心乳状凸出，挖足过肩。器身内施青白釉，内底刮釉露胎，外施青白釉至下腹部。白色胎较致密。口径15.7、底径6、高6.4厘米（图七六，1；图版六八，1、2）。古·TG2G1⑤：1，内腹壁压印一道弦纹，外底有旋削痕。器身内外施青白釉至下腹部。灰色胎较致密。口径19、底径6.6、残高5.7厘米（图七六，2；图版六八，3）。

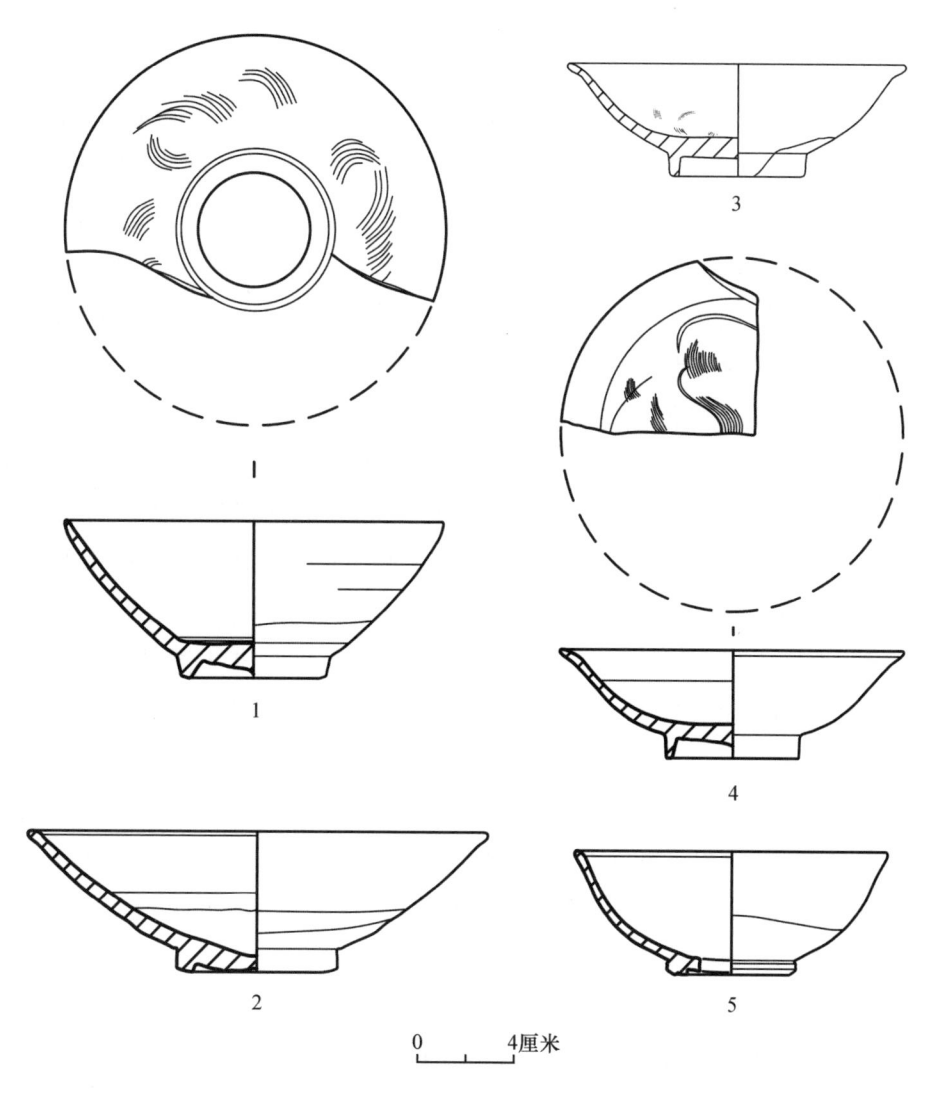

图七六　古城畈地块出土南宋至元代连江浦口窑碗
1、2. C型（古·F3：3、古·TG2G1⑤：1）　3、4. D型（古·T232③：1、古·H4：27）
5. E型（古·T103③：6）

D型　2件。敞口外撇，浅弧腹，圈足。内腹壁上部饰一周弦纹，内部刻划卷云纹和细篦纹，外底心微凸。器身内外施青白釉，足底露胎。灰白色胎较纯净致密。古·T232③：1，口径13.6、底径5.2、高4.2厘米（图七六，3；图版六八，5、6）。古·H4：27，口径14.4、底径5.6、高4厘米（图七六，4；图版六八，7、8）。

E型　1件。敞口，圆唇，深弧腹，矮圈足。古·T103③：6，口沿刮釉，内施满青白釉，外施青白釉至腹中部。灰白色胎较致密。口径13、底径5.4、通高5厘米（图七六，5；图版六八，4）。

（4）柘荣青兰面窑（泰顺玉塔窑、福鼎南广窑）瓷器

12件。碗，分二型。

A型　8件。敞口外撇，深弧腹，圈足。芒口，足跟旋削，外底心乳状凸出。器身内施满釉，外施釉多至下腹部。釉色可分两种：一种为青灰釉，釉面粗糙；一种为青白釉，釉面温润。古·G1⑭：1，内施满青灰釉，足底露胎。灰色胎较致密。口径16.4、底径5.1、高7.3厘米（图七七，1；图版六九，1）。古·G1⑭：2，内施满青灰釉，足底露胎。灰白色胎较致密。口径16.6、底径5、高6.8厘米（图七七，2；图版六九，2）。古·G1⑭：3，器身施青白釉，白色胎纯净致密。口径15、底径5、高6.9厘米（图七七，3；图版六九，3）。古·G1⑭：11，器身青白釉，足底露胎。白色胎纯净致密。口径16、底径4.4、高7.4厘米（图七七，4；图版六九，4）。古·Z4：1，器身施青灰釉。灰白色胎较致密。口径15.8、底径5.3、高7.5厘米（图七七，5；图版六九，5）。古·MT1①：7，器身施青灰釉。灰白色胎纯净细腻。口径16.2、底径5、高8厘米（图七七，6；图版六九，6）。古·MT1⑤：2，器身施青灰釉。灰白色胎较致密。口径16、底径5.3、高8厘米（图七七，7；图版七〇，1）。古·MT1⑤：4，器身施青灰釉有开片，足底露胎。灰白色胎较致密。口径16.2、底径5.4、高7.1厘米（图七七，8；图版七〇，2）。

B型　4件。敛口，沿下内收或饰弦纹，深弧腹，圈足。芒口，足跟旋削，外底心乳状凸出。器身内外满施青灰釉，釉面多有气孔。灰白色胎较致密。古·T212②：2，口径11.4、底径6.2、高7.2厘米（图七八，1；图版七〇，3）。古·Z5：4，口径13.6、底径6、高8.5厘米（图七八，2；图版七〇，4）。古·MT1⑤：5，口径12.2、底径5.4、高7.1厘米（图七八，3；图版七〇，5）。古·MT5②：2，口径12.6、底径5.6、高7.3厘米（图七八，4；图版七〇，6）。

这类器物通常认为是柘荣青兰面窑产品，但闽北浙南一带的浙江泰顺玉塔窑、福建福鼎南广窑也生产同类器物。

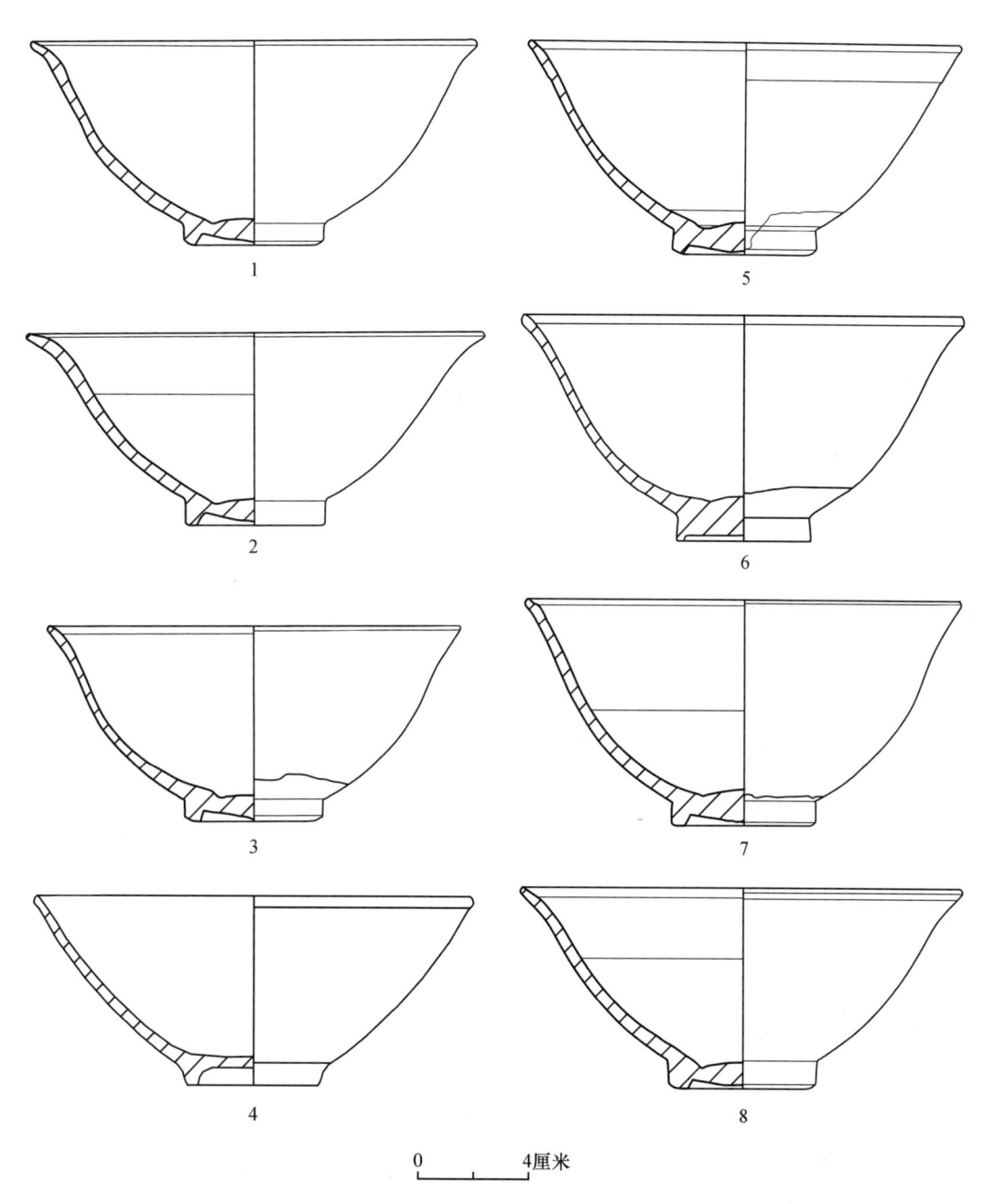

图七七　古城畈地块出土南宋至元代A型柘荣青兰面窑碗
1.古·G1⑭：1　2.古·G1⑭：2　3.古·G1⑭：3　4.古·G1⑭：11　5.古·Z4：1
6.古·MT1①：7　7.古·MT1⑤：2　8.古·MT1⑤：4

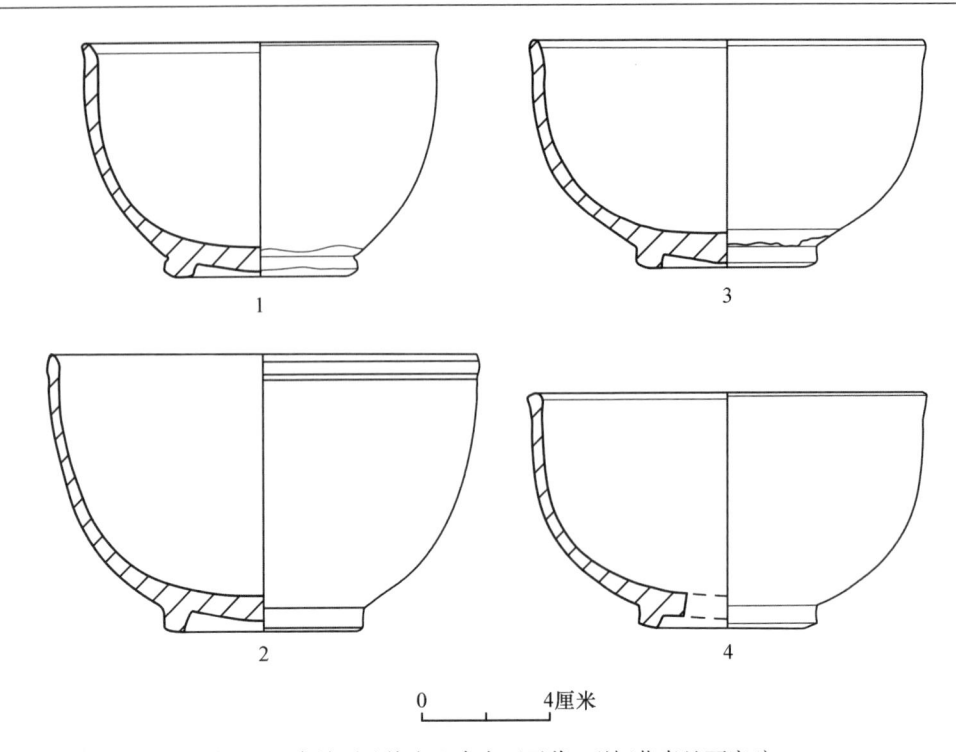

图七八　古城畈地块出土南宋至元代B型柘荣青兰面窑碗
1.古·T212②:2　2.古·Z5:4　3.古·MT1⑤:5　4.古·MT5②:2

（5）景德镇湖田窑瓷器

3件。有碗、盘两类。

碗　1件。古·G1⑭:8，残，仅余下腹及底。圈足，外底有轮旋痕。内底饰团花纹。器身施青白釉，内施满釉，外底涩环。胎色灰白，胎质细腻。残高4厘米（图七九，1；图版七一，1、2）。

盘　2件。不分型。古·TG2G1⑪:4，敞口，浅弧腹，矮圈足。内腹壁下部有一道弦纹，内底刻划云纹和细篦纹。芒口，器身内外施青白釉，足底露胎，釉质温润。白色胎纯净致密。口径18、底径5.8、高4.4厘米（图七九，2；图版七一，3、4）。古·TG1②:1，敞口，斜直腹，平底内凹。芒口，器身内外施青白釉。白色胎纯净致密。口径10、底径8、高1.5厘米（图七九，3；图版七一，5、6）。

（6）江山碗窑（浦城大口窑）瓷器

器盖　1件。古·F2:11，圆形，平沿，弧顶。顶上压印菊花纹。盖顶施青白釉。白色胎较致密。盖径4.9、高1.2厘米（图七九，4；图版七一，7）。

同类产品，在闽北的浦城大口窑也有生产。

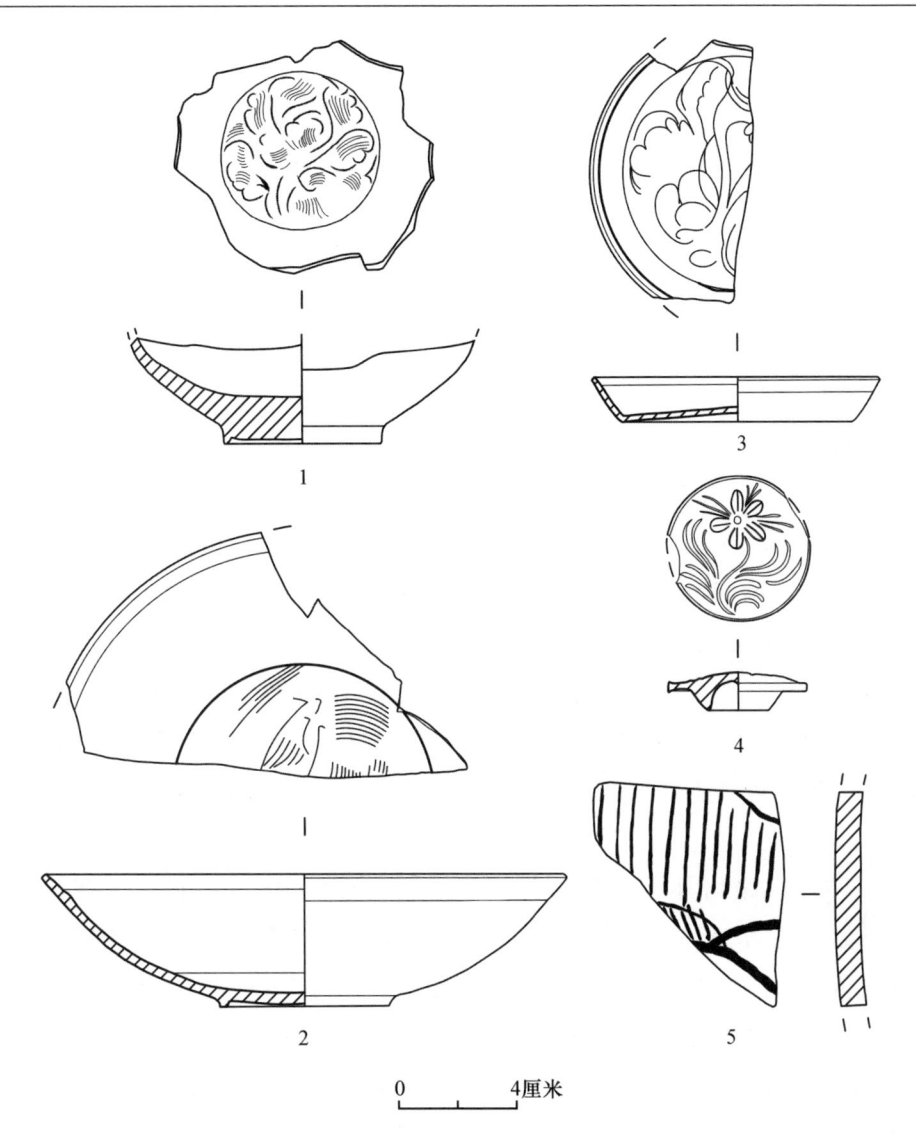

图七九　古城畈地块出土南宋至元代景德镇窑、江山碗窑、磁州窑瓷器
1.景德镇窑碗（古·G1⑭：8）　2、3.景德镇窑盘（古·TG2G1⑪：4、古·TG1②：1）
4.江山碗窑器盖（古·F2：11）　5.磁州窑瓷片（古·T103②：2）

（7）磁州窑瓷片

1件。古·T103②：2，胎色白，细腻纯净。白地黑彩，内表有轮制痕。残宽6.8、残高6.8、厚1厘米（图七九，5；图版七一，8）。

以下部分为未定窑口瓷器。

（8）龙泉窑类型青釉瓷器

26件。有碗、盘两类。

碗　22件。分七型。

A型　7件。敞口，圆唇，深弧腹，圈足。内腹壁上部饰弦纹，以下饰粗曲线、细篦纹的组合纹饰，外腹壁刻划折扇纹，即所谓珠光青瓷。古·F5∶1，挖足过肩，外底心乳状凸出，有旋削痕。内施满青釉，外施青釉至下腹部，釉面开片。灰色胎较致密。口径16.4、底径5.4、高6.6厘米（图八〇，1；图版七二，1、2）。古·F5∶3，内施满青黄釉，外施青黄釉至下腹部，釉面有开片。灰色胎较纯净致密。口径12.5、底径4.3、通高5.4厘米（图八〇，2；图版七二，3、4）。古·H2∶5，器身内外施青釉，足底露胎，釉面开片。灰色胎较致密。口径17.2、底径5.1、高7.2厘米（图八〇，3；图版七二，5、6）。古·H4∶17，器身内外施青釉，足底露胎，釉面开片。灰色胎较纯净致密。口径17、底径5、高7.2厘米（图八〇，4；图版七三，1、2）。古·H4∶21，外底心微凸。内外施青釉，足底露胎，釉面有开片。灰色胎较纯净致密。口径16.8、底径5、高6.9厘米（图八〇，5；图版七三，3、4）。古·T213②∶10，外底心微凸。内施满青黄釉，外施青黄釉至腹下部，釉面开片。胎色灰，胎质细腻。口径16、底径5.6、高7.2厘米（图八〇，6；图版七三，5）。古·T115③∶3，器身内外施满青釉，足底露胎。胎色灰，胎质细腻。口径18、底径4.8、高7.5厘米（图八〇，7；图版七三，6）。

B型　7件。敞口外撇，弧腹，圈足。古·H4∶18，内腹壁上部饰弦纹，弦纹下刻划变形卷云纹，内外底微凸。内外施满青黄釉，足底露胎，釉面小开片。灰白色胎较纯净致密。口径15、底径4.9、通高6.6厘米（图八一，1；图版七四，1、2）。古·Z5∶3，内底微凸。内施满青釉，外施青釉至下腹部，釉面开片。灰色胎较致密。口径18、底径6、高6.7厘米（图八一，2；图版七四，3）。古·F5∶2，外底心乳状凸出，有旋削痕。内施满青釉，外施青釉至下腹部。灰色胎较纯净致密。口径16.8、底径5.5、高7.1厘米（图八一，3；图版七四，4）。古·F5∶4，外底心乳状凸出，有旋削痕。内施满青釉，外施青釉至下腹部。灰色胎较纯净致密。口径17.2、底径5.6、高7.5厘米（图八一，4；图版七四，5）。古·F5∶9，挖足过肩。内腹壁刻划由细篦纹组成的花瓣纹，外底心乳状凸出。内施满青釉，外施青釉至下腹部，釉面开片。灰白色胎较致密。口径16.6、底径5.3、高7厘米（图八一，5；图版七五，1、2）。古·F5∶13，内腹壁刻划一道弦纹，外腹壁刻划粗篦纹，外底心乳状凸出。内施青釉，内底四周刮釉露胎，外施青釉至下腹部，露胎处均呈红色，釉面开片。灰白色胎较致密。口径16.8、底径6.5、高6.3厘米（图八一，6；图版七五，3）。古·TG2G1⑪∶1，内腹壁刻划"S"形曲线

图八〇　古城畈地块出土南宋至元代A型龙泉窑类型青釉碗
1.古·F5：1　2.古·F5：3　3.古·H2：5　4.古·H4：17
5.古·H4：21　6.古·T213②：10　7.古·T115③：3

纹分区，内底刻划弦纹，有四个支钉痕。内施满青黄釉，外施青黄釉至下腹部，釉面小开片。灰色胎较致密。口径18、底径6.4、高6.4厘米（图八一，7；图版七五，4、5）。

C型　3件。敞口，斜弧腹，圈足。古·G1⑭：6，外腹沿下饰弦纹三周，内底饰弦纹一周。内施满青釉，外施青釉及下腹。胎色黄，较致密。口径16.4、底径

0　　　　8厘米

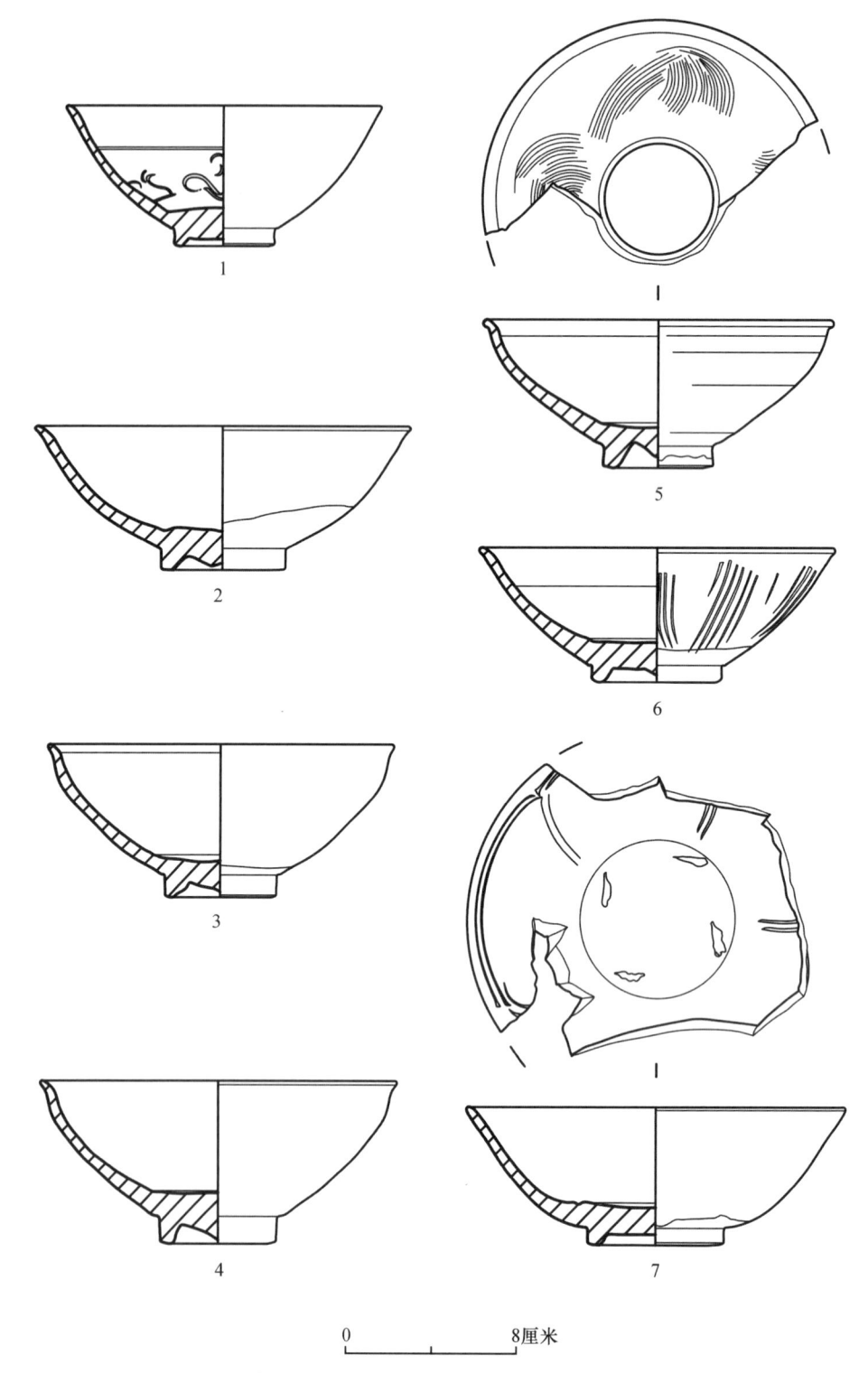

图八一　古城畈地块出土南宋至元代B型龙泉窑类型青釉碗
1.古·H4:18　2.古·Z5:3　3.古·F5:2　4.古·F5:4　5.古·F5:9　6.古·F5:13　7.古·TG2G1⑪:1

5.8、高6.9厘米（图八二，1；图版七六，1）。古·MT1⑥：2，内底微凹。外腹壁刻划莲瓣纹，瓣脊微凸。内施满青绿釉，足底露胎。灰色胎较致密。口径15.6、底径5.2、高6.1厘米（图八二，2；图版七六，2）。古·T213③：8，内腹壁饰一周弦纹，外腹壁刻划莲瓣纹。内施满青釉，外施青釉至下腹部。灰色胎较致密。口径15.4、底径5、高6.7厘米（图八二，3；图版七六，3）。

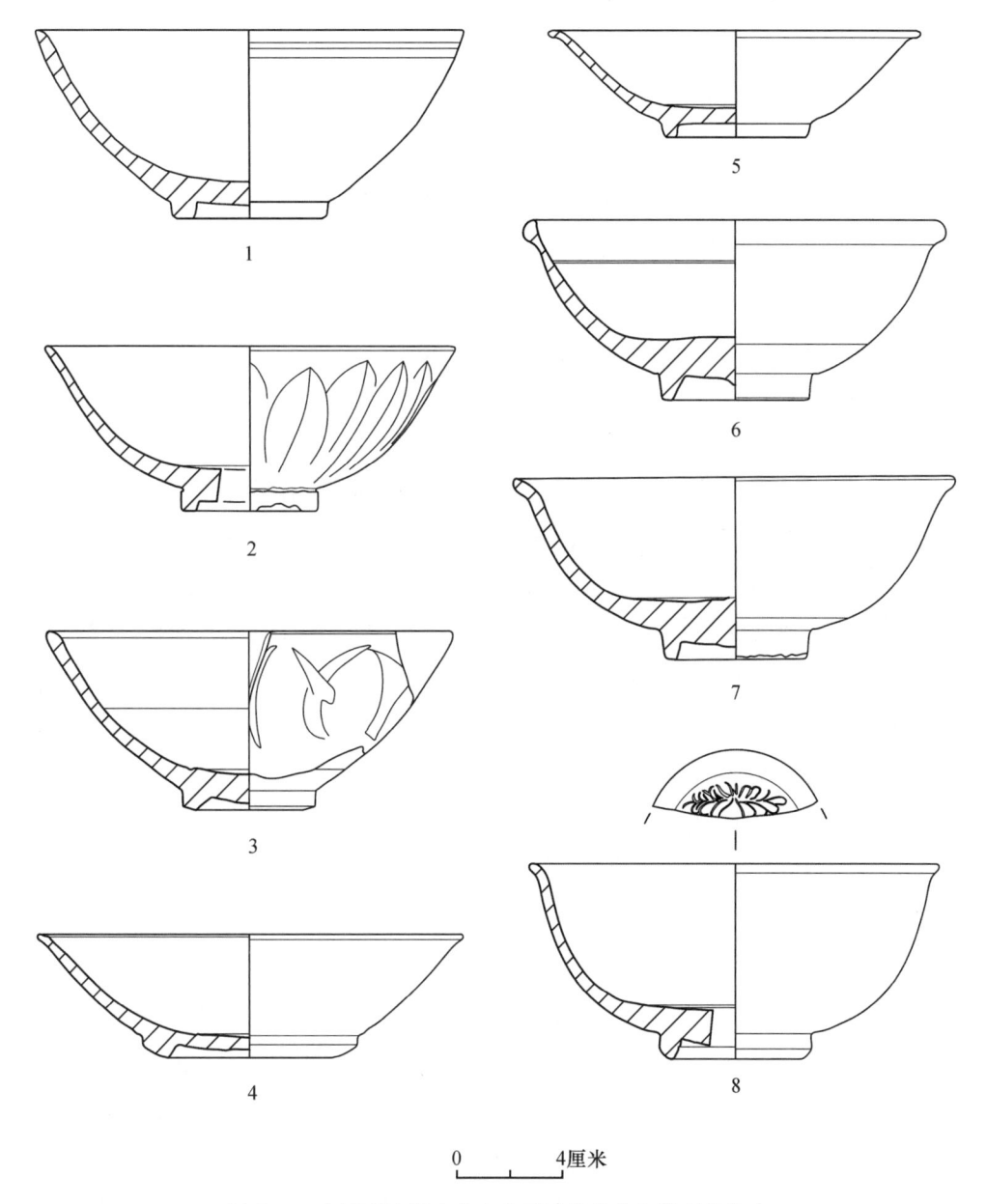

图八二　古城畈地块出土南宋至元代龙泉窑类型青釉碗
1~3.C型（古·G1⑭：6、古·MT1⑥：2、古·T213③：8）　4.D型（古·F1：4）
5.E型（古·T213②：6）　6.F型（古·MT1④：1）　7、8.G型（古·G1⑤：2、古·T222②：4）

D型　1件。大敞口，斜直壁，圈足。古·F1：4，口沿及内外腹壁上部施青绿釉，灰色胎较致密。口径16.3、底径8.2、高4.6厘米（图八二，4；图版七六，4）。

E型　1件。大敞口，沿下翻，斜弧腹，圈足。古·T213②：6，内底涩饼状，有泥条痕迹。内外壁施青釉，釉色不均，釉面有细微开片。胎色灰，胎质细腻。口径14.2、底径5.4、高4厘米（图八二，5；图版七六，5）。

F型　1件。敞口，圆唇外翻，弧腹，圈足。古·MT1④：1，器身内外施青绿釉，内底露胎。灰色胎较致密。口径16.2、底径5.7、通高6.7厘米（图八二，6；图版七六，6）。

G型　2件。敞口，圆唇外撇，弧腹，圈足。厚胎。古·G1⑤：2，内外底微凸。内施满青釉，足底露胎。灰色胎较致密。口径17、底径5.5、高6.7厘米（图八二，7；图版七六，7）。古·T222②：4，内底露胎，模印菊花纹。器身内外施青釉，釉面有开片。灰白色胎较致密。口径15.8、底径5.8、高7.2厘米（图八二，8；图版七六，8）。

盘　4件。分二型。

A型　3件。敞口，圆唇，斜弧腹，平底。内底刻划花草纹。内外施青白釉，外底露胎，有积釉、流釉现象。灰白色胎致密纯净。古·MT1①：13，口径15.4、底径5.4、高3.4厘米（图八三，1；图版七七，1、2）。古·TG1③：3，口径14.4、底径5、高3.4厘米（图八三，2；图版七七，3、4）。古·TG1③：4，口径15、底径5.2、高3.5厘米（图八三，3；图版七七，5、6）。

B型　1件。敞口，宽折沿，浅弧腹，矮圈足。古·TG2G1⑫：5，内底有支钉痕。内施满青釉，外施青釉至下腹部。灰色胎较致密。口径16.4、底径7、通高3.7厘米（图八三，4；图版七八，1）。

（9）青白釉瓷器

36件。有碗、盘、器盖。

碗　22件。分九型。

A型　5件。大敞口外撇，弧腹，圈足。器身大多内施满青白釉，外施青白釉至下腹部，釉面有开片。灰色胎较致密。古·F3：5，口径15、底径6、高4.5厘米（图八四，1；图版七八，2）。古·F5：5，口径15.7、底径6、高5厘米（图八四，2；图版七八，3）。古·F5：21，口径14.4、底径5.4、高4.3厘米（图八四，3；图版七八，4）。古·H4：25，内腹壁上部饰一周弦纹，以下刻划成组的细篦纹。口径14.7、底径5.7、通高4.5厘米（图八四，4；图版七八，5）。

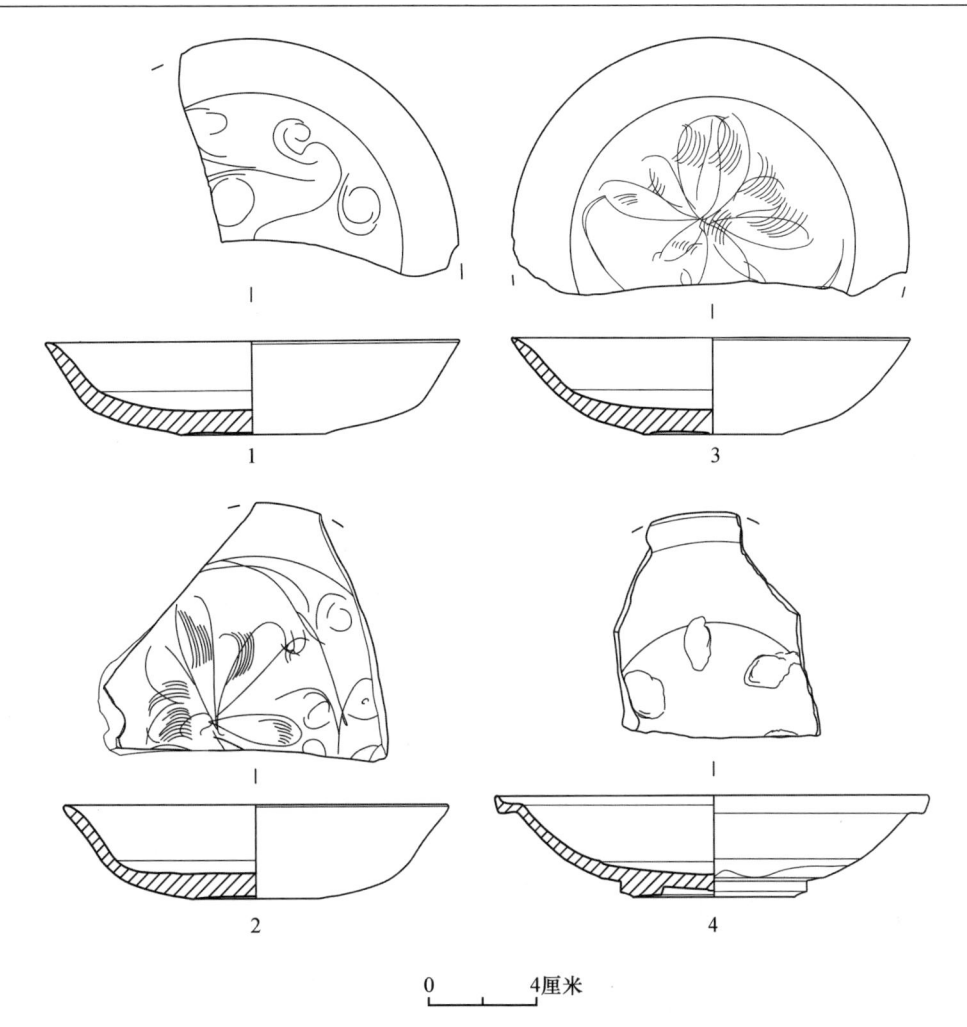

图八三　古城畈地块出土南宋至元代龙泉窑类型青釉盘
1~3.A型（古·MT1①：13、古·TG1③：3、古·TG1③：4）　4.B型（古·TG2G1⑫：5）

古·T232③：2，口径14、底径5.4、高4.2厘米（图八四，5；图版七八，6）。

B型　3件。大敞口外撇，沿下翻，浅弧腹，矮圈足。古·F5：15，内腹壁上下两端各饰一周弦纹。内施满青白釉，外施青白釉至下腹部，釉面开片。白色胎较纯净致密。口径14.2、底径5.3、通高3.7厘米（图八五，1；图版七九，1）。
古·F5：17，外底心微凸。内施满青白釉，外施青白釉至下腹部，口沿部分釉面开片。白色胎较致密。口径14、底径5.5、高3.5厘米（图八五，2；图版七九，2）。
古·MT4②：1，外底心有旋削痕。器身内外施青白釉，有轮制痕。白色胎较纯净致密。口径14.3、底径6.1、高4.1厘米（图八五，3；图版七九，3）。

0   4厘米

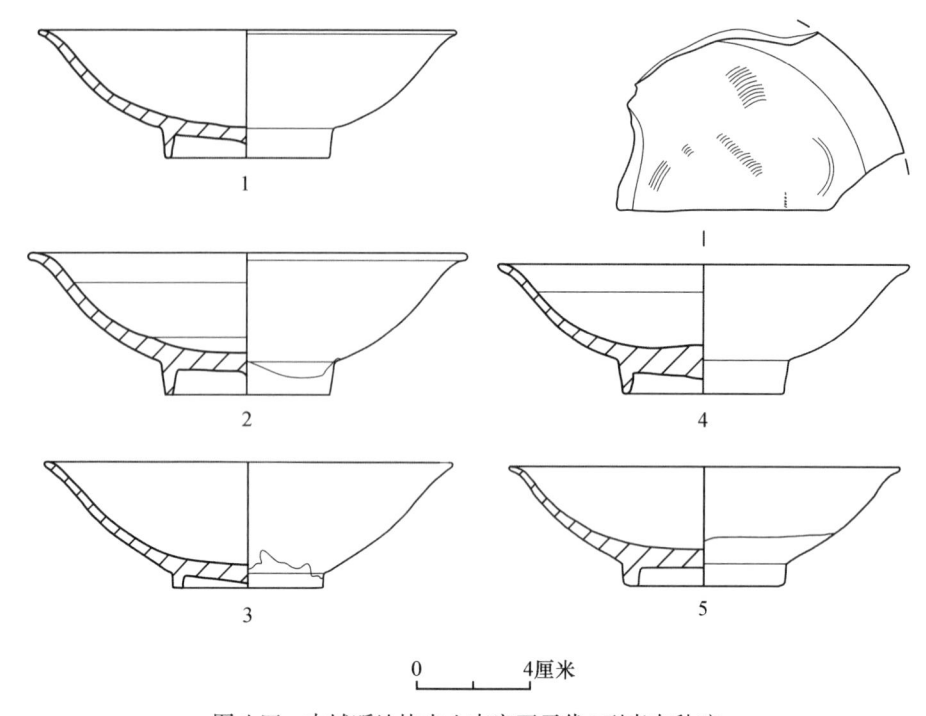

图八四　古城畈地块出土南宋至元代A型青白釉碗
1.古·F3∶5　2.古·F5∶5　3.古·F5∶21　4.古·H4∶25　5.古·T232③∶2

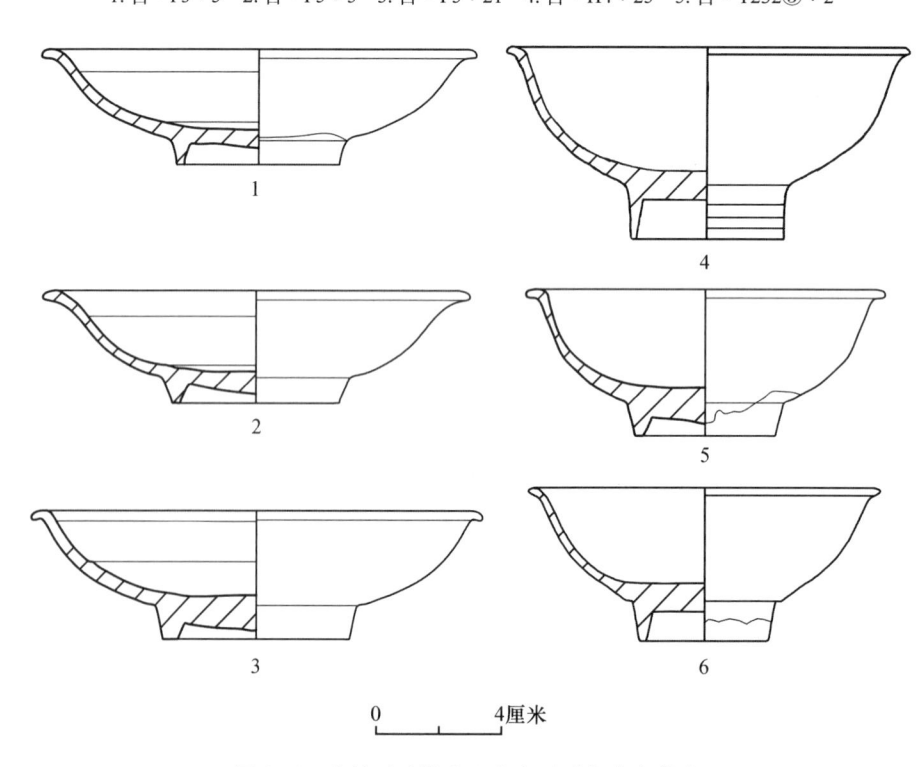

0   4厘米

图八五　古城畈地块出土南宋至元代青白釉碗
1~3.B型（古·F5∶15、古·F5∶17、古·MT4②∶1）
4~6.C型（古·F1∶15、古·F5∶20、古·T115③∶6）

C型　3件。敞口，沿下翻，弧折腹，高圈足。古·F1∶15，器身内外施青白釉，足底露胎。白色胎较致密。口径13、底径5、高5.8厘米（图八五，4；图版七九，4）。古·F5∶20，器身内施满青白釉，外施青白釉至下腹部。白色胎较致密。口径11.6、底径4.5、高4.6厘米（图八五，5；图版七九，5）。古·T115③∶6，器身内外施青白釉，足底露胎。白色胎较致密。口径11.8、底径4.3、高4.8厘米（图八五，6；图版七九，6）。

D型　1件。敞口，沿下翻，弧腹，矮圈足。古·MT1①∶17，外底心乳凸。器身内外施满青白釉，足底露胎。白色胎较致密。口径11.8、底径5、通高4.5厘米（图八六，1；图版八〇，1）。

E型　3件。敞口，斜直壁，圈足。内施满青白釉，外施青白釉至下腹部。灰色胎较致密。古·MT5②∶1，口径16、底径5.2、高6厘米（图八六，2；图版八〇，2）。古·G1⑭∶4，口径16.4、底径5.4、高6.4厘米（图八六，3；图版八〇，3）。古·T115③∶1，口径15.8、底径4.2、高7厘米（图八六，4；图版八〇，4）。

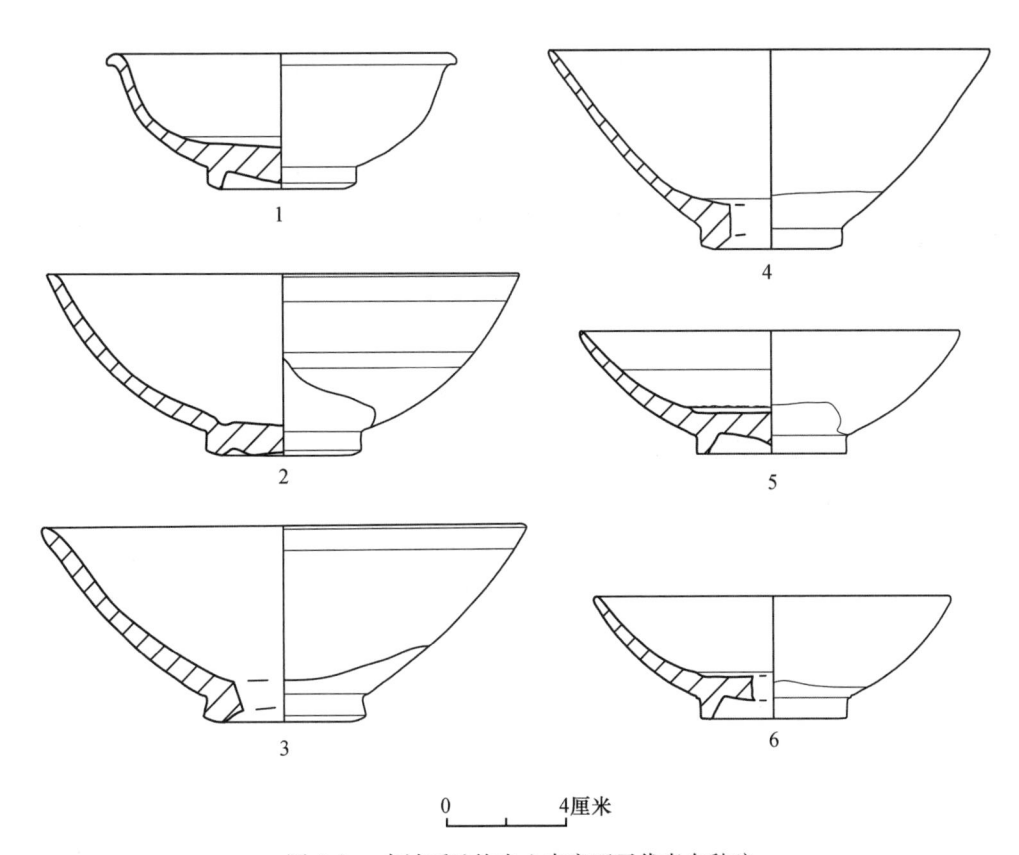

图八六　古城畈地块出土南宋至元代青白釉碗
1. D型（古·MT1①∶17）　2~4. E型（古·MT5②∶1、古·G1⑭∶4、古·T115③∶1）
5、6. F型（古·F2∶2、古·F2∶16）

F型　2件。敞口，斜直壁，圈足，器身低矮。内施青釉，内底刮釉露胎，外施青釉至下腹部，釉面开片。灰色胎较致密。古·F2：2，挖足过肩。口径13、底径5.1、高4.1厘米（图八六，5；图版八〇，5）。古·F2：16，口径12.1、底径5、高4.1厘米（图八六，6；图版八〇，6）。

G型　2件。敞口，弧腹，圈足。口沿刮釉。古·T103③：8，器身内施满青白釉，外施青白釉至下腹部。灰白色胎较致密。口径15.3、底径6.3、高5.1厘米（图八七，1；图版八一，1）。古·MT1①：16，器身内施满青白釉，足底露胎，有流釉、积釉现象。白色胎较致密。口径11.8、底径5.2、高4.2厘米（图八七，2；图版八一，2）。

H型　2件。敞口外撇，折腹，圈足。古·F1：8，内底有涩圈。器身内外施青白釉，足底露胎。白色胎较纯净致密。口径11.6、底径3.8、高5厘米（图八七，3；图版八一，3）。古·MT1①：10，外底心乳状凸起。器身内外施青白釉至下腹部。青黄色夹细砂胎较粗。口径12.9、底径5.6、高4.7厘米（图八七，4；图版八一，4）。

I型　1件。大敞口外撇，斜直腹，圈足。花口出筋，内底深挖。古·H4：23，

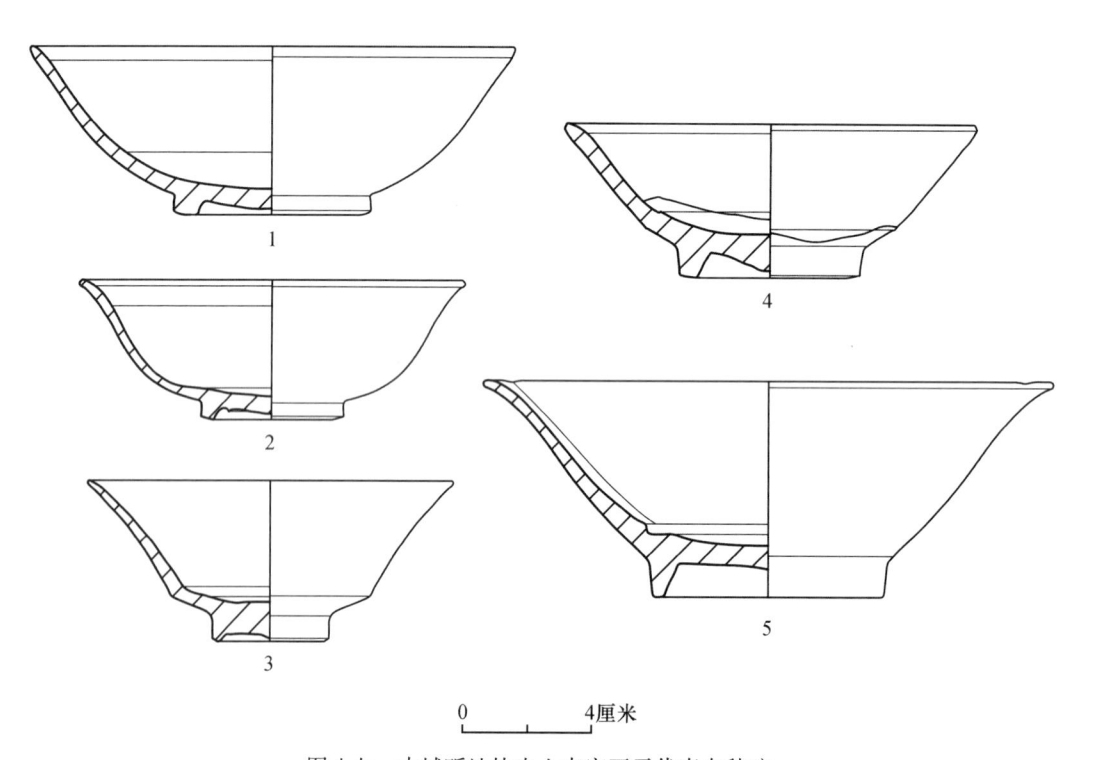

图八七　古城畈地块出土南宋至元代青白釉碗

1、2. G型（古·T103③：8、古·MT1①：16）　3、4. H型（古·F1：8、古·MT1①：10）

5. I型（古·H4：23）

器身内施青白釉，外施青白釉至下腹部。白色胎较致密。口径17.8、底径7.2、高6.7厘米（图八七，5；图版八一，5、6）。

盘　13件。分五型。

A型　1件。大敞口，折腹，圈足。古·F2：15，器身内外施青白釉，内底及足底露胎，釉面有开片。白色胎较纯净致密。口径11.6、底径4、高3.3厘米（图八八，1；图版八二，1）。

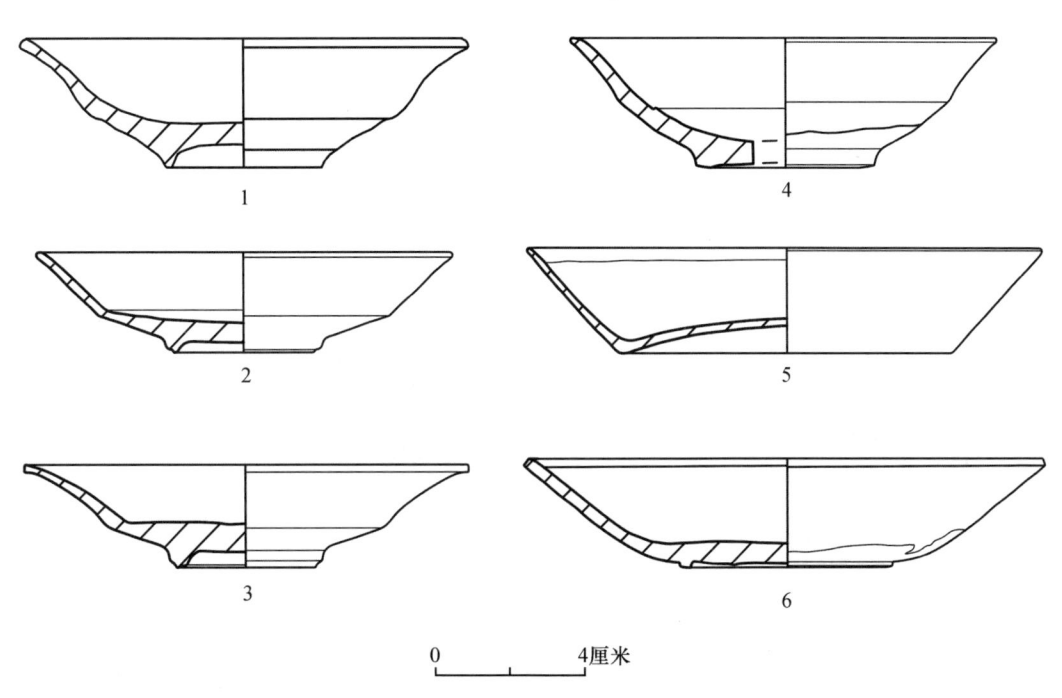

图八八　古城畈地块出土南宋至元代青白釉盘
1. A型（古·F2：15）　2～4. B型（古·F1：10、古·T103②：1、古·T213③：1）
5. C型（古·Z5：8）　6. D型（古·TG2G1⑩：4）

B型　3件。敞口，折腹，圈足。古·F1：10，内底有涩圈。器身内施青白釉，外施青白釉至腹壁中部。白色胎较纯净致密。口径11.2、底径4.2、高2.7厘米（图八八，2；图版八二，2）。古·T103②：1，器身内外施青白釉，釉面小开片，足底露胎。白色胎较纯净致密。口径12、底径3.7、高2.7厘米（图八八，3；图版八二，3）。古·T213③：1，器身内施青白釉，内底刮釉露胎，外施青白釉至下腹部，釉面有开片。灰白色胎较致密。口径11.3、底径5、高3.4厘米（图八八，4；图版八二，4）。

C型　1件。敞口，斜直壁，平底内凹。古·Z5：8，芒口，器身内外施青白釉，外底露胎。白色胎较纯净致密。口径14、底径9、高2.8厘米（图八八，5；图版八二，5）。

D型　1件。敞口，方唇，浅弧腹，矮圈足。古·TG2G1⑩：4，芒口，器身内施青白釉，外施青白釉至下腹部。白色胎较纯净致密。口径14.2、底径5.8、高2.9厘米（图八八，6；图版八二，6）。

E型　7件。敞口，方唇刮釉，斜弧壁，平底。器身多内施满青白釉，外施青白釉至下腹部。白色胎较致密。古·T103②：4，口径8.8、底径3.1、高2.4厘米（图八九，1；图版八三，1）。古·F2：13，口径10.2、底径5.8、高3厘米（图八九，2；图版八三，2）。古·F5：16，器身内外施青白釉，外底施釉不均有露胎。口径13.2、底径7.5、高2.7厘米（图八九，3；图版八三，3）。古·G1⑭：5，

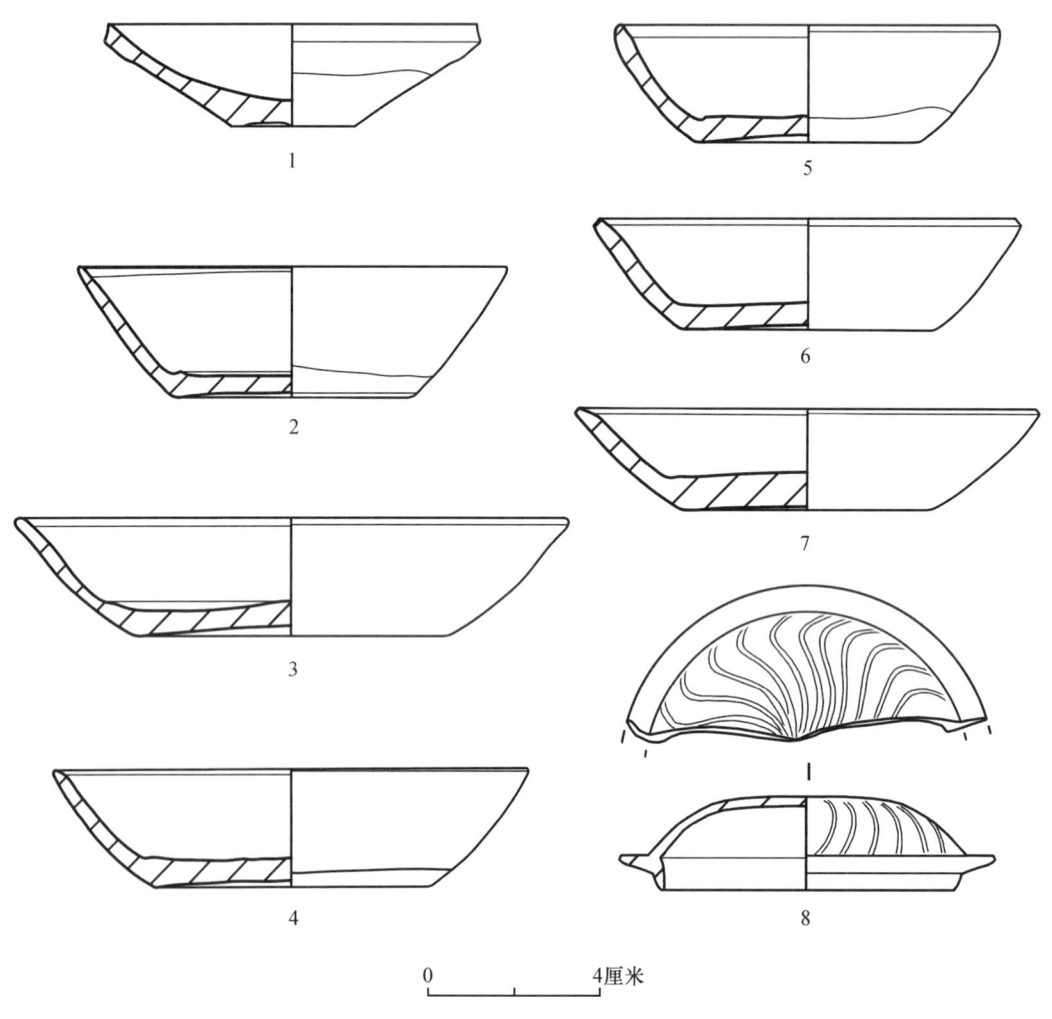

图八九　古城畈地块出土南宋至元代青白釉盘、器盖
1~7. E型盘（古·T103②：4、古·F2：13、古·F5：16、古·G1⑭：5、古·TG2G1⑪：7、古·MT1⑤：1、古·MT1⑤：3）　8. 器盖（古·T115③：2）

外底刮釉露胎。口径11.3、底径6.7、高2.7厘米（图八九，4；图版八三，4）。古·TG2G1⑪：7，口径9、底径5.3、高2.7厘米（图八九，5；图版八三，5）。古·MT1⑤：1，外底刮釉露胎。口径10.1、底径6、高2.6厘米（图八九，6；图版八三，6）。古·MT1⑤：3，外底刮釉露胎。口径11、底径5.9、高2.4厘米（图八九，7；图版八四，1）。

器盖　1件。古·T115③：2，残。圆形，平沿，弧顶，纽残缺。盖面刻划复线"S"形纹。器身施青白釉。白色胎，胎质细腻纯净。底径7.4、残高2.2厘米（图八九，8；图版八四，2）。

（10）酱色釉瓷器

7件。有碗、盏、盘、壶、韩瓶等类。

碗　1件。古·F1：3，敞口，圆唇，深弧腹，圈足。胎色红，外壁施酱色釉至下腹部，釉层薄。沿下有一周凹槽。内底有支钉痕。口径15.4、底径6.8、高7.1厘米（图九〇，1；图版八四，3）。

盏　2件。古·G1⑦：6，泥质灰胎，酱褐色釉。束口，弧腹，圈足浅挖。内满釉，外半釉，口沿刮釉。口径9.3、底径4、高3.8厘米（图九〇，2；图版八四，4）。古·H4：32，敞口，弧腹，圈足浅挖。胎色红，器身内施满酱色釉，外施釉至下腹部，有流釉、积釉现象。口径11.4、底径3.4、高5厘米（图九〇，3；图版八四，5）。

盘　1件。古·MT1①：15，大敞口，圆唇，浅弧腹，圈足。灰黄色夹砂较粗，内外底不施釉，内外上腹壁有放射状釉变，近紫色。有积釉、流釉现象。口径27.8、底径10.7、高6.8厘米（图九〇，4；图版八四，6）。该器物可能为金华铁店窑产品。

壶　2件。古·T113②：2，直口，平沿，束颈，弧腹，平底内凹。泥质红胎，酱釉清浅。上腹部置流，微曲。肩部置环形短鋬。器身饰有弦纹和莲瓣纹。口径6.7、底径6.8、高9.5厘米（图九〇，5；图版八四，7）。古·G1⑭：10，直口，圆唇，束颈，弧腹，平底内凹。灰褐色胎较纯净，釉色清浅。肩部饰凹弦纹，上腹部置曲形短流；肩、腹部贴塑泥条鋬手。口径9.4、底径8、高20.8厘米（图九〇，6；图版八四，8）。

古·T113②：2可能为临安天目窑产品，同类产品在遗址中发现极少。

韩瓶　1件。古·H2：4，敛口，平沿，短颈，弧腹，平底内凹。灰色胎夹细砂，釉色深。口径8.2、腹径13.3、底径7、高19.4厘米（图九〇，7；图版八四，9）。

4、6、7. 0─────8厘米　余 0─────4厘米

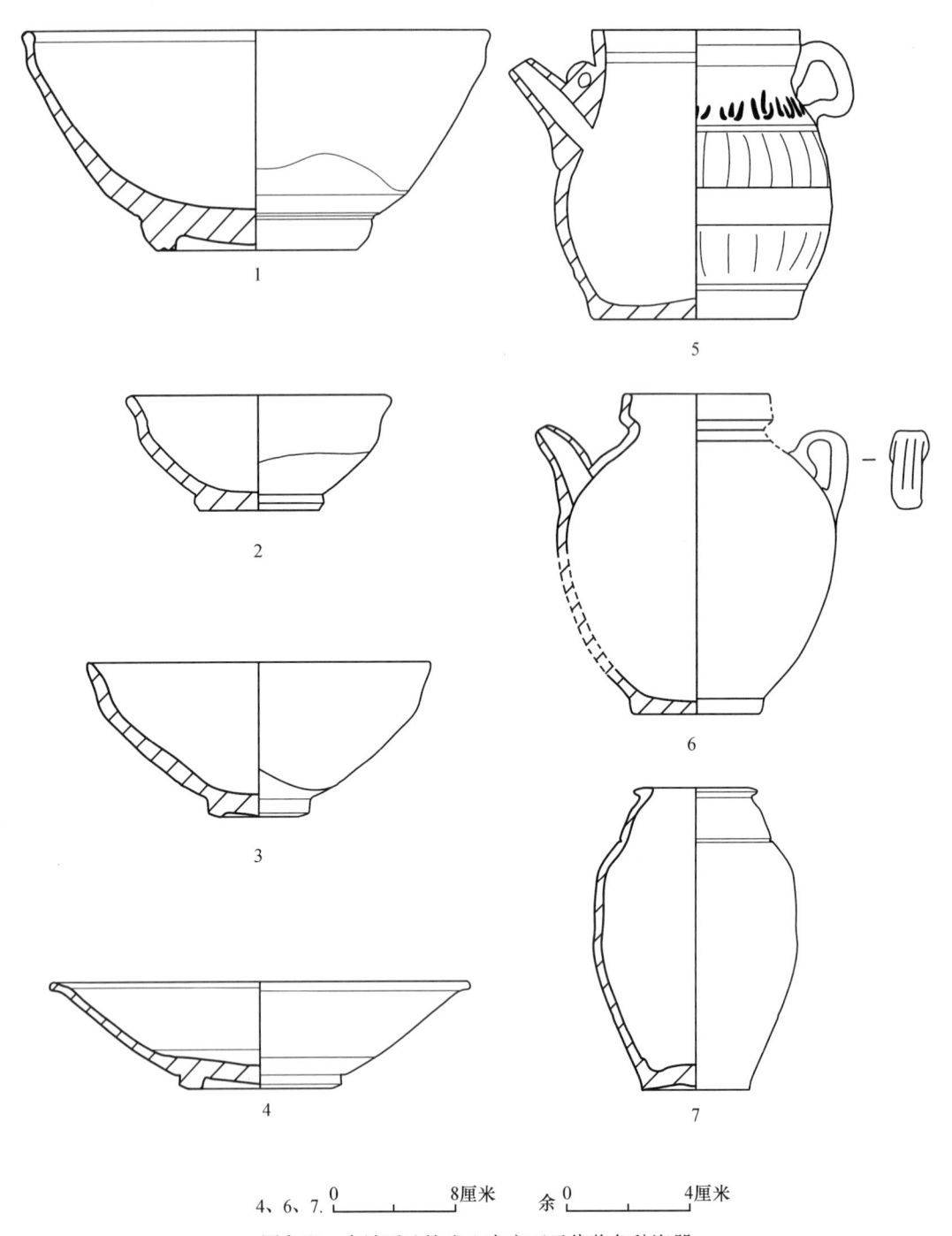

图九〇　古城畈地块出土南宋至元代酱色釉瓷器
1.碗（古·F1∶3）　2、3.盏（古·G1⑦∶6、古·H4∶32）　4.盘（古·MT1①∶15）
5、6.壶（古·T113②∶2、古·G1⑭∶10）　7.韩瓶（古·H2∶4）

（11）黑釉盏

27件。分三型。

A型　23件。束口，弧腹，圈足浅挖。口沿呈咖啡色，内施满黑釉，外施黑釉至下腹部，有流釉、积釉现象。灰色胎。古·T103⑥：3，口径11.8、底径4.2、高5厘米（图九一，1；图版八五，1）。古·T213②：8，口径12.6、底径5.4、高5.7厘米（图九一，2；图版八五，2）。古·T213③：6，口径9.6、底径3、高4.5厘米（图九一，3；图版八五，3）。古·T115③：4，口径9.9、底径4.2、高5.6厘米（图九一，4；图版八五，4）。古·T115③：5，口径11.5、底径3.5、高5.5厘米（图九一，5；图版八五，5）。古·F2：6，口径12.2、底径3.8、高5.4厘米（图九一，6；图版八五，6）。古·F2：17，口径12.2、底径3.8、高5.8厘米（图九一，7；图版八五，7）。古·F3：1，口径11.8、底径4、高6厘米（图九一，8；图版八五，8）。古·F5：7，口径11.6、底径4.1、高5.7厘米（图九一，9；图版八五，9）。古·F5：8，口径12.4、底径4.8、高6厘米（图九一，10；图版八六，1）。古·F5：18，内外釉面有密集的小白点。口径10.5、底径3.4、高5.3厘米（图九二，1；图版八六，2）。古·F5：22，口径11.2、底径3.8、高5.3厘米（图九二，2；图版八六，3）。古·H4：5，口径12.7、底径4.2、高6.3厘米（图九二，3；图版八六，4）。古·H4：28，口径12、底径3.6、高5.4厘米（图九二，4；图版八六，5）。古·H4：29，口径11.8、底径3.8、高5.3厘米（图九二，5；图版八六，6）。古·H4：30，口径11.4、底径3.7、高4.9厘米（图九二，6；图版八六，7）。古·Z5：5，口径12、底径3.9、高5.8厘米（图九二，7；图版八六，8）。古·MT1①：14，灰色胎。口径11.4、底径3.9、高5.4厘米（图九二，8；图版八六，9）。古·MT4②：2，口径10.8、底径3.5、高4.5厘米（图九二，9；图版八七，1）。古·TG1③：5，口径12、底径4、高5.9厘米（图九二，10；图版八七，2）。古·TG1③：6，口径11.6、底径3.9、高5.6厘米（图九三，1；图版八七，3）。古·TG1③：7，口径11.4、底径3.8、高5.3厘米（图九三，2；图版八七，4）。古·TG1③：8，口径12.2、底径4、高5.9厘米（图九三，3；图版八七，5）。

B型　3件。敞口微束，弧腹，圈足浅挖。口沿呈咖啡色，内施满黑釉，外施黑釉至下腹部，有流釉、积釉现象。古·F3：2，灰黄色胎。口径12、底径3.9、高6.4厘米（图九三，4；图版八七，6）。古·F3：15，灰白色胎。口径11.1、底径4、高4.9厘米（图九三，5；图版八七，7）。古·T103③：7，釉面有黄褐色小斑，灰色胎。口径12、底径3.3、高6.4厘米（图九三，6；图版八七，8）。

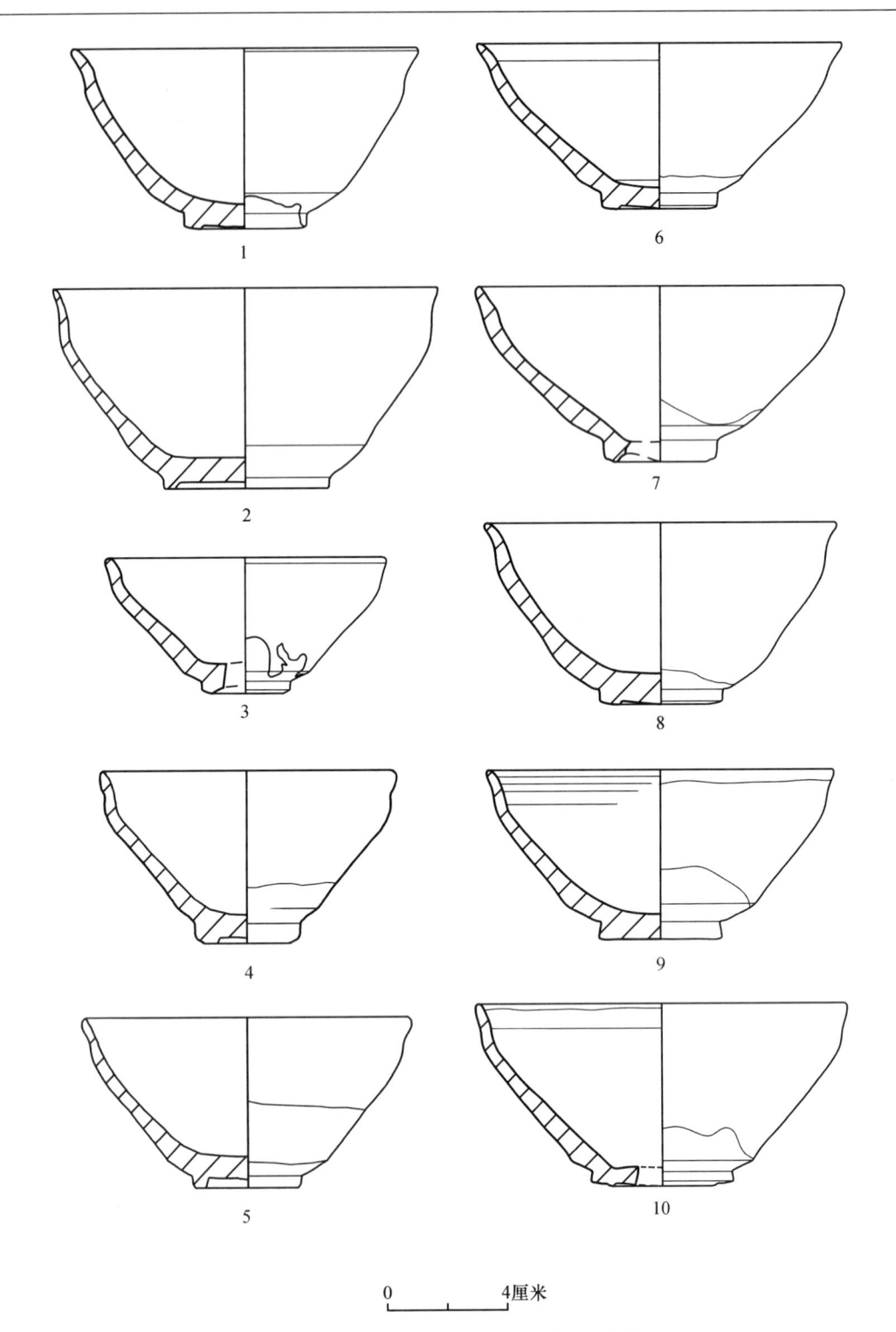

图九一　古城畈地块出土南宋至元代A型黑釉盏
1. 古·T103⑥：3　2. 古·T213②：8　3. 古·T213③：6　4. 古·T115③：4　5. 古·T115③：5　6. 古·F2：6
7. 古·F2：17　8. 古·F3：1　9. 古·F5：7　10. 古·F5：8

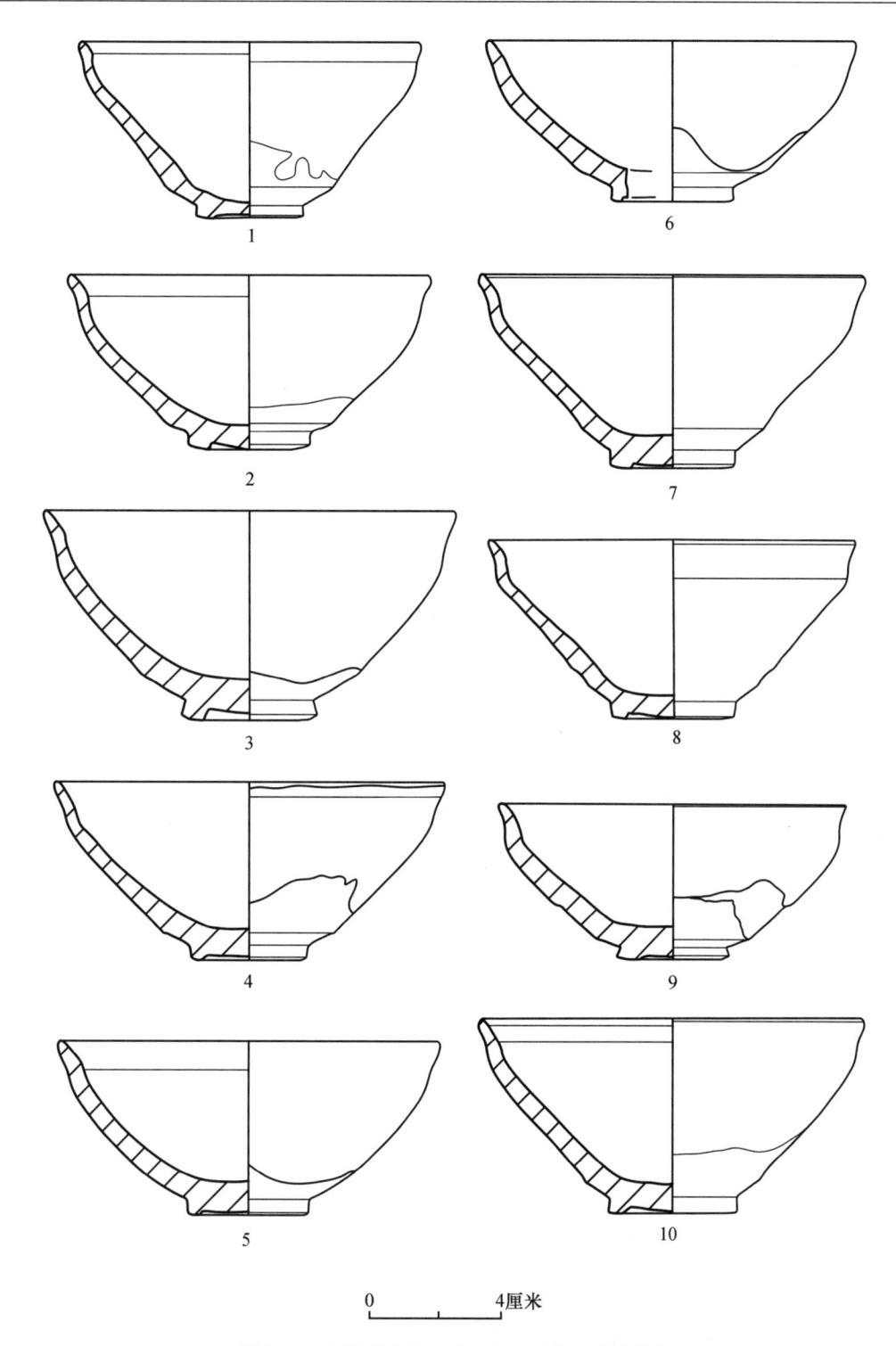

图九二　古城畈地块出土南宋至元代A型黑釉盏

1. 古·F5：18　2. 古·F5：22　3. 古·H4：5　4. 古·H4：28　5. 古·H4：29　6. 古·H4：30　7. 古·Z5：5
8. 古·MT1①：14　9. 古·MT4②：2　10. 古·TG1③：5

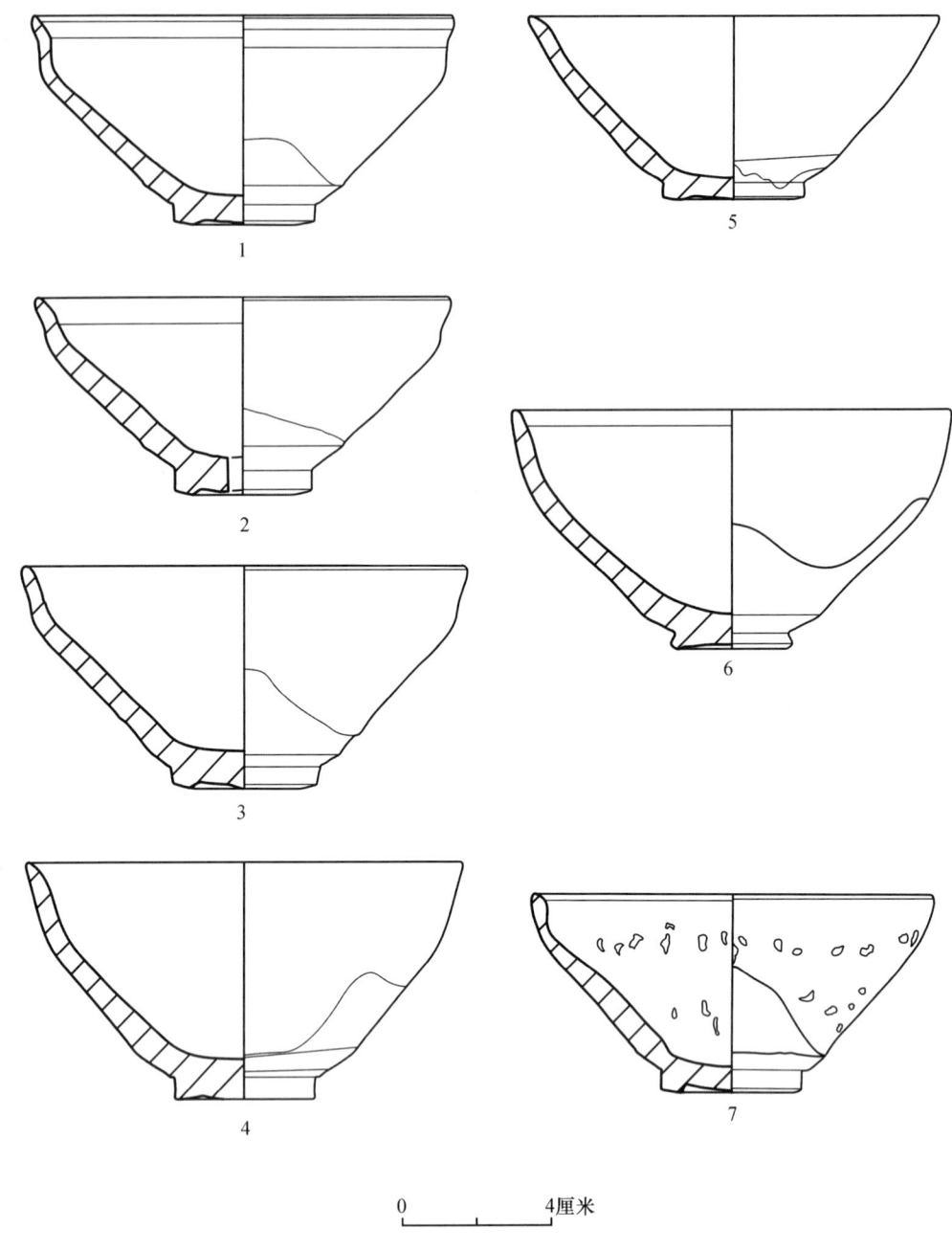

图九三 古城畈地块出土南宋至元代黑釉盏
1~3.A型（古·TG1③：6、古·TG1③：7、古·TG1③：8） 4~6.B型（古·F3：2、古·F3：15、古·T103③：7） 7.C型（古·G1⑭：7）

C型 1件。敛口，弧腹，圈足浅挖。古·G1⑭：7，口沿呈咖啡色，内施满黑釉，外施黑釉至下腹部，釉面有较多露胎的小斑点呈红褐色。灰色胎。口径10.9、底径3.8、高5.2厘米（图九三，7；图版八七，9）。

2. 陶器

38件。有碗、钵、壶、急须等类，还发现有大量的斗笠形小盏。

碗 3件。古·H2：2，敞口，圆唇，斜直腹，卧足。胎色灰，器身刷酱釉。口径13、底径5、高3.7厘米（图九四，1；图版八八，1）。古·H4：33，敞口，圆唇，弧腹，圈足粗糙。泥质红陶。口径9.8、底径2.6、高3.8厘米（图九四，2；图版八八，2）。古·T103②：5，敞口，圆唇，深弧腹，平底微凹。外腹壁底端饰一圈粗凹弦纹。棕红色胎夹粗砂，外壁上部刷酱色釉。口径13.2、底径5.6、高6.3厘米（图九四，3；图版八八，3）。

钵 1件。古·Z5：6，敛口，平沿，弧腹，平底内凹。口内有凸棱。泥质红色胎，纯净致密。口径20.3、底径6.7、通高7.8厘米（图九四，4；图版八八，4）。

壶 2件。古·F3：10，直口，平沿外侈，短颈，弧腹，圈足，肩部附四横系。泥质胎，色灰褐，烧成温度高。口径12.7、腹径24.6、底径6.7、高27.2厘米（图九四，5；图版八八，5）。古·MT1①：1，敞口外翻，圆唇，短颈，弧腹，圈足。肩上附双直系。泥质胎，色灰褐，烧成温度高。口径7.4、腹径13.6、底径4.6、高16.2厘米（图九四，6；图版八八，6）。

急须 1件。古·TG1③：10，残。敛口，沿外翻，垂腹。口部捏置短流，上腹部置中空的柱形捉手。泥质红陶，烧成温度高。口径10.8、残高7.4厘米（图九五，1；图版八九，1）。

熏罐 2件。古·T115④：1，敛口，圆唇，溜肩，折腹，平底。最大腹径在肩部，肩部开有三角形孔。泥质红陶，烧成温度高。口径13、腹径28、底径18.6、高20.6厘米（图九五，2；图版八九，2）。古·F1：9，残。敛口，圆唇，溜肩。肩部开有三角形、菱形孔。泥质红陶夹细砂（图九五，3；图版八九，3）。

灯盏 1件。古·L1：1，残。弧腹，圈足。内底柱状乳凸。泥质胎，胎色红，器身呈粗糙的米黄色釉变。残高1.8、底径2.8厘米（图九五，4；图版八九，4）。

陶饼 1件。古·F3：12，圆形，泥质胎，色青灰。应是由砖块磨制而成。直径4.9、厚1厘米（图九五，5；图版八九，5）。

拍 2件。哑铃形，拍击面光滑。古·T213③：5，胎色深灰夹粗砂。高7.3、上径6.5、底径9.5厘米（图九五，6；图版九〇，1）。古·F5：6，棕红色胎夹粗砂。高5、上径5.2厘米（图九五，7；图版九〇，2）。

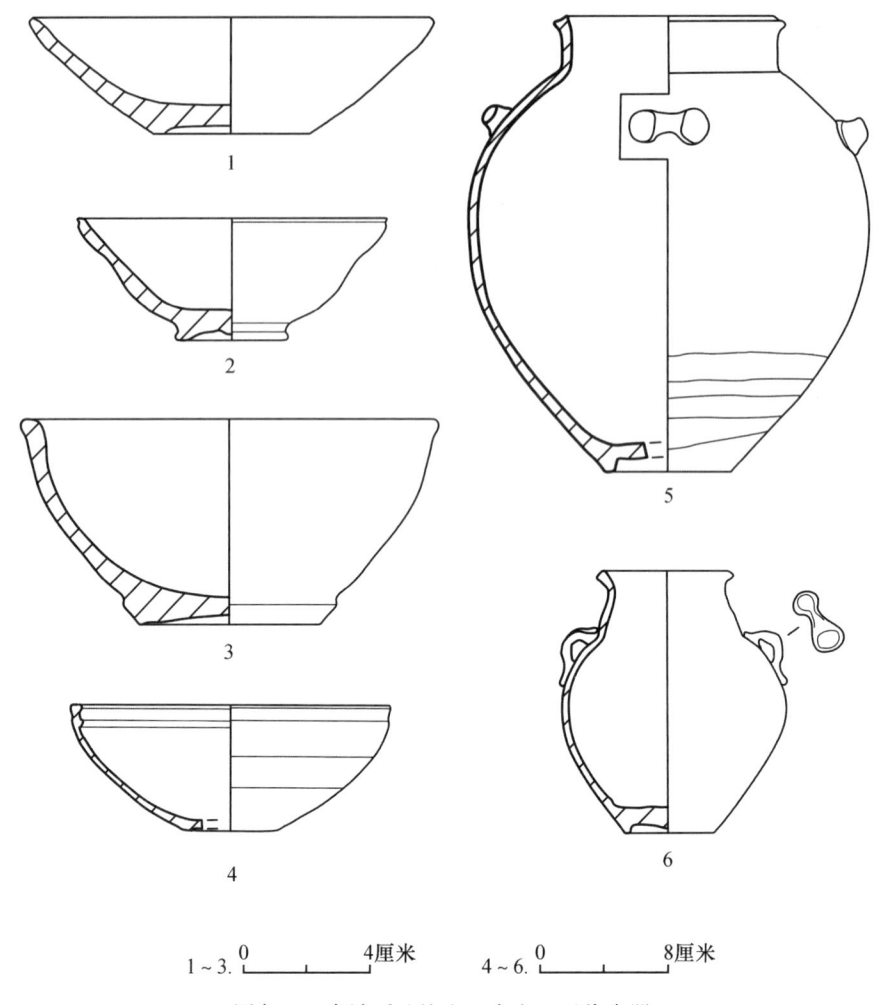

图九四　古城畈地块出土南宋至元代陶器
1~3.碗（古·H2：2、古·H4：33、古·T103②：5）　4.钵（古·Z5：6）
5、6.壶（古·F3：10、古·MT1①：1）

盏　25件。斗笠形，敞口，圆唇，斜直腹，平底内凹。古·T103③：4，棕色胎，口沿及上腹部刷酱色釉。口径9.4、底径3.4、高3.1厘米（图九六，1；图版九〇，3）。古·T213②：9，胎色红，内壁及外壁上腹部刷酱色釉。口径10、底径3.2、高3.6厘米（图九六，2；图版九〇，4）。古·T213③：2，灰色胎。口径9.1、底径3.1、高3.3厘米（图九六，3；图版九〇，5）。古·T213③：3，灰色胎。口径9、底径3.1、高2.6厘米（图九六，4；图版九〇，6）。古·T213③：7，灰色胎。口径9.1、底径3、高3厘米（图九六，5；图版九〇，7）。古·T222②：1，胎色红，内壁及外壁上腹部刷酱色釉。口径9、底径3、高2.9厘米（图九六，6；图版九〇，8）。古·TG1③：9，灰黄色胎，内壁

第四章 考古发掘

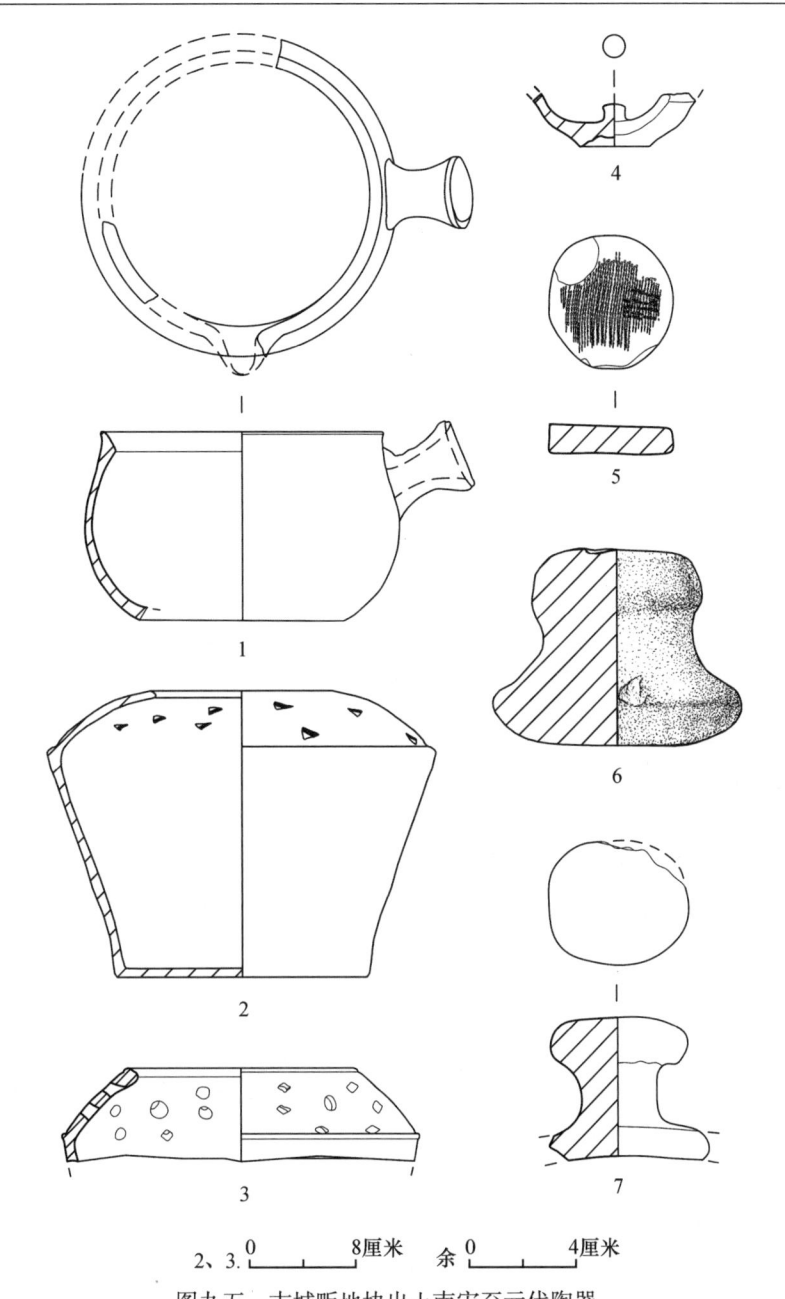

2、3. 0 ——— 8厘米　余 0 ——— 4厘米

图九五　古城畈地块出土南宋至元代陶器
1. 急须（古·TG1③∶10）　2、3. 熏罐（古·T115④∶1、古·F1∶9）　4. 灯盏（古·L1∶1）
5. 陶饼（古·F3∶12）　6、7. 拍（古·T213③∶5、古·F5∶6）

及外壁上腹部刷酱色釉。口径10、底径3.3、高3厘米（图九六，7；图版九〇，9）。古·TG2G1⑧∶5，灰红色胎。口径9.3、底径2.5、高2.5厘米（图九六，8；图版九一，1）。古·TG2G1⑧∶6，灰色胎。口径9.5、底径2.5、高2.6厘米（图九六，9；图版九一，2）。古·TG2G1⑧∶7，灰色胎，器身刷酱色釉。口

径9.2、底径2.9、高3厘米（图九六，10；图版九一，3）。古·Z5：7，灰色胎，器身刷酱色釉。口径9.6、底径2.9、高3.2厘米（图九七，1；图版九一，4）。古·F1：12，棕色胎。口径9.9、底径3.1、高3厘米（图九七，2；图版九一，5）。古·F1：13，灰色胎。口径8.8、底径3.2、通高2.7厘米（图九七，3；图版九一，

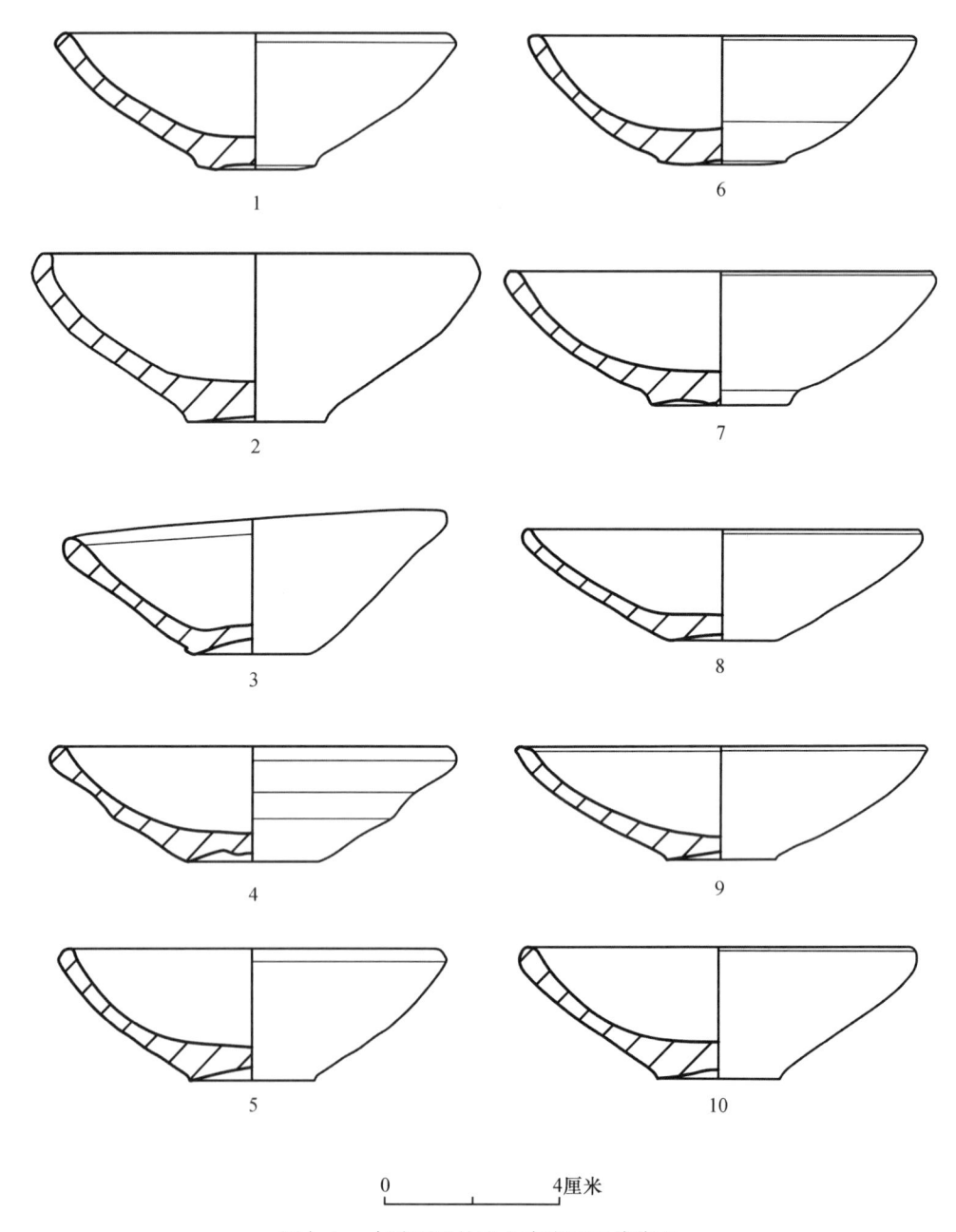

图九六　古城畈地块出土南宋至元代陶盏

1.古·T103③：4　2.古·T213②：9　3.古·T213③：2　4.古·T213②：3　5.古·T213③：7
6.古·T222②：1　7.古·TG1③：9　8.古·TG2G1⑧：5　9.古·TG2G1⑧：6　10.古·TG2G1⑧：7

6)。古·F1∶16，灰红色胎。口径9.6、底径3、高2.6厘米（图九七，4；图版九一，7）。古·F2∶4，棕色胎，器身刷青釉。口径8.5、底径3、通高3.1厘米（图九七，5；图版九一，8）。古·F2∶12，灰红色胎，器身刷酱釉。口径9.4、底径3.4、高2.9厘米（图九七，6；图版九一，9）。古·F2∶14，灰色胎，器身刷青

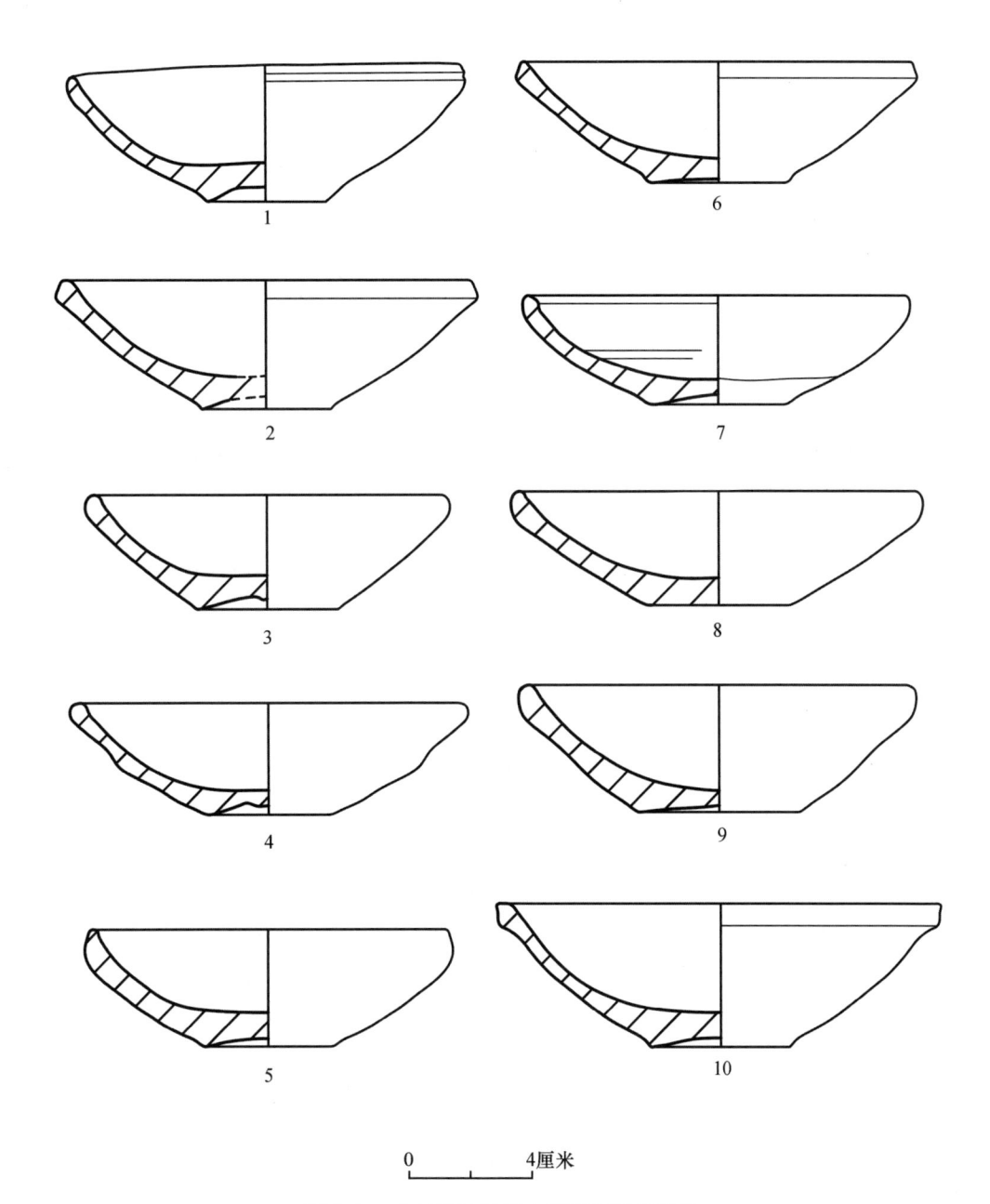

图九七　古城畈地块出土南宋至元代陶盏
1.古·Z5∶7　2.古·F1∶12　3.古·F1∶13　4.古·F1∶16　5.古·F2∶4　6.古·F2∶12　7.古·F2∶14
8.古·F3∶13　9.古·F3∶14　10.古·F5∶10

釉。口径9.2、底径3.3、高2.6厘米（图九七，7；图版九二，1）。古·F3：13，灰色胎，器身刷青釉。口径9.8、底径3.6、高2.7厘米（图九七，8；图版九二，2）。古·F3：14，灰色胎，器身刷青釉。口径9.3、底径4、高3.1厘米（图九七，9；图版九二，3）。古·F5：10，灰色胎，器身内壁、口沿处刷青釉。口径10.8、底径3.4、高3.4厘米（图九七，10；图版九二，4）。古·H4：31，灰白色胎，器身内壁刷酱色釉。口径9.5、底径3.1、高3.4厘米（图九八，1；图版九二，5）。古·H4：34，红色胎，器身内壁刷酱色釉。口径10、底径3、高2.9厘米（图九八，2；图版九二，6）。古·H4：35，红色胎，器身内壁、口沿刷酱釉。口径7.7、底径3.2、高3.2厘米（图九八，3；图版九二，7）。古·MT1①：8，黄色胎。口径9、底径3、高2.9厘米（图九八，4；图版九二，8）。古·MT1①：11，橘黄色胎，器身刷酱色釉，多脱落。口径9.2、底径3.4、高3厘米（图九八，5；图版九二，9）。

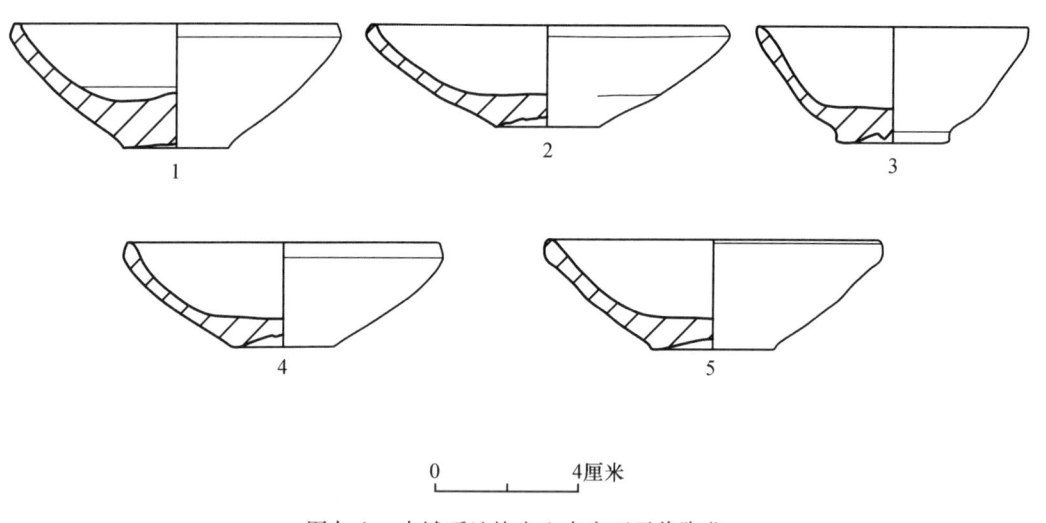

图九八　古城畈地块出土南宋至元代陶盏
1.古·H4：31　2.古·H4：34　3.古·H4：35　4.古·MT1①：8　5.古·MT1①：11

3. 石器

共8件。有杵、臼、磨、锤、权、柱础、构件等类，皆为本地红褐色、灰褐色砂岩材质。

杵　2件。圆柱状，杵头磨圆有剥落，尾端有柱形凹槽，应为插杆之用。古·G1⑩：1，直径10.7、长19厘米（图九九，1；图版九三，1）。古·T103③：1，杵身有一周较深的束痕。直径12.3、长14.7厘米（图九九，2；图版九三，2）。

臼　1件。古·G1⑭：9，敞口，平沿，弧腹，平底。器身有打凿痕。口径14、腹深5、底径9.2厘米（图九九，3；图版九三，3）。

磨　1件。古·T103③：5，残，磨盘上錾有磨齿，残有一磨眼，中心有一圆凹槽。直径27.4、厚2～5厘米（图九九，4；图版九三，4）。

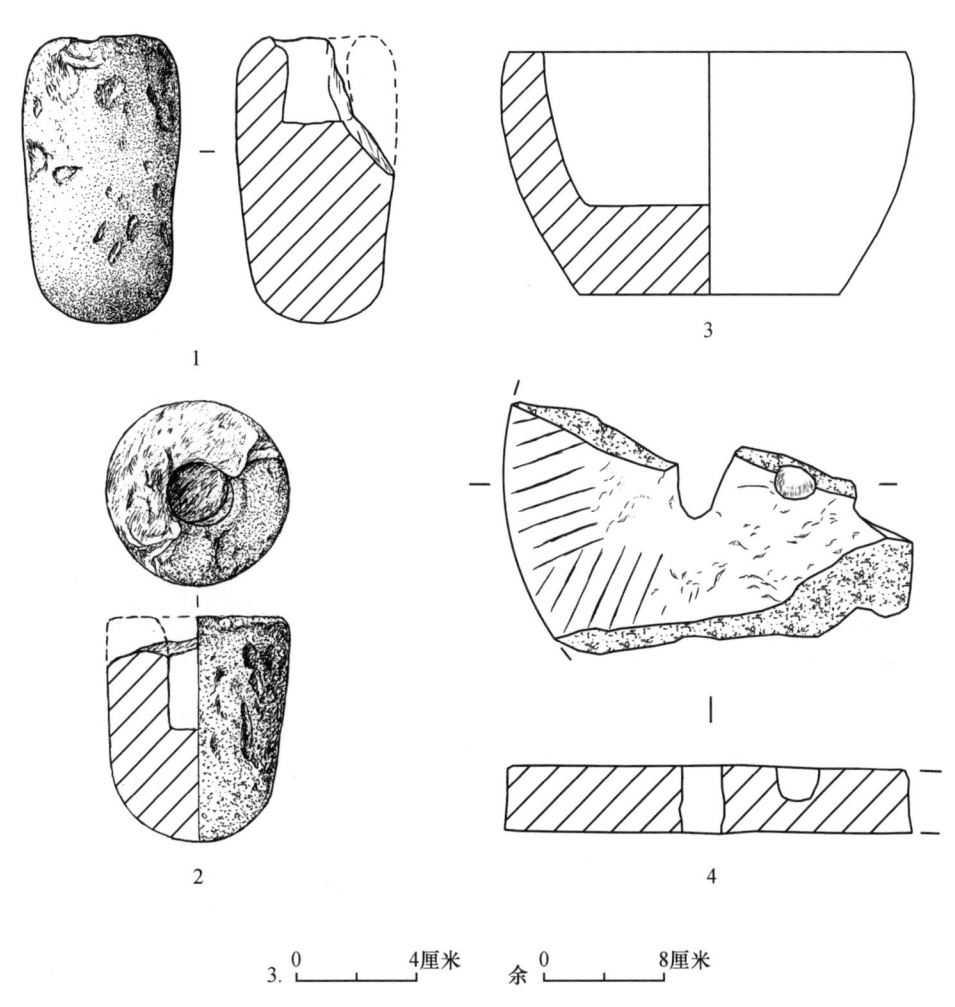

图九九　古城畈地块出土南宋至元代石器
1、2.杵（古·G1⑩：1、古·T103③：1）　3.臼（古·G1⑭：9）　4.磨（古·T103③：5）

锤　1件。古·T213③：4，腰鼓形，中部穿孔。器身宽11.4、高6.4、厚8厘米（图一〇〇，1；图版九三，5）。

权　1件。古·H4：15，圆锥形，器身饰瓜棱纹，顶端穿孔。高9.2、底径6厘米（图一〇〇，2；图版九三，6）。

柱础　1件。古·T103③：3，圆形，础身饰覆莲纹，中部开孔。高12.8、直径

20厘米（图一〇〇，3；图版九三，7）。

构件　1件。古·T103③：2，残。长方形，一侧开有长方形榫槽。残高8.5、宽15.5、厚10厘米（图一〇〇，4；图版九三，8）。

4. 玉器

1件。古·F2：7，圆柱形，淡黄色，玉质温润。一端钻有圆孔，底端有线拉切痕。高1.5、直径1.8厘米（图一〇〇，5；图版九四，1）。

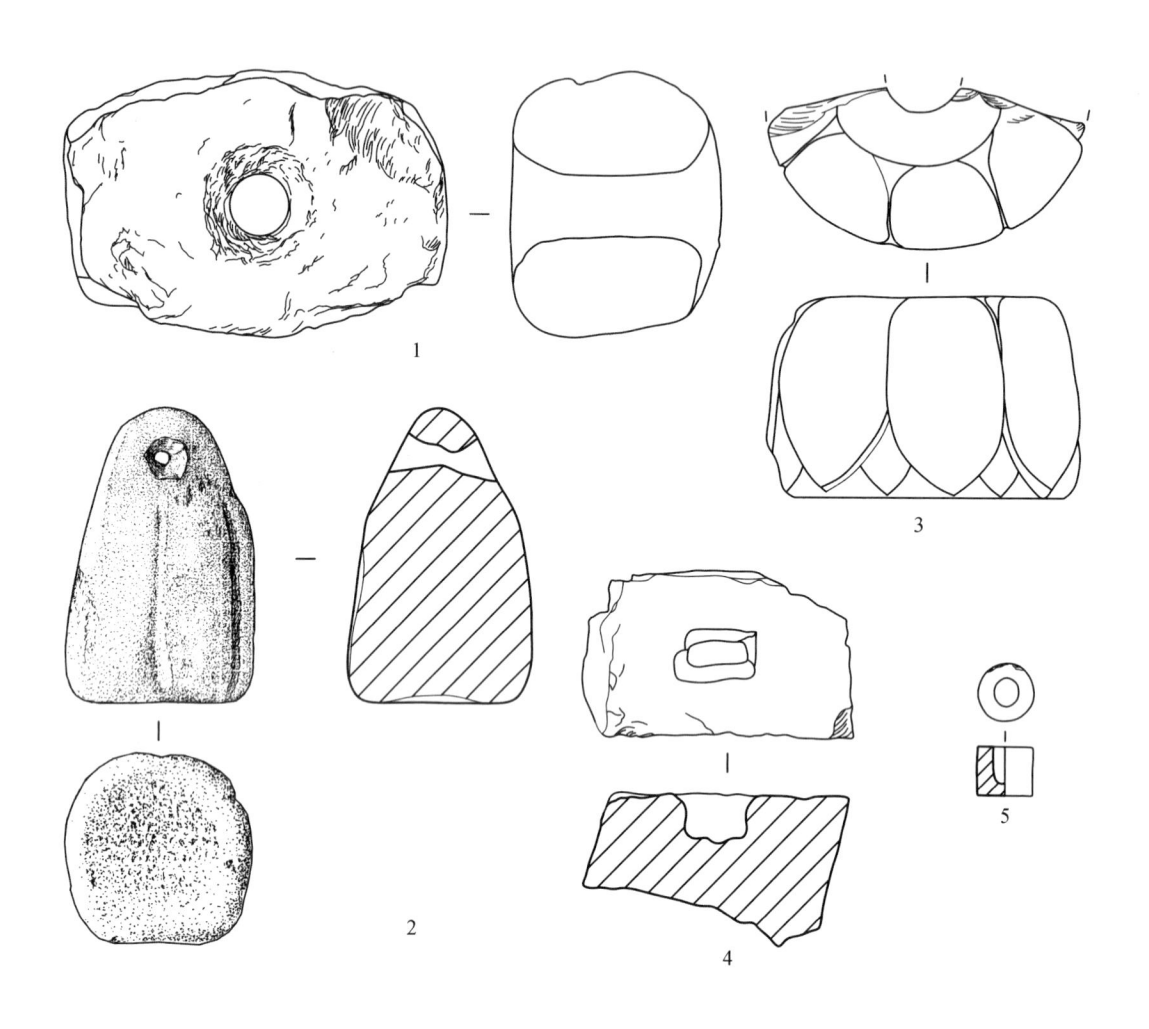

图一〇〇　古城畈地块出土南宋至元代石器、玉器
1. 石锤（古·T213③：4）　2. 石权（古·H4：15）　3. 柱础（古·T103③：3）
4. 石构件（古·T103③：2）　5. 玉器（古·F2：7）

5. 铜钱

18枚（串），其中1串无法释读。从钱文来看，这批铜钱大多为北宋钱，但考虑到其出土单位，同时为了避免割裂材料，这里统一介绍。

古·T103⑥：1，治平元宝。直径2.4、厚0.1厘米（图一〇一，1）。

古·T104④：1，元丰通宝。直径2.7、厚0.1厘米（图一〇一，2）。

古·T115④：2，绍圣元宝。直径2.3、厚0.1厘米（图一〇一，3）。

古·T125③：1，熙宁重宝。直径3.1、厚0.1厘米（图一〇一，4）。

古·T125③：2，熙宁元宝。直径2.3、厚0.1厘米（图一〇一，5）。

古·F1：1，一串，因火烧而黏结，无法辨识。直径2.4、厚0.1厘米。

古·F2：19，残。元祐□□。直径2.4、厚0.1厘米（图一〇一，6）。

古·F2：10，皇宋通宝。直径2.4、厚0.1厘米（图一〇一，7）。

古·F3：7，熙宁元宝。直径2.4、厚0.1厘米（图一〇一，8）。

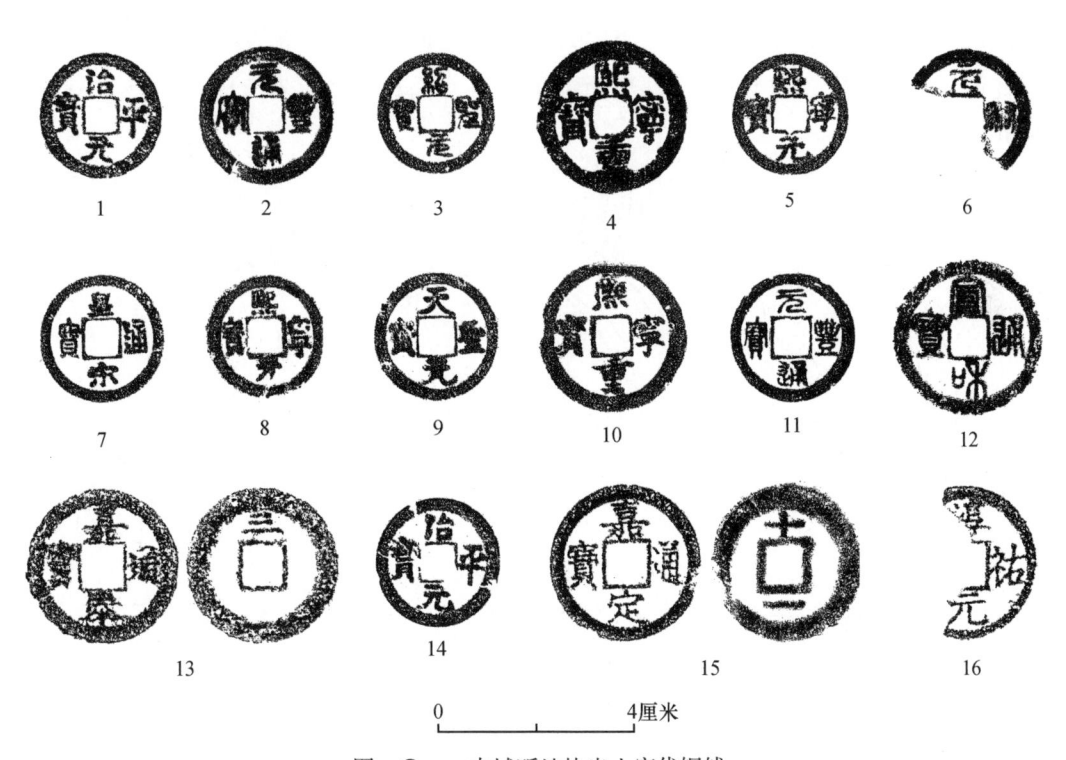

图一〇一 古城畈地块出土宋代铜钱

1、14.治平元宝（古·T103⑥：1、古·H4：22） 2、11.元丰通宝（古·T104④：1、古·F5：12） 3.绍圣元宝（古·T115④：2） 4、10.熙宁重宝（古·T125③：1、古·F5：11） 5、8.熙宁元宝（古·T125③：2、古·F3：7） 6.元祐□□（古·F2：19） 7.皇宋通宝（古·F2：10） 9.天圣元宝（古·F3：9） 12.宣和通宝（古·G1⑰：1） 13.嘉泰通宝（古·G1⑩：6） 15.嘉定通宝（古·MT1⑥：1） 16.淳祐元宝（古·MT1⑥：3）

古·F3：8，祥符通宝。残甚。

古·F3：9，天圣元宝。直径2.5、厚0.1厘米（图一〇一，9）。

古·F5：11，熙宁重宝。直径2.9、厚0.1厘米（图一〇一，10）。

古·F5：12，元丰通宝。直径2.5、厚0.1厘米（图一〇一，11）。

古·G1⑰：1，宣和通宝。直径3、厚0.1厘米（图一〇一，12）。

古·G1⑩：6，嘉泰通宝。背文"三"。直径3、厚0.1厘米（图一〇一，13）。

古·H4：22，治平元宝。直径2.4、厚0.1厘米（图一〇一，14）。

古·MT1⑥：1，嘉定通宝。背文"十一"。直径3、厚0.1厘米（图一〇一，15）。

古·MT1⑥：3，残。淳祐元宝。直径3、厚0.1厘米（图一〇一，16）。

6. 瓦当

3件。古·MT4②：3，残。当面饰牡丹纹。面径14.4厘米（图一〇二，1；图版九四，2）。古·F1：7，残。当面饰菊花纹。面径14.2厘米（图一〇二，2；图版九四，3）。古·F2：5，残。当面饰菊花纹。面径15.4厘米（图一〇二，3；图版九四，4）。

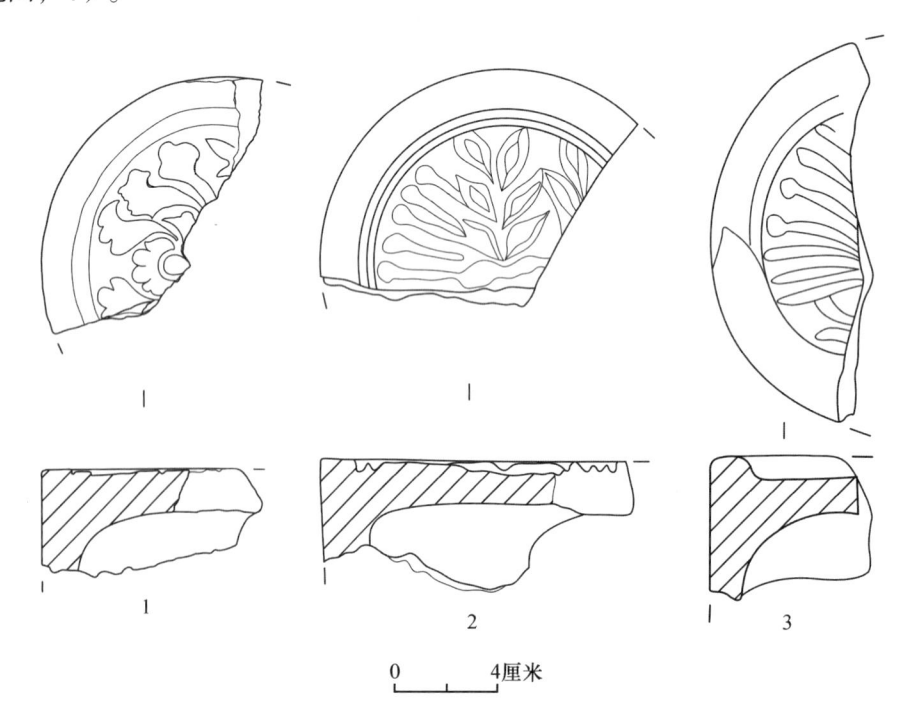

图一〇二　古城畈地块出土宋元瓦当
1. 古·MT4②：3　2. 古·F1：7　3. 古·F2：5

（三）明清时期遗物

1. 瓷器

5件。均为青花瓷器，有碗、盘两类。

碗　4件。分三型。

A型　2件。敞口外撇，弧腹，圈足。古·G1⑤：1，胎色白，青白色釉，青花暗浊。口沿刮釉露胎呈赭红色，内底有涩圈，外底心乳状凸起，足底露胎。口内单弦，内底单弦，外壁上腹部饰青花卷云纹，下腹双弦。口径14.4、底径5、通高6.7厘米（图一〇三，1；图版九五，2）。古·G1⑤：7，胎色白，青白色釉，青花暗浊。口沿刮釉露胎呈赭红色，挖足过肩，足底露胎。口内单弦，底心双弦，内绘一"福"字，外腹壁饰青花卷云纹。口径15、底径5.6、通高6.6厘米（图一〇三，2；图版九五，3、4）。

B型　1件。敞口，弧腹，圈足。古·TG1①：2，胎色白，釉色白，青花明艳。口内双弦，底心单弦，内饰花卉纹。口外双弦，底单弦，足双弦。外壁满饰缠枝花纹和祥云纹。口径16.6、底径6.2、通高5.8厘米（图一〇三，3；图版九五，5、6）。

C型　1件。敞口，斜直壁，圈足。古·G1⑦：1，胎色灰白，胎质较细腻。器身内外施满青釉。挖足过肩，内底有划圈，外底心乳状凸起。内底饰蕉叶纹，外口沿下饰二周宽弦纹，外腹中部饰一周蕉叶纹。口径13.8、足径4.7、高5.6厘米（图一〇三，4；图版九五，7、8）。

盘　1件。古·TG1①：1，敞口，圆唇，深弧腹，圈足。白色胎，内外施釉，足底露胎。口内单弦，内底双弦，内壁饰青花缠枝花纹，底心饰花卉纹。口外双弦，底单弦，足双弦，外壁饰缠枝花纹。口径19.4、底径12、高4.5厘米（图一〇三，5；图版九五，1）。

2. 陶器

4件。有勺、火盘、罐口沿、模等类。

勺　1件。敞口，圆唇，圜底。古·G1⑦：3，残。口沿上置圆形柄。红色胎夹细砂，器身呈粗糙的米黄色釉变。直径11.4、残长13.6、高7.2厘米（图一〇四，1；图版九六，1）。

图一〇三 古城畈地块出土明清青花瓷器
1、2. A型碗（古·G1⑤：1、古·G1⑤：7） 3. B型碗（古·TG1①：2）
4. C型碗（古·G1⑦：1） 5. 盘（古·TG1①：1）

火盘　1件。古·G1⑤：8，敞口，圆唇，浅弧腹，平底内凹。底部、腹壁底端戳有直径1～2厘米的圆形孔。胎色深灰，夹粗砂。口径43、底径38.6、高4.1厘米（图一〇四，2；图版九六，2）。

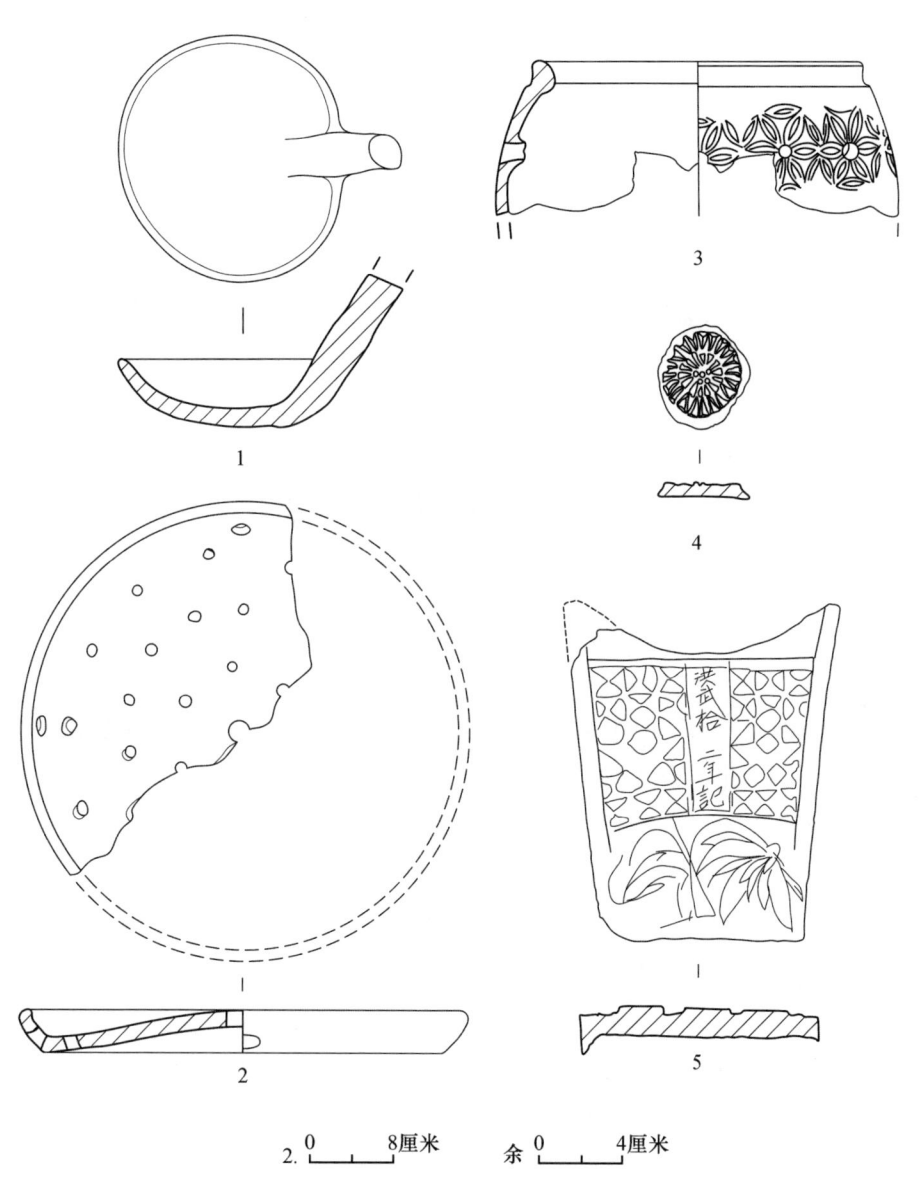

图一〇四　古城畈地块出土明清陶器、瓦头
1.勺（古·G1⑦：3）　2.火盘（古·G1⑤：8）　3.罐口沿（古·G1⑤：4）
4.模（古·T104①：1）　5.瓦头（古·G1⑦：2）

罐口沿　1件。古·G1⑤：4，敛口，圆唇，弧腹。夹砂红陶。腹壁压印一圈六瓣花纹，花心留有小孔。口径16、底径3.2、残高7.2厘米（图一〇四，3；图版九六，3）。

模　1件。古·T104①：1，圆形，平底，正面压印凸起的花卉纹。夹砂红陶。直径4.8、厚0.6厘米（图一〇四，4；图版九六，4）。

3. 瓦头

1件。古·G1⑦：2，平面呈倒梯形，顶端弧线内凹。瓦面纹饰分为上下两部分，下部为刻划的花草纹。上部两侧为凹凸的三角、菱形组合的类似窗格纹，中间刻划有"洪武十二年记"。高15.6、宽9.8～13.6、厚1.6厘米（图一〇四，5；图版九六，5）。

第二节　高尚宅地块

一、发掘概况

高尚宅地块位于狮子山东南，鄞江自西北向东南环绕，隔江与黄岩山、凤凰山相望。该地块临江处多为橘林，近狮子山处多为水稻田。在该区块的地表调查中采集有南宋—清代遗物。该地块于2010年9月被公布为鄞州区文物保护点（现为海曙区文物保护点）（见图版一〇；图版一一，2）。

2013年度的试掘中，在该地块布设了两条探沟，分别编号为2013·高·T101（简称高·T101。以下探沟和遗迹，均简省编号前的年份）和高·T102。其中，高·T101位于遗址东南边缘的水稻田中；高·T102位于遗址西北部的橘林地内。两条探沟均为正南北方向，距离今鄞江岸线直线距离约70米，规格2米×5米，共完成试掘面积20平方米（图一〇五）。

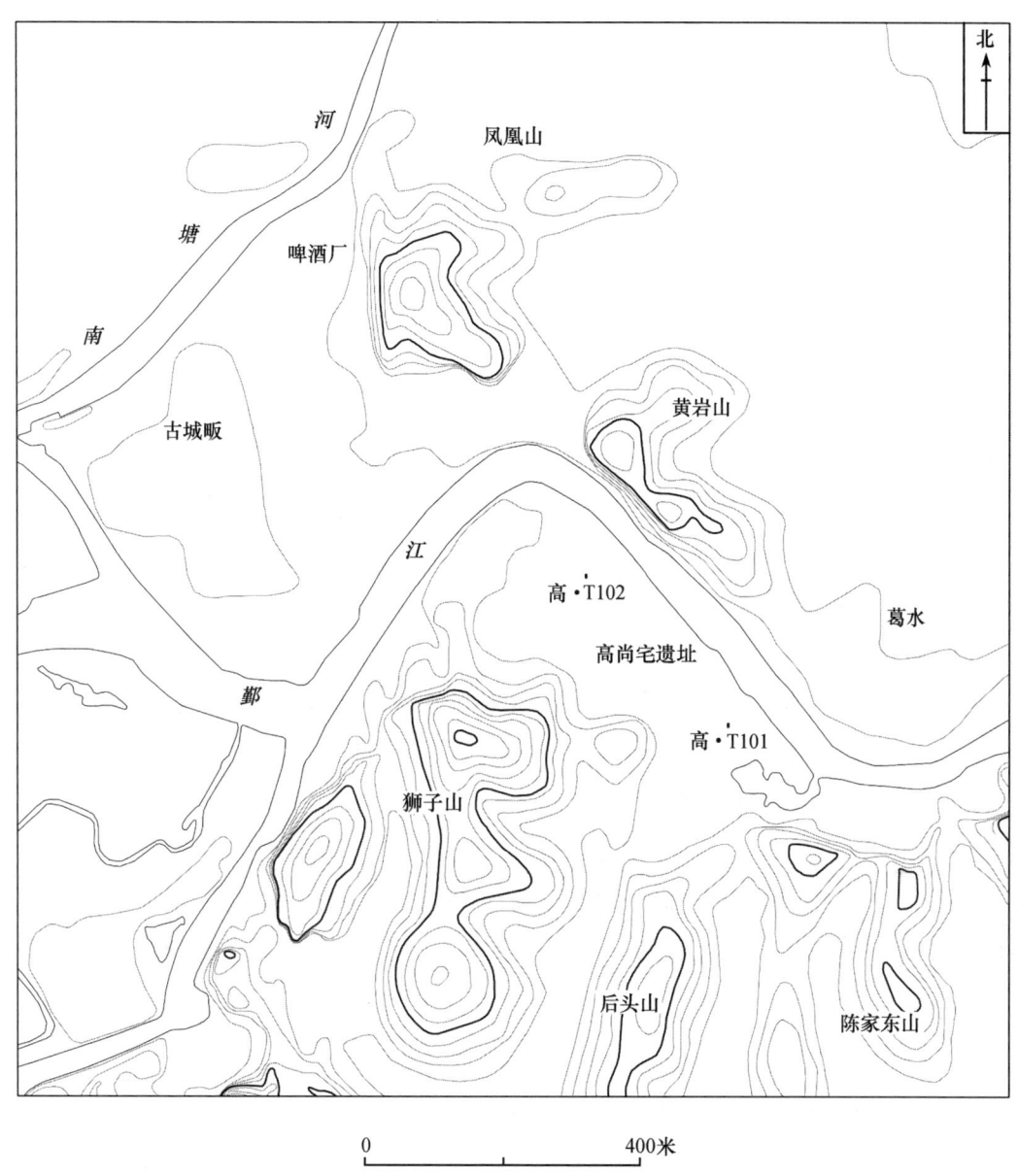

图一〇五　高尚宅地块试掘探沟分布示意图

二、地层堆积

（一）高·T101地层堆积

高·T101因位于遗址东南边缘，地层堆积较为简单，仅分2层（图一〇六；图版九七，1）。

北　　　　　　　　　　　　　　　　　　　　　　　　　　　南

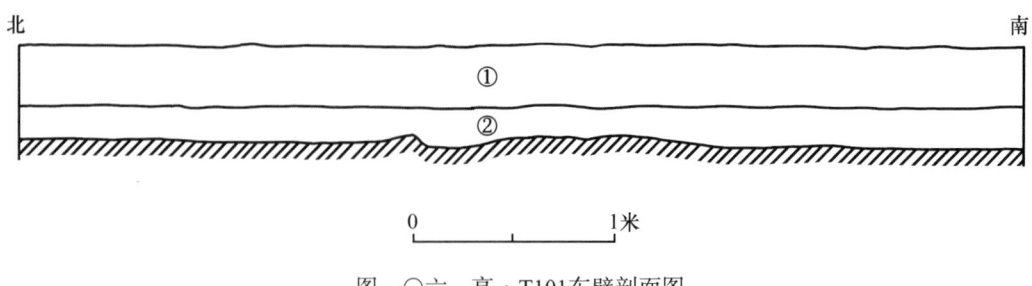

0　　　1米

图一〇六　高·T101东壁剖面图

第1层：耕土层。土色灰褐，沙性土，质松软。厚约0.3米。其内包含大量的植物根系和现代垃圾。出土陶瓷片，其中陶片体积较小，均为素面，可辨器形有熏罐。瓷片多为青花类口沿残片。

第2层：扰土层。土色黄褐，黏土，质硬。距地表深0.3、厚0.1~0.2米。满方分布。出土陶、瓷片及砖瓦残片。其中陶片均为素面，瓷片有青花、青瓷两类，器形难辨；此外还出土一定数量的褐釉生活类器具，釉面粗糙。

该层为清代扰动层。

第2层以下为浅黄色黏土层，质硬，土色纯净，未见包含物，为生土层。

（二）高·T102地层堆积

高·T012地层堆积可分6层（图一〇七；图版九七，2）。

第1层：耕土层。土色深灰，土质松散。厚0.16~0.2米。包含物多为植物根系及现代垃圾。

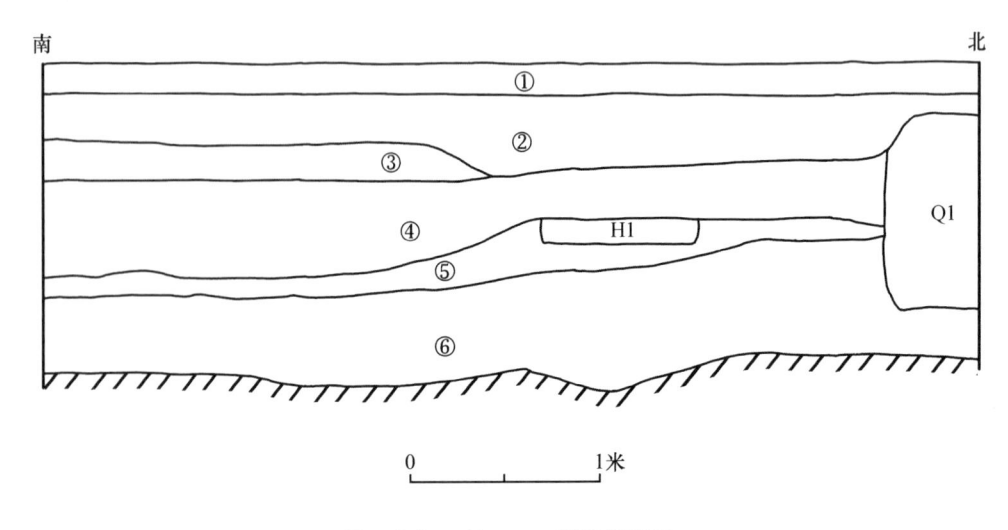

南　　　　　　　　　　　　　　　　　　　　　　　　　　　北

0　　　1米

图一〇七　高·T102西壁剖面图

第2层：扰土层。土色呈浅灰，土质松散。距地表深0.16~0.2、厚0.06~0.42米。整方分布，堆积南厚北薄。该层包含物较多且杂乱无序，主要见有褐釉厚胎类器具，如缸、盆、罐等；其次有一定数量的青花瓷片，可辨器形有碗、杯、盘等；仅发现少量的青釉瓷片，可辨器形有碗、高足杯。从青花瓷器的特征来看，该层应为清代扰动层。

该层下发现水渠遗迹（高·Q1）。

第3层：土色灰黄，质硬。距地表深0.2~0.48、厚0~0.46米。除探方西北侧未分布外，其余均有分布，东北部堆积较厚，东南部略薄。出土遗物主要为砖瓦块，其次有夹砂陶片，少量的青釉碗残片，以及褐釉厚胎类器具等。

第4层：土色浅黄夹褐斑，土质致密坚硬。距地表深0.5~0.72、厚0.24~0.5米。该层出土遗物极少，仅见器物残片8片，器形有板瓦、砖块以及褐釉厚胎器。

该层下发现灰坑遗迹（高·H1）。

第5层：土色黄褐夹红褐斑，土质致密较硬。距地表深0.8~1.1、厚0~0.42厘米。除探方西北角被水渠打破外均有分布，东南角堆积较厚，包含物较多，主要有残砖瓦、陶片、青釉瓷片、青白釉瓷片、青花瓷片。陶片多为褐釉厚胎类器具，可辨器形有缸、罐、盆等，其次有夹砂红陶类熏罐等；青瓷片中可辨器形有碗、壶等，青白釉瓷片主要见有盘，另外还有极少量的青花瓷片，器形难辨。

第6层：土色青灰，土质黏软，湿度大。距地表深1.02~1.46、厚0.16~0.62米。满方分布，北部较厚，南部较薄。该层出土遗物较多，分布零散。主要有残砖瓦、陶片、青花瓷片及少量青釉瓷片、青白釉瓷片。陶片中多为褐釉厚胎类生活用具，如缸、罐、盆等，其次有部分夹砂红陶，可辨器形有罐、熏炉等；青花瓷器可辨器形有碗、高足杯；青釉、青白釉类瓷片中可辨器形有碗、盘、器盖等。

第2~6层从出土遗物来看，褐釉厚胎类生活器具一以贯之，各层虽然均有少量宋元时期遗物出土，但第6层依然出土明清时期青花，应皆是明清时期长期生活扰动所致。

第6层以下为青灰色淤土层，该层土质细密，土色纯净，未见包含物，为生土层。

三、发现遗迹

高尚宅遗址试掘过程中，仅在高·T102内发现水渠（编号高·Q1）和灰坑（编号高·H1）遗迹各1处（图一〇八）。

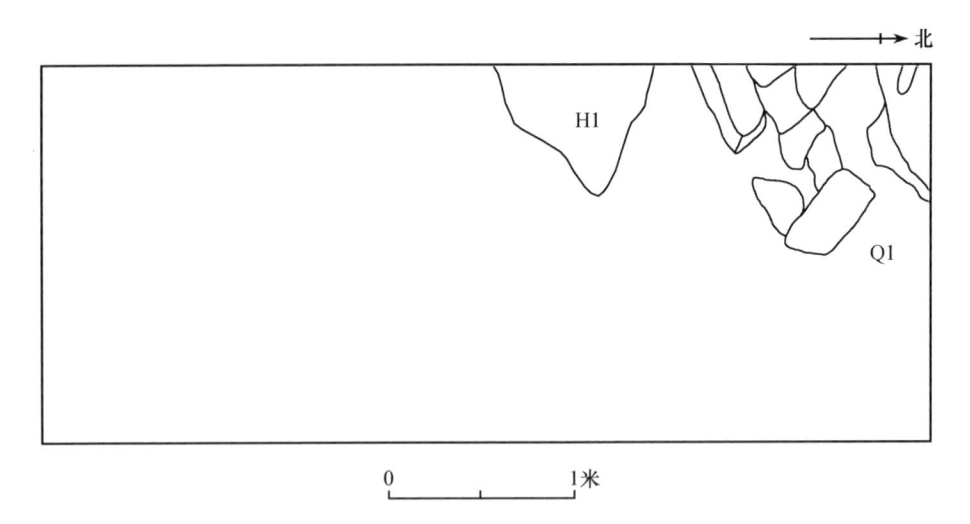

图一〇八　高·H1、高·Q1平面分布示意图

（一）高·Q1

高·Q1分布于高·T102西北角，开口于第2层下，距地表深0.26米，打破第3～5层。平面呈不规则长条形，方向60°。清理部分长0.94、宽0.4、深0.6米。水渠两壁采用石块砌筑，其中北侧渠壁上部损毁，下部三层扁平石板逐层叠砌，较为规整。南侧渠壁石块较为散乱，石块大小不一。水渠底部有石板铺垫（图一〇九；图版九七，3）。

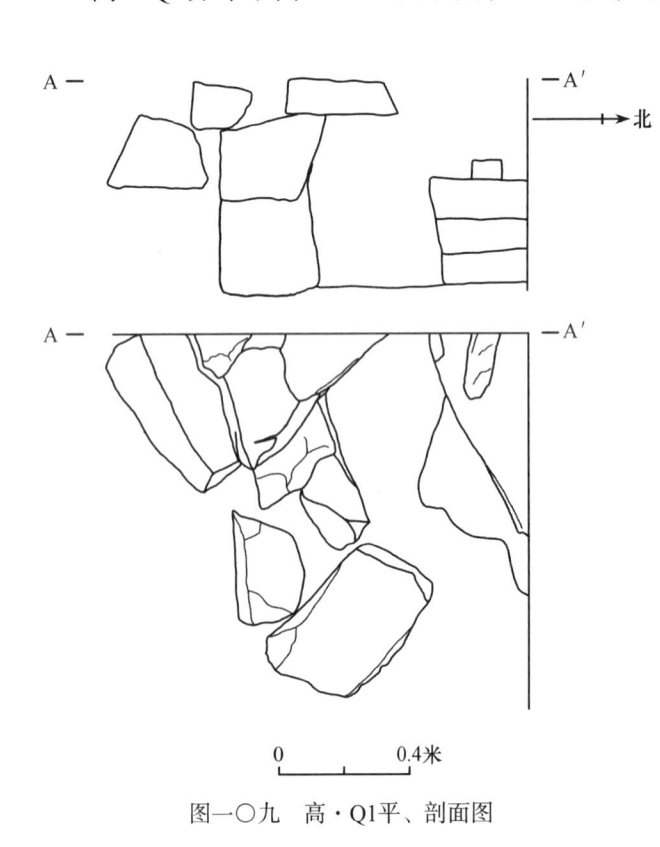

渠内堆积为灰褐色土，质松软。包含物有碎石块、砖瓦块及粗瓷器。其中砖瓦块多为素面灰陶，有少量外饰细绳纹的板瓦残片；粗瓷釉面粗糙无光，灰色胎，褐色釉，可辨器形有缸、罐等。

图一〇九　高·Q1平、剖面图

（二）高·H1

高·H1分布于高·T102中北部，紧靠西壁，局部外延至探方外。开口于第4层下，距地表深0.8米，打破第5层。灰坑平面形状不规整。清理部分长0.86、宽0.7、深0.05～0.12米。坑壁较直，坑底呈斜坡状，未发现人工处理痕迹，应是自然状态下形成的坑（图一一〇；图版九七，4）。

坑内堆积为灰黑色土，质松软，夹杂颗粒物。坑内包含物较少，有内衬布纹的板瓦残片、素面红陶片、褐釉粗瓷片及青灰釉青瓷残片。包含物皆细碎，器形大多不可辨识。

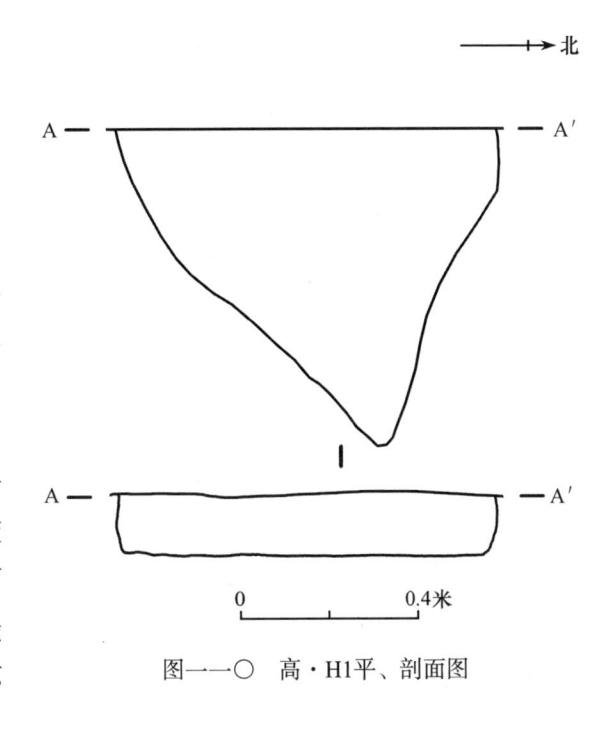

图一一〇 高·H1平、剖面图

四、出土遗物

高尚宅地块试掘共出土遗物21件（见附表三）。依遗物年代早晚分别介绍如下。

（一）宋元时期遗物

1. 瓷器

3件。皆为碗底。

高·T102⑤：2，弧腹，圈足，底胎厚重，内外底心凸起，内底刮釉。内外施青釉，有开片。灰白色胎较纯净致密。底径6、残高3厘米（图一一一，1；图版九八，1）。高·T102⑥：1，弧腹，圈足内敛，内外底心微凸，足跟刮釉。釉色青翠，釉层较厚，有开片。外底心墨书"东"字。白色胎较纯净致密。底径5.3、残高3.4厘米（图一一一，2；图版九八，3、4）。高·T102⑤：1，弧腹，圈足。腹壁刻划折扇纹。器身内外施青黄色釉，外壁釉不及底。胎色灰。底径5.7、残高3.5厘米（图一一一，3；图版九八，2）。

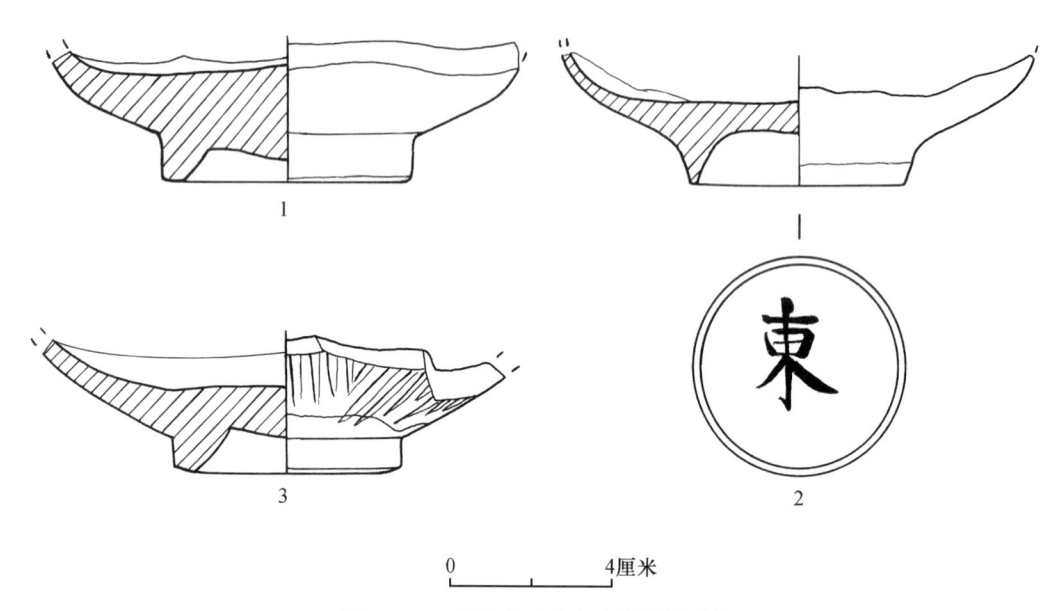

图一一一　高尚宅地块出土宋元瓷碗底
1. 高·T102⑤：2　2. 高·T102⑥：1　3. 高·T102⑤：1

2. 铜钱

1件。高·T102⑥：2，熙宁元宝。直径2.5、厚0.1厘米（图一一二；图版九九，1）。

图一一二　高尚宅地块出土宋元铜钱

（二）明清时期遗物

1. 瓷器

12件。均为青花瓷器，见有碗、杯、盘等类。

碗　4件。分二型。

A型　2件。敞口外撇，弧腹，圈足。高·T102②：2，胎色灰白，圈足内外壁沾有泥点。青白色釉，外壁青花艳丽，内壁浅淡。口内双弦、下腹双弦，口外一弦、足一弦、底心双弦，外壁腹部饰花卉纹。口径14.3、底径6.5、高6.6厘米（图一一三，1；图版九九，2）。高·T102②：6，白胎，青白色釉。青花明艳。口内一弦、下腹双弦，口外一弦、下腹双弦、足双弦，外壁上腹部饰花卉纹、近圈足处饰一周莲瓣纹，莲瓣纹上釉面戳印出一"鸿"字。口径15.4、底径7、高7厘米（图一一三，2；图版九九，3）。

B型　2件。敞口外撇，弧腹，圈足较小，足跟刮釉。胎色白，釉色白，青花明艳。高·T102②：4，口内双弦、下腹双弦，口外双弦、足双弦，腹部饰花草、莲蓬

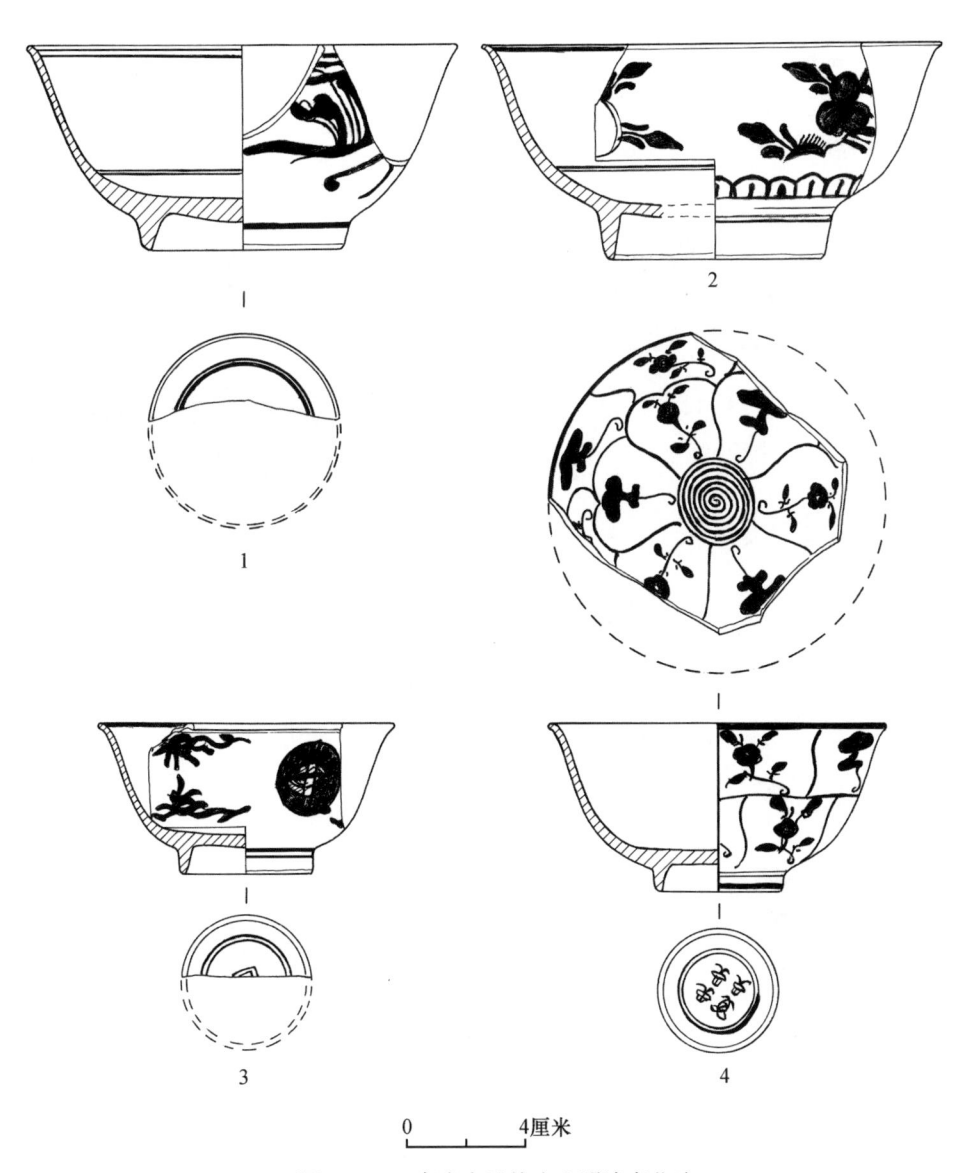

图一一三　高尚宅地块出土明清青花碗
1、2.A型（高·T102②：2、高·T102②：6）　3、4.B型（高·T102②：4、高·T102②：10）

纹，外底心有双圈方款。口径9、底径4.5、高5厘米（图一一三，3；图版九九，4、5）。高·T102②：10，足双弦，器壁内外饰双层灵芝纹，内底心饰涡旋纹，外底心有双圈花押。口径11.1、底径4.2、高5.7厘米（图一一三，4；图版九九，6~8）。

杯　5件。不分型。高·T102②：1，敞口，斜直腹，圈足深挖，足跟刮釉。胎色灰白，釉色青白。青花暗浊。外壁饰瑞草纹。口径6.3、底径3、高3.8厘米（图一一四，1；图版一〇〇，1）。高·T102②：7，敞口外撇，弧腹，圈足，足跟刮釉。胎色白，釉色灰白。青花暗浊。口内双弦、下腹双弦，内底饰瑞草纹，口外双弦、足一弦，腹壁饰花草纹。口径7、底径3、高4厘米（图一一四，2；图版一〇〇，3、4）。高·T102②：8，敞口外撇，弧腹，圈足较浅，器身满釉。胎色白，釉色青白。青花明艳。口外一弦、足一弦，腹壁饰缠枝花卉纹。口径6.7、

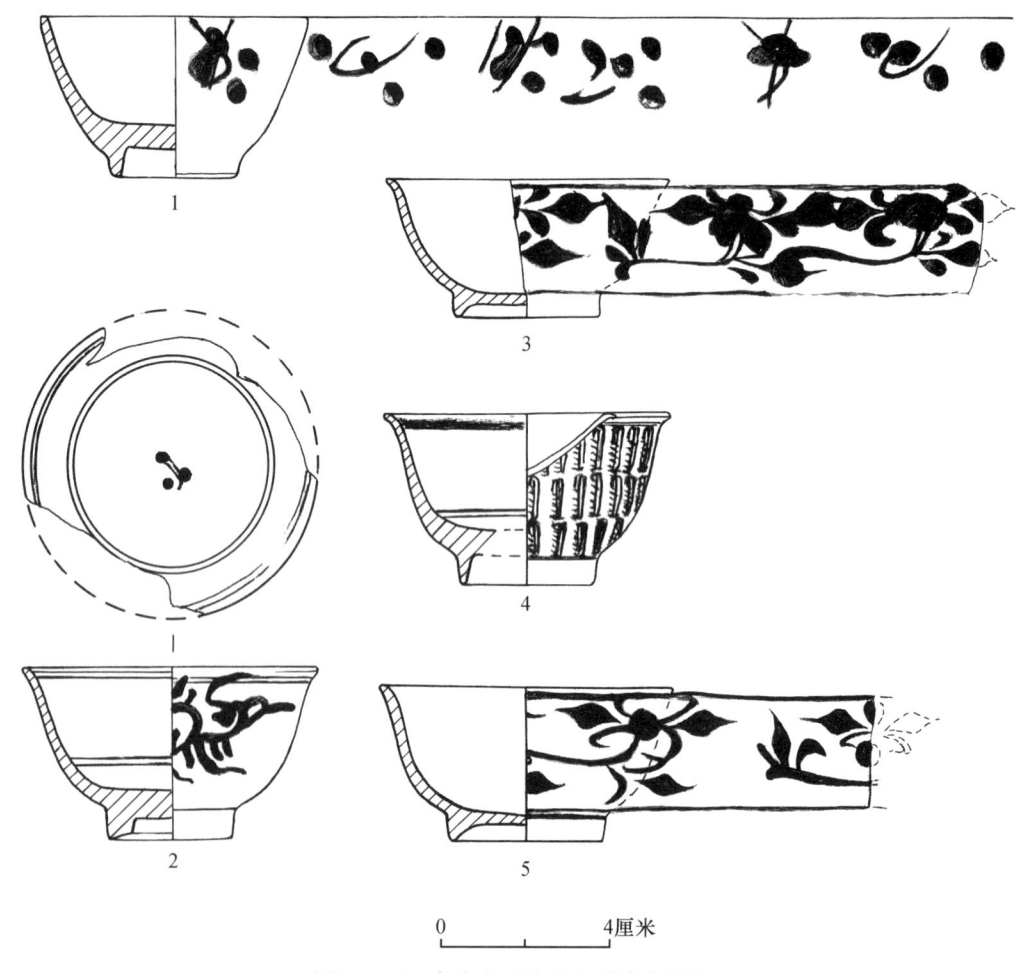

图一一四　高尚宅地块出土明清青花杯
1. 高·T102②：1　2. 高·T102②：7　3. 高·T102②：8　4. 高·T102②：9　5. 高·T102②：11

底径3.4、高3.2厘米（图一一四，3；图版一〇〇，2）。高·T102②：9，敞口外撇，弧腹，圈足，足跟刮釉，足壁较厚。胎色白，釉色青白。青花暗浊。口内双弦、下腹双弦，口外双弦、足一弦，腹壁饰三层梵文。口径6.8、底径3.1、高4厘米（图一一四，4；图版一〇〇，5）。高·T102②：11，敞口外撇，弧腹，圈足，圈足较浅，器身满釉。胎色白，釉色青白。青花明艳。口外双弦、足双弦，腹壁饰花卉纹。口径6.8、底径3.1、高4厘米（图一一四，5；图版一〇〇，6）。

盘底　1件。高·T102②：12，残。浅圈足，足跟刮釉。胎灰白，釉色青白。青花暗浊。内壁下腹饰单周弦纹，其上有花草纹，内底饰折枝花卉纹，外壁足肩饰单周弦纹，底心饰单周弦纹，内有花押。底径9.5、残高1.5厘米（图一一五，1；图版一〇一，1、2）。

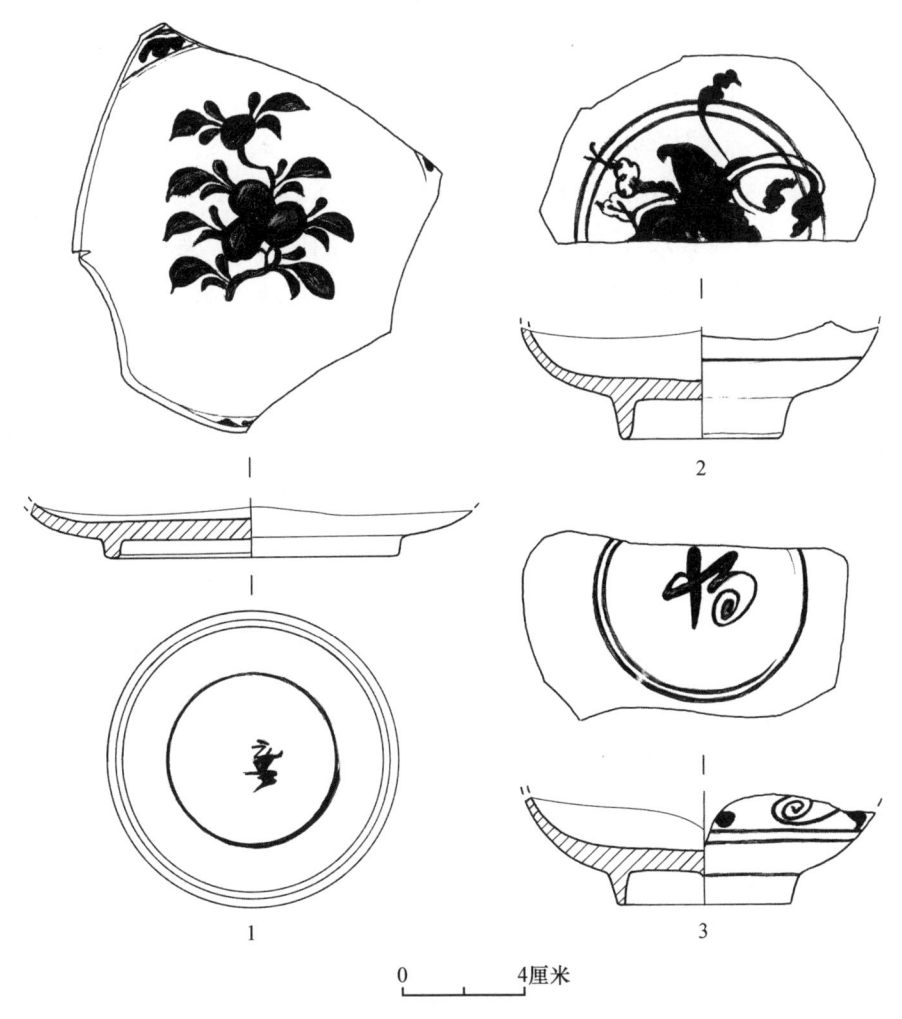

图一一五　高尚宅地块出土明清青花盘底、碗底
1. 盘底（高·T102②：12）　2、3. 碗底（高·T102⑥：6、高·T102⑥：7）

碗底　2件。高·T102⑥：6，灰胎，釉色清灰，有开片。圈足内壁及外底不施釉。青花暗浊。内壁下腹饰双弦，内底饰花卉纹，外壁下腹一弦。底径5.5、残高3.5厘米（图一一五，2；图版一〇一，3、4）。高·T102⑥：7，灰白胎，釉色青白。圈足内壁及外底不施釉。青花暗浊。内壁下腹双弦，内草书"福"字，外壁下腹双弦、足一弦，外壁腹部饰花卉纹。底径5.7、残高3.5厘米（图一一五，3；图版一〇一，5、6）。

2. 陶器

5件。见有盆、缸、罐等类。

盆　1件。高·T102②：5，敛口，圆唇，斜直腹，平底内凹。腹壁有指窝痕。呈红色胎夹细砂，胎体厚重。器表内外刷青釉。口径24、底径11.3、高8厘米（图一一六，1；图版一〇二，1）。

缸口沿　3件。胎体厚重，夹粗砂。高·T102⑥：3，残。夹砂红陶。敛口，宽平沿，直弧腹。口径48.8、沿面宽3.2、残高10.4厘米（图一一六，2；图版一〇二，2）。高·T102⑥：4，敛口，沿内卷，胎体厚重，夹粗砂。口径55、残高8厘米（图一一六，3；图版一〇二，3）。高·T102⑥：5，残。直口，平沿，

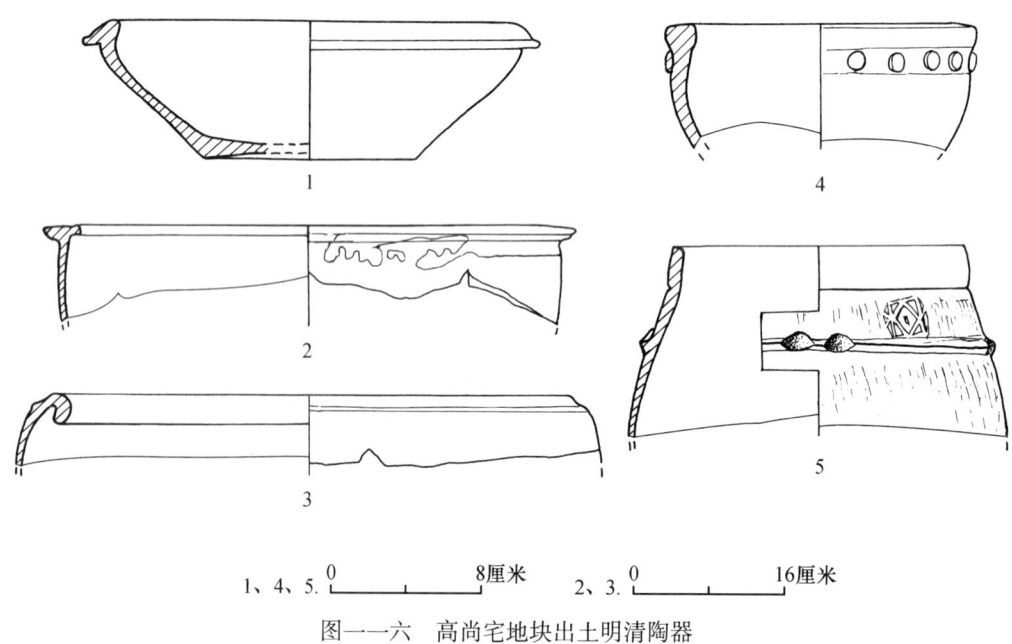

图一一六　高尚宅地块出土明清陶器
1. 盆（高·T102②：5）　2~4.缸口沿（高·T102⑥：3、高·T102⑥：4、高·T102⑥：5）
5. 罐口沿（高·T102②：3）

弧腹。唇部下饰一周较宽的凹楞，凹楞内饰乳钉。口径16.5、残高6.5厘米（图一一六，4；图版一〇二，4）。

罐口沿　1件。高·T102②：3，直口，高领，弧腹。夹砂红陶。领下饰凹弦纹，上腹部捏置一周花边，有戳印，腹部饰直线纹。口径16、残高10厘米（图一一六，5；图版一〇二，5）。

第三节　悬慈村地块

一、发掘概况

悬慈村地块北邻鄞江，与古城畈隔江相望，东邻清源溪、狮子山，南侧为金山、带领岙等山区，西侧为悬慈村居民区。该地块地势平坦，为沙性土壤，地表多种植浙贝等经济作物（见图版一〇；图版一一，3）。

2015年度的发掘工作中，我们在该地块布设了三条探沟，分别编号为2015·悬·T101、2015·悬·T102和2015·悬·T103（以下简称悬·T101、悬·T102和悬·T103）。其中，悬·T101位于该地块西北，濒临鄞江，探沟方向40°；悬·T102位于该地块西北部，临近清源溪，地势较低，探沟方向120°；悬·T103位于该地块西南，临近悬慈村居民区，探沟方向330°。探沟规格均为2米×5米，共完成试掘面积30平方米（图一一七）。

二、地层堆积

悬慈村地块地层堆积的形成受鄞江、清源溪等河流带来淤沙影响较大，人类在此活动时代较晚。除悬·T102因濒临清源溪受水流冲击地层堆积稍复杂外，其余地块堆积相对简单。现分别介绍如下。

（一）悬·T101地层堆积

悬·T101地层堆积可分3层（图一一八；图版一〇三，1）。

第1层：耕土层。土色浅黄，土质松散。厚0.1~0.15米。整方分布。内含大量现代生活垃圾及少量青花瓷残片。

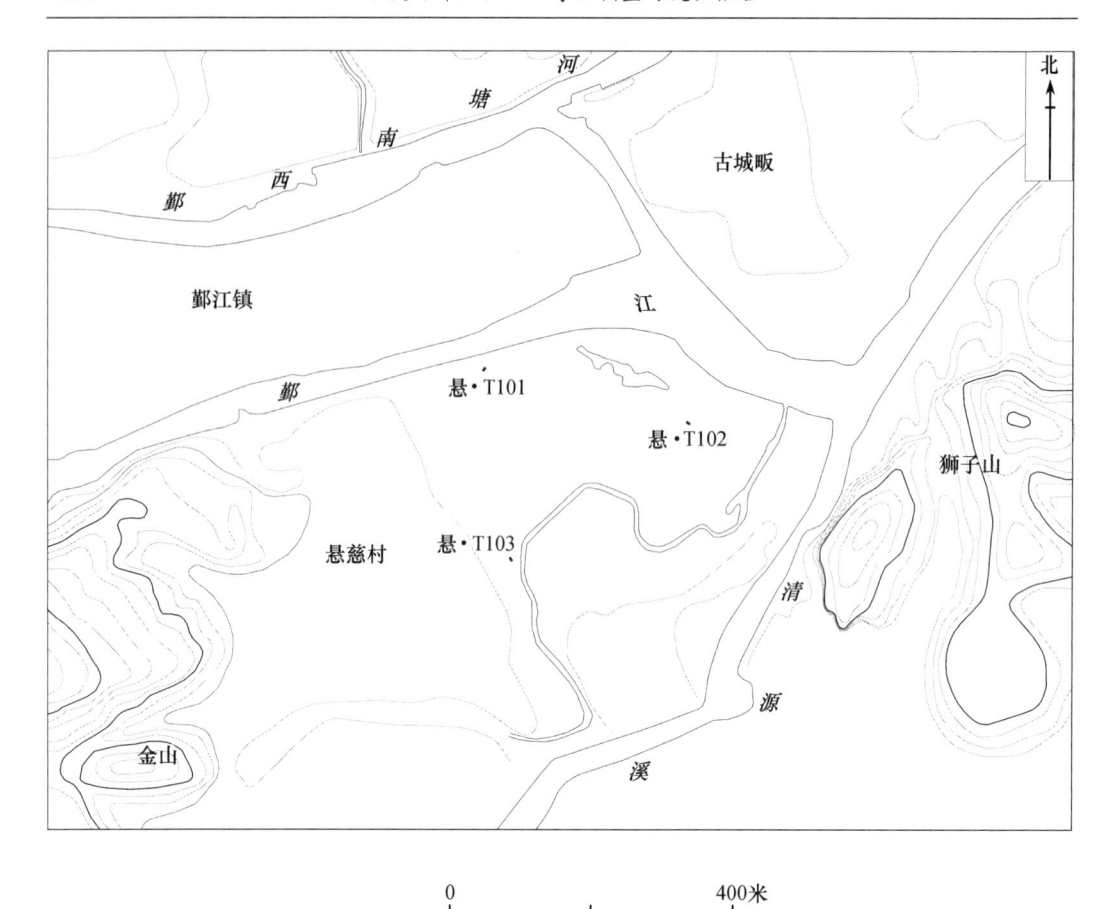

图一一七 悬慈村地块试掘探沟分布示意图

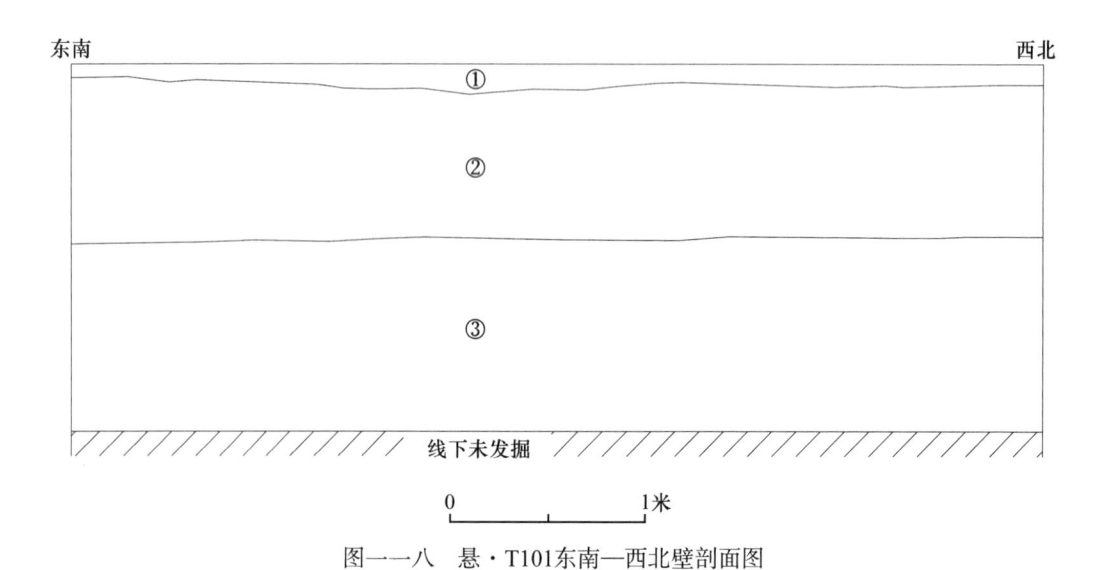

图一一八 悬·T101东南—西北壁剖面图

第2层：浅灰褐色沙土层。土质稍硬。距地表深0.1～0.15、厚0.75～0.8米。整方分布。该层出土遗物较少，主要有青花瓷残片，可辨器形有碗；其次有褐釉类生活器具、瓦片；青釉类瓷片仅发现数片。

第3层：浅黄色淤沙层。该层质地极松散。距地表深约0.9米。为防止塌方，仅发掘1米深度。在该层上部还出土少量的青花瓷残片、褐釉类生活器具残片等，下部已不见有遗物出土，自发掘面向下勘探2米，皆为纯净的淤沙层。

（二）悬·T102地层堆积

悬·T102地层堆积可分5层（图一一九；图版一〇三，2）。

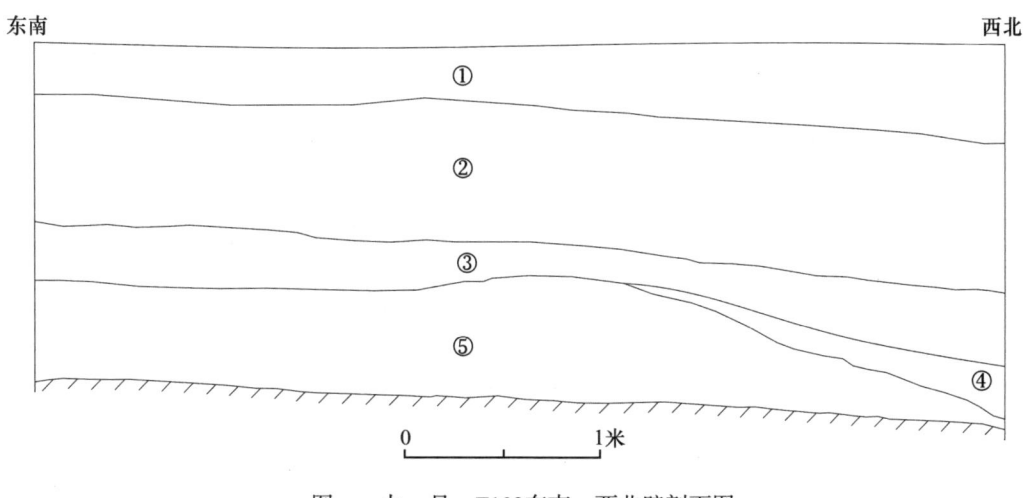

图一一九　悬·T102东南—西北壁剖面图

第1层：耕土层。土色灰褐，土质松散。厚0.25～0.5米。整方分布。该层内含大量现代生活垃圾和植物根系。

第2层：浅灰褐色沙土层。土质松散。距地表深0.25～0.5、厚0.5～0.75米。北部稍厚，整方分布。该层较为纯净，未见出土遗物。

第3层：浅黄褐色沙土层。土质松散。距地表深0.9～1.25、厚0.16～0.36米。北部较厚，自南向北呈坡状堆积，整方分布。该层出土少量瓦片及零星青花瓷残片。

第4层：青灰色淤土层。土质致密。距地表深1.2～1.6、厚0～0.4米。除探方东南部外皆有分布。该层较为纯净，未见出土遗物。

第5层：砂石层。质地松散。距地表深1.15～1.9、厚0～0.65米。该层主要分布在探方南部，自西北向东南趋厚。该层出土较多的瓦片，少量的褐釉类生活器具和青花瓷片，此外还出土极少的青釉瓷片和原始瓷残片。青花瓷片中可辨器形有碗、杯两类，原始瓷为碗残片。

第5层下为细淤沙层，土层纯净，未见包含物，应为生土层。

（三）悬·T103地层堆积

悬·T103地层堆积可分3层（图一二〇；图版一〇三，3）。

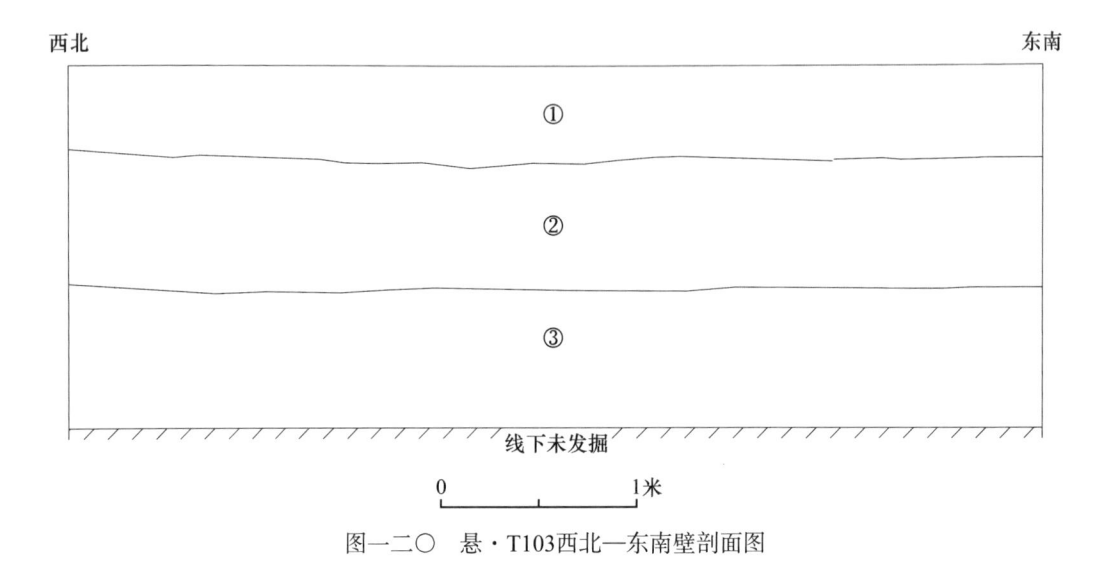

图一二〇　悬·T103西北—东南壁剖面图

第1层：耕土层。土色浅黄，土质松散。厚0.4～0.5米。整方分布。内含大量现代生活垃圾及少量青花瓷残片。

第2层：浅灰褐色沙土层。土质较硬。距地表深0.4～0.5、厚约0.65米。该层出土零星青花瓷，较为纯净。

第3层：浅黄色沙土层。土质松散，距地表深约1.1米，该层发掘深度0.72米，为防止坍塌，以下未做发掘，勘探显示，发掘面下约0.4米处为纯净的淤沙层。该层仅出土数枚陶片，此外还出土青釉碗残片。

三、出土遗物

悬慈村地块试掘仅出土遗物7件（见附表三），但年代跨度较大，依次介绍如下。

（一）春秋战国时期遗物

原始瓷杯　1件。悬·T102⑤：3，口微敞，扁鼓腹，饼足，足底内凹，有线拉痕。胎色白，泥质。器身施青翠色釉，多脱落。口径9.4、底径7、高2.9厘米（图一二一，1；图版一〇四，1）。

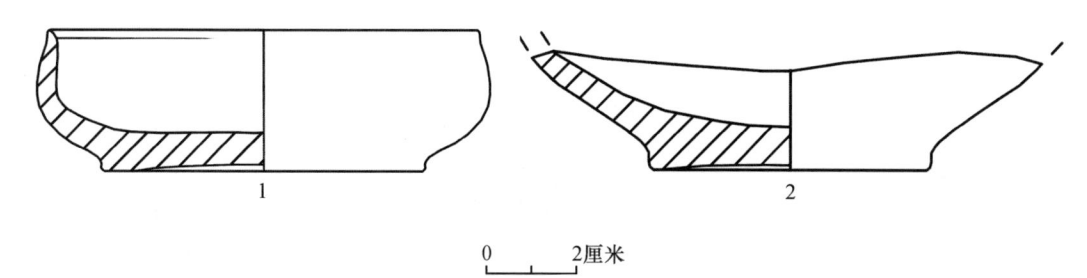

图一二一　悬慈村地块出土春秋战国、唐宋时期器物
1.原始瓷杯（悬·T102⑤：3）　2.青瓷碗底（悬·T102⑤：2）

（二）唐宋时期遗物

青瓷碗底　1件。悬·T102⑤：2，斜直腹，饼足，足底内凹。灰白色胎，器表施青釉。底径6、残高2.6厘米（图一二一，2；图版一〇四，2）。

（三）明清时期遗物

5件。皆为青花瓷器，见有罐、盘、碗等类。

罐　1件。悬·T101②：2，敛口，平沿，弧腹，浅圈足。胎色白，细腻质坚。釉色白，青花深暗。外壁沿下有一圈乳凸纹，腹部饰青花荷叶纹。口径8、底径6、高4.9厘米（图一二二，1；图版一〇四，3）。

盘底　1件。悬·T102⑤：4，残。弧腹，浅圈足。胎色灰白，细腻质坚。釉色青白，青花深暗。足单弦，外底心双弦，内底双弦。内腹壁及底心饰梵文，外壁纹饰不可辨识。底径10、残高2厘米（图一二二，2；图版一〇四，4）。

碗底　3件。悬·T101②：1，弧腹，圈足，足跟刮釉。胎色白，质坚。釉色青白，青花深暗。内壁下腹双弦，足双弦。内底饰折枝花卉纹，外壁饰灵芝纹，外底饰双圈花押。底径4、残高2.3厘米（图一二二，5；图版一〇五，1、2）。

悬·T101③：1，弧腹，圈足。胎色白，质坚细腻。釉色青白，青花色浅。内壁下腹单弦，足肩单弦，足壁双弦。内底饰鱼戏纹，外壁见有云气纹。底径5.3、残高2.5厘米（图一二二，3；图版一〇五，3、4）。悬·T102⑤：1，弧腹，圈足，足跟刮釉，足壁沾有泥点。胎色灰，质酥。釉色青，青花暗浊。足单弦，外底心双弦。内底饰花卉纹，外壁纹饰不可辨识。底径6、残高2.6厘米（图一二二，4；图版一〇五，5、6）。

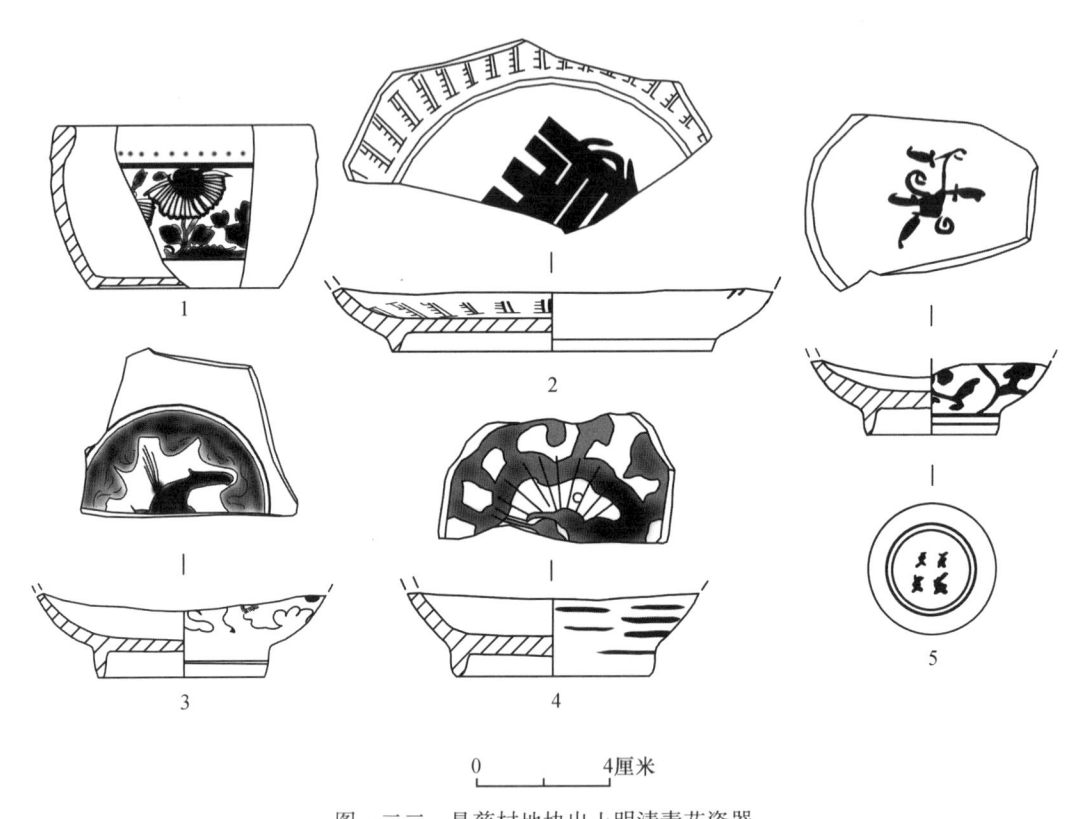

图一二二 悬慈村地块出土明清青花瓷器
1.罐（悬·T101②：2） 2.盘底（悬·T102⑤：4） 3~5.碗底（悬·T101③：1、悬·T102⑤：1、悬·T101②：1）

第五章　初步认识

无论是在以往公开发表的文章中，抑或是在本书前面章节涉及的内容里，我们都一再强调过，研究宁波地区古代城市的演变发展，宋代时的小溪镇（今宁波市海曙区鄞江镇一带）是一个不得不提的重要地点，"小溪（鄞江）"问题也是一个无法回避的问题。根据南宋以来部分志书记载，宋代时的小溪镇曾于东晋隆安四年（400年）或五年（401年）至唐代武德四年（621年）为句章县治、唐代武德四年（621年）至唐代武德八年（625年）为鄞州州治、唐代武德八年（625年）至唐代开元二十六年（738年）为鄮县县治、唐代开元二十六年（738年）至唐代大历六年（771年）为明州州治及其下辖鄮县县治、唐代大历六年（771年）至唐代长庆元年（821年）为明州州治、唐代长庆元年（821年）至后梁开平三年（909年）复为明州下辖鄮县县治。前后凡500余年间，句章、鄞州、鄮县、明州等多个州、县曾经相继或同时建治于此。

以上说法自南宋开始出现，但形成伊始便备受质疑，历代志书及现代研究均有持不同意见者。2016年，本书编著者曾在全国中文核心期刊《东南文化》上刊发了《唐代明州初治地望考辨》[1]一文，该文通过对相关文献的梳理和考辨，结合对考古发现与地理环境的分析认为，作为后来明州附廓县的鄮县，早在唐代武德八年（625年）废鄞州重置时，已治于今宁波城区三江口一带；唐代开元二十六年（738年）明州于鄮县设立时，其治所也设在三江口一带；唐代大历六年（771年）明州州治和鄮县县治不存在迁徙之举；唐代长庆元年（821年）的明州、鄮县治所互易事件，同样是在三江口一带发生。2021年，本书编著者又在《东南文化》上刊发了堪称"小溪"问题研究集大成者的《关于宁波古代城市发展中的"小溪"问题》[2]一文，该文在对相关史料进行辨析的基础上，结合包括本次考古项目在内的历年考古新发现和研究新成果，主要从早期文献、考古发现、地理环境三个层面条分缕析，以无可辩驳的事实证明，"小溪（鄞江）"之地历史上并未设置过任何县级以上的

---

[1] 许超、张华琴、王结华：《唐代明州初治地望考辨》，《东南文化》2016年第1期。
[2] 王结华：《关于宁波古代城市发展中的"小溪"问题》，《东南文化》2021年第4期。

治所，东晋末年（部分方志认为是东晋隆安四年即400年）迁移的句章县治和唐代武德四年（621年）设立的鄞州州治、唐代武德八年（625年）设立的鄮县县治、唐代开元二十六年（738年）设立的明州州治及其下辖鄮县县治，都是在今天的宁波城区三江口一带，与"小溪（鄞江）"之地没有任何关联。本书即以这两篇文章为基础，从早期文献不支持"小溪"说、考古发现不支持"小溪"说、地理环境不支持"小溪"说、无中生有的"大历移城"说四个层面，对此再作深入探讨。

第一节 早期文献不支持"小溪说"

一、南宋以来文献记载及其辨析

地方志书中关于"小溪（鄞江）"问题的记载十分芜杂，分别涉及句章、鄞州、鄮县、明州四座州、县治所。其中句章治于小溪镇这一说法出现的时间最早，也是"小溪（鄞江）"问题的主要源头所在。现存最早的宁波方志、成书于南宋乾道五年（1169年）的《乾道四明图经》云："古句章城，在县（指南宋时的鄞县，治今宁波城区三江口一带——编著者注）南六十里。"[1] 因是时鄞县有句章乡，也在"县南六十里"[2]，且小溪镇位于句章乡境[3]，嗣后志书遂多据此认为句章曾经设治或迁治于斯，并以之为基础，进而引申出鄞州、鄮县、明州亦曾设治或迁治小溪之事。

相关记载甚多且杂，现择民国以前部分文献记载列举如下：

> 古句章城，在县南六十里。
> ——《乾道四明图经》卷二《鄞县·古迹》[4]

> 句章城，在鄞县，本汉县。废城在县西。《元和郡县志》云在州西一里。颜注云在鄞县之

---

[1]（南宋）张津等纂：《乾道四明图经》卷二《鄞县·古迹》"古句章城"条，浙江省地方志编纂委员会编：《宋元浙江方志集成》第7册，杭州出版社，2009年，第2902页。

[2]（南宋）张津等纂：《乾道四明图经》卷二《鄞县·乡》"句章乡"条，浙江省地方志编纂委员会编：《宋元浙江方志集成》第7册，杭州出版社，2009年，第2889页。

[3]（南宋）方万里、罗濬纂：《宝庆四明志》卷十三《鄞县志卷第二·叙赋·镇市》："小溪镇句章乡，唐曰光溪镇。"浙江省地方志编纂委员会编：《宋元浙江方志集成》第8册，杭州出版社，2009年，第3381页。

[4]（南宋）张津等纂：《乾道四明图经》卷二《鄞县·古迹》，浙江省地方志编纂委员会编：《宋元浙江方志集成》第7册，杭州出版社，2009年，第2902、2903页。

句章乡。古句章城，在鄞县南六十里。

——《舆地纪胜》卷十一《两浙东路·庆元府·古迹》[1]

《史记正义》：句章故城在鄮县西一百里。此张守节以开元之鄮言之。《元和郡县志》：句章故城在今州西一里。此李吉甫以元和之明州言之。《后汉》注与《史记正义》同。《图经》：古句章城在鄞县南六十里。此今之地里也。《虞翻传》注：句章董黯。则慈溪乃汉句章之地。晋刘牢之东屯上虞，使刘裕戍句章。今鄞县有句章乡，盖自此乡及慈溪，皆句章境。古句章城在小溪镇。

——《延祐四明志》卷一《沿革考·辨证》王应麟"辨句章"条[2]

慈溪县，古句章地。《虞翻传》注：句章董黯，慈溪以黯得名。隋并鄞、鄮入句章。唐初置鄞州，复废为鄮县。则慈溪之地，前属句章，句章既废，则属鄮。开元二十六年，析鄮置慈溪。今鄞县有句章乡，古句章城在小溪镇，岂是乡亦句章境，抑鄮、鄞并入之时名之欤？

——《至正四明续志》卷一《沿革》[3]

句章城，汉为县，今为城。有二：一在鄞县西南四十五里通远乡；一在慈溪县西南十五里城山渡东。

——《大明一统志》卷四十六《宁波府·古迹》[4]

秦郡会稽，析其地为三县隶之。……一曰句章，以句余山而名，治在句章乡小溪镇，或曰姚江城山渡是也。

——《宁波府简要志》卷一《舆地志·因革》[5]

句章城，汉为县。今城有二：一在鄞县西南四十五里通远乡；一在慈溪县西南十五里城山渡东。

——《宁波府简要志》卷五《古迹志·古城》[6]

---

[1] （南宋）王象之撰：《舆地纪胜》卷十一《两浙东路·庆元府·古迹》，中华书局据道光二十五年刊本影印，1992年，第627页。

[2] （元）马泽修，袁桷纂：《延祐四明志》卷一《沿革考·辨证》，浙江省地方志编纂委员会编：《宋元浙江方志集成》第9册，杭州出版社，2009年，第3944页。

[3] （元）王元恭纂：《至正四明续志》卷一《沿革》，浙江省地方志编纂委员会编：《宋元浙江方志集成》第10册，杭州出版社，2009年，第4478页。

[4] （明）李贤等修，（明）万安等纂：《大明一统志》卷四十六《宁波府·古迹》，明天顺五年刻本。

[5] （明）黄润玉、孟清纂：《宁波府简要志》卷一《舆地志·因革》，宁波市地方志编纂委员会整理：《明代宁波府志》第八册，宁波出版社，2013年，第55页。

[6] （明）黄润玉、孟清纂：《宁波府简要志》卷五《古迹志·古城》，宁波市地方志编纂委员会整理：《明代宁波府志》第八册，宁波出版社，2013年，第246页。

隋平陈……并鄞、鄮为越州之句章地治在句章乡之小溪镇。后鄞州、鄮治同。……大历六年，鄮、翁山有袁晁之乱，不能讨复，遂废翁山不治，而鄮治原在鄮山因移之今郡治地即今府城地，县先立。穆宗长庆改元，遂以为明州治，而郡之治始定，鄮今鄞之附郭亦始此。

——《嘉靖宁波府志》卷一下《沿革》[1]

句章城，在今慈溪城山渡之东，春秋时越王句践所筑。其日城山，以句章之城在此山也。刘宋武帝讨海贼孙恩，改筑于小溪镇，故名其江曰鄞江，名其乡曰句章。《图经》所载句章城在鄞南六十里是也。故吾郡有两句章，遗址俱存。

——《嘉靖宁波府志》卷十九《古迹·句章城》[2]

句章城，府南六十里。志云：故城在今慈溪县界。晋隆安四年孙恩作乱，刘牢之等讨之，改筑句章城于小溪镇，即此城也。自刘宋及隋、唐句章县皆治此，开元中省入鄮县。

——《读史方舆纪要》卷九十二《浙江四·宁波府·鄞县》[3]

句章城，县西南三十五里城山渡东。……晋隆安四年刘牢之击孙恩，东屯上虞，使刘裕戍句章，既而裕改筑城于小溪镇，即今府西南故句章城。自晋以前句章县皆治此。

——《读史方舆纪要》卷九十二《浙江四·宁波府·慈溪县》[4]

至安帝时，孙恩乱海上，句章为其残破，由是改筑于小溪镇今小溪乡名句章，因此。刘牢之又于三江口筑城御贼见《晋书》，为今郡城所自始。而三县之名未尝更易也，宋、齐、梁、陈因之，通隶会稽。隋文帝开皇九年，平陈，改会稽郡为吴州，并鄞、鄮及余姚三县地入于句章，合为一县治仍在小溪，以隶于吴州，后又改越州。大业三年，复为会稽郡。唐高祖武德初，废句章，还余姚之地为姚州，以旧句章、鄞、鄮三县之地置为鄞州，不设县，其治在今郡城即刘牢之三江口所筑处，宝庆、成化、简要诸《志》皆云，然惟《嘉靖

---

[1] （明）周希哲、曾铨修，（明）张时彻等纂：《嘉靖宁波府志》卷一下《沿革》，宁波市地方志编纂委员会整理：《明代宁波府志》第一册，宁波出版社，2013年，第93~95页。

[2] （明）周希哲、曾铨修，（明）张时彻等纂：《嘉靖宁波府志》卷十九《古迹·句章城》，宁波市地方志编纂委员会整理：《明代宁波府志》第三册，宁波出版社，2013年，第1438、1439页。

[3] （清）顾祖禹撰，贺次君、施和金点校：《读史方舆纪要》卷九十二《浙江四·宁波府·鄞县》，中华书局，2005年，第4239页。

[4] （清）顾祖禹撰，贺次君、施和金点校：《读史方舆纪要》卷九十二《浙江四·宁波府·慈溪县》，中华书局，2005年，第4244页。

志》谓在小溪镇。八年，复废鄞州，以其地为鄮县，徙治育王山故鄮城，而郡为越州之鄮县地。据后袁晁之乱，移县治于今郡治，则是时县治应在古鄮城。若从宝庆、成化《志》谓武德时鄮县已在今郡城，则后袁晁乱时又何所移耶？《嘉靖志》则谓是时鄮县在小溪镇，夫既在小溪，又何时移于育王耶？况小溪乃句章旧城，既立县于此，何不移句章而移鄮耶？若谓是时在今郡城，至开元时分置州县始移鄮于育王，则自武德迄开元承平将百载，何故舍此而他徙耶？况既立明州于小溪，必不复徙鄮县于育王，又理之必然也。至《宝庆志》引《唐书·地理志》小江湖在南二里为据，而谓废鄞州为鄮县时已在今州治，则自古史官书法必据后之已定者书之。《唐书》成于宋人，正据长庆后既移郡城而言，宁得以是为证耶？愚按：武德之初，唐犹未混一天下，一时多置州郡，以异群雄，故有鄞州之建。至八年，则天下既定矣，于是厘制垂统，废州为县，复归旧治，此理之晓然著也。则县治之在古鄮城盖章章矣。明皇开元二十六年，从采访使齐澣奏，析鄮县之地为鄮、慈溪、奉化、翁山四县，别置明州统之，治故句章小溪镇，而州县始并建，不隶于越州矣。……穆宗长庆初，刺史韩察欲移州城，以白观察使薛戎，戎上言明州北临鄞江，地形卑隘，请移明州置于鄮县，从之，遂移鄮县为明州治，而郡治始定，鄮之附郭亦始此。

——《康熙宁波府志》卷一《沿革总论》[1]

句章城，一在慈溪城山渡之东，春秋时越王勾践所筑，其曰城山，以句章之城在此山也。刘宋武帝讨海贼孙恩，改筑于小溪镇，故名其江曰鄞江，名其乡曰句章，《图经》所载句章城在鄞南六十里是也。故吾郡有两句章，遗址俱存。

——《康熙宁波府志》卷二十九《鄞邑古迹》[2]

句章故城，有二。一为汉县，在慈溪县界。……晋改筑城于小溪镇，此城遂废。《括地志》：句章故城在鄮县西一百里。旧志：在今慈溪县西南三十五里城山渡东是也。一为晋县，在今鄞县南，晋隆安四年，孙恩作乱，刘牢之等讨之，改筑句章县于小溪镇，即此。《元和志》：句章城在明州西一里。旧志：晋句章城在鄞县南四十里小溪镇，即唐初鄮县治。大历六年，袁晁作乱，始移于今治。长庆初，始移州亦于鄮县治也。

——《大清一统志》卷二百二十四《宁波府·古迹》[3]

---

[1] （清）左臣黄、姚宗京等纂：《康熙宁波府志》卷一《沿革总论》，宁波市地方志编纂委员会整理：《清代宁波府志》第一册，宁波出版社，2014年，第124~126页。

[2] （清）左臣黄、姚宗京等纂：《康熙宁波府志》卷二十九《鄞邑古迹》，宁波市地方志编纂委员会整理：《清代宁波府志》第四册，宁波出版社，2014年，第3129页。

[3] （清）徐乾学等主修：《大清一统志》卷二百二十四《宁波府·古迹》，《四库全书》本。

古句章城，《舆地纪胜》：在鄞县南六十里。汉遣横海将军韩说出句章道，征南粤王，即此。《鄞县志》：古句章城在慈溪城山渡之东，越王勾践筑，其曰城山，以城在此山也。宋武帝讨孙恩，改筑于小溪镇，故名其江曰鄞江，名其乡曰句章，《图经》所载古句章城在鄞南六十里是也。故宁郡有两句章，遗址俱存。

——《雍正浙江通志》卷四十三《古迹五·宁波府》[1]

安帝时，孙恩乱海上，句章城残破，改筑于小溪镇<small>今小溪乡名句章，因此</small>。刘牢之又于三江口筑城御贼<small>见《晋书》</small>。按：三江口，即今府城外地。迄宋、齐、梁、陈，县治如故。隋文帝开皇九年，改会稽郡为吴州，并鄞、鄮及余姚三县地，合句章为一县<small>治仍在小溪</small>，以隶之，寻改为越州。大业三年，复为会稽郡。唐高祖武德四年，改会稽郡为越州，罢句章县，还余姚之地为姚州，以旧句章、鄞、鄮之地置为鄞州，不设县，其治在三江口<small>即刘牢之所筑处，旧志或云在小溪，误</small>。八年，复废鄞州为鄮县，徙治故鄮城<small>旧志或云即在三江口，误，观后袁晁乱时移治可见</small>，仍隶越州。明皇开元二十六年，从采访使齐澣奏，析鄮县之地为鄮、慈溪、奉化、翁山四县，别置明州统之，治故句章小溪镇，而州县始并建，不隶于越州矣。……大历六年，海寇袁晁据鄮、翁山二县，久不克复，遂废翁山不治，移鄮治于三江口以防之<small>即前鄞州治</small>。穆宗长庆元年，刺史韩察欲移州城，白观察使薛戎，戎上言明州北临鄞江，地形卑隘，请移明州置于鄮县，从之，遂以鄮县为明州治，而郡治始定，鄮县之附郭亦始此。

——《雍正宁波府志》卷二《建置·宁波府》[2]

句章古城，在城山渡之东，春秋时越王勾践所筑，其曰城山，以句章之城在此山也。按宋志云：句章，面江为邑，旧址尚存。汉地志云：句章，渠水东入海。今城山渡当即汉渠。东晋安帝时，孙恩由海道入寇，句章为所残破，遂改筑于鄞之小溪镇。合余姚、鄞、鄮为句章，历前五代至唐开元时，始析置慈溪，故鄞亦有句章古城焉。

——《雍正宁波府志》卷三十四《古迹·慈溪》[3]

---

[1]（清）嵇曾筠、李卫等修，（清）沈翼机等纂：《雍正浙江通志》卷四十三《古迹五·宁波府》，《四库全书》本。

[2]（清）曹秉仁等纂：《雍正宁波府志》卷二《建置·宁波府》，宁波市地方志编纂委员会整理：《清代宁波府志》第五册，宁波出版社，2014年，第3618～3621页。

[3]（清）曹秉仁等纂：《雍正宁波府志》卷三十四《古迹·慈溪》，宁波市地方志编纂委员会整理：《清代宁波府志》第八册，宁波出版社，2014年，第5939页。

在城山渡之东。春秋时越王勾践所筑，其曰城山，以句章之城在此山也。按宋志云：勾章，面江为邑，旧址尚存。汉地志云：勾章，渠水东入海。今城山渡当即汉渠。东晋安帝时，孙恩由海道入寇，句章为所残破，遂改筑于鄞之小溪镇。合余姚、鄞、鄮为句章，历前五代至唐开元时，始析置慈溪，故鄞亦有句章古城焉。

——《雍正慈溪县志》卷六《古迹·句章古城》[1]

古句章城尝在溪上，古鄮城不能接溪上也，而谓其二里而近，是以古句章之地望混于鄮也。

——《鲒埼亭集外编》卷四十七《奉答万九沙编修宁志纠谬杂目》"小江湖异同"条[2]

隆安四年，刘牢之击孙恩，东屯上虞，使刘裕戍句章，既而裕改筑城于小溪镇。《方舆纪要》。案：汉句章故城在慈溪县之城山渡，至是移治小溪，今小溪乡名句章，盖以此。自宋、齐讫梁、陈，句章皆治小溪。隋并三县入句章，县治仍在小溪。……又案：唐初鄞州，新、旧史及《寰宇记》皆不言其治所。《嘉靖志》谓在小溪，李、曹二《志》谓在三江口，即今府城外地，晋刘牢之所筑，未审谁是。至武德八年废州为鄮县，县治仍当在小溪。考《元和郡县志》云：鄮县，隋省入句章，武德八年再置，仍移理句章城。句章城即小溪城也。然则唐初之鄮县与汉之鄮县名同而实异，李《志》云徙治育王山故鄮城，特以意度之，不若《元和志》之可据。……又案：《元和郡县志》：明州管县四，而鄮为郭下县，又云句章故城在今州西一里，然则州、县治皆在小溪也。……大历六年，省翁山县《唐书·地理志》，是年移鄮治于三江口。曹《志》。案：乾道《图经》云：大历六年三月，海寇袁晁作乱于翁山，而鄮久弗能复，乃移治鄞。鄞东取鄮城财三十里，此鄮县徙治今城之始也。今考《通鉴》，代宗宝应元年十月，袁晁陷明州。广德元年四月，李光弼奏擒袁晁，浙东皆平。又阅四年，始改元大历。大历六年距晁就擒已逾十载矣，鄮为附郭之县，岂有久未能复之理？《图经》所言，殆非其实矣。当时县治之移，实以三江口据江海之冲，为善后之备，非因故城未复，而别立治也。诸志皆踵《图经》之伪，兹特援正史驳正之。长庆元年，浙东观察使薛戎上言，明州北临鄞江，

---

[1] （清）杨正筍修，（清）冯鸿模等纂：《雍正慈溪县志》卷六《古迹·句章古城》，清乾隆三年许炳增刻本。
[2] （清）全祖望撰：《鲒埼亭集外编》卷四十七《奉答万九沙编修宁志纠谬杂目》，《四部丛刊》本。

地形卑隘，今请却移郡于鄞县置，其元郡城近高处却安县，从之。《太平寰宇记》。

——《乾隆鄞县志》卷一《建置沿革》[1]

句章城，在鄞县南六十里。《乾道图经》。汉句章城在今慈溪县界，晋隆安四年孙恩作乱，刘牢之讨之，改筑城于小溪镇，即此城也。自刘宋及隋唐，句章县皆治此。《方舆纪要》。

——《乾隆鄞县志》卷二十四《古迹》[2]

唐高祖武德四年，……以旧句章、鄞、鄮之地置为鄞州，不设县，其治在三江口，即刘牢之所筑处。八年废鄞州为鄮县，徙治故鄮城（在贸山），仍隶越州。明皇开元二十六年（738年）从采访使齐浣奏，析鄮县之地为鄮、慈溪、奉化、翁山四县，别置明州统之，治故句章小溪镇，而州、县始并建，不隶越州矣。

——《四明谈助》卷十一《北城诸迹（三上）》"唐鄞州治"条[3]

出城南五十里，舟行水石间，一峰宛宛出林末，为小山；下为下溪，盖杨隋时（581~618年）小溪镇，古句章城废址在焉。

——《四明谈助》卷三十八《东四明正脉（下）》
"小山"条引明杨伯翼《小山望月》诗序[4]

在慈邑界，汉句章故城，春秋时越王句践所筑，在今城山渡之东。其曰"城山"，以句章之城在此山也。晋·安帝隆安四年（400年）孙恩由海道入寇，句章城为所残破。刘牢之讨之，使刘裕戍句章，改筑城于小溪镇，合余姚、鄞、鄮为句章；历前五代至唐初，皆在小溪。开元时（713~741年），始析置慈溪。王伯厚《七观》云："典午末造，妖寇鸱张，裕以豪英，往戍句章。"即《乾道图经》所谓"在县南六十里"者是也。故郡有两句章：一在城山，一在小溪，遗址俱存。

——《四明谈助》卷四十二《三江达海》"城山"条[5]

---

[1]（清）钱维乔修，（清）钱大昕纂：《乾隆鄞县志》卷一《建置沿革》，乾隆五十三年刻本。

[2]（清）钱维乔修，（清）钱大昕纂：《乾隆鄞县志》卷二十四《古迹》，乾隆五十三年刻本。

[3]（清）徐兆昺著，桂心仪、周冠明、卢学恕、何敏求点注：《四明谈助》卷十一《北城诸迹（三上）》，宁波出版社，2000年，第298、299页。

[4]（清）徐兆昺著，桂心仪、周冠明、卢学恕、何敏求点注：《四明谈助》卷三十八《东四明正脉（下）》，宁波出版社，2000年，第1221页。

[5]（清）徐兆昺著，桂心仪、周冠明、卢学恕、何敏求点注：《四明谈助》卷四十二《三江达海》，宁波出版社，2000年，第1422页。

距今鄞县之西南六十里，为古句章城，其递西一里，镇奠于外郭者，它山也。《方舆纪要》云，晋隆安四年，刘裕改筑句章城于小溪。

——《四明它山图经·山经》[1]

今鄞县有句章乡，自此乡及慈溪皆句章境。古句章城在小溪镇。《延祐志》。案曰：《方舆纪要》：隆安四年，刘裕戍句章，改筑城于小溪镇。据《宝庆志》，故城在慈溪县南城山，至是始移小溪。张守节云句章故城者，汉之句章城也。李吉甫所云句章故城者，宋、齐以后之句章城也。开元置明州，鄞为附郭。大历移鄮治，州未之移，开元之鄮治即元和之明州也。厚斋于二句章城混合为一，遂以鄞西百里之城，谓即州西一里之城，误矣。……安帝隆安四年，刘牢之击孙恩，东屯上虞，使刘裕戍句章。既而裕改筑城于小溪镇。《方舆纪要》。汉句章故城在慈溪县之城山渡，至是移治小溪。今小溪乡名句章，盖以此。自宋、齐讫梁、陈，句章皆治小溪。隋并三县入句章，县治仍在小溪。钱《志》。案曰：此所引《纪要》，在慈溪县句章城条，而鄞县句章城即裕所改筑者。《纪要》又云：自刘宋及隋唐，句章县皆治此。开元中省入鄮县。若并正史未尝一阅，可怪也。顾宛溪以地学名，而述宁波掌故，于唐初所省之句章，缓至开元，而又谓鄞州治鄮县，何愦愦耶！……唐高宗武德四年，始析句章县为鄞州。八年，废鄞州，为鄮县，隶越州。《乾道图经》。唐初鄞州，新、旧《史》及《寰宇记》皆不言其治所。《嘉靖志》谓在小溪，李、曹二《志》谓在三江口，即今府城外地，晋刘牢之所筑，未审谁是。至武德八年，废州为鄮县，县治仍当在小溪。考《元和郡县志》云：鄮县，隋省入句章。武德八年再置，仍移理句章城。句章城即小溪城也。然则唐初之鄮县与汉之鄮县名同而实异，李《志》云："徙治育王山故鄮县"，特以意度之，不若《元和志》之可据。钱《志》。案曰：鄞州之治，当在三江口。《新唐书·地理志》：析故句章县，置鄞州。言"析"者，未必置于故治也。又云：鄞州废，更置鄮县。言"更置"者，未必仍州治也。《元和志》云：鄮县隋省入句章，武德八年，再置，仍移理句章城。是由三江移小溪也。果如《嘉靖志》之言，鄞州本治小溪，何所谓"移理"乎？《乾道图经》：代宗大历六年，鄮移治鄞。鄞东取鄮城财三十里，其所谓鄞者，

---

[1] （清）姚燮撰：《四明它山图经》，宁波市鄞州区地方志编纂委员会编：《鄞州山水志选辑》第一册，宁波出版社，2009年，第145、146页。

武德之鄞州也。《成化志》亦云：鄮移治鄞，即武德四年所置鄞州，今宁波府是。鄮城即汉县，在阿育王山西、鄮山东者。今府治去彼亦三十里。《宝庆志》：鄞州治今府治，不误。而谓武德之鄮即治鄞州，反以大历移治一事，疑旧志失考，则谬矣。《系年录》。……代宗大历六年，移鄮治于三江口。曹《志》。《乾道图经》云：大历六年三月，海寇袁晁作乱于翁山，而鄮久不能复，乃移治鄮。鄮东取鄮城财三十里，此鄮县徙治今城之始也。今考《通鉴》，代宗宝应元年十月，袁晁陷明州。广德元年四月，李光弼奏擒袁晁，浙东皆平。又阅四年，始改元大历。大历六年，距晁就擒已逾十载矣。鄮为附郭之县，岂有久未能复之理？《图经》所言，殆非其实矣。当时县治之移，实以三江口据江海之冲，为善后之备，非因故城未复，而别立治也。诸志皆踵《图经》之讹，兹特援正史驳正之。钱《志》。案曰：《新唐书·地理志》：鄮县南二里，有小江湖。《宝庆志》谓即日湖，遂以唐初鄮治属诸今城。王厚斋据《九域志》，辨小江湖为它山堰，斥旧志之牵合。而《成化志》犹袭《宝庆》之误。果如所言，鄮治原在江口，何至大历而始移也。李《志》以为唐初鄮县还治鄮山，朱《志》亦云：复鄮山治。乃云小溪为句章旧城，县既治此，何不称句章，而称鄮？则汉初会稽实治吴门，何不称吴郡，而称会稽？此等建置，古人一时之权宜，岂能考其意旨？李《志》之言，亦迂而不达矣。《敬止录》引或说谓袁晁之乱，县既附郭，何不并徙州治？岂附郭之县被乱，而州不被乱乎？亦疑县治当在鄮山，至是始移江口。但以《唐书》考之，大历辛亥，袁晁之平已久，此时移县，实仿晋季筑城之故智，控扼冲要，多为之备，故州、县分建两城，以壮形势，何必并州而移之？其后长庆移州于县，县即移治于州，犹此意也。旧志承讹袭谬，皆谓鄮尚未复，绝非事实，当以钱《志》为据。若《嘉靖志》既云句章治小溪，鄮治同，及移治之时，又云"原在鄮山"，是尤骑墙之说矣。《系年录》。……长庆元年，刺史韩察欲移州城，以白浙东观察使薛戎。戎上言："明州北临鄞江，地形卑隘，请移州于鄮县置，而以州旧城近南高处置县。"从之。案：《宝庆志》原注："见《唐会要》及《移城记》。"

——《同治〈鄞县志〉》卷一《建置表·附考》[1]

---

[1]　（清）张恕等纂，张如安点校：《同治〈鄞县志〉》卷一《建置表·附考》，浙江人民出版社，2020年，第13~19页。

古句章城，在县南六十里。《乾道图经》。汉遣横海将军韩说出句章，道征东粤王，即此。《舆地纪胜》。隋时废鄞、鄮二县兼余姚之地，而统为一句章县，建治在今县南小溪它山之左，此隋之句章城也。若汉之句章，则在今慈溪县城山渡之东，名同而时与地则异。闻《志》。

——《同治〈鄞县志〉》卷六十一《古迹一·隋》[1]

按慈溪本名句章，古句章之境。……自周季迄汉晋，并治城山。东晋隆安间，移治于其南境小溪镇。

——《光绪慈溪县志》卷二《建置一·沿革表》[2]

查今甬山西南五里有三界庙，或称城隍庙，其左近之田亦有城里田、城外田之名，疑此即句章城故址。

——《光绪奉化县志》卷三十七《古迹》[3]

南朝句章移小溪，鄞、鄮如故。隋省鄞、鄮入句章，仍治小溪。故今小溪镇有句章乡名也。唐初置鄞州，治三江口，为今城建州之始。旋改鄮县，还治小溪，是唐初鄮县辖境甚广，实兼两汉鄮、鄞、句章三县之地也。开元建明州于小溪，析置奉化、慈溪、翁山今定海县三县，并鄮为四，而鄮为附郭。大历移鄮治三江口，州、县分二城，省翁山入鄮。长庆移州于鄮治，鄮却还小溪，其后复为附郭当在五代时州、县合治，而鄮亦改鄞。

——《鄞县通志》第一《舆地志》甲编《建置沿革·历代建置沿革考》[4]

鄮：秦，今鄞东有鄮郭，古鄮县城也（在育王山西，亦称鄮山）；汉魏晋，仍；东晋宋齐梁陈，仍；隋，省；唐，高祖时再置治小溪，代宗时移三江口，肃宗时建明州，鄮仍移小溪；宋，移明州于鄮故治，鄮为倚郭，或曰州移县未移，仍治三江口。句章：秦，今慈溪城山渡；汉魏晋，仍；东晋宋齐梁陈，孙恩乱，刘裕戍句章，改筑城于小溪镇（今鄞东三十

---

[1] （清）张恕等纂，张如安点校：《同治〈鄞县志〉》卷六十一《古迹一·隋》，浙江人民出版社，2020年，第1811页。

[2] （清）杨泰亨修，（清）冯可镛纂：《光绪慈溪县志》卷二《建置一·沿革表》，光绪十四年修，光绪二十五年校补，民国三年重印本。

[3] （清）李前泮修，张美翊等纂：《光绪奉化县志》卷三十七《古迹》，光绪三十四年刻本。

[4] （民国）张传保、赵家荪修，陈训正、马瀛纂：《鄞县通志》第一《舆地志》甲编《建置沿革·历代建置沿革考》，中国方志丛书·华中地方·第二一六号，据民国二十四年铅印本影印，1974年台湾成文出版社有限公司印行，第18、19页。

里）；隋，并治小溪；唐，析。

——《鄞县通志》第一《舆地志》己编《古迹·古城考略》[1]

依据以上史料可以看出，虽然部分方志秉持"骑墙"理念，左右逢源，并无个人观点，但认为句章、鄮州、鄞县、明州曾经迁治或设治小溪镇者依旧甚伙，且时间越晚拥趸越多，想象愈发丰富，"推理"愈发"精准"，甚至直接点明城址就在高尚宅、悬慈村、古城畈、凤凰山等地（相关记载参见本章第二节），读起来倒不似历史文献，而近乎演义故事、小说家言了。

当然，针对以上说法，历来亦皆不乏质疑乃至反对之声。譬如，关于东晋隆安年间（397~401年）句章迁治小溪镇一事，同样成书于南宋（始撰于宝庆三年即1227年，成书于绍定元年即1228年）、时间仅较《乾道四明图经》（成书于乾道五年即1169年）略晚的《宝庆四明志》即明确表示反对：

> 古句章县，在今县（指南宋时的慈溪县，治今宁波市江北区慈城镇——编著者注）南十五里，面江为邑，城基尚存，故老相传曰城山，旁有城山渡，西去二十五里有句余山，又有句余村。郭璞谓句余山在余姚北，句章南，二县因以为名，其实山在余姚东，句章西。旧经（指南宋《乾道四明图经》——编著者注）：古章城在鄞县南六十里。今鄞县之西南有句章乡。然按《汉书·地理志》：句章，渠水东入海。则所谓城山渡即其渠也。晋刘裕东讨孙恩，实戍句章，每战陷阵，贼乃退还浃口。是时孙恩泛海出没，御之当据要冲，而今句章乡乃在山间，必非戍守之地。乡名句章，特以其地素隶句章县故尔。

——《宝庆四明志》卷十七《慈溪县志卷第二·叙遗·存古》[2]

《天启慈溪县志》同样认为小溪镇"必非当戍守之地"，并不是一处合适的防守要地，因此刘裕不会选择在此防御孙恩。《乾道四明图经》之所以认为句章古城在鄞县南六十里，《元祐四明志》等书之所以认为句章古城在小溪镇，是因为"当

---

[1]（民国）张传保、赵家荪修，陈训正、马瀛纂：《鄞县通志》第一《舆地志》己编《古迹·古城考略》，中国方志丛书·华中地方·第二一六号，据民国二十四年铅印本影印，1974年台湾成文出版社有限公司印行，第1600页。

[2]（南宋）方万里、罗濬纂：《宝庆四明志》卷十七《慈溪县志卷第二·叙遗·存古》，浙江省地方志编纂委员会编：《宋元浙江方志集成》第8册，杭州出版社，2009年，第3486页。

时勾章尝并余姚、鄞、鄮三县,则鄞亦在封内,相传讹耳"。

> 昔刘裕东讨孙恩,戍于勾章,每战陷阵,贼乃退保浃口。《图经》载古勾章在鄞县南六十里,其南有勾章乡。是时孙恩泛海出没,御之当据要冲,若鄞之勾章在山谷间,必非当戍守之地。元志又谓勾章城在鄞之小溪镇。盖当时勾章尝并余姚、鄞、鄮三县,则鄞亦在封内,相传讹耳。
> ——《天启慈溪县志》卷五《古迹·句章古城》[1]

至于唐代武德四年(621年)设立的鄞州、唐代武德八年(625年)更置的鄮县,以及唐代开元二十六年(738年)设置的明州治于小溪镇之事,因分别迟至明代的《嘉靖宁波府志》和清代的《康熙宁波府志》才凭空出现,既未见志书作者经实地考察提供的确凿证据,也未见于更早的史料,自然更加难以令人信服。《康熙宁波府志》《雍正宁波府志》《乾隆鄞县志》《四明谈助》《同治〈鄞县志〉》《鄞县通志》《宁波市志》《宁波通史》等均对此或否定或存疑,特别是唐代武德四年(621年)至武德八年(625年)间所设之鄞州州治,多认为是在今宁波城区三江口一带而非"小溪(鄮江)"之地。陈丹正《隋唐时期宁波地区州县城址沿革三题》[2]、许超《宁波地区汉唐港城的考古学研究》[3]、王结华、许超、张华琴《句章故城若干问题之探讨》[4]、许超、张华琴、王结华《唐代明州初治地望考辨》[5]、许超、张华琴、王结华《浙江省宁波鄮江古城考古的主要收获与初步认识》[6]、王结华《从句章到明州——宁波早期港城发展的考古学观察》[7]、许超《明州府城的最初选址》[8]、王结华《关于宁波古代城市发展中的"小溪"问题》[9]诸文更是各从不同的角度,对此提出了不同的看法,一致认为从无任何县

---

[1] (明)李逢申修,(明)姚宗文等纂:《天启慈溪县志》卷五《古迹·句章古城》,明天启四年刻本。
[2] 陈丹正:《隋唐时期宁波地区州县城址沿革三题》,《中国历史地理论丛》第23卷第2辑,陕西师范大学,2008年。
[3] 许超:《宁波地区汉唐港城的考古学研究》,南京大学博士学位论文,2018年。
[4] 王结华、许超、张华琴:《句章故城若干问题之探讨》,《东南文化》2013年第2期。
[5] 许超、张华琴、王结华:《唐代明州初治地望考辨》,《东南文化》2016年第1期。
[6] 许超、张华琴、王结华:《浙江省宁波鄮江古城考古的主要收获与初步认识》,《南方文物》2015年第4期。
[7] 王结华:《从句章到明州——宁波早期港城发展的考古学观察》,《中国港口》2017年第S1期。
[8] 许超:《明州府城的最初选址》,宁波市海曙区政协文史委编:《甬城千年》,宁波出版社,2020年,第10~19页。
[9] 王结华:《关于宁波古代城市发展中的"小溪"问题》,《东南文化》2021年第4期。

级以上政区曾迁治或设治于"小溪（鄞江）"之地。

出现这一问题的原因，我们认为主要有以下几个方面。

一是晋末至隋唐之际，朝代更迭，兼之明（州）越（州）分设[1]，今宁波辖地内的行政区划调整频繁（隋代开皇九年即589年并句章、鄞、鄮、余姚四县为句章一县；唐代武德四年即621年废句章县，析置姚、鄞二州；唐代武德七年即624年废姚州，还置余姚县；唐代武德八年即625年废鄞州，改置鄮县；唐代开元二十六年即738年于鄮县置明州，初领鄮、慈溪、奉化、翁山四县；唐代广德二年即764年，象山县改属明州；唐代大历六年即771年废翁山县），但其治所时人或未做记录或语焉不详，以至后世志书作者难以确认。

二是部分治所弃置时间久远且地表迹象芜废，导致后世志书作者或已无法实地考证，或根本未做实地考证。

三是误将宋时小溪镇所在的句章乡当作古句章县治所在，先由南宋《乾道四明图经》得出了"古句章城，在县（指南宋时的鄞县，治今宁波城区三江口一带——编著者注）南六十里"[2]这一结论，再由南宋著名学者王应麟推衍出"古句章城在小溪镇"[3]这一结论，后又由其他志书相继引申出鄮县、鄞州、明州亦皆曾设治或迁治于小溪镇这些结论。缘于作为宁波现存最早方志的《乾道四明图经》，以及作为南宋著名学者之一的王应麟的双重影响力，导致这一说法影响甚广、流毒至今。

四是没有准确把握"鄞江"这一水系名称及其指向在不同历史时期的变化，仅据《唐会要》《太平寰宇记》等史料中的"明州北临鄞江"[4]这一记载，不加辨别地得出了明州初治于今鄞江镇的错误看法。关于这一点，下文再做详细解读。

---

[1] 相关记载可参见（唐）李吉甫撰，贺次君点校：《元和郡县图志》卷二十六《江南道二·明州》："开元二十六年，采访使齐澣奏分越州之鄮县置明州，以境内四明山为名。"中华书局，1983年，第629页；（后晋）刘昫等撰：《旧唐书·地理三》："开元二十六年，于越州鄮县置明州。"中华书局，2011年，第1590页；（北宋）欧阳修、宋祁撰：《新唐书·地理五》："明州……开元二十六年，采访使齐澣奏以越州之鄮县置，以境有四明山为名。"中华书局，2011年，第1061页。

[2] （南宋）张津等纂：《乾道四明图经》卷二《鄞县·古迹》"古句章城"条，浙江省地方志编纂委员会编：《宋元浙江方志集成》第7册，杭州出版社，2009年，第2902页。

[3] （元）马泽修，袁桷纂：《延祐四明志》卷一《沿革考·辨证》王应麟"辨句章"条，浙江省地方志编纂委员会编：《宋元浙江方志集成》第9册，杭州出版社，2009年，第3944页。

[4] （北宋）王溥撰：《唐会要》卷七十一《州县改置下·江南道》："长庆元年三月，浙东观察使薛戎上言：'明州北临鄞江，城池卑隘，今请移州于鄮县置，其旧城近南高处置县。'从之。"中华书局，1955年，第1273页；（北宋）乐史撰，王文楚等点校：《太平寰宇记》卷九十八《江南东道十·明州》："长庆元年，浙东观察使薛戎上言：'明州北临鄞江，地形卑隘，今请却移郡于鄮县置，其元郡城近高处却安县。'从之。"中华书局，2007年，第1958页。

五是部分志书在转抄过程中，或人云亦云，或臆测附会，或节略失当，或刊刻添误，因此难免谬漏百出，甚至自相矛盾。这也可谓是中国古代方志的一大通病。类似的例证委实太多，不胜枚举，从上文之记载紊乱状况即可见一斑。

六是鄞江镇一带自唐代大和七年（833年）修建它山堰以来，经过历代不断治理，逐步发展成为一方重镇、"四明首镇"。宋元以降，官府均在此地设有都酒务、税场、巡检司等派驻机构（相关记载参见本书第一章第二节之"文献辑录"），这里的商业活动遂日趋活跃，城镇建设也日趋繁荣，元人袁桷曾亲历其盛并在《鄞县小溪巡检司记》中这样形容道："其地三境交接，大江贯其中，群溪毕会，水清泠如明镜，岩峦拥秀，千篙竞发，碧瓦朱甍，翚甍鳞比，望之如神仙居。"[1] 这，或许也是当时和后来的志书作者误认为这里曾经建有州、县治所的原因之一。

二、南宋以前文献记载及其解读

事实上，关于句章、鄞州、鄮县治所和明州初治之所在，南宋以前的史料中并非完全没有蛛丝马迹可寻。列举如下：

> 会稽郡梁置东扬州。陈初省，寻复。平陈，改曰吴州，置总管府。大业初府废，置越州。统县四，户二万二百七十一。会稽，句章平陈，并余姚、鄞、鄮三县入。有太白山、方山。剡，诸暨。
>
> ——《隋书·地理下》[2]

> 武德四年于县（指隋代开皇九年并句章、鄞、鄮、余姚四县于一县的句章县——编著者注）立鄞州，八年废。开元二十六年，采访使齐澣奏分越州之鄮县置明州，以境内四明山为名。
>
> ——《元和郡县图志》卷二十六《江南道二·明州》[3]

> 鄮县，上。郭下。本汉旧县也，属会稽郡。隋平陈，省入句章。武德八年再置，仍移理句章城，后属明州。
>
> ——《元和郡县图志》卷二十六《江南道二·明州·鄮》[4]

---

[1] （元）袁桷撰：《清容居士集》卷十九《鄞县小溪巡检司记》，《四库全书》本。
[2] （唐）魏徵等撰：《隋书·地理下》，中华书局，2011年，第878页。
[3] （唐）李吉甫撰，贺次君点校：《元和郡县图志》卷二十六《江南道二·明州》，中华书局，1983年，第629页。
[4] （唐）李吉甫撰，贺次君点校：《元和郡县图志》卷二十六《江南道二·明州·鄮》，中华书局，1983年，第629页。

明州，今理鄞县。本会稽郡之鄞县，大唐开元中，分置明州，或为余姚郡，以境内四明山为名。

——《通典》卷一百八十二《州郡十二·古扬州下·余姚郡·明州》[1]

（长庆元年）三月丁酉朔，浙东奏移明州于鄞县置。

——《旧唐书·穆宗》[2]

明州上。开元二十六年，于越州鄞县置明州。天宝元年，改为余姚郡。乾元元年，复为明州，取四明山为名。天宝领县四，户四万二千二十七，口二十万七千三十二。在京师东南四千一百里，至东都三千二百五十里。鄞汉县，属会稽郡。至隋废。武德四年，置鄞州。八年，州废为鄞县，属越州。开元二十六年，于县置明州。奉化、慈溪、翁山，已上三县，皆鄞县地。开元二十六年，析置。

——《旧唐书·地理三》[3]

明州。开元二十六年七月十三日。析越州鄞县置。以秦昌舜为刺史。仍置奉化、慈溪、翁山等县。慈溪以房琯为县令。翁山以王叔通为县令。广德元年三月四日因袁晁贼废。长庆元年三月，浙东观察使薛戎上言："明州北临鄞江，城池卑隘，今请移州于鄮县置，其旧城近南高处置县。"从之。

——《唐会要》卷七十一《州县改置下·江南道》[4]

明州，余姚郡。今理鄞县。……唐开元二十六年析会稽之鄞县置明州，取境内四明山为名。天宝元年改为余姚郡。乾元元年复为明州。长庆元年，浙东观察使薛戎上言："明州北临鄞江，地形卑隘，今请却移郡于鄮县置，其元郡城近高处却安县。"从之。

——《太平寰宇记》卷九十八《江南东道十·明州》[5]

鄞县，汉旧县，居鄞山之阴，属会稽郡。至隋废。唐武德四年置鄞

---

[1]（唐）杜佑撰，王文锦等点校：《通典》卷一百八十二《州郡十二·古扬州下·余姚郡·明州》，中华书局，1988年，第4834页。

[2]（后晋）刘昫等撰：《旧唐书·穆宗》，中华书局，2011年，第486页。

[3]（后晋）刘昫等撰：《旧唐书·地理三》，中华书局，2011年，第1590页。

[4]（北宋）王溥撰：《唐会要》卷七十一《州县改置下·江南道》，中华书局，1955年，第1273页。

[5]（北宋）乐史撰，王文楚等点校：《太平寰宇记》卷九十八《江南东道十·明州》，中华书局，2007年，第1958页。

州，八年州废为鄮县，属越州。开元二十六年于县置明州。

——《太平寰宇记》卷九十八《江南东道十·明州·鄮县》[1]

明州余姚郡，上。开元二十六年，采访使齐澣奏以越州之鄮县置，以境有四明山为名。

——《新唐书·地理五》[2]

唐开元二十六年，采访使齐澣奏以越州之鄮县置，以望境有四明山为名。

——《舆地广记》卷二十三《两浙路下·明州》[3]

唐武德四年，以句章县置鄞州。八年州废，更置鄮县，属越州，开元中置明州。五代时改曰鄞县。

——《舆地广记》卷二十三《两浙路下·明州·鄮县》[4]

以上记载虽然简略且有重复，却可提供不少有用的信息：

1）隋初平陈（开皇九年，589年）后合余姚、鄞、鄮三县设置的句章县和唐代武德四年（621年）新设的鄞州、武德八年（625年）改设的鄮县，以及唐代开元二十六年（738年）分设的明州之间是一脉相承的。

2）唐代元和年间（806~820年）的句章旧治，即《元和郡县图志》中提到的"句章故城"，仅在当时的明州"州西一里"。《元和郡县图志》系唐代名相李吉甫所撰的一部可信度较高的地理总志，李吉甫又曾在贞元年间（785~805年）任过明州长史一职，因此这些记载应当是可信的。

3）唐代武德八年（625年）改置的鄮县县治，"仍移理句章城"，可见彼时的鄮县县治与句章旧治当在一处，其和后来明州州治的距离同样不会太远。这和《元和郡县图志》之"鄮县，上。郭下"（即鄮县为明州附廓县）及《通典》之"明州，今理鄮县"的记载也是相互吻合的。

4）唐代武德四年（621年），"于（句章）县立鄞州"，然仅四年之后即改为

---

[1] （北宋）乐史撰，王文楚等点校：《太平寰宇记》卷九十八《江南东道十·明州·鄮县》，中华书局，2007年，第1960页。

[2] （北宋）欧阳修、宋祁撰：《新唐书·地理五》，中华书局，2011年，第1061页。

[3] （北宋）欧阳忞撰，李勇先、王小红校注：《舆地广记》卷二十三《两浙路下·明州》，四川大学出版社，2003年，第654页。

[4] （北宋）欧阳忞撰，李勇先、王小红校注：《舆地广记》卷二十三《两浙路下·明州·鄮县》，四川大学出版社，2003年，第655页。

鄮县。鄮州州治何处？史料未明，以其仅存四年这一情况看，可能系直接利用句章旧治，至少也当与句章旧治和后来的鄮县、明州治所相距不远，否则有违常理。

5）唐代长庆元年（821年），明州州治与其附廓鄮县县治曾经互易，明州州治的地点，从此固定在今宁波城区鼓楼一带，这已为后来的文献记载和考古发现所公认；而鄮县既为明州附廓县，则其治所仍当与州治同在一城，不可能分治两处，更没有再迁到"小溪（鄞江）"这么遥远地方的道理。

基于以上分析出发，只要搞清楚隋代开皇九年（589年）至唐代武德四年（621年）的句章县治、武德四年（621年）至武德八年（625年）的鄮州州治、武德八年（625年）至开元二十六年（738年）的鄮县县治、开元二十六年（738年）至元和年间（806~820年）的明州州治中的任何一处，就可以确认其他治所的位置。这里以鄮县县治来说明：

鄮，今宁波地区初设四县之一，隋代开皇九年（589年）与鄞县、余姚县一同并入句章。唐代武德四年（621年）废句章县，立鄮州；武德八年（625年）又裁撤鄮州，更置鄮县。开元二十六年（738年）析鄮县地为鄮、奉化、慈溪、翁山四县，立明州。后梁开平三年（909年）改鄮为鄞，鄮县废。

关于隋代开皇九年（589年）以前的鄮县治所，志书记载是在"鄮山之阴"[1]"阿育王山之西、鄮山之东"[2]，虽然迄今具体位置不明，但其大体方位历来争议不多。关于唐代武德八年（625年）更置后的鄮县治所，虽然后世志书中有着"乃在今州治""仍当在小溪""徙治故鄮城"等不同说法[3]，但无疑以"乃在今州治"说最为可信。我们曾经对此做过详细考订[4]，此处不赘，其中采自南宋《宝庆四明志》所引之《鲍郎庙记》堪称确证："县（指南宋时的鄮县，治今宁波城区三江口一带——编著者注）南有鲍郎庙，记云：唐圣历二年，县（指圣历二年时的鄮县——编著者注）令柳惠古徙祠于县。是知初置鄮州，已治此，继废州为鄮县，不复在鄮山之东也。"[5]《乾道四明图经》中也有类似的记载："灵应庙，

---

[1] （北宋）乐史撰，王文楚等点校：《太平寰宇记》卷九十八《江南东道十·明州·鄮县》，中华书局，2007年，第1960页。

[2] （南宋）方万里、罗濬纂：《宝庆四明志》卷十二《鄮县志卷第一·叙县·沿革论》，浙江省地方志编纂委员会编：《宋元浙江方志集成》第8册，杭州出版社，2009年，第3348页。

[3] 参见王结华：《文献记载中的宁波古城》，宁波市文物考古研究所、宁波市文物保护管理所编著：《宁波文物考古研究文集（二）》，科学出版社，2012年。

[4] 参见许超、张华琴、王结华：《唐代明州初治地望考辨》，《东南文化》2016年第1期。

[5] （南宋）方万里、罗濬纂：《宝庆四明志》卷十二《鄮县志卷第一·叙县·沿革论》，浙江省地方志编纂委员会编：《宋元浙江方志集成》第8册，杭州出版社，2009年，第3348、3349页。

即鲍郎祠也，旧云永泰王庙，在州南二里半。……唐圣历二年，县令柳惠古徙祠于县。"[1] 唐代圣历二年为699年。仅此一条，即可否定小溪镇曾在唐代武德八年（625年）至开元二十六年（738年）为鄮县县治的说法，亦可坐实当年的鄮县治所就在南宋时期的鄞县县治和明州州治即今宁波城区三江口一带。

据上可知，无论是隋代开皇九年（589年）至唐代武德四年（621年）的句章县治、武德四年（621年）至武德八年（625年）的鄞州州治、武德八年（625年）至开元二十六年（738年）的鄮县县治，抑或是开元二十六年（738年）至长庆元年（821年）的明州初治，没有一条早期史料提及与宋时小溪镇有任何关联。反之，根据这些早期史料，我们可以比较清楚地看出，隋代开皇九年（589年）并设的句章县治和唐代武德四年（621年）新设的鄞州州治、武德八年（625年）改设的鄮县县治、开元二十六年（738年）分设的明州州治及其下辖附廓鄮县县治，都是在今天的宁波城区三江口一带。

第二节 考古发现不支持"小溪"说

历年来的考古发现，特别是本次专门针对"小溪（鄞江）"问题开展的考古研究，同样不支持"小溪（鄞江）"有城之说。

一、鄞江镇一带的考古发现

鄞江镇，唐代时称光溪镇，宋代时改小溪镇[2]，民国二十四年（1935年）始正式定名鄞江镇[3]，位于今之宁波市海曙区鄞江镇一带。根据明清以来的部分志书记载，历史上设于此地的州、县治所的具体位置，主要有以下四处：高尚宅、悬慈村、古城畈和凤凰山周边。相关记载列举如下：

---

[1] （南宋）张津等纂：《乾道四明图经》卷一《总叙·祠庙》"灵应庙"条，浙江省地方志编纂委员会编：《宋元浙江方志集成》第7册，杭州出版社，2009年，第2882页。

[2] （南宋）方万里、罗濬纂：《宝庆四明志》卷十三《鄞县志卷第二·叙赋·镇市》："小溪镇句章乡，唐曰光溪镇。"浙江省地方志编纂委员会编：《宋元浙江方志集成》第8册，杭州出版社，2009年，第3381页。

[3] 参见鄞县地方志编纂委员会编：《鄞县志》第一编《政区》第二章《行政区划》第四节"民国时期区划"，中华书局，1996年，第47页。

隋开皇九年，合句章、鄞、鄮三邑并余姚而为一县，名句章，隶会稽郡，立治小溪今高尚宅。而贸山之鄮县废矣。……八年废鄞州，仍名鄞县，隶于越州，县名虽仍鄞，而地兼三邑，治小溪如故。

——《敬止录》卷一《沿革考》[1]

秦置句章县，隶会稽郡，治在城山渡之南，距今县城十五里。汉及孙吴因之。东晋末为孙恩残破，移治小溪镇。今悬磁有城址，其地至今名句章乡。

——《雍正宁波府志》卷二《建置·慈溪县》[2]

桓溪诸水，经中潭至它山，为光溪。隋并句章县，唐改鄞州及鄮县与置明州，俱治其上。（闻《志》）。自它山以下至洞桥沙港口，俱称光溪。宋之小溪镇即唐之光溪镇，在光溪之南句章乡；若溪北则光同乡矣。又曹《志》云：晋末，避孙恩之乱，自城山渡移治于小溪，镇在悬磁。今悬磁有城址，其地至今名句章乡。此亦一说。

——《四明谈助》卷三十八《东四明正脉（下）》"光溪"条[3]

秦置句章县，隶会稽郡，治在城山渡之南，距今县城十五里。汉及孙吴因之。东晋末，为孙恩残破，移治小溪镇。今悬磁有城址，其地至今名句章乡。宋、齐、梁、陈因之。

——《四明谈助》卷四十五《西四明外护（上）》"慈溪县"条[4]

故至今小溪名句章乡，其城之故址犹在悬磁也。自晋隆安四年庚子改筑，迄唐长庆元年辛丑废，计四百二十有二年云。又案，土人云，它山之东里许曰"古城畈"，为当时句章建城之处，故名之。陈氏《光溪志》已有句章城址在"古城畈"之说，而《它山小志》《鹳岭志》诸书袭其言，今求所谓"古城畈"者，即系马家步、楼家坑、天井地、吴家漕与庄园一带地也。南为江，北为河，其江河之相去不及里，并非可建城之地。或有谓南门临江，而河贯城之中，作东西两水门通之。其说似已第舒氏《西湖引水记》云，自它山以北故时皆江，谓城建其地，则将建于江水中耶。抑

---

[1]（明）高宇泰撰：《敬止录》卷一《沿革考》，烟屿楼校本。

[2]（清）曹秉仁等纂：《雍正宁波府志》卷二《建置·慈溪县》，宁波市地方志编纂委员会整理：《清代宁波府志》第5册，宁波出版社，2014年，第3624页。

[3]（清）徐兆昺著，桂心仪、周冠明、卢学恕、何敏求点注：《四明谈助》卷三十八《东四明正脉（下）》，宁波出版社，2000年，第1222页。

[4]（清）徐兆昺著，桂心仪、周冠明、卢学恕、何敏求点注：《四明谈助》卷四十五《西四明外护（上）》，宁波出版社，2000年，第1515、1516页。

唐观察之请移治不曰南临大江地形卑隘，而曰北临大江，则断其地为悬慈一带可以无疑者。《敬止录》云，隋开皇九年，合句章、鄞、鄮三邑并余姚而为一县，名句章，立治小溪今高尚宅。曹《府志》云，宋武帝移句章于小溪镇，今悬慈有城址，一以为高尚宅，一以为悬慈，两地咫尺相连，而又在鄞江之南，其地适北临江水，则又奚所疑者。今悬慈、高尚宅并隶句章乡，而所谓"古城畈"者，隶通远乡而不隶句章乡，是又明征也。此"古城畈"土名，或当时拟议之辞，后人不考，遂以为城址之在，是抑或其地尝有姓顾与陈者居之，如所称朱汤村之属，因音同而误为古城，亦未可知者。

——《四明它山图经·山经》附《古句章城记》[1]

署所三易：初建时一处，扩大为句章县一处，鄞县迁返另择高处新建又一处，历史上无具体记载，仅能以地名或地形猜测，初在鄞江镇东约一里古城畈，地较小，后作稻田，犁耕多瓦砾；继在凤凰山下今浙东啤酒厂一带；最后在今悬慈村，相传"悬慈"系鄞江土音，系"县市"之谐音，此处地势开阔，一畴平野，相传附近有兵营、府第。

——《宁波市志》第一卷《建置》第三章《城垣》第三节"古城遗址·小溪古城"[2]

东晋隆安五年（401年），孙恩义军围攻句章县治城山，城破，改在小溪（今鄞县鄞江镇）筑句章新县城。隋时并鄞、鄮、余姚三县入句章，县治仍沿袭东晋、南朝，设于今鄞江镇古城畈。

——《鄞县志》第一编《政区》第一章《建置沿革》第三节"县治"[3]

此城正确位置在何处？史无记载。大约在今鄞江镇东一里许的凤凰山附近，1958年"大跃进"时期，洪水湾以下的农田里曾掘出隋唐时的砖瓦及陶瓷。这是一块不足一平方公里的田畈，俗称古城畈，在今鄞江镇的洪水湾之东，凤凰山之西，定山桥之南，小岩山隔江以北。署衙的某些

---

[1] （清）姚燮撰：《四明它山图经》，宁波市鄞州区地方志编纂委员会编：《鄞州山水志选辑》第一册，宁波出版社，2009年，第173~180页。

[2] 宁波市地方志编纂委员会编：《宁波市志》第一卷《建置》第三章《城垣》第三节"古城遗址·小溪古城"，中华书局，1995年，第43、44页。

[3] 鄞县地方志编纂委员会编：《鄞县志》第一编《政区》第一章《建置沿革》第三节"县治"，中华书局，1996年，第15页。

机构，可能设置在凤凰山的东侧。与其隔江相望的小岩山，即史称响岩。旧志记载响岩有贺知章故寓、高尚宅等遗迹，清全祖望曾有记。估计响岩为旧时官宦消闲之处。唐大历六年（771），鄞县为"据江海之冲，为善后之备"（宋乾道《四明图经》）移治到三江口（今宁波市址），鄞江地独为明州城。长庆元年（821），明州因州城"北临鄞江，地形卑隘"（明成化《四明郡志》迁至三江口鄮城，同年鄞县迁还今鄞江地，另择高处建新鄞县城。考"北临鄞江，地形卑隘"，其城应在鄞江之南，即今悬慈一带，但悬慈地为一片平川，下成其"隘"，故"北临"可能是明代人想象，当系"南临"，以凤凰山下一隅之地，南有鄞江，拓展有阻，东山西水，地实卑隘。但其"北"字恰好说明新置鄞县城当地势开阔的悬慈一带。其后撤治，居民仍居，于是一直延承至今。宋元丰间在鄞江上建大德桥。（即后称鄞江桥），即是两岸居民繁衍，需沟通南北的佐证。另据宋·魏崎《四明它山水利备览》所记，今上河头一带称崔府君第，而今跃进桥称马家营，当系兵营，古制兵营常在城边，所以以地名也可证明宋代人口所居均在今镇区，此为唐县城格局的延续。悬慈，古称悬磁，光绪《鄞县志》释为有磁石倒悬之故；另有民间传说为在兵乱中某孝子恐其母罹难乱兵，悬其母亲于井中，均缺少根据，恐望文生义。考"悬慈"，今鄞江土音读"县市"，极可能原为县城中集市所在，撤治后地名仍延承古称。其读法与庄市、费市、裘市、洋市等"市"同音。

——《鄞县志》第一编《政区》第一章《建置沿革》第三节"县治"
附一《古城考略·句章古城考》[1]

  本书前文已及，2011年10月至2015年12月，按照国家文物局立项课题"宁波地区古代城址考古工作计划"，结合鄞江镇它山堰1号地块工程建设，我们曾对鄞江镇一带实施了长达四年多的大规模、拉网式考古调查、勘探和航空遥感、地球物理探测工作，重点针对古城畈地块、高尚宅地块、悬慈村地块、凤凰山周边进行了必要的考古试掘、重点发掘和地球物理探测工作。合计调查、勘探面积1360万平方米，试掘面积50平方米（其中高尚宅地块考古试掘面积20平方米、悬慈村地块考古试掘面积30平方米），发掘面积1057平方米（鄞江镇它山堰1号地块，即古城畈地

---

[1] 鄞县地方志编纂委员会编：《鄞县志》第一编《政区》第一章《建置沿革》第三节"县治"附一《古城考略·句章古城考》，中华书局，1996年，第16、17页。

块），基本覆盖了鄞江镇区及其周边区域。

调查与勘探情况显示，鄞江镇周边山地虽有唐代以前的墓葬发现，但数量并不多，规格也相对较低。试掘与发掘情况显示，在高尚宅地块、悬慈村地块及凤凰山周边，不仅没有任何城址迹象发现，甚至连宋元时期的文化堆积都罕见，这里堆积着的，多是冲积或淤积形成的沙层；在被认为最有可能的古城畈地块，虽然做了全面的勘探和发掘，但发现的也主要是宋元时期的水利遗存及其相关遗迹，缺乏单纯的唐代及以前的文化堆积。这一考古结果，排除了历史上这里曾经建有县级以上治所的可能。

以上考古成果公布后，一度反响强烈，但也有部分地方史研究者提出了两点不同看法：一是认为"小溪（鄞江）古城"已经彻底被毁了，所以发现不了；二是认为"小溪（鄞江）古城"并不在之前言之凿凿的古城畈地块或高尚宅、悬慈村、凤凰山等地，而是另在他处。对于第一点，稍稍懂得基本常识的人都知道，除非发生极其特殊的情况（如地质巨变或人为有意完全清除等），否则一处有着500余年历史的古城是不可能一丝痕迹都不留下的，无数的考古事实也已证明了这一点，而这种极其特殊的情况在"小溪（鄞江）"之地从未发生过；对于第二点，我们只能说，这似乎已非学术争论，而是近乎狡辩了。

2021年5~6月，宁波市文化遗产管理研究院联合上海大学、海曙区文物管理所，对位于鄞江镇它山堰村的它山堰及周边景观提升和水利博物馆建设地块（北至规划道路，南至现状河流，东至湖东路，西至王元暐路）进行了先期考古调查、勘探和局部解剖试掘，调查勘探面积15764平方米，解剖试掘面积20平方米。调查勘探和解剖试掘情况显示，该地块地层堆积大体可分为4层，其中第1层为杂填土层，含碎石颗粒；第2层为浅黄色淤沙层，无包含物；第3层为浅灰褐色沙层，无包含物；第4层为沙砾石层，无法下探。遗迹现象仅发现近现代房基2处，无其他发现[1]。这一结果，同样排除了历史上这里曾有人长期居住、生活的可能，更遑论建有县级以上治所了。

二、三江口一带的考古发现

与"小溪（鄞江）"之地恰恰相反，今宁波城区三江口一带，历年来有着不

---

[1] 宁波市文化遗产管理研究院：《宁波市海曙区它山堰及周边景观提升地块及水利博物馆地块抢救性考古勘探工作报告》，2021年6月。

少唐代长庆元年（821）修筑明州子城以前的遗迹和遗物发现（图版一〇六，1、2）。简要梳理如表一所示。

表一　宁波城区三江口一带考古发现唐代以前遗存一览表

时间	地点	主要发现
1955~1956年	祖关山、老龙湾、钟家堍、青林渡等地[1]	清理战国至唐代墓葬127座，其中汉六朝时期墓葬73座
1966~1967年	道士堰、周宿渡、祖关山、大禹王庙等地[2]	清理两汉时期墓葬65座
20世纪70年代	西门口东南望京大厦地块[3]	在约600平方米范围内调查发现大量板瓦、瓦当与砖砌墙基；出土东汉晚期以来陶罐、盆、瓷罐、壶、洗、锺、水盂、碗和圜钱、五铢钱等
1975年	孝闻街与西河街交叉口西南[4]	遗址可见面积约500平方米。考古清理50平方米，发现东汉时期水井1口，出土大量东汉时期板瓦、罐、壶等
1995年	中山西路北侧国宁寺（天宁寺）东塔基址之下[5]	第9层出土晋代越窑青瓷铺首衔环四系罐、灯盏、盘口壶及带连珠纹、水波纹、点褐彩等的残片；第10层出土东汉时期砖块、绳纹板瓦、印窗棂纹瓷罍、泥质灰陶小口弦纹圜底罐等
1997年	鼓楼一带明州子城遗址之下[6]	第5层（唐代文化层）下虽未发掘，但仍出土较多汉晋时期的罍、罐、碗、盏和南朝时期的碗、盘口壶、三足砚等
2001~2002年	鼓楼东侧永丰库遗址之下[7]	第10层中虽然多出唐代遗物，但也伴出汉代的半两钱、原始瓷罍、弦纹红陶罐、灰陶罐和东晋时期的青瓷盘口壶、钵、砚，黑釉钵等
2011年	孝闻街地块[8]	第5层为汉六朝时期文化层。出有泥质黑陶罐、盆、釜，泥质红陶罐，釉陶壶，饰斜方格纹、水波纹青瓷罐、洗及砖块、绳纹板瓦等建筑构件
2011年	尚书街地块[9]	第5~7层为汉六朝时期文化层。发现遗迹主要有灰坑、沟。出土遗物中，陶器（釉陶）类主要有罐、锺、形似陶仓模型的小瓶、盆等；瓷器主要有罐、盘口壶、碗、钵、狮形烛台等；建筑构件主要有云纹、人面纹瓦当和筒瓦、板瓦、砖块等

---

[1]　浙江省文物管理委员会发掘资料。
[2]　浙江省文物管理委员会发掘资料。
[3]　林士民：《三江变迁——宁波城市发展史话》，宁波出版社，2002年，第17页。
[4]　林士民：《三江变迁——宁波城市发展史话》，宁波出版社，2002年，第17页。
[5]　宁波市文物考古研究所：《浙江宁波唐国宁寺东塔遗址发掘报告》，《考古学报》1997年第1期。
[6]　宁波市文物考古研究所：《浙江宁波市唐宋子城遗址》，《考古》2002年第3期。
[7]　宁波市文物考古研究所编著：《永丰库——元代仓储遗址发掘报告》，科学出版社，2013年，第15、37、38页。
[8]　许超：《明州设立之前的三江口》，宁波市海曙区政协文史委编：《甬城千年》，宁波出版社，2020年。
[9]　许超：《明州设立之前的三江口》，宁波市海曙区政协文史委编：《甬城千年》，宁波出版社，2020年。

续表

时间	地点	主要发现
2014年	月湖西区[1]	清理东汉时期墓葬1座
2016~2017年		发掘西区第6层、发掘东区第8层为汉六朝时期文化层。出土遗物主要有泥质陶罐、罍，釉陶罐残片及砖块、筒瓦、板瓦等
2019年	西门口东北侧地块[2]	发现汉六朝时期人工堆筑高台1处，其上分布灰坑21个，灰坑中有些坑底见有植物铺垫痕迹，有的坑内还发现竹编圆筐。遗迹布局紧凑、排列整齐、种类丰富，疑为一处经过精心规划的作坊遗址。出土较多汉六朝时期遗物

这些考古发现表明，远在战国时期，今宁波城区三江口一带周边高地已有不少人类居住活动；两汉至六朝时期，三江口一带人烟已较密集，或已形成一定规模的聚落。特别是较多建筑构件包括云纹、人面纹瓦当等高规格建筑构件的出土，强烈显示出当年这里可能曾经存在过较高等级的建筑。结合前文史料解析，我们有理由相信，在唐代长庆元年（821年）修筑明州子城之前，三江口一带已经相当繁华，东晋隆安年间（397~401年）因战争破坏的句章县治极有可能迁移于此；而这，又为隋代开皇九年（589年）句章、鄞、鄮、余姚合治和唐代武德四年（621年）鄞州州治、武德八年（625年）鄮县县治、开元二十六年（738年）明州初治的相继设立奠定了坚实基础。

除了以上考古发现，我们还可以找到其他一些证据。仔细梳理宋元时期的宁波方志可以发现，早在唐代长庆元年（821年）修筑明州子城之前，今天的三江口一带已是祠庙林立、寺观如云，同样反映出当时此地的繁盛，其中有案可查的即有僧伽塔（唐代万岁登封、万岁通天年间，696~697年）、灵应庙（唐代圣历二年，699年）、开元宫（唐代开元二十六年，738年）、开元寺（唐代开元二十八年，740年）、太平兴庆寺（唐代开元二十八年，740年）、紫极宫（唐代天宝二年，743年）、纯孝庙（唐代大历十二年，777年）、吴刺史庙（唐代大历年间，766~779年）、至圣文宣王庙（唐代元和九年，814年）等9处。现择部分方志之相关记载列举如下：

> 天封院，在西南隅。唐通天、登封年间，建僧伽塔，高十有八丈，以镇郡城。
> ——《延祐四明志》卷十六《释道考上·在城寺院》"天封院"[3]

---

[1] 许超：《明州设立之前的三江口》，宁波市海曙区政协文史委编：《甬城千年》，宁波出版社，2020年。
[2] 许超：《明州设立之前的三江口》，宁波市海曙区政协文史委编：《甬城千年》，宁波出版社，2020年。
[3] （元）马泽修，袁桷纂：《延祐四明志》卷十六《释道考上·在城寺院》"天封院"条，浙江省地方志编纂委员会编：《宋元浙江方志集成》第9册，杭州出版社，2009年，第4331页。

灵应庙，即鲍郎祠也，旧云永泰王庙，在州南二里半。……唐圣历二年，县令柳惠古徙祠于县。

——《乾道四明图经》卷一《总叙·祠庙》"灵应庙"条[1]

报恩光孝观，子城东南八十步。本唐开元二十六年所置开元宫也。

——《宝庆四明志》卷十一《郡志卷第十一·叙祠·宫观》"报恩光孝观"条[2]

开元寺，鄞县南二里。唐开元二十八年建，以纪年名。

——《宝庆四明志》卷十一《郡志卷第十一·叙祠·寺院》"开元寺"条[3]

太平兴国寺，鄞县西南一里半。在唐为太平兴庆寺，开元二十八年建。

——《宝庆四明志》卷十一《郡志卷第十一·叙祠·寺院》"太平兴国寺"条[4]

天庆观，子城东南一里。唐天宝二年，诏天下皆置紫极宫，以祠老子。梁开平二年，易为真圣观。皇朝大中祥符二年，诏赐今名，且命立圣祖殿，匾以金字牌。

——《宝庆四明志》卷十一《郡志卷第十一·叙祠·宫观》"天庆观"条[5]

纯孝庙，东汉孝子董君祠也，在州东南五十五步。唐大历十二年立，刺史崔殷为之记，徐浩书。

——《乾道四明图经》卷一《总叙·祠庙》"纯孝庙"条[6]

---

[1] （南宋）张津等纂：《乾道四明图经》卷一《总叙·祠庙》"灵应庙"条，浙江省地方志编纂委员会编：《宋元浙江方志集成》第7册，杭州出版社，2009年，第2882页。

[2] （南宋）方万里、罗濬纂：《宝庆四明志》卷十一《郡志卷第十一·叙祠·宫观》"报恩光孝观"条，浙江省地方志编纂委员会编：《宋元浙江方志集成》第7册，杭州出版社，2009年，第3331页。

[3] （南宋）方万里、罗濬纂：《宝庆四明志》卷十一《郡志卷第十一·叙祠·寺院》"开元寺"条，浙江省地方志编纂委员会编：《宋元浙江方志集成》第7册，杭州出版社，2009年，第3334页。

[4] （南宋）方万里、罗濬纂：《宝庆四明志》卷十一《郡志卷第十一·叙祠·寺院》"太平兴国寺"条，浙江省地方志编纂委员会编：《宋元浙江方志集成》第7册，杭州出版社，2009年，第3335页。

[5] （南宋）方万里、罗濬纂：《宝庆四明志》卷十一《郡志卷第十一·叙祠·宫观》"天庆观"条，浙江省地方志编纂委员会编：《宋元浙江方志集成》第7册，杭州出版社，2009年，第3331页。

[6] （南宋）张津等纂：《乾道四明图经》卷一《总叙·祠庙》"纯孝庙"条，浙江省地方志编纂委员会编：《宋元浙江方志集成》第7册，杭州出版社，2009年，第2882页。按：《宝庆四明志》称"纯德庙"。

第五章 初步认识

> 吴刺史庙，在城西门外九里堰。唐大历年间，刺史吴谦字德裕，有善政，郡民歃血而祠之。
> ——《延祐四明志》卷十五《祠祀考·神庙·鄞县》"吴刺史庙"条[1]
> 至圣文宣王庙，在县东半里，唐元和九年建。
> ——《乾道四明图经》卷二《鄞县·祠庙》"至圣文宣王庙"条[2]

宗教的兴盛，在一定程度上直观映射着当时当地人口的集聚程度和经济的发达程度。虽然说"天下名山僧占多"，诸多寺观庙宇往往择址在山林之地修建，但在一处地方且为平原之地竟有数量如许之多、类型如许之丰、规格如许之高的宗教场所，就只能用人烟鼎盛、经济繁荣等原因来解释了。历史的经验告诉我们，这样的地方，往往正是古代的政治、经济、文化、军事、交通诸中心之所在。而从以上僧伽塔、灵应庙、开元宫、开元寺、太平兴庆寺、紫极宫、纯孝庙、吴刺史庙、至圣文宣王庙等的创建时间上看，这些宗教建筑在唐代长庆元年（821年）修建明州子城之前，特别是在唐代开元二十六年（738年）明州设立前后的集中涌现，可谓明州初治于此的又一有力佐证。

三、其他相关出土文物证据

出土墓志也可为我们探讨"小溪（鄞江）"问题提供一些有益的线索。

前文已及，"鄞江"名称及其指向在不同时期的演变，是导致后世志书误以为明州初治"小溪（鄞江）"之地的一大缘由。按《唐会要》载："长庆元年三月，浙东观察使薛戎上言：'明州北临鄞江，城池卑隘，今请移州于鄮县置，其旧城近南高处置县。'从之。"[3]《太平寰宇记》等亦有相似记载[4]。因为这些记载都明确提到明州"北临鄞江"，后世志书遂多据此认为明州初治于此，至长庆元年（821年）时才迁治至今宁波城区鼓楼一带，唯南宋《乾道四明图经》对此不太肯

---

[1] （元）马泽修，袁桷纂：《延祐四明志》卷十五《祠祀考·神庙·鄞县》"吴刺史庙"条，浙江省地方志编纂委员会编：《宋元浙江方志集成》第9册，杭州出版社，2009年，第4309页。
[2] （南宋）张津等纂：《乾道四明图经》卷二《鄞县·祠庙》"至圣文宣王庙"条，浙江省地方志编纂委员会编：《宋元浙江方志集成》第7册，杭州出版社，2009年，第2891页。
[3] （北宋）王溥撰：《唐会要》卷七十一《州县改置下·江南道》，中华书局，1955年，第1273页。
[4] （北宋）乐史撰，王文楚等点校：《太平寰宇记》卷九十八《江南东道十·明州》，中华书局，2007年，第1958页。

定，认为"移否莫得而知"[1]。

事实上，"鄞江"一名在不同时期的指向是不完全相同的，无论文献记载抑或出土碑志都已清楚表明了这一点。现以时代为序，简要列举与"鄞江"有关之部分文献记载如下。

> 十六日戊辰，神舟发明州。十九日辛未达定海县。先期遣中使武功大夫容彭年建道场于总持院七昼夜，仍降御香宣祝于显仁助顺渊圣广德王祠，神物出现，状如蜥蜴，实东海龙君也。庙前十余步，当鄞江穷处，一山巍然出于海中，上有小浮屠。旧传海舶望是山则知其为定海也，故以招宝名之，自此方谓之出海口。
> ——《宣和奉使高丽图经》卷三十四《海道一》[2]

编著者按：此处"鄞江"系指今之甬江。

> 鄞江跨江浮桥，在县东南二里，旧曰灵现桥，亦曰灵建桥。唐长庆三年，刺史应彪建。太和三年，刺史李文孺重建。初建桥于东渡门三江口，江阔水驶，不克成，乃徙今建桥之地。
> ——《乾道四明图经》卷二《鄞县·桥梁》[3]

编著者按：此处"鄞江"系指今之奉化江。

> 回城门凡十，……南东曰鄞江门，今闭。
> ——《宝庆四明志》卷三《郡志卷第三·叙郡下·城郭·罗城》[4]

编著者按：鄞江门曾是古代宁波罗城十大城门之一，位于今海曙区灵桥路（介于今大沙泥街与解放南路之间），濒临今之奉化江。城门取名"鄞江门"，可见当时的

---

[1]（南宋）张津等纂：《乾道四明图经》卷一《总叙》，浙江省地方志编纂委员会编：《宋元浙江方志集成》第7册，杭州出版社，2009年，第2880页。

[2]（北宋）徐兢撰：《宣和奉使高丽图经》卷三十四《海道一》，《四库全书》本。

[3]（南宋）张津等纂：《乾道四明图经》卷二《鄞县·桥梁》，浙江省地方志编纂委员会编：《宋元浙江方志集成》第7册，杭州出版社，2009年，第2890页。

[4]（南宋）方万里、罗濬纂：《宝庆四明志》卷三《郡志卷第三·叙郡下·城郭·罗城》，浙江省地方志编纂委员会编：《宋元浙江方志集成》第7册，杭州出版社，2009年，第3141页。

奉化江称作鄞江无疑。

  大浃江，县南一里，与鄞江通。
        ——《宝庆四明志》卷十八《定海县志卷第一·叙水·水》[1]

编著者按：此处"鄞江"系指今之甬江。

  奉化江，在奉化县北四十五里，俗名北渡江，流入鄞江。
        ——《大明一统志》卷四十六《宁波府·山川》[2]

编著者按：此处"鄞江"当指今之甬江。

  姚江，源自余姚之太平山，经通明坝下七里滩，过余姚江桥，直至府城三港口，会鄞江入海。
        ——《宁波府简要志》卷一《山川志·江》[3]

编著者按：此处"鄞江"当指今之甬江。

  奉化江，抵惠政桥，合诸溪水达郡城，东会鄞江入于海。
        ——《嘉靖宁波府志》卷六《山川下·奉化·川·江》[4]

编著者按：此处"鄞江"系指今之甬江。

  鄞江，它山以上源见后。水落它山堰者，迤逦东来，会大埠头剡源水同出斗门桥，又会奉化金溪、龙溪水，自方桥出，是名三江口。过郡城

---

[1] （南宋）方万里、罗濬纂：《宝庆四明志》卷十八《定海县志卷第一·叙水·水》，浙江省地方志编纂委员会编：《宋元浙江方志集成》第8册，杭州出版社，2009年，第3506页。
[2] （明）李贤等修，（明）万安等纂：《大明一统志》卷四十六《宁波府·山川》，明天顺五年刻本。
[3] （明）黄润玉、孟清纂：《宁波府简要志》卷一《山川志·江》，宁波市地方志编纂委员会整理：《明代宁波府志》第八册，宁波出版社，2013年，第78页。
[4] （明）周希哲、曾铨修，（明）张时彻等纂：《嘉靖宁波府志》卷六《山川下·奉化·川·江》，宁波市地方志编纂委员会整理：《明代宁波府志》第二册，宁波出版社，2013年，第639页。

南、东至北，东接慈溪江，又名三江口。

——《敬止录》卷八《山川考五》[1]

编著者按：此处"鄞江"当指今之樟溪、鄞江和奉化江。

宁波府……领县五。西北距布政司三百六十里。鄞……有鄞江，一名甬江。东南有奉化江，西北有慈溪，皆流合焉。西南有小江湖，又西有广德湖，东有东钱湖，皆引流入鄞江。

——《明史》卷四十四《地理五》[2]

编著者按：此处"鄞江"系指今之甬江。

鄞江，府东北二里。一名甬江。

——《读史方舆纪要》卷九十二《浙江四·宁波府·鄞县》[3]

编著者按：此处"鄞江"系指今之甬江。

蕙江，在鄞县南六十里，源出奉化县大晦山，抵它山堰合鄞江，其西与兰江相接。鄞江，在鄞县东北二里，即甬江也。奉化江自南来，慈溪江自西来，俱至县东三港口，合流而东。

——《大清一统志》卷二百二十四《宁波府·山川》[4]

编著者按：此文相互抵捂。其中第一个"鄞江"可能是指今之鄞江，后一个"鄞江"明显系指今之甬江。

鄞江，《宁波府志》：在县东北二里，即甬江也。南接奉化江，西接慈溪江。三江同会镇海之大浃江，东入于海。

——《雍正浙江通志》卷十三《山川五·宁波府》[5]

---

[1] （明）高宇泰撰：《敬止录》卷八《山川考五》，烟屿楼校本。
[2] （清）张廷玉等撰：《明史》卷四十四《地理五》，中华书局，2011年，第1108、1109页。
[3] （清）顾祖禹撰，贺次君、施和金点校：《读史方舆纪要》卷九十二《浙江四·宁波府·鄞县》，中华书局，2005年，第4241页。
[4] （清）徐乾学等主修：《大清一统志》卷二百二十四《宁波府·山川》，《四库全书》本。
[5] （清）嵇曾筠、李卫等修，（清）沈翼机等纂：《雍正浙江通志》卷十三《山川五·宁波府》，《四库全书》本。

编著者按：此处"鄞江"系指今之甬江。

  东津浮桥，《名胜志》：旧名灵桥，跨鄞江上。唐长庆三年，刺史应彪置，凡十六舟亘板其上，长五十五丈，阔一丈四尺。初置东渡门外，江阔水驶，不克成，乃徙今地。
        ——《雍正浙江通志》卷三十五《关梁三·宁波府》[1]

编著者按：此处"鄞江"系指今之奉化江。

  鄞江，在县东北二里，即甬江也。南接奉化江，西接慈溪江，三江同会镇海之大浃江，东入于海。
        ——《雍正宁波府志》卷七《山川·鄞县·川》[2]

编著者按：此处"鄞江"系指今之甬江。

  甬江，即鄞江。有南北二源：北源曰姚江，亦曰舜江，出余姚县西南八十里之太平山，……南源曰奉化江，亦曰北渡江，亦曰东剡溪，源出奉化县西南连山苏木岭……
        ——《水道提纲》卷十六《浙东诸水·宁波府》[3]

编著者按：此处"鄞江"系指今之甬江。

  国朝邑令钱维乔《鄞江源流辨》案：鄞江之正源出于四明山，自杖锡过大皎，出它山堰，过鄞江桥，始有鄞江之名。又东南过百梁桥、元贞桥至方桥，而奉化江自东南合焉。又东南经北渡、九经塘、翻石渡、铜盆浦、周宿渡、长春塘，过郡城之东迤北，而慈溪江自西流入焉，所谓三江口也。合流东北，注至镇海而入于海。盖鄞江合奉化江至郡城东始有甬江

---

[1]（清）嵇曾筠、李卫等修，（清）沈翼机等纂：《雍正浙江通志》卷三十五《关梁三·宁波府》，《四库全书》本。
[2]（清）曹秉仁等纂：《雍正宁波府志》卷七《山川·鄞县·川》，宁波市地方志编纂委员会整理：《清代宁波府志》第五册，宁波出版社，2014年，第3700页。
[3]（清）齐召南撰：《水道提纲》卷十六《浙东诸水·宁波府》，《四库全书》本。

之名。及慈溪江西来同注于镇海，统名甬江矣。鄞江、奉化江、慈溪江各自有源，始分而后合。

——《甬上水利志》卷六《鄞江》[1]

编著者按：此处"鄞江"当指今之鄞江。

出土碑志如唐代大和九年（835年）的《唐故盐铁转运使江淮留后勾检官文林郎试太常寺协律郎骑都尉解君墓志铭并序》："殷公作鄞江守……乃曰：余承命鄞江……不料殷公薨于鄞川。"[2]碑文中的殷公，据考证为唐代长庆三年（823年）至宝历元年（825年）间出任明州刺史的殷彪[3]，亦即长庆三年（823年）主持建造跨江浮桥（东津浮桥）的刺史应彪[4]。可见在时人语境中，"鄞江"等同于当时的明州，而长庆元年（821年）后的明州州治已稳定在今宁波城区三江口一带，碑文中说殷彪"作鄞江守……承命鄞江……薨于鄞川"，可知当时的"鄞江"也可泛指今之三江口水系。

又，吴越国宝大元年（924年）的《节度馆驿巡官富都监副知朝散大夫前守会稽县令侍御史赐绯鱼袋钱塘郡危德图东海郡夫人徐氏墓志铭并序》中有"宝大元年甲申岁夏五月八日，终于鄞江子城西北上桥之私第……以其年八月十八日甲申葬于鄞江之东面，鄮山之南隅，灵严乡太白里明堂奥之源"[5]的记载（图版一〇七）。吴越国时的明州子城可以明确是在今宁波城区三江口一带，故碑文中提到的"鄞江子城"肯定是指代明州子城，可见其时"鄞江"依旧有等同于明州的用法。

位于鄞江镇东的洞桥镇，也曾被认为可能是建城的地点之一。历年来这里开展过不少考古工作，但发现的多是先秦时期遗址，也有部分汉六朝时期的墓葬（相关考古发现参见本书第一章第二节之"文物古迹"），但迄今同样没有发现与建城有关的任何迹象。但有一条线索值得一提，距今鄞江镇区约4千米远的洞桥镇唐家堰村坟滩地，曾经出土过一方唐代开成元年（836年）的《唐故守右威卫长琅琊王府君（赟）墓志铭并序》，上有"迁窆于句章之墟，祖妣葬之侧也，去州城五十

---

[1] （清）周道遵撰：《甬上水利志》卷六《鄞江》，四明张氏约园开雕本。

[2] 周绍良主编：《全唐文新编》第四部，第一册，卷七百四十七，吉林文史出版社，2000年，第8798页。

[3] 郁贤浩：《唐刺史考全编》第四册，卷一百四十三，安徽大学出版社，2000年，第2026页。

[4] （南宋）张津等纂：《乾道四明图经》卷一《总叙·贤守事实》，浙江省地方志编纂委员会：《宋元浙江方志集成》第7册，杭州出版社，2009年，第2885页。

[5] 拓本承章国庆先生惠示，特此致谢。

里"[1]的记载，有人认为这是句章设城于彼的"铁证"，实则不然。按：墟，作为名词，释义主要有三：①土丘。②故城；遗址。引申为原来有人居住但已荒废的地方。③乡村集市。由此可见，碑文中的"迁窆于句章之墟"既可释为迁葬于句章故城之遗址，也可释为迁葬于当时的句章乡之故址或句章乡境之丘墟，难以作为句章县曾设治于此的确证，且从"迁窆"之意及"坟滩地"之名理解，当以后一种释义即"句章乡境之丘墟"相对更为合理。

据上可知，唐宋以来的"鄞江"名称及其指向并非一成不变而是变化莫测的，其既可具指今之甬江、奉化江或鄞江、樟溪与鄞江，亦可泛指今三江口水系。比较以上相关记载，"鄞江"其实更多系指今之甬江，其次是指奉化江，甚少指称今之鄞江。因此，仅以"明州北临鄞江"这一记载来求证明州初治，或者简单地以今天的鄞江来套用历史上的鄞江，显然都是不合适的。再结合前文提到的鄞江镇和三江口一带的考古发现，同样可以看出，无论是句章县治、鄞州州治，还是鄞县县治、明州初治及其下辖附廓鄞县县治，应该都是在今宁波城区三江口一带，而与后世志书所谓的"小溪（鄞江）"之地没有任何直接的关系。

第三节　地理环境不支持"小溪"说

除历史文献和考古发现外，我们还可以从地理环境入手，来对"小溪（鄞江）"之地是否有城问题进行必要的解读。

一、地理位置偏远且水陆交通不便

鄞江镇地处宁波平原西南边缘的四明山麓，这里虽然资源比较丰富，但地理位置相对偏僻，经济腹地同样偏狭，是否适宜作为区域性的中心值得探讨。《宝庆四明志》即明确指出："晋刘裕东讨孙恩，实戍句章，每战陷阵，贼乃退还浃口。是时孙恩泛海出没，御之当据要冲，而今句章乡乃在山间，必非戍守之地。乡名句章，特以其地素隶句章县故尔。"[2]东晋末的句章县治尚且如此，况乎唐代时的

---

[1]　章国庆：《宁波历代碑碣墓志汇编》，上海古籍出版社，2012年，第19、20页。
[2]　（南宋）方万里、罗濬纂：《宝庆四明志》卷十七《慈溪县志卷第二·叙遗·存古》，浙江省地方志编纂委员会编：《宋元浙江方志集成》第8册，杭州出版社，2009年，第3486页。

鄞县县治、鄮州州治和明州州治？！

水陆交通两皆不便是另一个值得关注的问题。最早提出宋时小溪镇有城的《乾道四明图经》云："古句章城，在县南六十里。"[1] 彼时的鄞县县治在今宁波城区三江口一带，根据测算，三江口至鄞江镇的直线距离在23千米左右，与《乾道四明图经》所载"六十里"相差不多，在不堵车的情况下，自驾需40～45分钟，公交换乘或骑行需2小时左右，步行需要6小时以上，这对今天来说当然并不算远，但在生产力水平不发达、陆路艰难曲折兼之鄞西南塘河尚未凿通的年代，却是一段不可忽视的距离，也是物货流通的天然阻碍。既然如此，则两地频繁互换州、县治所，或如《宁波港史》[2] 和《宁波通史》所言实行"城、港分设"，是否有其必要？！又是否可以承受？！

堪称宁波历史研究皇皇巨制的《宁波通史》一书，共分5卷，其第1卷《史前至唐五代卷》第三编《隋唐五代时期的宁波》第一章《政治、军事和对外交往》第一节"隋唐五代宁波的行政建置"中说："隋文帝开皇九年（589年）改会稽郡为吴州，置总管府，并鄞、鄮、余姚三县入句章，隶吴州。句章县治自城山迁至小溪（今鄞江镇）。……句章县治小溪位于宁波平原西南边缘的四明山麓，地处奉化江支流鄞江之端，水源丰富，极宜发展农桑，经数百年来的经营已成为宁波平原的主要产粮区。但作为句章全境的政治经济中心，地理位置过于偏僻，小溪虽拥有港口及道头，但水上交通需经鄞江、奉化江干流才能到达甬江，不论东行出海，还是西往余姚、会稽的水道，都不及原来的城山渡来得便捷，而且治所背靠四明山，腹地狭窄，物资供应有限，因而后来的发展较为缓慢，文献记载仅有开元宫道馆、咸宁佛塔等寥寥几座文化设施。因此，句章县治虽迁，但从大趋势看，港口主体却分迁到了三江口。唐高祖武德四年（621年），……四明之地以余姚属姚州，以旧句章、鄞、鄮三县地属鄞州，并试探性地设鄞州治于三江口（今宁波市区）。仅仅过了四年，又废鄞州和句章县，恢复鄮县的名称，隶越州，鄮县县治仍在三江口。……唐玄宗开元二十六年（738年）七月十三日，采访使齐澣奏请将鄮县划分为慈溪、奉化、鄮县、翁山（今定海县）四个县，别立明州以统之，因其地有四明山而得名，……不过，明州的州治，设在小溪，鄮县则复鄮山旧治。……唐代宗大历六年（771年），废翁山县，明州仍为4县，但其时最值得注意的是鄮县治移到了三江口。……三江口最终成为鄮县县治，意义重大，这标志着句章港东迁三江口

---

[1] （南宋）张津等纂：《乾道四明图经》卷二《鄞县·古迹》"古句章城"条，浙江省地方志编纂委员会编：《宋元浙江方志集成》第7册，杭州出版社，2009年，第2902页。

[2] 郑绍昌主编：《宁波港史》，人民交通出版社，1989年，第18页。

这一历史过程的最终完成,也标志着甬江流域经济开发从低山丘陵地带向平原中心推进过程的基本完成。"[1]该书出版于2009年,彼时"小溪(鄞江)"考古尚未提上议事日程,或许因为囿于固有的观念,更因当时缺乏考古材料的佐证,故在叙述隋唐之际宁波州、县城址沿革时,虽然旁征博引,但并未脱离旧的藩篱,只是作者可能也意识到"小溪(鄞江)"一带并不适合作为州、县治所,更不适合作为港口,因此才下了一番"糅合"功夫,提出了"城、港分设"的假说。这是可以理解的,但却离事实真相甚远,有必要在此点出并望今后修订之。

二、地形卑隘潮湿且自然灾害易发

鄞江镇地处平原与山区交接地带,不仅地势较为狭隘,而且自然灾害不断、历代治理不停。其中最著名的就是唐代大和七年(833年)鄮县县令王元暐修建它山堰的故事,至今传颂不衰。

> 侯讳元暐,史不传,不知何许人也?唐太和中实令是邑,得之父老,它山以北,故时皆江也,溪流猥斥,并与潮汐上下,水不蓄泄,旱潦易灾。侯为视地高下,伐木斫石,横巨流而约之。
>
> ——《西湖引水记》[2]

> 它山之水……又一派出仗锡山,并合众山之流会于大溪,至于它山。溪通大江,潮汐上下,清甘之流酾泄出海,泻卤之水冲接入溪。来则沟浍皆盈,去则河港俱涸,田不可稼,人渴于饮。唐太和(应为大和——编著者注)七年,邑令王侯元暐相地之宜,以此为水道所历喉襟之处,规而作堰,截断咸汐。……自唐逮今,四百十有六年,民食之所资,官赋之所出,家饮清泉,舟通物货,公私所赖,为利无穷。先贤堰是,而以此水赐吾邦人,所以为生民立命也。
>
> ——《四明它山水利备览》卷上"它山水源"条[3]

---

[1] 傅璇琮主编,张如安、刘恒武、唐燮军著:《宁波通史》第1卷《史前至唐五代卷》第三编《隋唐五代时期的宁波》第一章《政治、军事和对外交往》第一节"隋唐五代宁波的行政建置",宁波出版社,2009年,第188~192页。

[2] (南宋)魏岘撰:《四明它山水利备览》卷下引(北宋)舒亶《西湖引水记》,宁波市鄞州区地方志编纂委员会编:《鄞州山水志选辑》第一册,宁波出版社,2009年,第13页。

[3] (南宋)魏岘撰:《四明它山水利备览》卷上,宁波市鄞州区地方志编纂委员会编:《鄞州山水志选辑》第一册,宁波出版社,2009年,第2页。

《鄞县水利志》亦载原鄞县有四个雨量高值区,其中两个雨量高值区(樟水上游山区、西北部山区)[1]的东向水流多汇集于鄞江镇一带,洪涝威胁不难想象。可见,在唐代大和七年(833年)它山堰创设之前,在这里建城显然是不合适的。

即便在它山堰建成之后,鄞江镇一带的洪涝、沙淤等自然灾害也并未完全绝迹,固堰、筑堤、清淤、防沙等水利工程建设仍在持续不断地进行。相关记载代不乏书,试举数例:

> 去堰半里余,沙港之南地名"古城"。有小港,南属于江,今为沙所壅。耆老相传,谓旧尝于此置竭。近缘屡经洪水,江流冲入,渐与港通。恐日后为江水冲开,溪流顿泄,宜筑堤岸。
> ——《四明它山水利备览》卷上"洪水湾"条[2]

> 淳祐三年秋,连经大风水,冲坏江堤,溪流走泄。岘闻于府黄大卿,并委筑治。始于八月二十八日,至九月初七日毕。堤高二丈,阔一丈二尺,长一十二丈。为工三百七十二,为钱共计八十七贯二百九十文足。
> ——《四明它山水利备览》卷上"洪水湾筑堤"条[3]

> 淳祐三年七月初十日、八月二十日,两次大风水,湍沙遇闸即止。但闸外淤沙约五十余丈,并里河王家水沥岸旁之沙,坍洗入港者三十余丈。帅黄大卿壮猷委岘开淘,始于九月初二日,至初八日毕,为工九百八十,钱共计一百三十四贯四百文,杂支在内。
> ——《四明它山水利备览》卷上"回沙闸外淘沙"条[4]

> 它山一境,其地皆沙,纳水之咽既窄,引水之港复狭,以致流沙易于壅塞。……至正二年,本路总管王元恭亲率所属农事官,自堰去闸一百八十步,官为倩夫淘浚其闸内流入沙土。
> ——《至正四明续志》卷四《河渠·鄞县西乡·回沙闸》[5]

---

[1] 缪复元等编纂:《鄞县水利志》,河海大学出版社,1992年,第43页。

[2] (南宋)魏岘撰:《四明它山水利备览》卷上,宁波市鄞州区地方志编纂委员会编:《鄞州山水志选辑》第一册,宁波出版社,2009年,第6页。

[3] (南宋)魏岘撰:《四明它山水利备览》卷上,宁波市鄞州区地方志编纂委员会编:《鄞州山水志选辑》第一册,宁波出版社,2009年,第9页。

[4] (南宋)魏岘撰:《四明它山水利备览》卷上,宁波市鄞州区地方志编纂委员会编:《鄞州山水志选辑》第一册,宁波出版社,2009年,第9页。

[5] (元)王元恭纂:《至正四明续志》卷四《河渠·鄞县西乡·回沙闸》,浙江省地方志编纂委员会编:《宋元浙江方志集成》第10册,杭州出版社,2009年,第4546页。

> 洪水湾，去它山堰一里余，河流鏬而外泄，江潮溢而内攻，溪江合湾之左右，漫为壑，而它山之水，始不得东注，民久病之。宋淳祐间，尝立石塘以障。已而水穴其傍，堤溃如昔。宝祐间，判府吴潜即其地为坝三，一濒江以御狂澜，一濒河以御鏬漏，一则介其间，为表里之拓。佥谓江之东南有何氏竹木园，当水之冲激，其势而北，欲撤其蔽而疏通之，官为给钱，市其业，浚地为江，因畚沙以实二坝之北，河堤紧密，江水安流矣。然沙地久虚，当取沙填近堤之港，庶几可久。
> ——《至正四明续志》卷四《河渠·鄞县西乡·洪水湾》[1]

正因为历代坚持不懈的治理，才最终成就了这里作为进出四明山区门户的重要地位和宋元以来"千樯竞发，碧瓦朱甍，翚耸鳞比"[2]的喧闹繁华。如前文所言，南宋以来部分志书之所以认为"小溪（鄞江）"之地有城，或亦与当年这里的兴盛有关。

据上可知，无论是从地理位置、水陆交通，还是从地形地势、自然灾害等角度看，"小溪（鄞江）"之地都是不宜建城的。

第四节　无中生有的"大历移城"说

在宁波古代城市发展史上，还有一个十分吊诡、莫名其妙的"大历移城"说——唐代大历六年（771年）移城事件。此事与研究"小溪（鄞江）"问题多少也有所关涉（部分方志认为系自小溪镇移鄮县治于今宁波城区三江口），因此亦须予以澄清。

一、"大历移城"说相关史料摘要

与"大历移城"说有关的部分史料记载摘要列举如下：

> 明州……旧治鄮县，今阿育王山之西，鄮山之东，城郭遗址犹存。代

---

[1] （元）王元恭纂：《至正四明续志》卷四《河渠·鄞县西乡·洪水湾》，浙江省地方志编纂委员会编：《宋元浙江方志集成》第10册，杭州出版社，2009年，第4547页。

[2] （元）袁桷撰：《清容居士集》卷十九《鄞县小溪巡检司记》，《四库全书》本。

宗大历六年三月，海寇袁晁作乱于翁山，而鄞久弗能复，乃移治鄮。鄮东取鄞城才三十里。……是年，翁山县废。

——《乾道四明图经》卷一《总叙》[1]

大历六年，翁山海寇乱鄞县，久不能复，遂移治于府城。是年，废翁山。

——《宁波府简要志》卷一《舆地志·因革》[2]

大历中，翁山县寇乱，移鄞治今府城之子城。盖翁山海角，顺风一潮可到鄞也。

——《宁波府简要志》卷一《城镇志·城池》[3]

大历六年，海寇袁晁反，据翁山、鄞二县，久不克复，遂移治鄮即武德四年所置鄮州，今宁波府是也。鄞县旧治在阿育王山西、鄮山之东，城郭遗址犹存。鄮东取鄞才三十里。自鄮州废为鄞县，在今府治，非古鄞治矣。是年废翁山。

——《成化四明郡志》卷一《沿革考》[4]

大历六年，鄞、翁山有袁晁之乱，不能讨复，遂废翁山不治，而鄞治原在鄞山因移之今郡治地即今府城地，县先立。

——《嘉靖宁波府志》卷一下《沿革》[5]

代宗大历六年，海寇袁晁乱翁山及鄞，遂废翁山不治，而徙鄞于三江之口，即今府城也。予沿革考颇悉，止有未详者，一在武德八年废鄮州仍名鄞县之时还治鄮山乎？抑仍句章故治乎？在大历六年徙鄞县三江口之时自鄮山徙乎？自小溪徙乎？此难臆定矣。

——《敬止录》卷一《沿革考》[6]

唐高祖武德……八年，复废鄮州，以其地为鄞县，徙治育王山故鄮城，而郡为越州之鄞县地。据后袁晁之乱，移县治于今郡治，则是时县治应在古鄮城。若从宝庆、成化《志》谓武德时鄞县已在今郡城，则后袁晁乱时又何所移耶？《嘉靖志》则谓是时鄞县

---

[1] （南宋）张津等纂：《乾道四明图经》卷一《总叙》，浙江省地方志编纂委员会编：《宋元浙江方志集成》第7册，杭州出版社，2009年，第2880页。

[2] （明）黄润玉、孟清纂：《宁波府简要志》卷一《舆地志·因革》，宁波市地方志编纂委员会整理：《明代宁波府志》第八册，宁波出版社，2013年，第56页。

[3] （明）黄润玉、孟清纂：《宁波府简要志》卷一《城镇志·城池》，宁波市地方志编纂委员会整理：《明代宁波府志》第八册，宁波出版社，2013年，第86页。

[4] （明）杨寔纂：《成化四明郡志》卷一《沿革考》，宁波市地方志编纂委员会整理：《明代宁波府志》第六册，宁波出版社，2013年，第16页。

[5] （明）周希哲、曾镒修，（明）张时彻等纂：《嘉靖宁波府志》卷一下《沿革》，宁波市地方志编纂委员会整理：《明代宁波府志》第一册，宁波出版社，2013年，第93~95页。

[6] （明）高宇泰撰：《敬止录》卷一《沿革考》，烟屿楼校本。

在小溪镇，夫既在小溪，又何时移于育王耶？况小溪乃句章旧城，既立县于此，何不移句章而移鄞耶？若谓是时在今郡城，至开元时分置州县始移鄞于育王，则自武德迄开元承平将百载，何故舍此而他徙耶？况既立明州于小溪，必不复徙鄞县于育王，又理之必然也。至《宝庆志》引《唐书·地理志》小江湖在南二里为据，而谓废鄞州为鄞县时已在今州治，则自古史官书法必据后之已定者书之。《唐书》成于宋人，正据长庆后既移郡城而言，宁得以是为证耶？愚按：武德之初，唐犹未混一天下，一时多置州郡，以异群雄，故有鄞州之建。至八年，则天下既定矣，于是厘制垂统，废州为县，复归旧治，此理之晓然著也。则县治之在古鄮城盖章矣。

——《康熙宁波府志》卷一《沿革总论》[1]

大历六年，袁晁作乱，始移于今治。

——《大清一统志》卷二百二十四《宁波府·古迹》[2]

大历六年，海寇袁晁据鄞、翁山二县，久不克复，遂废翁山不治，移鄞治于三江口以防之即前鄞州治。

——《雍正宁波府志》卷二《建置·宁波府》[3]

隐学高氏《敬止录》云，武德八年，地兼三邑，治小溪如故矣。或言废鄞州仍名鄞县，时还鄮山故治，若仍在小溪，何不因旧名句章？何所取于鄞县而改名鄞乎？且后既置明州，而袁晁之乱县若在小溪为附郭，则何不并徙州治？岂附郭之县被乱而州不被乱乎？则此时鄞县仍返治鄮山之下明矣。此一说也。又曰予沿革考颇悉，止有未详者，一即武德八年废鄞州仍名鄞县之时还治鄮山乎？抑仍句章故治乎？一在大历六年徙鄞县于三江口之时自鄮山徙乎？自小溪徙乎？此难臆定矣。高氏之说如此，乃据黄氏润玉《城隍庙记》之言曰，唐武德中以句章为鄞州，寻改为鄞县。开元末始置明州句章之墟，即此说以证高氏，则废鄞改鄞之时，或鄮或句章，诚未可定。乃既有开元末始置明州于句章之说，则当大历六年之徙县其为自句章者，可无疑也。盖开元二十六年七月十三日，从采访使齐瀚奏，析鄞县之地为鄞、慈溪、奉化、翁山四县，治故句章小溪镇，始立明州则是开元以后，明州之治于小溪可知。而大历六年之徙，其徙自小溪亦可知。虽天宝元年改明州为余姚郡，而至德初已复为明州，则明州之还隶于小

---

[1] （清）左臣黄、姚宗京等纂：《康熙宁波府志》卷一《沿革总论》，宁波市地方志编纂委员会整理：《清代宁波府志》第一册，宁波出版社，2014年，第124、125页。

[2] （清）徐乾学等主修：《大清一统志》卷二百二十四《宁波府·古迹》，《四库全书》本。

[3] （清）曹秉仁等纂：《雍正宁波府志》卷二《建置·宁波府》，宁波市地方志编纂委员会整理：《清代宁波府志》第五册，宁波出版社，2014年，第3618～3621页。

溪又可知，安见鄮县之徙不徙自小溪也。盖当大历六年尝因袁晁之乱废翁山，而移鄮治于三江口以防之，故有是疑。

——《四明它山图经·山经》附《古句章城记》[1]

大历移鄮治三江口，州、县分二城，省翁山入鄮。

——《鄞县通志》第一《舆地志》甲编《建置沿革·历代建置沿革考》[2]

771年（大历六年），迁鄮县治由小溪至三江口（今老市区）。撤翁山县，并其地入鄮县。

——《宁波市志》卷首《大事记》[3]

771年（大历六年）废翁山入鄮县，鄮县治由小溪徙三江口，即前鄮州治。

——《宁波市志》第一卷《建置》第一章《沿革》第一节"秦至清"[4]

771年（大历六年）《乾道四明图经》载，鄮县县治"据江海之冲，为善后之备"移至三江口（今老市区）。

——《宁波市志》第一卷《建置》第三章《城垣》第三节"古城遗址·小溪古城"[5]

大历六年（771年），因为三江口（今宁波城区）据江海要冲，有发展前途，故鄮县治由今鄞江镇移之该地，而明州治仍留今鄞江镇，州、县分治。

——《鄞县志》第一编《政区》第一章《建置沿革》第三节"县治"[6]

---

[1] （清）姚燮撰：《四明它山图经》，宁波市鄞州区地方志编纂委员会编：《鄞州山水志选辑》第一册，宁波出版社，2009年，第176～178页。

[2] （民国）张传保、赵家荪修，陈训正、马瀛纂：《鄞县通志》第一《舆地志》甲编《建置沿革·历代建置沿革考》，中国方志丛书·华中地方·第二一六号，据民国二十四年铅印本影印，1974年台湾成文出版社有限公司印行，第19页。

[3] 宁波市地方志编纂委员会编：《宁波市志》卷首《大事记》，中华书局，1995年，第26页。

[4] 宁波市地方志编纂委员会编：《宁波市志》第一卷《建置》第一章《沿革》第一节"秦至清"，中华书局，1995年，第5页。

[5] 宁波市地方志编纂委员会编：《宁波市志》第一卷《建置》第三章《城垣》第三节"古城遗址·小溪古城"，中华书局，1995年，第43、44页。

[6] 鄞县地方志编纂委员会编：《鄞县志》第一编《政区》第一章《建置沿革》第三节"县治"，中华书局，1996年，第15页。

唐大历六年（771年），鄮县为"据江海之冲，为善后之备"（宋乾道《四明图经》）移治到三江口（今宁波市址），鄞江地独为明州城。

——《鄞县志》第一编《政区》第一章《建置沿革》
第三节"县治"附一《古城考略·句章古城考》[1]

根据以上记载可以看出，如同句章治于"小溪"说一般，"大历移城"说同样是以《乾道四明图经》开其端，后世部分方志纷踵其说，只不过在"自何处移"（自古鄮城移？自小溪镇移？）这一具体细节上观点不一、互有争议或自相矛盾罢了。

二、"大历移城"说相关史实探究

关于"大历移城"之事，较之《乾道四明图经》更早的史料如《元和郡县图志》和新、旧唐书《地理志》都没有记载，早于《乾道四明图经》成书的《太平寰宇记》《舆地广记》《元丰九域志》等地理总志也没有记录，或仅仅记录了唐代大历六年（771年）袁晁作乱和省并翁山县之事；晚于《乾道四明图经》成书仅仅60余年的《宝庆四明志》则直接否定了此事：

自鄞州废为鄮县，乃在今州治，非古鄮治矣。《唐书·地理志》鄮县注曰：小江湖在南二里，广德湖在西十二里，仲夏堰在西南四十里。所谓小江湖，即今日湖，又曰细湖，其地实为小江里。盖自析句章为鄞州时，已治此矣，后乃废州为鄮县。旧志谓大历六年州始移治于此，未之考也。

——《宝庆四明志》卷一《郡志卷第一·叙郡上·沿革论》[2]

那么，"大历移城"一事的历史真相究竟如何呢？

按：虽然后来方志多认为唐代大历六年（771年）所移之城乃鄮县县治，但仔细梳理可以发现，其始作俑者《乾道四明图经》所记该年移城之事，却并未指明移城主体，因而可有多种解读：①明州自旧治古鄮城（阿育王山之西，鄮山之东）移

---

[1] 鄞县地方志编纂委员会编：《鄞县志》第一编《政区》第一章《建置沿革》第三节"县治"附一《古城考略·句章古城考》，中华书局，1996年，第16页。

[2] （南宋）方万里、罗濬纂：《宝庆四明志》卷一《郡志卷第一·叙郡上·沿革论》，浙江省地方志编纂委员会编：《宋元浙江方志集成》第7册，杭州出版社，2009年，第3101、3102页。

治于鄞,即迁至今宁波城区三江口一带,鄞县仍治古鄮城;②鄞县自古鄮城移治于鄮,明州仍治古鄮城;③明州、鄞县俱自古鄮城移治于鄮。在前两种情况下,则大历六年(771年)至长庆元年(821年)间的明州和鄞县当分治两城,然《通典》载:"明州,今理鄮县。"[1]《元和郡县图志》亦载:"鄮县,上。郭下。"[2]《旧唐书·穆宗》:"(长庆元年)三月丁酉朔,浙东奏移明州于鄮县置。"[3]《旧唐书·地理三》:"明州上。开元二十六年,于越州鄮县置明州。……鄮汉县,属会稽郡。至隋废。武德四年,置鄞州。八年,州废为鄮县,属越州。开元二十六年,于县置明州。"[4] 又,《太平寰宇记》:"开元二十六年于(鄮)县置明州。"[5] 可见,明州自唐代开元二十六年(738年)设立之初,就是与其下辖之鄮县同治一城的,州、县分治的情形并不存在,这也就意味着前两种情况无法成立。因此,只有在明州、鄮县均自古鄮城移治于三江口的前提下,"大历移城"之说才有成立的可能。也因此,开元二十六年(738年)前后鄮治何处,就成了解决问题的关键。

《新唐书·地理五》鄮县注云:"南二里有小江湖,溉田八百顷,开元中令王元纬(实为暐——编著者注)置,民立祠祀之。"[6]《宝庆四明志》认为:"所谓小江湖,即今日湖,又曰细湖,其地实为小江里。"[7] 清代史学大家全祖望也赞同此说,据其考证,《新唐书·地理志》中所谓开元中(713~741年)王元暐所置之湖,乃城外它山之湖,且它山堰于大和年间(827~835年)立,也不在开元年间(713~741年),"唐志以小江湖在鄮县南二里,溉田八百顷,开元中令王元暐置,是今城外它山之湖也。但此语本有谬误,它堰以太和(应为大和——编著者注)中始立,非开元也。……舒中丞《引水记》据《图经》,以小江湖在鄮县南二里,贞观中王君照修,则是城中之湖。清容谓今千丈镜河之惠光塔院,旧名小江塔院,则小江

---

[1] (唐)杜佑撰,王文锦等点校:《通典》卷一百八十二《州郡十二·古扬州下·余姚郡·明州》,中华书局,1988年,第4834页。

[2] (唐)李吉甫撰,贺次君点校:《元和郡县图志》卷二十六《江南道二·明州·鄮》,中华书局,1983年,第629页。

[3] (后晋)刘昫等撰:《旧唐书·穆宗》,中华书局,2011年,第486页。

[4] (后晋)刘昫等撰:《旧唐书·地理三》,中华书局,2011年,第1590页。

[5] (北宋)乐史撰,王文楚等点校:《太平寰宇记》卷九十八《江南东道十·明州·鄮县》,中华书局,2007年,第1960页。

[6] (北宋)欧阳修、宋祁撰:《新唐书·地理五》,中华书局,2011年,第1061、1062页。

[7] (南宋)方万里、罗濬纂:《宝庆四明志》卷一《郡志卷第一·叙郡上·沿革论》,浙江省地方志编纂委员会编:《宋元浙江方志集成》第7册,杭州出版社,2009年,第3101、3102页。

湖自它堰直至镜川皆其地，盖元皞所置也。而城中之湖，特以其东有小江里，因亦误称为小江湖。其说近之。或曰在城外者小江湖，在城中者小湖，亦非。更有谓君照所修即它堰者，益非"[1]。

据考，南宋时的"小江里"位于"州城下""府城下"。《乾道四明图经》："武康乡，州（指明州。南宋乾道年间即1165～1173年间明州尚未改名——编著者注）城下，管小江里。"[2]《宝庆四明志》："武康乡，在府（指庆元府。南宋庆元元年即1195年升明州为庆元府——编著者注）城下，管小江里。"[3]《宝庆四明志》又引《鲍郎庙记》为证："县（指南宋时的鄞县，治今宁波城区三江口一带——编著者注）南有鲍郎庙，记云：唐圣历二年，县（指圣历二年时的鄞县——编著者注）令柳惠古徙祠于县。是知初置鄞州，已治此，继废州为鄞县，不复在鄞山之东也。"[4]以上种种迹象表明，早在唐代武德八年（625年）废鄞州为鄞县时，其治已在今天的宁波城区三江口一带，因此《乾道四明图经》所谓的"大历移城"说显然无从谈起，部分后世方志也完全是照猫画虎、胡乱演绎而已。

既然如此，《乾道四明图经》又是怎么提出"大历移城"一说的呢？我们认为，此说的形成当与唐代大历六年（771年）废翁山县事脱不了干系。《新唐书·地理五》鄞县注云："开元二十六年析置翁山县，大历六年省。"[5]《太平寰宇记》则将废翁山县事与袁晁之乱联系在一起："废翁山县，唐开元时，与州同置。大历六年因袁晁反于此县，遂废之。"[6]又，稍晚于《乾道四明图经》成书的《舆地纪胜》载："浙东观察使薛戎请移郡城于鄞县置，其元郡城近高处邵安县。《寰宇记》在长庆元年，而《四明志》在大历中，年月不同。"[7]可见《舆地纪胜》所载明州、鄞县易治一事，只发生了一次，但在时间上有两说。按：《舆地纪胜》中既引有《乾道四明图经》，也引有《四明志》，该书成书年代早于《宝

---

[1] （清）全祖望撰：《鲒埼亭集外编》卷四十七《奉答万九沙编修宁志纠谬杂目》，《四部丛刊》本。

[2] （南宋）张津等纂：《乾道四明图经》卷二《鄞县·乡》，浙江省地方志编纂委员会编：《宋元浙江方志集成》第7册，杭州出版社，2009年，第2888页。

[3] （南宋）方万里、罗濬纂：《宝庆四明志》卷十三《鄞县志卷第二·叙赋·乡村》，浙江省地方志编纂委员会编：《宋元浙江方志集成》第8册，杭州出版社，2009年，第3380页。

[4] （南宋）方万里、罗濬纂：《宝庆四明志》卷十二《鄞县志卷第一·叙县·沿革论》，浙江省地方志编纂委员会编：《宋元浙江方志集成》第8册，杭州出版社，2009年，第3348、3349页。

[5] （北宋）欧阳修、宋祁撰：《新唐书·地理五》，中华书局，2011年，第1061页。

[6] （北宋）乐史撰，王文楚等点校：《太平寰宇记》卷九十八《江南东道十·明州·废翁山》，中华书局，2007年，第1961页。

[7] （南宋）王象之撰：《舆地纪胜》卷十一《两浙东路》，中华书局据清道光二十五年刊本影印，1992年，第605、606页。

庆四明志》，其所引《四明志》当非《宝庆四明志》，可能是早于《乾道四明图经》的一本志书，惜今已不存。据此，我们认为，本系以已佚之北宋《大观明州图经》为蓝本修纂的《乾道四明图经》，应该是沿袭并糅合了《太平寰宇记》和佚本《四明志》等的说法，才最终演绎出了"大历移城"之事。

关于《乾道四明图经》所言"大历移城"一事，《乾隆鄞县志》和《同治〈鄞县志〉》等虽然未加否认，但对"大历移城"之缘由，均曾表达过自己的质疑，认为与事实不符：

> 大历六年，省翁山县《唐书·地理志》，是年移鄞治于三江口。曹《志》。案：《乾道图经》云：大历六年三月，海寇袁晁作乱于翁山，而鄞久弗复，乃移治鄞。鄞东取鄮城财三十里，此鄞县徙治今城之始也。今考《通鉴》，代宗宝应元年十月，袁晁陷明州。广德元年四月，李光弼奏擒袁晁，浙东皆平。又阅四年，始改元大历。大历六年距晁就擒已逾十载矣，鄞为附郭之县，岂有久未能复之理？《图经》所言，殆非其实矣。当时县治之移，实以三江口据江海之冲，为善后之备，非因故城未复，而别立治也。诸志皆踵《图经》之伪，兹特援正史驳正之。
> ——《乾隆鄞县志》卷一《建置沿革》[1]

> 《乾道图经》：代宗大历六年，鄞移治鄮。鄮东取鄞城财三十里，其所谓鄞者，武德之鄞州也。《成化志》亦云：鄞移治鄮，即武德四年所置鄞州，今宁波府是。鄞城即汉县，在阿育王山西、鄞山东者。今府治去彼亦三十里。《宝庆志》：鄞州治今府治，不误。而谓武德之鄞即治鄞州，反以大历移治一事，疑旧志失考，则谬矣。《系年录》。……代宗大历六年，移鄞治于三江口。曹《志》。《乾道图经》云：大历六年三月，海寇袁晁作乱于翁山，而鄞久不能复，乃移治鄮。鄮东取鄞城财三十里，此鄞县徙治今城之始也。今考《通鉴》，代宗宝应元年十月，袁晁陷明州。广德元年四月，李光弼奏擒袁晁，浙东皆平。又阅四年，始改元大历。大历六年，距晁就擒已逾十载矣。鄞为附郭之县，岂有久未能复之理？《图经》所言，殆非其实矣。当时县治之移，实以三江口据江海之冲，为善后之备，非因故城未复，而别立治也。诸志皆踵《图经》之讹，兹特援正史驳正之。钱《志》。案曰：《新唐书·地理志》：鄞县南二里，有小江湖。《宝庆志》谓即日

---

[1] （清）钱维乔修，（清）钱大昕纂：《乾隆鄞县志》卷一《建置沿革》，乾隆五十三年刻本。

湖，遂以唐初鄮治属诸今城。王厚斋据《九域志》，辨小江湖为它山堰，斥旧志之牵合。而《成化志》犹袭《宝庆》之误。果如所言，鄮治原在江口，何至大历而始移也。李《志》以为唐初鄮县还治鄮山，朱《志》亦云：复鄮山治。乃云小溪为句章旧城，县既治此，何不称句章，而称鄮？则汉初会稽实治吴门，何不称吴郡，而称会稽？此等建置，古人一时之权宜，岂能考其意旨？李《志》之言，亦迂而不达矣。《敬止录》引或说谓袁晁之乱，县既附郭，何不并徙州治？岂附郭之县被乱，而州不被乱乎？亦疑县治当在鄮山，至是始移江口。但以《唐书》考之，大历辛亥，袁晁之平已久，此时移县，实仿晋季筑城之故智，控扼冲要，多为之备，故州、县分建两城，以壮形势，何必并州而移之？其后长庆移州于县，县即移治于州，犹此意也。旧志承讹袭谬，皆谓鄮尚未复，绝非事实，当以钱《志》为据。若《嘉靖志》既云句章治小溪，鄮治同，及移治之时，又云"原在鄮山"，是尤骑墙之说矣。《系年录》。

——《同治〈鄞县志〉》卷一《建置表·附考》[1]

著名历史地理学家谭其骧先生曾言："对一个地方的建置沿革，各种书里往往有不同的说法，不能认为说得越具体就越正确，更不能认为一定是后来居上。"[2]遗憾的是，作为宁波现存最早地方志书，且系当时的明州知州张津亲自领衔编纂，原本记载甚简且错漏甚多的《乾道四明图经》对后世的影响却是不言而喻的，自其以下的诸多史籍皆继承了该书的说法，并演化出了具体而微、形象生动的宁波古代城市发展史上的"小溪"说和"大历移城"说，进而形成了千年难决、莫衷一是、承讹袭谬、错漏百出的所谓"历史公案"。时至今日，这些无中生有、子虚乌有的说法依旧未能完全绝迹，静而思之，不亦憾乎？不亦悲夫！

行文至此，让我们再次重温《宝庆四明志》的感叹："然自明置州，至是四百三十二年，而城治之迁徙，县邑之沿革，人未有知其者。唐刺史韩察实移州城，石刻尚存，于时且未之见，他岂暇详甚哉！作者之难，固有俟乎述于后者也。"[3]但愿，这样的谬误今后不再出现！这样的感慨今后不再发生！

---

[1] （清）张恕等纂，张如安点校：《同治〈鄞县志〉》卷一《建置表·附考》，浙江人民出版社，2020年，第17~19页。

[2] 谭其骧：《地方史志不可偏废，旧志资料不可轻信》，谭其骧：《长水集续编》，人民出版社，1994年，第261页。

[3] （南宋）方万里、罗濬撰：《宝庆四明志》序，浙江省地方志编纂委员会编：《宋元浙江方志集成》第7册，杭州出版社，2009年，第3087页。

综合全书所述，现在我们可以简要得出以下结论：

1）宋时小溪镇，即今宁波市海曙区鄞江镇一带，历史上从未设置过任何县级以上的治所。"小溪（鄞江）"问题的出现，完全是后世志书臆测和历代转抄讹传的结果。

2）东晋隆安年间（397~401年）迁移后的句章县治（包括隋代开皇九年即589年并句章、鄞、鄮、余姚四县为一县的句章县治）和唐代武德四年（621年）废句章设立的鄞州州治、武德八年（625年）废鄞州设立的鄮县县治、开元二十六年（738年）析鄮县设立的明州州治，以及明州下辖之附廓鄮县县治，都是在今天的宁波城区三江口一带，与"小溪（鄞江）"之地无涉。

3）唐代大历六年（771年），曾因袁晁之乱省并明州下辖翁山县（今浙江舟山），但并未发生任何移治事件，与"小溪（鄞江）"之地更无丝毫关联。"大历移城"说同样是后世志书演绎的结果。

4）唐代长庆元年（821年），明州与其下辖附廓鄮县曾经互易治所，并修建明州子城。但这一事件同样是在今宁波城区三江口一带发生，而非在小溪镇与三江口两地间互移。

5）战国以来，特别是汉晋以后对今宁波城区三江口一带的持续开发，以及句章、鄞州、鄮县的相继迁治或建治于此，为唐代开元二十六年（738年）明州在此的设置打下了坚实基础。而明州的设立，又为后来宁波城市的发展奠定了基本框架。

附　　表

附表一　地表调查采集器物登记表

序号	编号	名称	质地	保存情况
1	鲍家墩采：1	碗（底）	青花瓷	残
2	鲍家墩采：2	碗（底）	青花瓷	残
3	鲍家墩采：3	碗（底）	青花瓷	残
4	鲍家墩采：4	碗（口沿）	青花瓷	残
5	陈家东山采：2	鼎足	夹砂红陶	残
6	陈家西山采：1	碗（底）	瓷	残
7	陈家西山采：2	碗（口沿）	瓷	残
8	大白山采：1	碗	瓷	残
9	大坟堆采：1	杯	瓷	残
10	大坟堆采：2	碗（底）	瓷	残
11	大坟堆采：3	陶拍	夹砂灰陶	残
12	带领岙采：1	罐	印纹硬陶	残
13	带领岙采：2	碗（口沿）	瓷	残
14	带领岙采：3	碗（底）	瓷	残
15	带领岙采：4	碗（底）	瓷	残
16	带领岙采：5	茶盏	瓷	残
17	定山桥采：1	碗（底）	瓷	残
18	定山桥采：2	碗（底）	瓷	残
19	定山桥采：3	碗	瓷	残
20	葛水采：1	盘（口沿）	瓷	残
21	葛水采：2	碗（口沿）	瓷	残
22	葛水采：3	罐	瓷	残
23	葛水采：4	碗（口沿）	瓷	残
24	葛水采：5	碗（口沿）	瓷	残
25	葛水采：6	碗（口沿）	瓷	残

续表

序号	编号	名称	质地	保存情况
26	后山下采:1	盅	原始瓷	残
27	后山下采:2	器底	原始瓷	残
28	后山下采:3	盒	瓷	残
29	黄岩山采:2	罐	印纹硬陶	残
30	上吕家采:1	钵	瓷	残
31	上吕家采:2	盘（口沿）	瓷	残
32	上吕家采:3	碗（口沿）	瓷	残
33	上吕家采:4	钵	瓷	残
34	上吕家采:5	钵	瓷	残
35	上吕家采:6	碗（底）	瓷	残
36	上吕家采:7	器耳	瓷	残
37	上吕家采:8	建筑构件	泥质灰陶	残
38	上吕家采:9	钵	瓷	残
39	社田采:1	碗（口沿）	瓷	残
40	社田采:2	盘（口沿）	瓷	残
41	社田采:3	器底	瓷	残
42	社田采:4	腹片	原始瓷	残
43	社田采:5	腹片	印纹硬陶	残
44	狮子山采:19	碗（底）	瓷	残
45	王家潭采:1	口沿	夹砂灰陶	残
46	王家潭采:2	口沿	夹砂灰陶	残
47	王家潭采:3	碗（口沿）	瓷	残
48	王家潭采:4	碗（口沿）	瓷	残
49	新蕾桥采:1	罐	印纹硬陶	残
50	新蕾桥采:2	腹片	印纹硬陶	残
51	沿山采:1	碗	瓷	残
52	高尚宅采:1	碗（底）	青花瓷	残
53	高尚宅采:2	碗（底）	瓷	残
54	古城畈采:1	灯盏	瓷	修复完整
55	古城畈采:2	茶盏	瓷	残
56	古城畈采:3	碗	瓷	残
57	古城畈采:4	盘（底）	瓷	残
58	古城畈采:5	盘（底）	瓷	残
59	古城畈采:6	碗	瓷	残

续表

序号	编号	名称	质地	保存情况
60	啤酒厂采：1	板瓦	泥质灰陶	残
61	啤酒厂采：2	器底	夹砂灰陶	残
62	啤酒厂采：3	口沿	泥质红陶	残
63	啤酒厂采：4	碗（口沿）	瓷	残
64	啤酒厂采：5	碗（口沿）	瓷	残
65	啤酒厂采：6	茶盏	瓷	残
66	天王寺采：1	灯盏	瓷	可修复
67	天王寺采：2	韩瓶	瓷	残
68	天王寺采：3	碗（底）	瓷	残
69	天王寺采：4	盘（底）	瓷	残

注：地表共采集遗物标本144件，本表仅登记了其中时代、形制比较明确的69件。

附表二　窑址采集器物登记表

序号	编号	名称	质地	保存情况
1	Y2采：1	器底	硬陶	残
2	Y2采：2	口沿（罍）	硬陶	残
3	Y2采：3	圈足	硬陶	残
4	Y2采：4	支架	陶	残
5	Y2采：5	器底	硬陶	残
6	Y4采：1	口沿	硬陶	残
7	Y4采：2	腹片	泥质红陶	残
8	Y4采：3	器底（锤）	泥质红陶	残
9	陈家东山采：1	筒形匣钵	夹砂红陶	残
10	陈家东山采：3	筒形匣钵	夹砂红陶	残
11	陈家东山采：4	罐口沿	夹砂红陶	残
12	凤凰山采：1	缸口沿	夹砂陶	残
13	后头山采：1	模具	夹砂陶	修复完整
14	后头山采：2	罐口沿	夹砂陶	残
15	后头山采：3	陶拍	夹砂陶	残
16	后头山采：4	急须	夹砂陶	残
17	后头山采：5	口沿	夹砂灰陶	残

续表

序号	编号	名称	质地	保存情况
18	后头山采：6	筒形匣钵	夹砂红褐陶	残
19	黄岩山采：1	筒形匣钵	夹砂红褐陶	残
20	后山下采：4	筒形匣钵	夹砂红褐陶	残
21	黄岩山采：3	筒形匣钵	夹砂灰褐陶	残
22	黄岩山采：4	腹片	夹砂红陶	残
23	狮子山采：1	器盖	夹砂陶	可修复
24	狮子山采：2	缸口沿	夹砂红陶	残
25	狮子山采：3	盘	夹砂灰陶	残
26	狮子山采：4	罐口沿	夹砂红陶	残
27	狮子山采：5	罐口沿	泥质红陶	残
28	狮子山采：6	罐口沿	夹砂灰陶	残
29	狮子山采：7	罐口沿	夹砂灰陶	残
30	狮子山采：8	急须	夹砂陶	残
31	狮子山采：9	缸口沿	泥质红陶	残
32	狮子山采：10	缸口沿	夹砂灰陶	残
33	狮子山采：11	缸口沿	夹砂陶	残
34	狮子山采：12	垫柱	夹砂灰陶	残
35	狮子山采：13	垫柱	夹砂陶	残
36	狮子山采：14	筒形匣钵	夹砂暗红陶	残
37	狮子山采：15	筒形匣钵	夹砂灰黑陶	残
38	狮子山采：16	罐口沿	夹砂灰陶	残
39	狮子山采：17	腹片	夹砂灰陶	残
40	狮子山采：18	腹片	夹砂灰陶	残

附表三　考古发掘出土器物标本登记表

序号	编号	名称	质地	保存情况
1	古·T103②：1	盘	瓷	修复完整
2	古·T103②：2	瓷片	瓷	残
3	古·T103②：3	碗	瓷	修复完整
4	古·T103②：4	盘	瓷	修复完整
5	古·T103②：5	碗	陶	修复完整

续表

序号	编号	名称	质地	保存情况
6	古·T103③：1	杵	石	残
7	古·T103③：2	构件	石	残
8	古·T103③：3	柱础	石	残
9	古·T103③：4	盏	陶	修复完整
10	古·T103③：5	磨	石	残
11	古·T103③：6	碗	瓷	修复完整
12	古·T103③：7	黑釉盏	瓷	修复完整
13	古·T103③：8	碗	瓷	修复完整
14	古·T103⑥：1	铜钱	铜	完整
15	古·T103⑥：2	碗	瓷	修复完整
16	古·T103⑥：3	黑釉盏	瓷	修复完整
17	古·T104①：1	印花陶模	陶	残
18	古·T104④：1	铜钱	铜	完整
19	古·T113②：1	灯盏	瓷	修复完整
20	古·T113②：2	壶	瓷	修复完整
21	古·T115③：1	瓷碗	瓷	残
22	古·T115③：2	器盖	瓷	残
23	古·T115③：3	碗	瓷	残
24	古·T115③：4	黑釉盏	瓷	修复完整
25	古·T115③：5	黑釉盏	瓷	修复完整
26	古·T115③：6	碗	瓷	修复完整
27	古·T115③：7	盘	瓷	修复完整
28	古·T115④：1	熏罐	陶	残
29	古·T115④：2	铜钱	铜	完整
30	古·T125③：1	铜钱	铜	完整
31	古·T125③：2	铜钱	铜	完整
32	古·T125③：3	碗	瓷	残
33	古·T125③：4	碗	瓷	修复完整
34	古·T212②：1	碗	瓷	修复完整
35	古·T212②：2	碗	瓷	修复完整
36	古·T213②：1	碗	瓷	修复完整
37	古·T213②：2	碗	瓷	残
38	古·T213②：3	碗	瓷	修复完整
39	古·T213②：4	碗	瓷	修复完整

续表

序号	编号	名称	质地	保存情况
40	古·T213②：5	碗底	瓷	残
41	古·T213②：6	碗	陶	残
42	古·T213②：7	碗底	瓷	残
43	古·T213②：8	黑釉盏	瓷	修复完整
44	古·T213②：9	盏	陶	修复完整
45	古·T213②：10	碗	瓷	修复完整
46	古·T213③：1	盘	瓷	修复完整
47	古·T213③：2	盏	陶	修复完整
48	古·T213③：3	盏	陶	修复完整
49	古·T213③：4	锤	石	完整
50	古·T213③：5	拍	陶	残
51	古·T213③：6	黑釉盏	瓷	修复完整
52	古·T213③：7	盏	陶	修复完整
53	古·T213③：8	碗	瓷	残
54	古·T222②：1	盏	陶	修复完整
55	古·T222②：2	碗	瓷	修复完整
56	古·T222②：3	碗	瓷	修复完整
57	古·T222②：4	碗	瓷	残
58	古·T232③：1	碗	瓷	残，可修复
59	古·T232③：2	碗	瓷	修复完整
60	古·F1：1	铜钱	铜	残
61	古·F1：2	碗	瓷	修复完整
62	古·F1：3	碗	瓷	修复完整
63	古·F1：4	碗	瓷	残
64	古·F1：5	盘	瓷	修复完整
65	古·F1：6	碗	瓷	修复完整
66	古·F1：7	瓦当	陶	残
67	古·F1：8	碗	瓷	修复完整
68	古·F1：9	熏罐	陶	残
69	古·F1：10	盘	瓷	修复完整
70	古·F1：11	韩瓶	瓷	完整
71	古·F1：12	盏	陶	修复完整
72	古·F1：13	盏	陶	修复完整
73	古·F1：14	碗	瓷	残

续表

序号	编号	名称	质地	保存情况
74	古·F1:15	碗	瓷	残
75	古·F1:16	盏	陶	修复完整
76	古·F2:1	炉	瓷	修复完整
77	古·F2:2	碗	瓷	修复完整
78	古·F2:3	碗	瓷	修复完整
79	古·F2:4	盏	陶	修复完整
80	古·F2:5	瓦当	陶	残
81	古·F2:6	黑釉盏	瓷	修复完整
82	古·F2:7	玉器	玉	残
83	古·F2:8	碗	瓷	修复完整
84	古·F2:9	碗	瓷	修复完整
85	古·F2:10	铜钱	铜	完整
86	古·F2:11	器盖	瓷	残
87	古·F2:12	盏	陶	修复完整
88	古·F2:13	盘	瓷	修复完整
89	古·F2:14	盏	陶	修复完整
90	古·F2:15	盘	瓷	修复完整
91	古·F2:16	碗	瓷	修复完整
92	古·F2:17	黑釉盏	瓷	残
93	古·F2:18	碗底	瓷	残
94	古·F2:19	铜钱	铜	残
95	古·F3:1	黑釉盏	瓷	修复完整
96	古·F3:2	黑釉盏	瓷	修复完整
97	古·F3:3	碗	瓷	修复完整
98	古·F3:4	碗	瓷	修复完整
99	古·F3:5	碗	瓷	修复完整
100	古·F3:6	鸟食罐	瓷	完整
101	古·F3:7	铜钱	铜	完整
102	古·F3:8	铜钱	铜	残
103	古·F3:9	铜钱	铜	完整
104	古·F3:10	壶	陶	修复完整
105	古·F3:11	碗	瓷	修复完整
106	古·F3:12	陶饼	陶	完整
107	古·F3:13	盏	陶	修复完整

续表

序号	编号	名称	质地	保存情况
108	古·F3：14	盏	陶	修复完整
109	古·F3：15	黑釉盏	瓷	修复完整
110	古·F5：1	碗	瓷	修复完整
111	古·F5：2	碗	瓷	残
112	古·F5：3	碗	瓷	修复完整
113	古·F5：4	碗	瓷	修复完整
114	古·F5：5	碗	瓷	修复完整
115	古·F5：6	陶拍	陶	残
116	古·F5：7	黑釉盏	瓷	修复完整
117	古·F5：8	黑釉盏	瓷	修复完整
118	古·F5：9	碗	瓷	修复完整
119	古·F5：10	盏	陶	修复完整
120	古·F5：11	铜钱	铜	完整
121	古·F5：12	铜钱	铜	完整
122	古·F5：13	碗	瓷	修复完整
123	古·F5：14	碗	瓷	修复完整
124	古·F5：15	碗	瓷	修复完整
125	古·F5：16	盘	瓷	修复完整
126	古·F5：17	碗	瓷	修复完整
127	古·F5：18	黑釉盏	瓷	修复完整
128	古·F5：19	洗	瓷	残
129	古·F5：20	碗	瓷	修复完整
130	古·F5：21	碗	瓷	修复完整
131	古·F5：22	黑釉盏	瓷	修复完整
132	古·TG1①：1	盘	青花瓷	修复完整
133	古·TG1①：2	碗	青花瓷	修复完整
134	古·TG1②：1	盘	瓷	修复完整
135	古·TG1③：1	碗	瓷	修复完整
136	古·TG1③：2	碗	瓷	修复完整
137	古·TG1③：3	盘	瓷	修复完整
138	古·TG1③：4	盘	瓷	修复完整
139	古·TG1③：5	黑釉盏	瓷	修复完整
140	古·TG1③：6	黑釉盏	瓷	修复完整
141	古·TG1③：7	黑釉盏	瓷	修复完整

续表

序号	编号	名称	质地	保存情况
142	古·TG1③：8	黑釉盏	瓷	修复完整
143	古·TG1③：9	盏	陶	修复完整
144	古·TG1③：10	急须	陶	残
145	古·TG1⑤：1	碗	瓷	修复完整
146	古·TG1⑤：2	盘	瓷	修复完整
147	古·TG2G1⑤：1	碗	瓷	修复完整
148	古·TG2G1⑤：2	碗	瓷	修复完整
149	古·TG2G1⑧：1	碗	瓷	修复完整
150	古·TG2G1⑧：2	碗	瓷	修复完整
151	古·TG2G1⑧：3	碗	瓷	修复完整
152	古·TG2G1⑧：4	碗	瓷	修复完整
153	古·TG2G1⑧：5	盏	陶	修复完整
154	古·TG2G1⑧：6	盏	陶	修复完整
155	古·TG2G1⑧：7	盏	陶	修复完整
156	古·TG2G1⑨：1	瓶	瓷	残
157	古·TG2G1⑩：1	碗	瓷	修复完整
158	古·TG2G1⑩：2	碗	瓷	修复完整
159	古·TG2G1⑩：3	盘	瓷	修复完整
160	古·TG2G1⑩：4	盘	瓷	修复完整
161	古·TG2G1⑪：1	碗	瓷	修复完整
162	古·TG2G1⑪：2	碗	瓷	修复完整
163	古·TG2G1⑪：3	碗	瓷	修复完整
164	古·TG2G1⑪：4	盘	瓷	修复完整
165	古·TG2G1⑪：5	盘	瓷	修复完整
166	古·TG2G1⑪：6	盘	瓷	残
167	古·TG2G1⑪：7	盘	瓷	修复完整
168	古·TG2G1⑫：1	碗	瓷	修复完整
169	古·TG2G1⑫：2	碗	瓷	修复完整
170	古·TG2G1⑫：3	碗	瓷	修复完整
171	古·TG2G1⑫：4	碗	瓷	修复完整
172	古·TG2G1⑫：5	盘	瓷	修复完整
173	古·G1⑤：1	碗	青花瓷	修复完整
174	古·G1⑤：2	碗	瓷	残
175	古·G1⑤：3	碗	瓷	修复完整

续表

序号	编号	名称	质地	保存情况
176	古·G1⑤：4	罐口沿	陶	残
177	古·G1⑤：5	盘	瓷	修复完整
178	古·G1⑤：6	盘	瓷	修复完整
179	古·G1⑤：7	碗	青花瓷	修复完整
180	古·G1⑤：8	火盘	陶	残
181	古·G1⑦：1	碗	青花瓷	修复完整
182	古·G1⑦：2	瓦头	陶	完整
183	古·G1⑦：3	勺	陶	残
184	古·G1⑦：4	碗	瓷	修复完整
185	古·G1⑦：5	碗	瓷	残
186	古·G1⑦：6	盏	瓷	修复完整
187	古·G1⑩：1	杵	石	残
188	古·G1⑩：2	碗	瓷	修复完整
189	古·G1⑩：3	碗	瓷	修复完整
190	古·G1⑩：4	盘	瓷	修复完整
191	古·G1⑩：5	碗	瓷	修复完整
192	古·G1⑩：6	铜钱	铜	完整
193	古·G1⑩：7	碗	瓷	修复完整
194	古·G1⑬：1	碗	瓷	修复完整
195	古·G1⑬：2	碗	瓷	修复完整
196	古·G1⑭：1	碗	瓷	修复完整
197	古·G1⑭：2	碗	瓷	修复完整
198	古·G1⑭：3	碗	瓷	残
199	古·G1⑭：4	碗	瓷	残
200	古·G1⑭：5	盘	瓷	残
201	古·G1⑭：6	碗	瓷	残
202	古·G1⑭：7	黑釉盏	瓷	修复完整
203	古·G1⑭：8	碗	瓷	残
204	古·G1⑭：9	臼	石	完整
205	古·G1⑭：10	壶	瓷	修复完整
206	古·G1⑭：11	碗	瓷	残
207	古·G1⑰：1	铜钱	铜	完整
208	古·H2：1	碗	瓷	残
209	古·H2：2	碗	陶	修复完整

续表

序号	编号	名称	质地	保存情况
210	古·H2：3	杯	瓷	修复完整
211	古·H2：4	韩瓶	瓷	修复完整
212	古·H2：5	碗	瓷	修复完整
213	古·H2：6	器底	瓷	残
214	古·H4：1	韩瓶	瓷	完整
215	古·H4：2	韩瓶	瓷	修复完整
216	古·H4：3	韩瓶	瓷	完整
217	古·H4：4	洗	瓷	修复完整
218	古·H4：5	黑釉盏	瓷	修复完整
219	古·H4：6	碗	瓷	修复完整
220	古·H4：7	碗	瓷	修复完整
221	古·H4：8	碗	瓷	修复完整
222	古·H4：9	碗	瓷	修复完整
223	古·H4：10	碗	瓷	修复完整
224	古·H4：11	碗	瓷	修复完整
225	古·H4：12	碗	瓷	修复完整
226	古·H4：13	碗	瓷	修复完整
227	古·H4：14	碗	瓷	修复完整
228	古·H4：15	权	石	完整
229	古·H4：16	碗	瓷	修复完整
230	古·H4：17	碗	瓷	修复完整
231	古·H4：18	碗	瓷	修复完整
232	古·H4：19	碗	瓷	修复完整
233	古·H4：20	碗	瓷	修复完整
234	古·H4：21	碗	瓷	修复完整
235	古·H4：22	铜钱	铜	完整
236	古·H4：23	碗	瓷	修复完整
237	古·H4：24	碗	瓷	修复完整
238	古·H4：25	碗	瓷	残
239	古·H4：26	碗	瓷	修复完整
240	古·H4：27	碗	瓷	修复完整
241	古·H4：28	黑釉盏	瓷	修复完整
242	古·H4：29	黑釉盏	瓷	修复完整
243	古·H4：30	黑釉盏	瓷	修复完整

续表

序号	编号	名称	质地	保存情况
244	古·H4：31	盏	陶	修复完整
245	古·H4：32	盏	瓷	修复完整
246	古·H4：33	碗	陶	修复完整
247	古·H4：34	盏	陶	修复完整
248	古·H4：35	盏	陶	修复完整
249	古·MT1①：1	壶	陶	修复完整
250	古·MT1①：2	碗	瓷	修复完整
251	古·MT1①：3	碗	瓷	修复完整
252	古·MT1①：4	碗	瓷	修复完整
253	古·MT1①：5	碗	瓷	修复完整
254	古·MT1①：6	碗	瓷	残
255	古·MT1①：7	碗	瓷	修复完整
256	古·MT1①：8	盏	陶	修复完整
257	古·MT1①：9	碗	瓷	修复完整
258	古·MT1①：10	碗	瓷	修复完整
259	古·MT1①：11	盏	陶	修复完整
260	古·MT1①：12	杯	瓷	残
261	古·MT1①：13	盘	瓷	修复完整
262	古·MT1①：14	黑釉盏	瓷	修复完整
263	古·MT1①：15	盘	瓷	残
264	古·MT1①：16	碗	瓷	修复完整
265	古·MT1①：17	碗	瓷	修复完整
266	古·MT1①：18	器盖	瓷	残
267	古·MT1④：1	碗	瓷	残
268	古·MT1⑤：1	盘	瓷	修复完整
269	古·MT1⑤：2	碗	瓷	修复完整
270	古·MT1⑤：3	盘	瓷	修复完整
271	古·MT1⑤：4	碗	瓷	修复完整
272	古·MT1⑤：5	碗	瓷	残
273	古·MT1⑥：1	铜钱	铜	完整
274	古·MT1⑥：2	碗	瓷	残
275	古·MT1⑥：3	铜钱	铜	残
276	古·MT4②：1	碗	瓷	修复完整
277	古·MT4②：2	黑釉盏	瓷	修复完整

续表

序号	编号	名称	质地	保存情况
278	古·MT4②:3	瓦当	陶	残
279	古·MT4②:4	器底	瓷	残
280	古·MT4②:5	器盖	瓷	残
281	古·MT5②:1	碗	瓷	修复完整
282	古·MT5②:2	碗	瓷	修复完整
283	古·Z4:1	碗	瓷	修复完整
284	古·Z5:1	碗	瓷	修复完整
285	古·Z5:2	碗	瓷	修复完整
286	古·Z5:3	碗	瓷	修复完整
287	古·Z5:4	碗	瓷	修复完整
288	古·Z5:5	黑釉盏	瓷	修复完整
289	古·Z5:6	钵	陶	修复完整
290	古·Z5:7	盏	陶	完整
291	古·Z5:8	盘	瓷	修复完整
292	古·L1:1	灯盏	陶	残
293	高·T102②:1	杯	青花瓷	修复完整
294	高·T102②:2	碗	青花瓷	残
295	高·T102②:3	罐口沿	陶	残
296	高·T102②:4	碗	青花瓷	修复完整
297	高·T102②:5	盆	陶	修复完整
298	高·T102②:6	碗	青花瓷	修复完整
299	高·T102②:7	青花杯	青花瓷	修复完整
300	高·T102②:8	杯	青花瓷	修复完整
301	高·T102②:9	杯	青花瓷	修复完整
302	高·T102②:10	碗	青花瓷	修复完整
303	高·T102②:11	杯	青花瓷	修复完整
304	高·T102②:12	盘底	青花瓷	残
305	高·T102⑤:1	碗底	瓷	残
306	高·T102⑤:2	碗底	瓷	残
307	高·T102⑥:1	碗底	瓷	残
308	高·T102⑥:2	铜钱	铜	完整
309	高·T102⑥:3	缸口沿	陶	残
310	高·T102⑥:4	缸口沿	陶	残
311	高·T102⑥:5	缸口沿	陶	残

续表

序号	编号	名称	质地	保存情况
312	高·T102⑥:6	碗底	青花瓷	残
313	高·T102⑥:7	碗底	青花瓷	残
314	悬·T101②:1	碗底	青花瓷	残
315	悬·T101②:2	罐	青花瓷	残
316	悬·T101③:1	碗底	青花瓷	残
317	悬·T102⑤:1	碗底	青花瓷	残
318	悬·T102⑤:2	碗底	瓷	残
319	悬·T102⑤:3	杯	原始瓷	残
320	悬·T102⑤:4	盘底	青花瓷	残

附　　录

附录一　它山堰1号地块考古项目专家论证会会议纪要

2014年12月30日，"它山堰1号地块考古项目专家论证会"在宁波大酒店召开。浙江省文物局吴志强副局长，吉林大学文化遗产保护研究中心段天璟副教授，上海博物馆考古部何继英研究员，华东师范大学资源与环境学院张立副教授，南京大学文化与自然遗产研究所考古部周桂龙主任，浙江省文物考古研究所胡继根研究员，杭州市文物考古研究所副所长郎旭峰副研究员，宁波大学历史系刘恒武教授，宁波市文化广电新闻出版局文博处徐建成处长，宁波市文物考古研究所所长王结华研究员、副所长王力军研究员、丁友甫副研究员、张华琴副研究员、许超博士，慈溪市文物管理委员会办公室谢纯龙研究员，鄞州区文化广电新闻出版局施建华副局长，鄞州区鄞江镇党委钱范杰书记，鄞州区文物管理委员会办公室主任谢国旗副研究员等参加会议。会议由王结华主持，吴志强任专家组组长。

与会专家学者踏勘了它山堰1号地块考古项目发掘现场，观摩了部分典型出土遗物，分别听取了许超所作的关于它山堰1号地块考古项目的工作汇报和张立所作的"基于遥感图像的鄞江镇周边环境"的报告，并进行了充分的讨论交流。纪要如下：

1）它山堰1号地块考古现场规范有序，发掘工作细致认真，地方文献梳理清晰，遥感考古分析到位，值得肯定。

2）它山堰1号地块发现的遗迹现象比较丰富，且保存较好，应是一个由多组遗迹组成的大型遗迹。根据地层叠压关系和出土遗物比较分析，基本可以判定该遗址年代为宋元时期。

3）宋元时期，我国经济中心进一步南移，商品经济高度发达。鄞江地处四明山区与宁波平原交界地带，历来号称"四明首镇"，地理位置十分重要。它山堰1号地块的考古发掘与发现，为宋元时期明州港腹地、地方经济社会变迁、市镇空间发展和鄞江历史研究等提供了绝佳标本，具有重要价值。

4）发掘者暂定的码头、道路等遗迹，其性质和功用还有待进一步探讨。码头遗迹应为一次而非多次修筑而成，同时也不排除其为桥梁基址或水闸的可能；道路遗迹也可能是大型建筑基址或货物仓储堆放场地。由于遗迹现象复杂且揭示面积不够，需在今后开展进一步的工作，但总体上可以初步判断其为一处重要的水运或水利设施遗址，且应具有官方修建的背景。

5）鉴于它山堰1号地块考古发现的重要性，建议有选择、有针对地适度扩大发掘面积，同时继续开展多学科、多部门间的合作，从横向和纵向两方面思考问题，并在全面厘清遗迹性质的基础上，进行妥善保护和合理利用。

6）建议在鄞江其他地块开展进一步的考古调查、勘探和发掘工作，为文献记载中的鄞江古城的研究提供事实依据。

2014年12月31日

附录二　宁波鄞江它山堰1号地块地球物理探测报告

宁波市文物考古研究所
中国国家博物馆航空摄影与遥感考古研究中心
中国科学院遥感与数字地球研究所

一、概　　述

（一）项目概况

本次探测区为宁波鄞江它山堰1号地块，总体分为三个区域进行地球物理探测，探测区域约1900平方米（图1）。

图1　测线布设图

本次探测主要是为了对宁波鄞江它山堰1号地块地下埋藏进行相应的地球物理解释。

（二）工作内容

2015年4月21~22日对宁波鄞江它山堰1号地块进行地下地球物理探测。

探测地点：宁波鄞江它山堰1号地块。

探测时间：2015年4月21~22日。

二、现 场 探 测

（一）方法原理

1. 探地雷达探测原理

探地雷达方法基于电磁波在不同介质中的传播特性。电磁波的传播取决于介质的电性，介质的电性主要有电导率μ和介电常数ε，前者主要影响电磁波的穿透（探测）深度，在电导率适中的情况下，后者决定电磁波在该物体中的传播速度。所谓电性介面也就是电磁波传播的速度介面。不同的物体具有不同的电性，因此，在不同电性的物体的分界面上，都会产生回波。

探测原理如下（图2）。

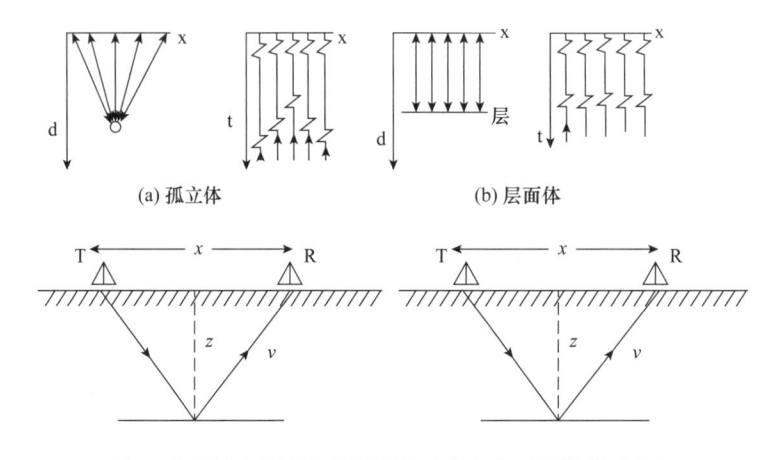

图2 电磁波在地下的传播路径（左）及记录波形（右）

2. 探地雷达探测方法优缺点

1）探地雷达方法与其他地球物理检测方法有如下优点：携带方便、无损检测、采集速度快、水平及垂直位置精度高等。

2）探地雷达方法亦有其局限性。

第一，探测深度和目标体的分辨能力依赖于土壤（或地下介质）特性，高导电率介质会使GPR方法无效（如海水、盐碱地、金属矿、黏土层等）；

第二，目标体和周围介质要有足够的电性差异（介电常数和电阻率）；

第三，GPR数据的解释因人而异，解释者的经验非常重要（特别是针对超前预报）。

（二）仪器设备

本次探测采用中国电波传播研究所生产的LTD-2100型探地雷达主机。LTD探地雷达由一体化主机、天线及相关配件组成（图3）。相对于探地雷达所用的高频电磁脉冲而言，通常工程勘探和检测中所遇到的介质都是以位移电流为主的低损耗介质。在这类介质中，反射系数和波速主要取决于介质的介电常数ε，空气的相对介电常数为1，最小；水的相对介电常数为81，最大。雷达工作时，向地下介质发射一定强度的高频电磁脉冲（几十兆赫至上千兆赫），电磁脉冲遇到不同电性介质的分界面时即产生反射或散射，探地雷达接收并记录这些信号，再通过进一步的信号处理和解释即可了解地下介质情况。

| 探地雷达系列 | LTD-2100探地雷达主机 | GC100MHz配套屏蔽天线 |

图3　仪器设备

（三）技术指标

1. 探地雷达主机的技术指标

1）LTD-2100型雷达主机为单通道模式；

2）LTD-2200型雷达主机为单、双通道模式可选，分时工作；

3）兼容性：兼容LTD2000型雷达的全系列天线；

4）连续工作时间：≥4小时；

5）体积：≤311mm×212mm×61mm（含航空插座）；

6）主机重量：≤2.5kg；

7）整机功耗：15W，内置16.8V、65Wh锂电池供电或外部电源供电9V~18V；

8）天线自动识别范围：50MHz~1.5GHz天线；

9）扫描速率：16Hz，32Hz，64Hz，128Hz可调；记录道长度：256，512，1024，2048可调；

10）脉冲重复频率：16kHz，32kHz，64kHz，128kHz可调；

11）时窗范围：5ns~1us，连续可调；

12）输入带宽：1Hz~16kHz；

13）动态范围：-7dB~130dB；

14）雷达信号输入范围：±10V；

15）系统信噪比：大于70dB；

16）软件处理功能：滤波、放大、道间平均、去背景处理；

17）测量方式：逐点测量，距离触发测量，连续测量可选；

18）显示方式：伪彩图、堆积波形或灰度图；

19）冲击振动：满足GJB74.6~85要求；

20）工作温度：-10℃~+50℃；

21）储存温度：-20℃~+60℃；

22）湿热条件：+30℃，90%。

2. 探地雷达配套天线的种类及技术指标

1）天线选型。LTD探地雷达天线有屏蔽型、非屏蔽型（平板式）和喇叭天线三种类型。针对本次考古探测任务，从分辨率、穿透力和稳定性三个方面综合衡量，使用LTD-2100主机加100MHz天线完成检测任务。

2）电磁波波速标定。在现场未发现易于标定的地下目标，故使用经验波速进行计算。

3）参数设定。采用连接测距轮探测方式，标记扩展选择为2，道间平均选择为5。

4）现场采集的连续雷达扫描图像，经计算机处理后，绘制成雷达时间剖面图。遇特殊情况影响探测效果的均在现场进行复测，确保全部数据均为有效记录。

三、探测结果与分析

（一）数据采集

1. 测线规划

为了得到宁波鄞江它山1号地块地下地球物理探测结果，首先对该地块探测区域进行了测线规划，如图4所示。

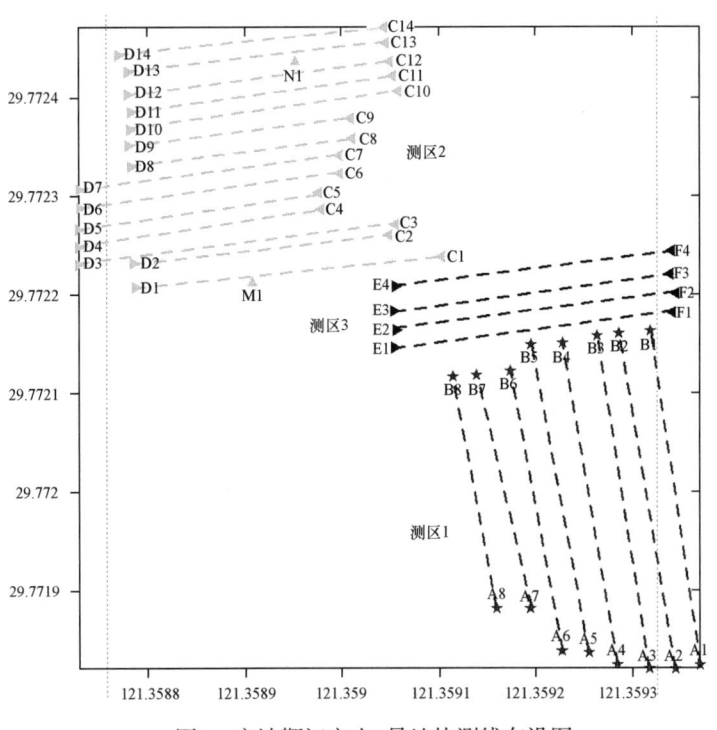

图4 宁波鄞江它山1号地块测线布设图

2. 测线位置测量

采用Trimble Geo XM 2008（亚米级手持GPS），对测线起始点进行经纬度定点测量，其精度为0.5~1米（表1~表3）。

表1　测区1测线布设位置测量结果

测点	起点		终点	
	经度	纬度	经度	纬度
A1-B1	121.35935°E	29.771824°N	121.35932°E	29.772163°N
A2-B2	121.35934°E	29.771821°N	121.35929°E	29.772161°N
A3-B3	121.35932°E	29.771821°N	121.35926°E	29.772158°N
A4-B4	121.35929°E	29.771825°N	121.35923°E	29.772151°N
A5-B5	121.35926°E	29.771837°N	121.3592°E	29.772149°N
A6-B6	121.35923°E	29.771839°N	121.35917°E	29.772123°N
A7-B7	121.3592°E	29.771882°N	121.35914°E	29.772119°N
A8-B8	121.35916°E	29.771882°N	121.35912°E	29.772117°N

表2　测区2测线布设位置测量结果

测点	起点		终点	
	经度	纬度	经度	纬度
C1-D1	121.3591°E	29.772239°N	121.35879°E	29.772208°N
C2-D2	121.35905°E	29.77226°N	121.35879°E	29.772232°N
C3-D3	121.35905°E	29.772271°N	121.35873°E	29.772231°N
C4-D4	121.35898°E	29.772287°N	121.35873°E	29.772248°N
C5-D5	121.35897°E	29.772303°N	121.35873°E	29.772266°N
C6-D6	121.359°E	29.772323°N	121.35873°E	29.772288°N
C7-D7	121.359°E	29.772341°N	121.35873°E	29.772307°N
C8-D8	121.35901°E	29.772358°N	121.35878°E	29.77233°N
C9-D9	121.35901°E	29.772379°N	121.35878°E	29.772351°N
C10-D10	121.35906°E	29.772406°N	121.35878°E	29.772367°N
C11-D11	121.35905°E	29.772421°N	121.35878°E	29.772385°N
C12-D12	121.35905°E	29.772436°N	121.35878°E	29.772403°N
C13-D13	121.35904°E	29.772455°N	121.35878°E	29.772426°N
C14-D14	121.35904°E	29.772471°N	121.35877°E	29.772443°N

表3 测区3测线布设位置测量结果

测点	起点 经度	起点 纬度	终点 经度	终点 纬度
E1-F1	121.35906°E	29.772146°N	121.35934°E	29.772181°N
E2-F2	121.35906°E	29.772164°N	121.35935°E	29.772201°N
E3-F3	121.35906°E	29.772183°N	121.35934°E	29.772221°N
E4-F4	121.35906°E	29.772208°N	121.35934°E	29.772244°N

3. 探地雷达数据采集

本次探地雷达数据采集共获得有效数据文件34个，共计测线31条。

（二）数据处理

探地雷达数据处理包括预处理（标记和桩号校正，添加标题、标识等）和处理分析，其处理流程如图5所示，其目的在于压制规则和随机干扰，以尽可能高的分辨率在探地雷达图像剖面上显示反射波，突出有用的异常信息（包括电磁波速度、振幅和波形等）来帮助解释。

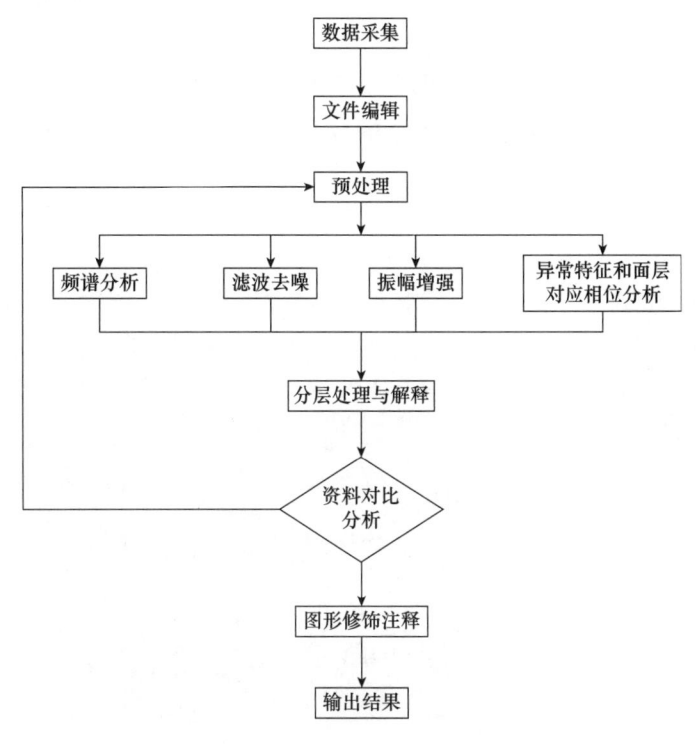

图5 探地雷达数据处理流程图

探地雷达所接收的是来自地下不同电性界面的反射波,其正确解释取决于检测参数选择合理、数据处理得当、模拟实验类比和读图经验等因素。

雷达数据的采集是分析解释的基础,数据处理则是提高信噪比,将异常突出化的过程。将现场采集的探地雷达数据传输至计算机中,应用配套的探地雷达处理软件进行处理。首先进行预处理,即定标点的编辑、文件头参数设定及距离均一化。

经过预处理后,还要进行一系列的数字化信号处理,通常的信号分析处理模块有振幅谱分析、功率谱分析、相位谱分析、滑动平均谱分析、二维谱分析;常规信号处理模块有漂移去除、零线设定、背景去噪、增益、谱值平衡、一维滤波、二维滤波、希尔伯特变换、反褶积、小波变换;运算模块有道间平衡加强、滑动平均、文件叠加、文件拼接、混波处理、单道漂移去除、数学运算、积分运算、微分运算;图形编辑模块有图形的放大、缩小、压缩、截取等。

经过上述数字信号处理后,可以有效地压制干扰信号的能量,提高雷达信号的信噪比,使雷达图像更易于识别地质信息,清晰地反映地质现象,从而提供更准确的解释结果。数据处理采用中国电波传播研究所自行开发的IDSP6.0探地雷达处理解释软件。处理过程包括预处理(步骤:①修改文件头参数;②标记和桩号校正;③剖面翻转和道标准化;④添加标题、标识等)和处理分析(包括①浏览整个剖面,查找明显的异常;②频谱分析;③滤波去噪;④振幅增强;⑤异常特征和面层对应相位分析;⑥剖面修饰等)。

经过处理后的检测剖面中不同的明暗度对应不同的幅度强度,横轴代表里程桩号(单位为m),纵轴表示电磁波传播的双程走时经速度计算后显示为深度(单位为m)(图6)。

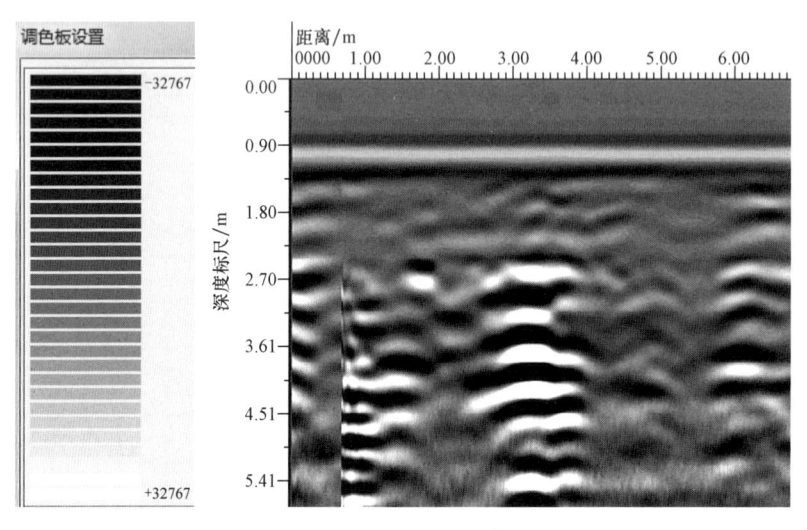

图6 探地雷达剖面调色板及灰度图显示

（三）输出结果

探地雷达图像分析依据

探地雷达图像的分析有定性和定量两种，定性分析主要表现在对空洞、异常、产状的判断上，定量分析主要在异常深度及长度的判定上。异常深度的判定可由电磁波从地面到异常体的双程走时来确定，由于异常体与周围介质存在一定的电性差异，特别是有空洞、空隙存在时，泥土、空气与围岩三者之间存在较大差异，在该界面位置出现强反射，电磁波能量显著增强，形成强反射界面，但当土壤含水量较高时会严重吸收电磁波能量使反映地下深层的信号强度大大减弱；电磁波波速则是根据土壤的成分及含水量等因素确定，电磁波在土壤中的相对介电常数ε_r，然后利用以下公式即可计算出异常体埋深。

$$r = \frac{\sqrt{\varepsilon_1} - \sqrt{\varepsilon_2}}{\sqrt{\varepsilon_1} + \sqrt{\varepsilon_2}} \qquad v = \frac{c}{\sqrt{\varepsilon}}$$

对于地下异常体的判读方法，主要根据电磁波波形、振幅大小及电磁波同相轴连续性的好坏来进行判断。当地下土壤较为均一，不存在裂缝及空洞时，雷达图像上表现为雷达波同相轴连续性较好。反之在雷达图像上会表现为反射能量强、同相轴连续性较差，甚至产生双曲线形态等异常现象（图7）。

原始数据因为场地较为潮湿的原因，异常显示有些区域并不明显（图8），不

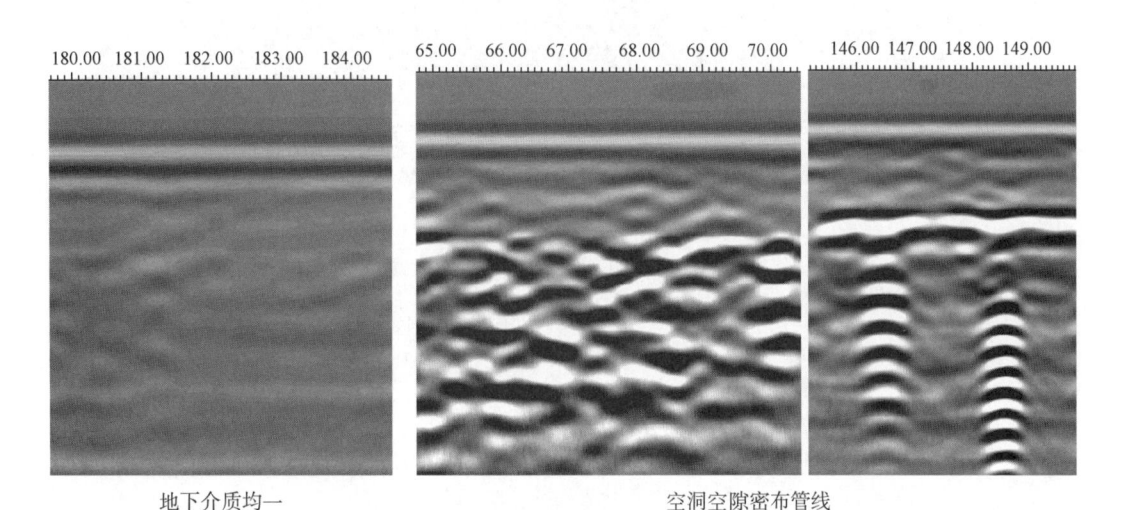

地下介质均一　　　　　　　　　　　空洞空隙密布管线

图7　不同地下异常体探地雷达结果对比图

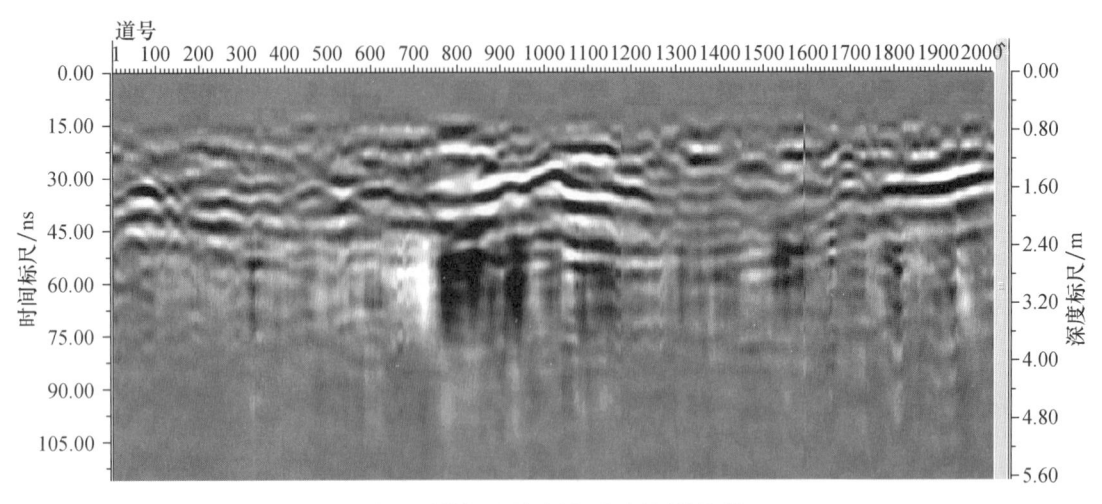

图8 测线探地雷达剖面探测原始数据

利于异常目标的判别，所以对其进行以下步骤的处理：调节零点、FIR滤波、道间平均、背景消除、增益调节、剖面反转等。经一系列处理后得到的结果如图9所示，所得结果层面清晰、异常突出，有利于进一步的分析与解释工作。

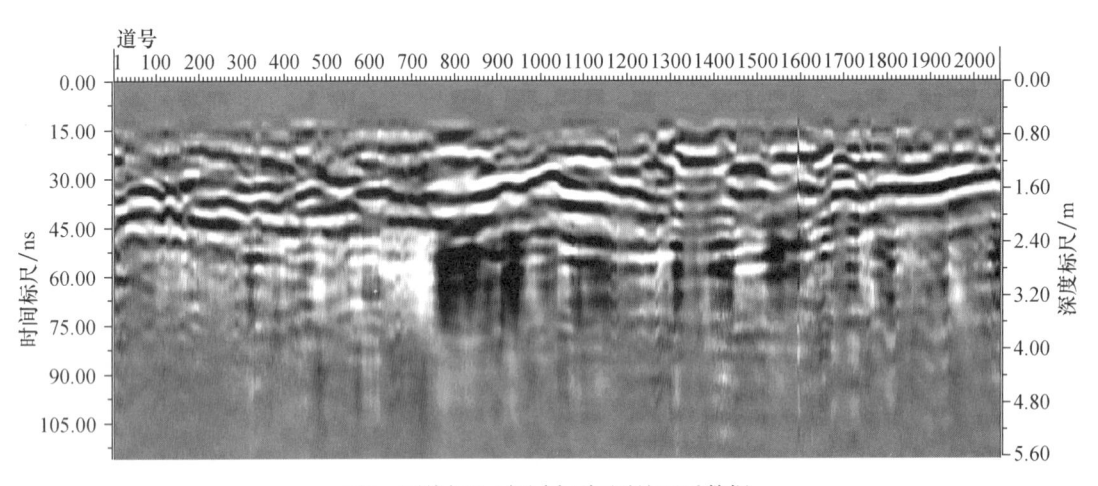

图9 测线探地雷达剖面探测处理后数据

四、地球物理数据分析与解释

（一）测区1数据分析与解释

测区1共计测线8条，以其中几条为例对测线异常区域进行详细说明（图10、图11）。

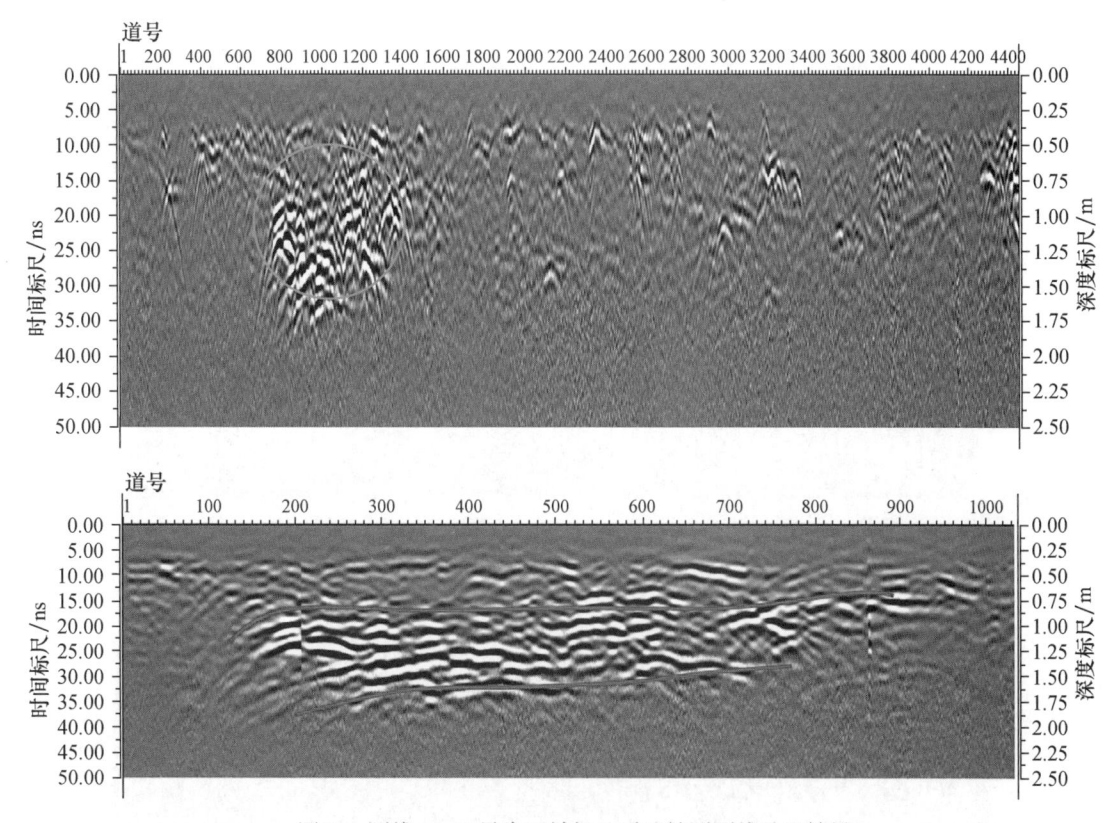

图10　测线A1-B1异常区域探地雷达补测测线处理结果

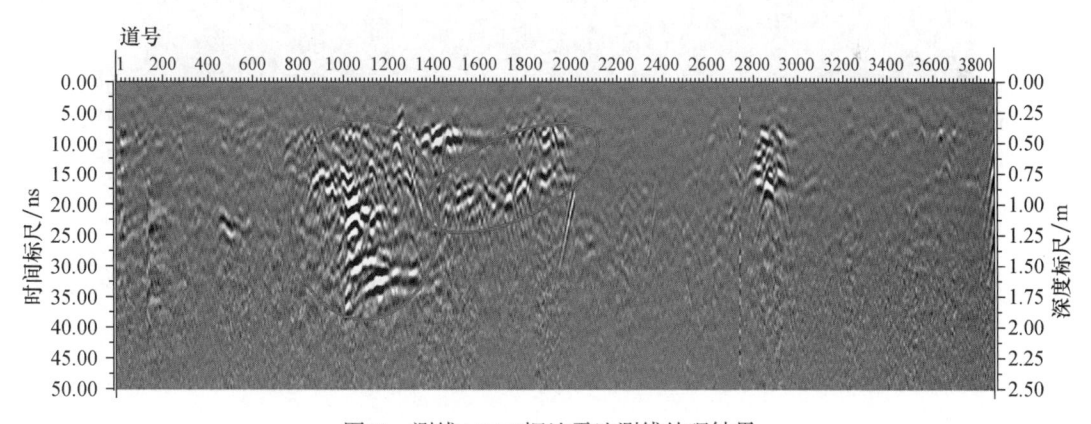

图11　测线A5-B5探地雷达测线处理结果

石块与渣土面范围：位于测线9~13米处，分布宽度4米；所处深度在0.5~1.7米，总体厚度约1.2米。在14~20米处，深度0.5~1米的位置有少量零散分布。详细显示结果见图12、图13所示。

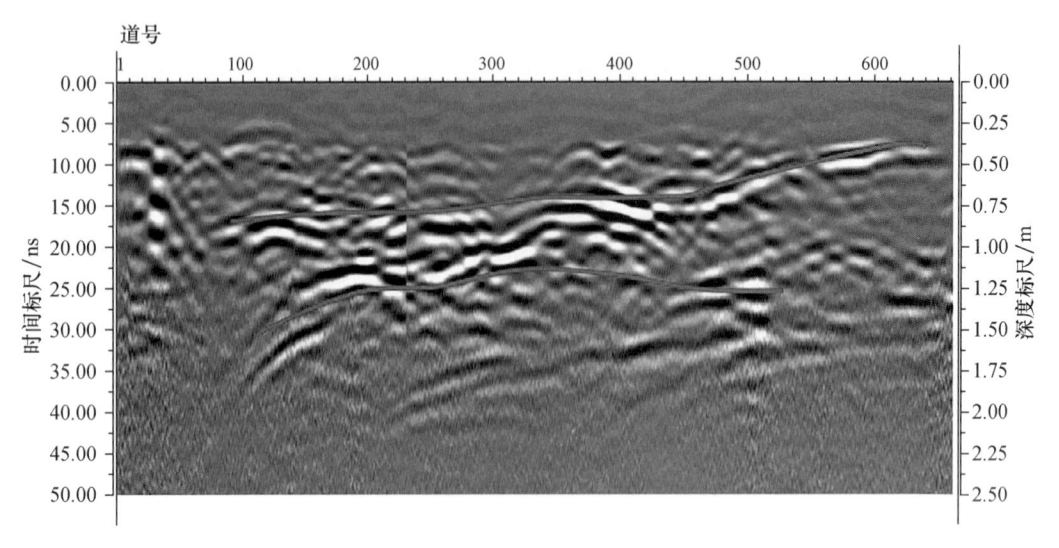

图12 测线A5-B5异常区域探地雷达补测测线处理结果

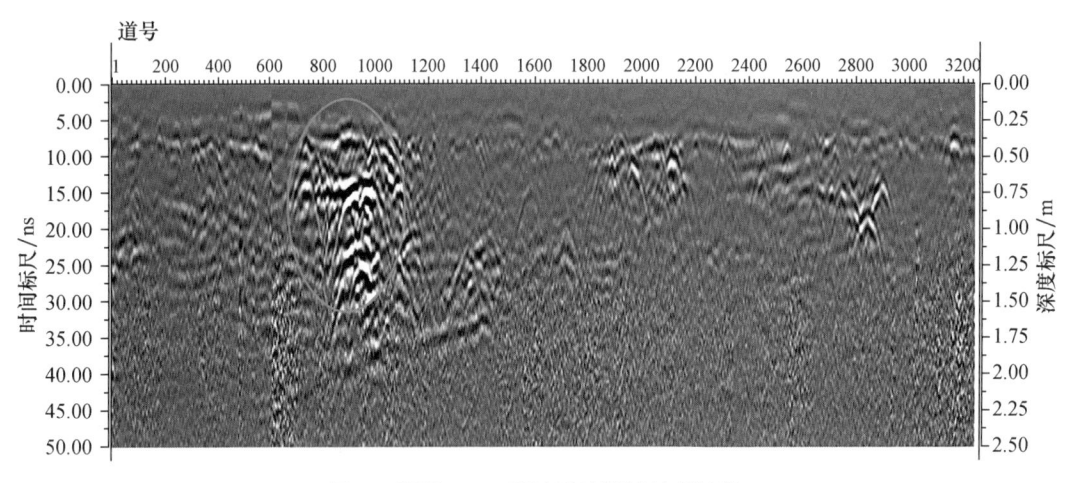

图13 测线A8-B8探地雷达测线处理结果

测区、少年军校探测区、临安城城墙段探测区城墙遗址的位置、埋深等信息。因为经纬度的标定及测线异常区的标注等原因，所得结果难免存在一定误差，为了得到更精确的信息（如城墙的厚度信息），需要其他的地球物理方法来进行验证。

石块与渣土面范围：位于测线9~13米处，分布宽度3米；所处深度在0.5~1.7米，总体厚度约1.2米。详细显示结果见图14所示。

根据探测结果，圈定异常区域边界后，对异常区进行了3条东西向测线的探测，并得到良好的探测结果（图15）。

东西向中心线区域测线显示：异常区域底界面呈现连续分布特征（图16、图17）。

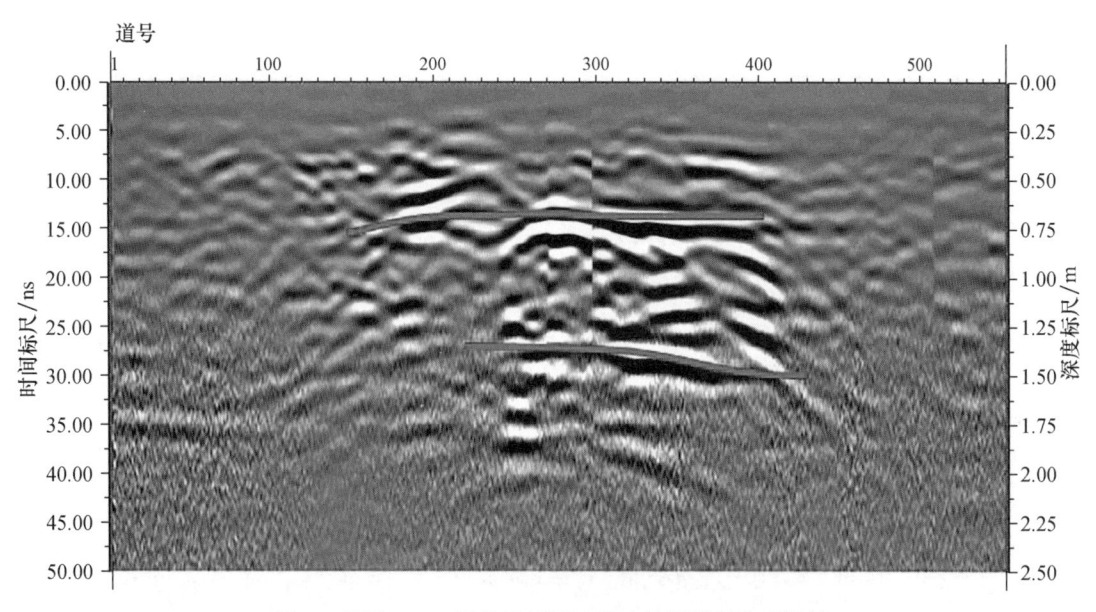

图14　测线A8-B8异常区域探地雷达补测测线处理结果

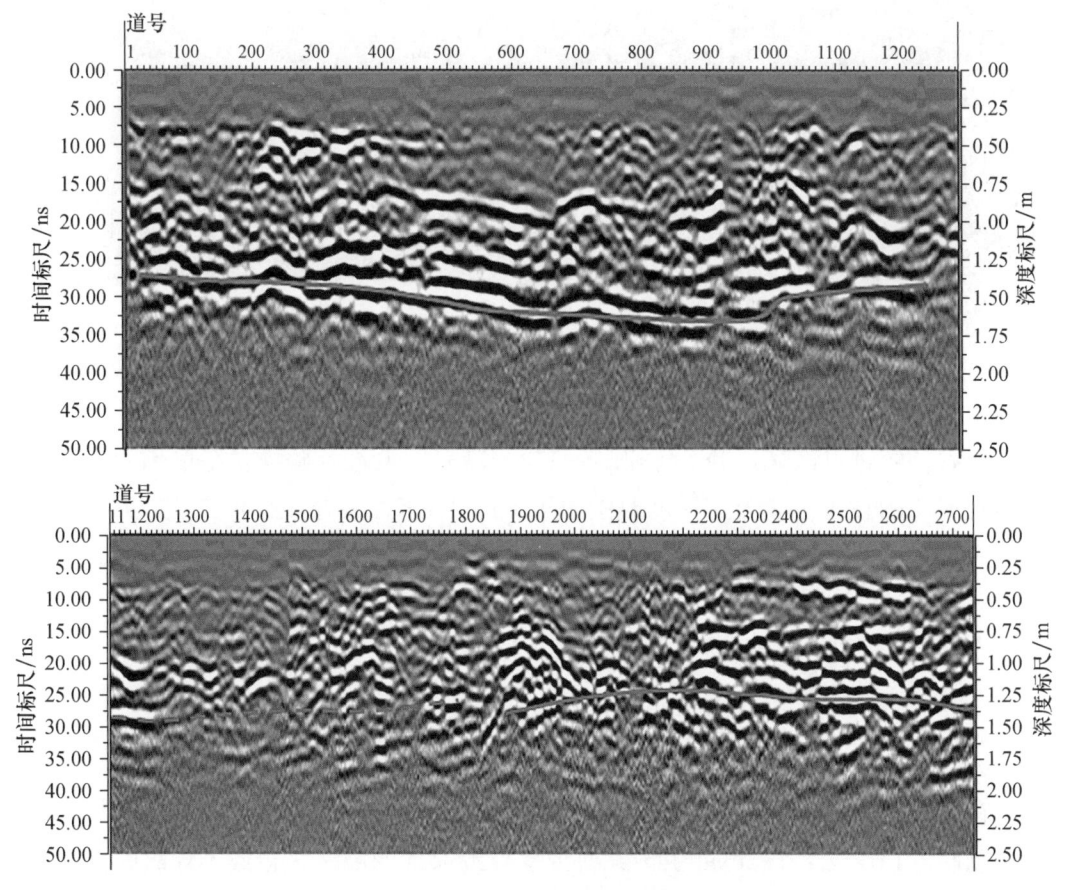

图15　重点区域东西向探测结果
（区域1中心测线，方向E—W）

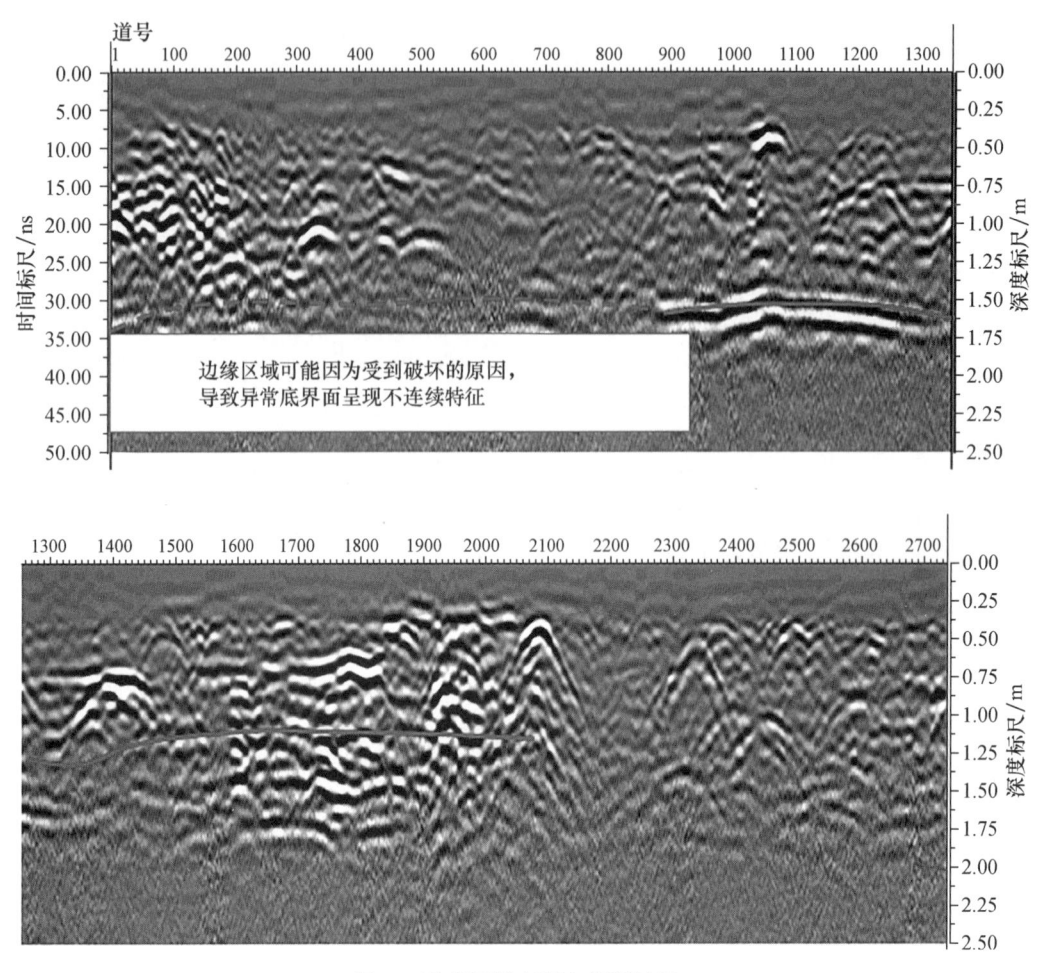

边缘区域可能因为受到破坏的原因，导致异常底界面呈现不连续特征

图16　重点区域东西向探测结果
（区域1北边界测线，方向E—W）

最后，经过对区域1的NS向和EW向探测结果的处理与解译，绘制出异常区域的俯视图（图18）。其分布深度范围位于0.5～1.7米，总厚度1～1.2米。另外，其南北向跨度，最宽处达6米，最窄处仅2米。

（二）测区2数据分析与解释

测区2范围较大，共计东西向测线14条，南北向测线一条（穿越异常区域）。

在1.2～3米深度范围内，存在不连续异常反应，以测线中间位置反应最为显著，总厚度1.6～2.4米。可能由于某些因素导致遗址的破坏，造成不连续断面异常的出现（图19）。

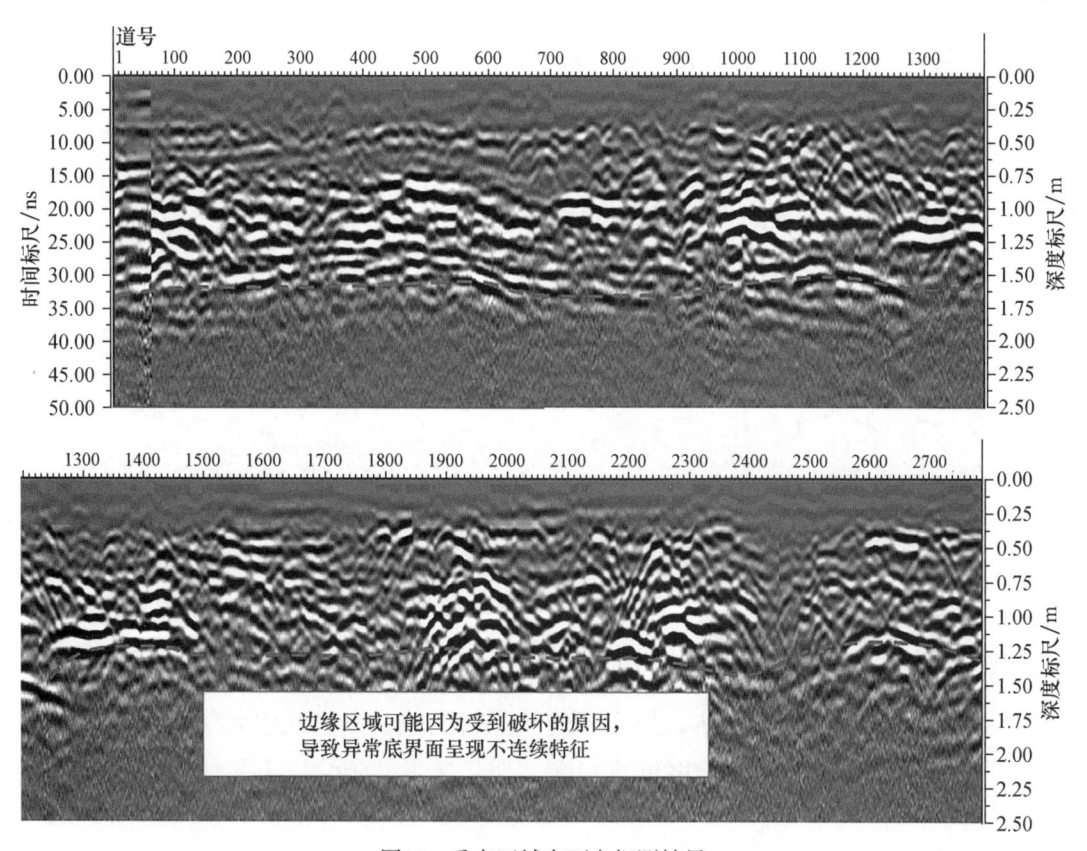

图17 重点区域东西向探测结果

（区域1南边界测线，方向E—W）

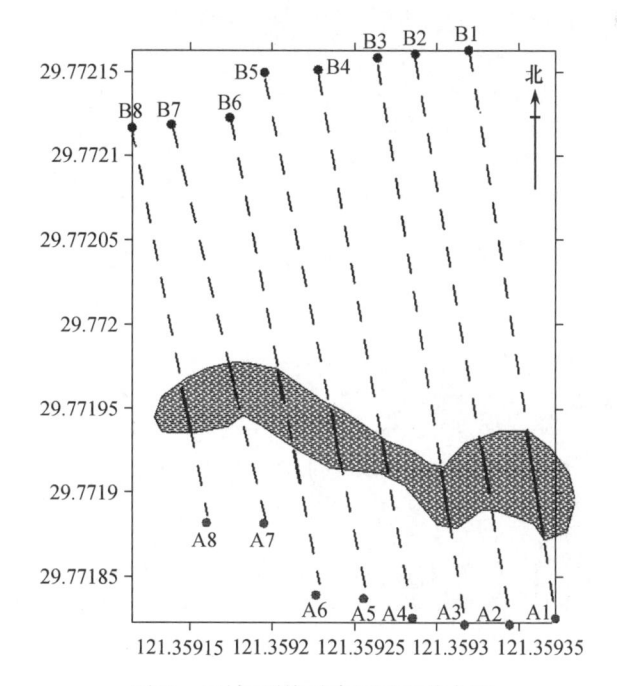

图18 区域1测线异常区平面分布图

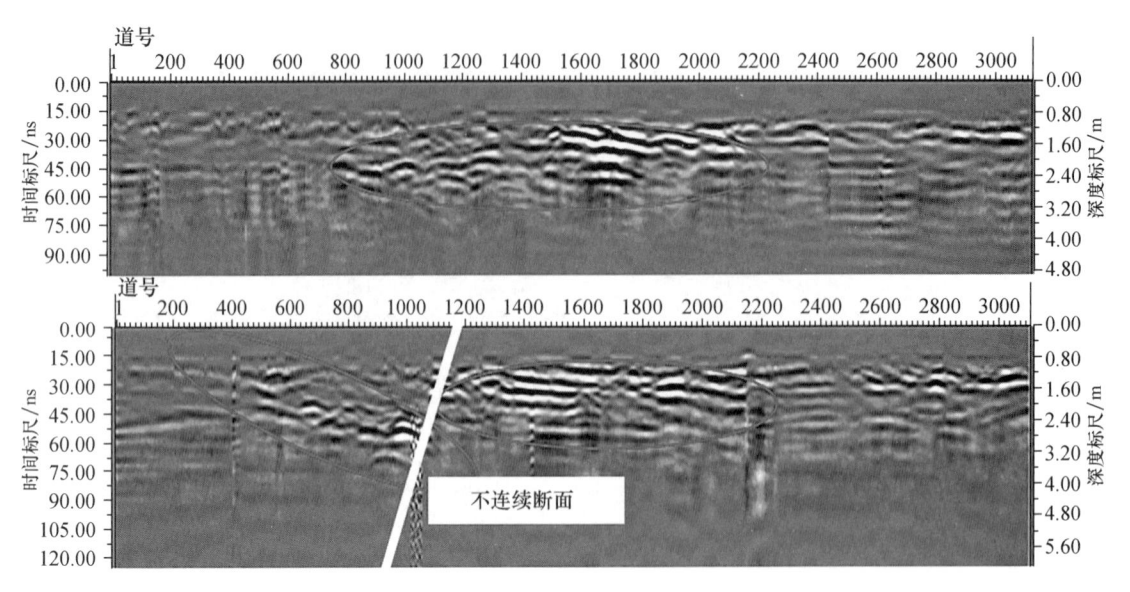

图19 测区2
（E—W向测线1，2）

在1.2~2.6米深度范围内，存在不连续异常反映，以测线中间位置反映最为显著，总厚度约1.5米。东西跨度可达12米。16~20米处延续以上测线的弱反映状态（图20）。

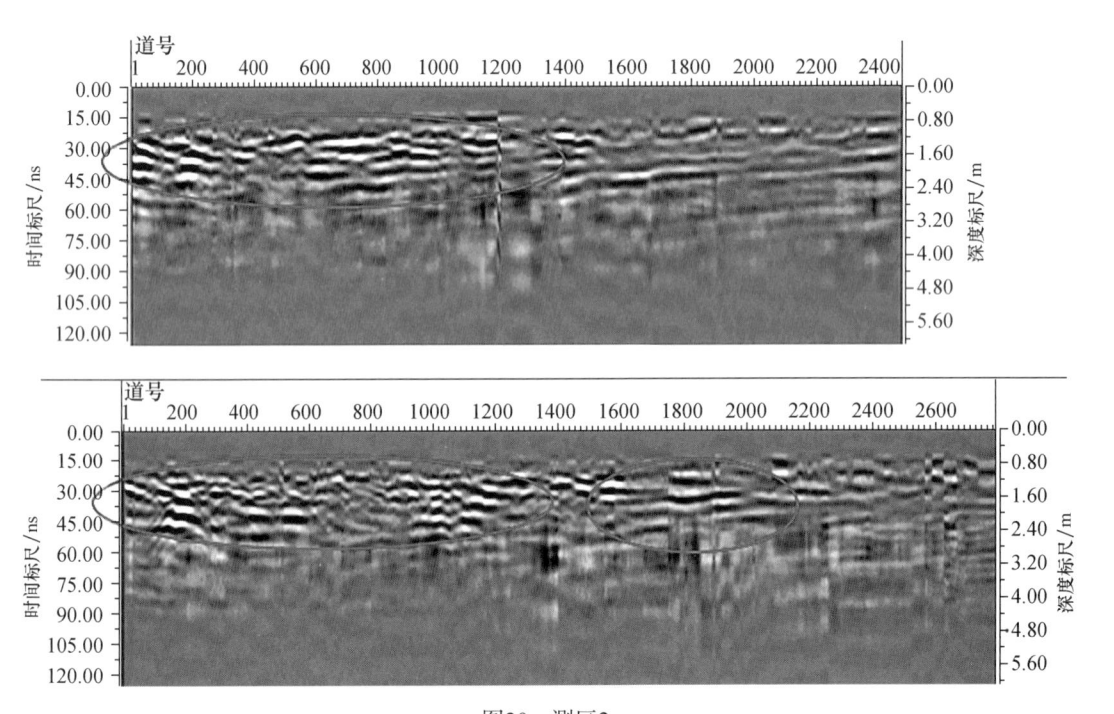

图20 测区2
（E—W向测线5，6）

在1.2~2.6米深度范围内，存在不连续异常反映，总厚度约1.5米。东西跨度可达14米。异常反映较为明显处应为连续分布的大块岩石堆叠状态的反映（测线10最明显）（图21）。

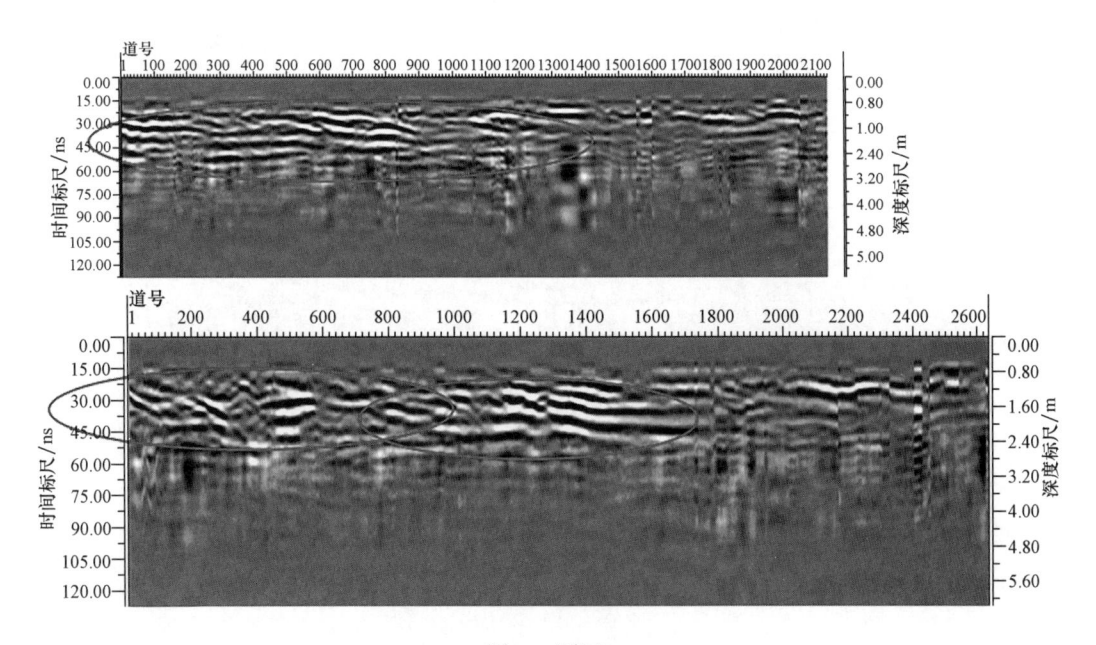

图21　测区2
（E—W向测线9，10）

测线西侧4~12米处，在1.2~2.4米深度范围内，存在不连续异常反应，总厚度约1.2米，反映渐弱。14~24米处、1~2.5米处存在较浅层的异常反应，较11-12测线更为显著，异常界面呈10°斜坡状（图22）。

根据东西向测线的异常反应，我们对测区2的异常反应区域采集了一条南北向的测线（图23）。

南北向测线横切EW向测线异常区，在1.2~2.8米深度范围内，存在持续异常反应，总厚度1.2~1.6米，测线异常分布深度中间深两边浅。

最后，经过对测区2的EW向14条测线和NS向一条测线的探测结果的处理与解译，绘制出异常区域的俯视图（图24）。

测区2存在两个异常区：

1）位于测区2东侧，横跨宽度约4米，总长度约20米，总体呈斜坡状（10°），西低东高（图24）。

2）分布范围较大，横跨宽度最大可达12~14米。南宽北窄。总长度大于26米，总厚度1.2~1.6米（图24）。

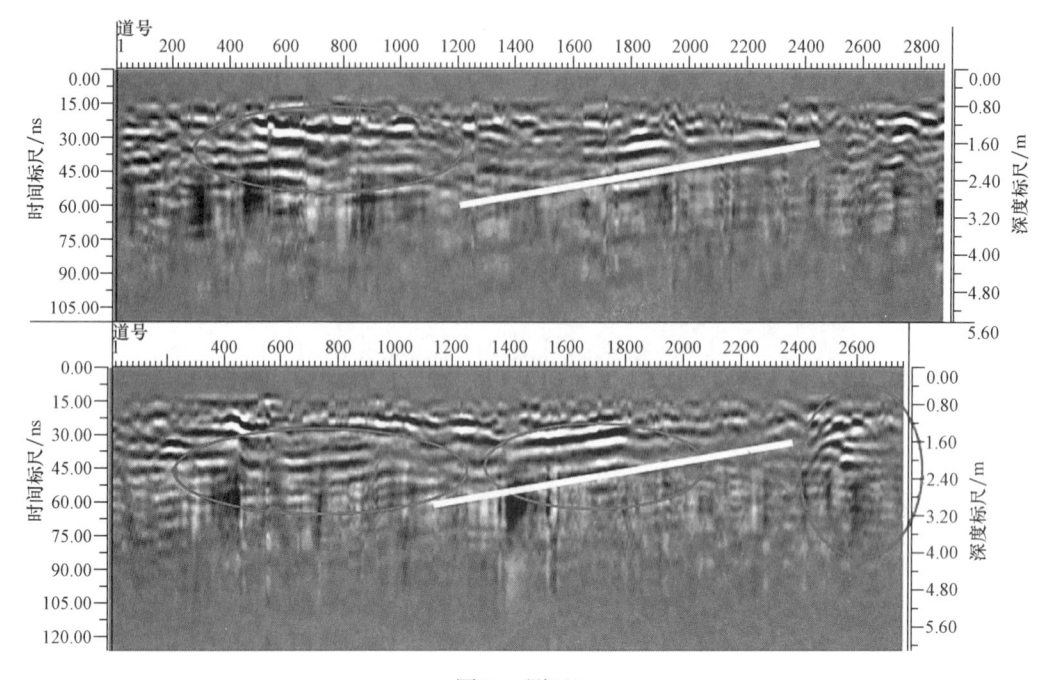

图22 测区2
（E—W向测线13, 14）

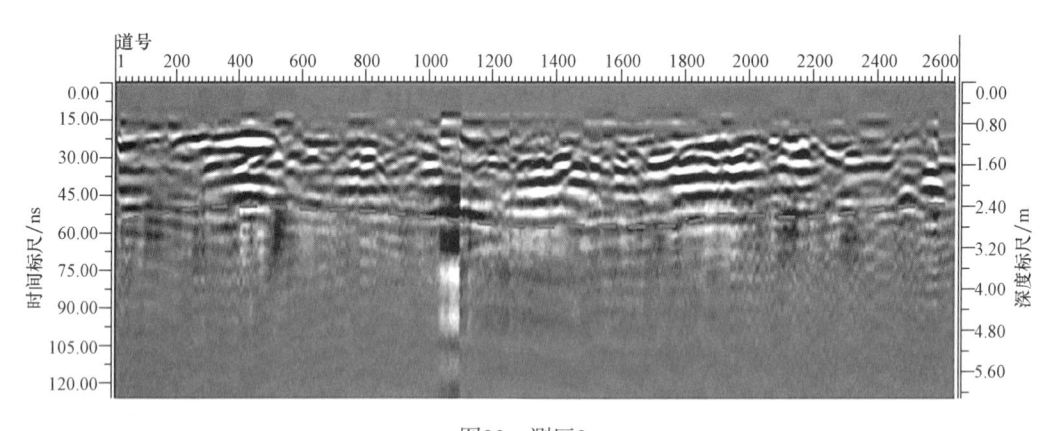

图23 测区2
（N—S向测线）

（三）测区3数据分析与解释

测区3相对测区1、2而言，湿度更大，因此探测结果干扰较大，探测深度相对较浅。

区域3，测线1、2在1.2～2.6米深度范围内，存在不连续异常反映，以测线西缘反应最为显著。显著区域分布宽度5～6米，深度1～2.5米（图25）。

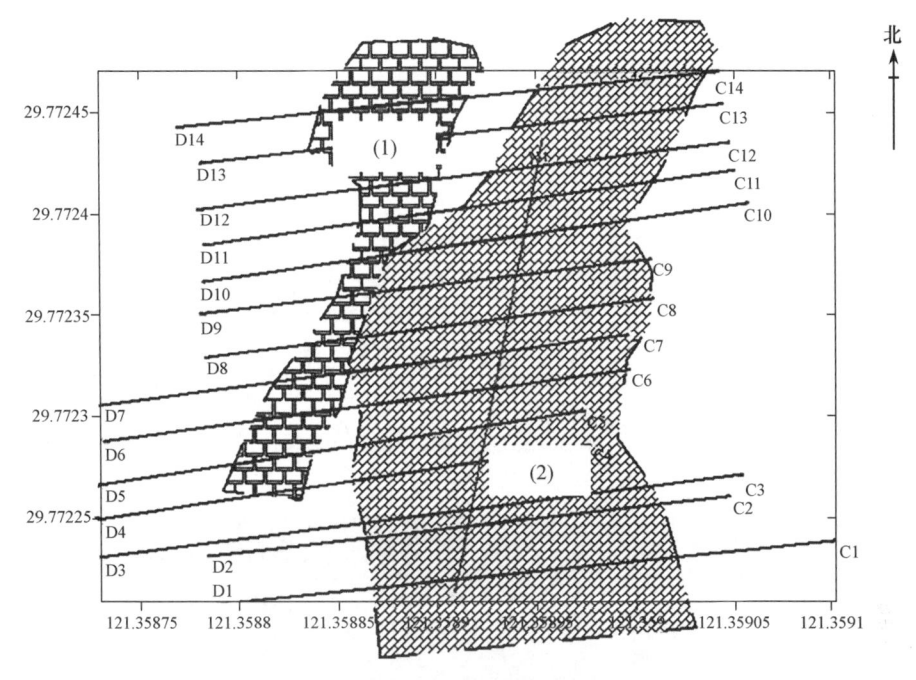

图24　测区2测线异常区域平面分布图

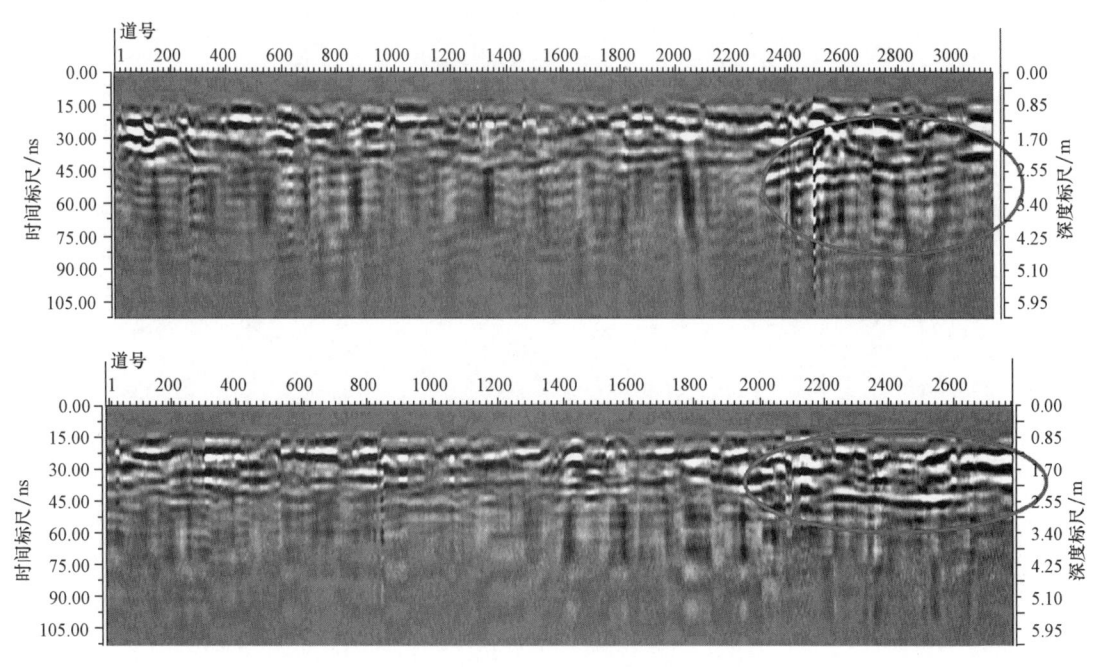

图25　测区3测线1、2探地雷达结果

测线3、4，在20～22米处有正负异常变化剧烈区域，具体原因尚待验证，测线4东部0～8米处有明显界面异常显示，存在与土层界面明显区别的界面反映（图26）。

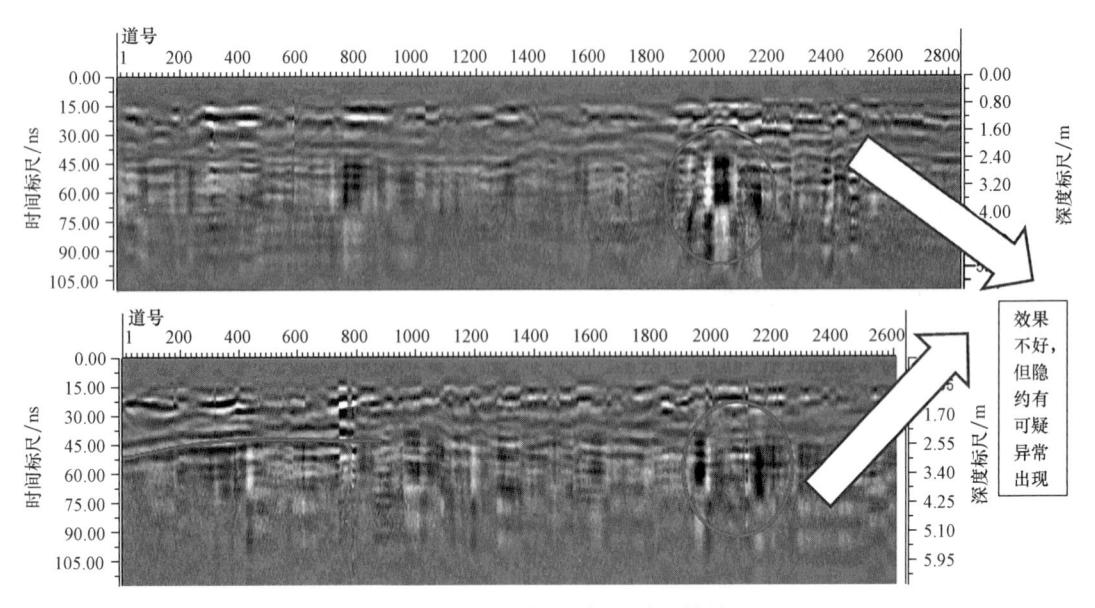

图26 测区3测线3、4探地雷达结果

五、小　　结

通过对宁波鄞江它山1号地块探地雷达探测数据分析、处理与解译，得到了3个探测区的地下埋藏的分布范围、深度、厚度等信息，为科学有效的田野考古工作提供了丰富的资料。

附注：本报告原名为《宁波鄞江古城它山1号地块地球物理探测报告》，现更名为《宁波鄞江它山堰1号地块地球物理探测报告》。

Abstract

Xiaoxi (Yinjiang) was a mysterious ancient city in the history within Ningbo area, and the existence of Xiaoxi (Yinjiang) is a complicated debate in Ningbo's urban development history.

According to some historical documents since the Southern Song Dynasty, the Xiaoxi Town in the Song Dynasty (located in the nowadays Yinjiang Town, Haishu District, Ningbo) once became or successively became the capital of Gouzhang County, Yinzhou Prefecture, Mao County and Mingzhou Prefecture during the 4th (400 A.D) or 5th (401 A.D) year of Long'an Reign in the Eastern Jin Dynasty to the 3rd year of Kaiping Reign in the Later Liang Dynasty (909 A.D). The problem had been raised for many times, however the debate has bothered the scholars for more than 800 years.

To solve this problem, Ningbo Municipal Institute of Archaeology (Nowadays Ningbo Municipal Institute of Heritage Management) conducted a series of comprehensive researches including archaeological investigations, surveys, trial excavations, excavations, remote sense surveys, GIS surveys and documentary study during the August of 2011 to the December of 2015, which finally corrected the mistakes of some historical records, as well as revealed the truth hiding inside the urban development of Ningbo ancient city.

First of all, the Xiaoxi Town in the Song Dynasty, which lies in the area of Yinjiang Town in Haishu District, Ningbo at present, had never been set as a capital of County or superior. The debate of "Xiaoxi (Yinjiang)" was totally caused by irresponsible inferences in the historical document in the later period of history, which had unfortunately been inherited by the historical records in the following dynasties.

Secondly, the following four capitals were all located in nowadays Sanjiangkou area in Ningbo and irrelevant to "Xiaoxi (Yinjiang)": the migrated capital of Gouzhang after the 4th (400 A.D) or 5th (401 A.D) year of Long'an Reign in the Eastern Jin Dynasty (includes the capital of Gouzhang which was merged by Gouzhang, Yin County, Mao County and Yuyao County in the 9th year of Kaihuang Reign (589 A.D) in Sui Dynasty), the capital of Yinzhou which was set after abolishing the Gouzhang County in the 4th year of Wude Reign in Tang Dynasty (621 A.D), the capital of Mao County which established after abolishing Yinzhou in the 8th year of Wude Reign in Tang Dynasty (625 A.D), the capital of Mingzhou which formed by Mao County separated from Yuezhou and other three counties in the 26th year of Kaiyuan Reign in the Tang Dynasty (738 A.D), as well as the capital of Mao County which was the subordinate of Mingzhou yet shared the same geographic location.

Thirdly, in the 6th year of Dali Reign of Tang Dynasty (771 A.D), Wen County (nowadays Zhoushan, Zhejiang Province) once belonged to Minzhou had been abolished due to the rebellion led by Huang Chao. Nevertheless, its capital was never been moved, neither had any relations to "Xiaoxi (Yinjiang)". The story of "Capital Immigration in Dali Reign" was purely fictional, which made by the historical books written in the later periods of history.

Fourthly, in the 1st year of Changqing Reign in Tang Dynasty (821 A.D), Mingzhou exchanged its capital with Mao County under whose jurisdiction, in addition, built its inner city. However, the exchange was also happened in nowadays Sanjiangkou area in Ningbo instead of switching between Xiaoxi Town and Sanjiangkou area.

Finally, the continuous exploitation of nowadays Sanjiangkou area in Ningbo since The Warring States, especially after the Han Dynasty and Jin Dynasty, and the successive migrations and foundations of the capitals of Gouzhang, Yinzhou and Mao County had formed a solid base for the foundation of Mingzhou in the very spot in the 26th year of Kaiyuan Reign in Tang Dynasty (738 A.D), additionally, the establishment of which again settled the basic framework for the development of Ningbo city.

后　　记

　　作为宁波古代城市发展史上最为著名也最为复杂的历史公案，"小溪（鄞江）"问题曾经困扰世人近千年之久，成为南宋以来研究宁波古代城址沿革的主要症结所在。能够运用现代考古方法和科技手段来彻底解决这一千年悬案，充分发挥考古证史、补史、纠史的作用，无疑是令人深感高兴和自豪之事。

　　即将出版的这本《小溪（鄞江）——考古调查与发掘报告》，既全面呈现了2011~2015年"小溪（鄞江）"考古工作的成果，也集中反映了我们对"小溪（鄞江）"问题的看法。概而言之，通过四年多时间持续不断的野外考古调查、勘探、试掘、发掘、遥感考古、地球物理探测和文献梳理、综合研究，我们最终否定了部分志书记载的谬误，并以无可辩驳的事实证明：①宋时小溪镇，即今宁波市海曙区鄞江镇一带，历史上从未设置过任何县级以上的治所。"小溪（鄞江）"问题的出现，完全是后世志书臆测和历代转抄讹传的结果。②东晋隆安四年（400年）或五年（401年）迁移后的句章县治（包括隋代开皇九年即589年并句章、鄞、鄮、余姚四县为一县的句章县治）和唐代武德四年（621年）废句章设立的鄞州州治、武德八年（625年）废鄞州设立的鄮县县治、开元二十六年（738年）析鄮县设立的明州州治，以及明州下辖之附廓鄮县县治，都是在今天的宁波城区三江口一带，与"小溪（鄞江）"之地无涉。③唐代大历六年（771年），曾因袁晁之乱省并明州下辖翁山县（今浙江舟山），但并未发生任何移治事件，与"小溪（鄞江）"之地更无丝毫关联。"大历移城"说同样是后世志书演绎的结果。④唐代长庆元年（821年），明州与其下辖附廓鄮县曾经互易治所，并修建明州子城。但这一事件同样是在今宁波城区三江口一带发生，而非在小溪镇与三江口两地间互移。⑤战国以来，特别是汉晋以后对今宁波城区三江口一带的持续开发，以及句章、鄞州、鄮县的相继迁治或建治，为唐代开元二十六年（738年）明州在此的设置打下了坚实基础。而明州的设立，又为后来宁波城市的发展奠定了基本框架。

　　"小溪（鄞江）"野外考古与资料整理工作的完成，得益于众多人员的共同参与：宁波市文物考古研究所（现宁波市文化遗产管理研究院）王结华、许超、张华琴、王力军（后工作于宁波博物院）、李泽琛、于晴琪、何芩；鄞州区文物管理委员会办公室（现鄞州区文物保护管理中心）谢国旗（后工作于海曙区文物管理所）、李彦峰；宁波中国港口博物馆王新结；南京大学硕士研究生刘松；吉林大学硕士研究生豆丽丽；山东大学硕士研究生郑秀文；宁波本地专业摄影师胡冬青；外聘河南技工张灿乐、李胜利、张留军、王跃斌；外聘陕西技工肜海元、李兆勋、刘晓红、祁玉龙；外聘山东技工刘文平、浙江台州技工黄大尧、江苏技工朱广金、吉林技工张迪。

《小溪（鄞江）——考古调查与发掘报告》的编著，同样得益于众多同人的分工合作："前言""后记"和中文"内容提要"由王结华负责执笔撰写；第一章"环境特征"由王结华、张华琴共同执笔撰写；第二章"工作概况"由王结华、许超共同执笔撰写；第三章"考古调查"由许超、张华琴共同执笔撰写；第四章"考古发掘"由许超、于晴琪共同执笔撰写；第五章"初步认识"由王结华、许超共同执笔撰写。报告线图、拓片由许超、刘晓红、于晴琪、李兆勋、祁玉龙绘制；照片由许超、胡冬青拍摄；电子制图与图版编排由许超、于晴琪、张华琴完成；器物由李泽琛、王新结、于晴琪、李兆勋修复。报告全文由王结华负责润色并统稿完成。

值此书稿付梓之际，还要特别致谢：（时任）浙江省文物局副局长吴志强、吉林大学副教授段天璟、上海博物馆研究员何继英、华东师范大学副教授张立、南京大学文化与自然遗产研究所考古部主任周桂龙、福建博物院研究员栗建安、厦门大学副教授刘淼、浙江省文物考古研究所研究员胡继根、杭州市文物考古研究所副所长郎旭峰、宁波大学教授刘恒武、宁波市文化广电新闻出版局（现宁波市文化广电旅游局/宁波市文物局）文博处处长徐建成、宁波市文物考古研究所（现宁波市文化遗产管理研究院）副研究员丁友甫、慈溪市文物管理委员会办公室（现慈溪市文物保护中心）研究员谢纯龙……宁波市文物考古研究所（现宁波市文化遗产管理研究院）周眹恒馆员帮忙翻译了英文"内容提要"，科学出版社责任编辑王琳玮女士也为本书的出版付出了诸多努力，在此一并致以衷心谢忱！

因编著者水平有限，本书中的疏漏之处或难完全避免，个别观点或亦可持续深入探讨，尚请各位读者谅解并指正。

编　者
2024年3月

图 版

图版一

鄞江镇地理位置示意图

图版二

1. 鄞江与南塘河航拍图

2. 鄞江（古城畈段）

3. 南塘河（鄞江镇东段）

今日鄞江与南塘河

图版三

1. 鄞江镇地形地貌

2. 鄞江镇区航拍图

鄞江镇地形地貌与镇区航拍图

图版四

郭江古镇（郭江镇政府供图）

图版五

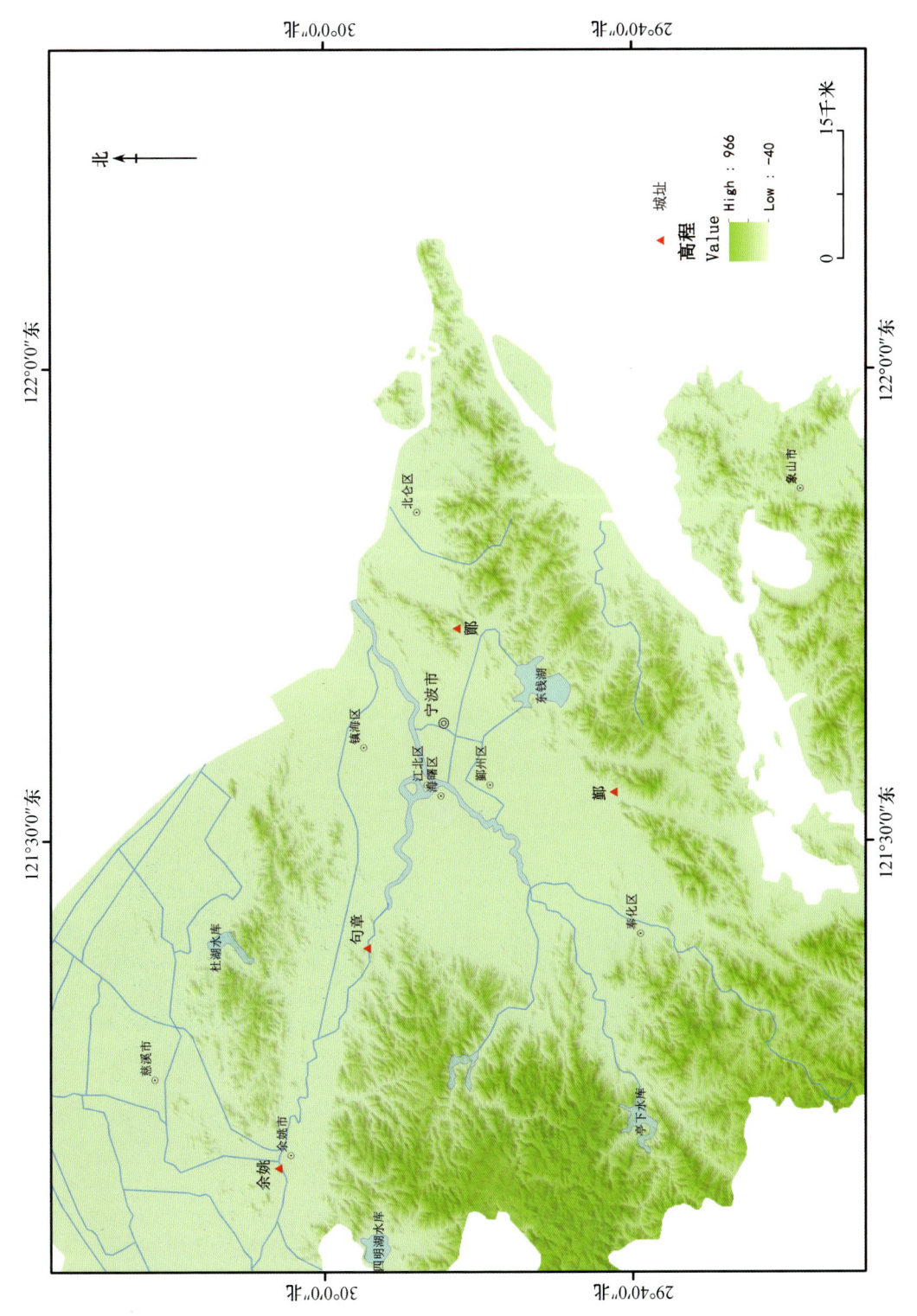

宁波境域早期城邑分布示意图

图版六

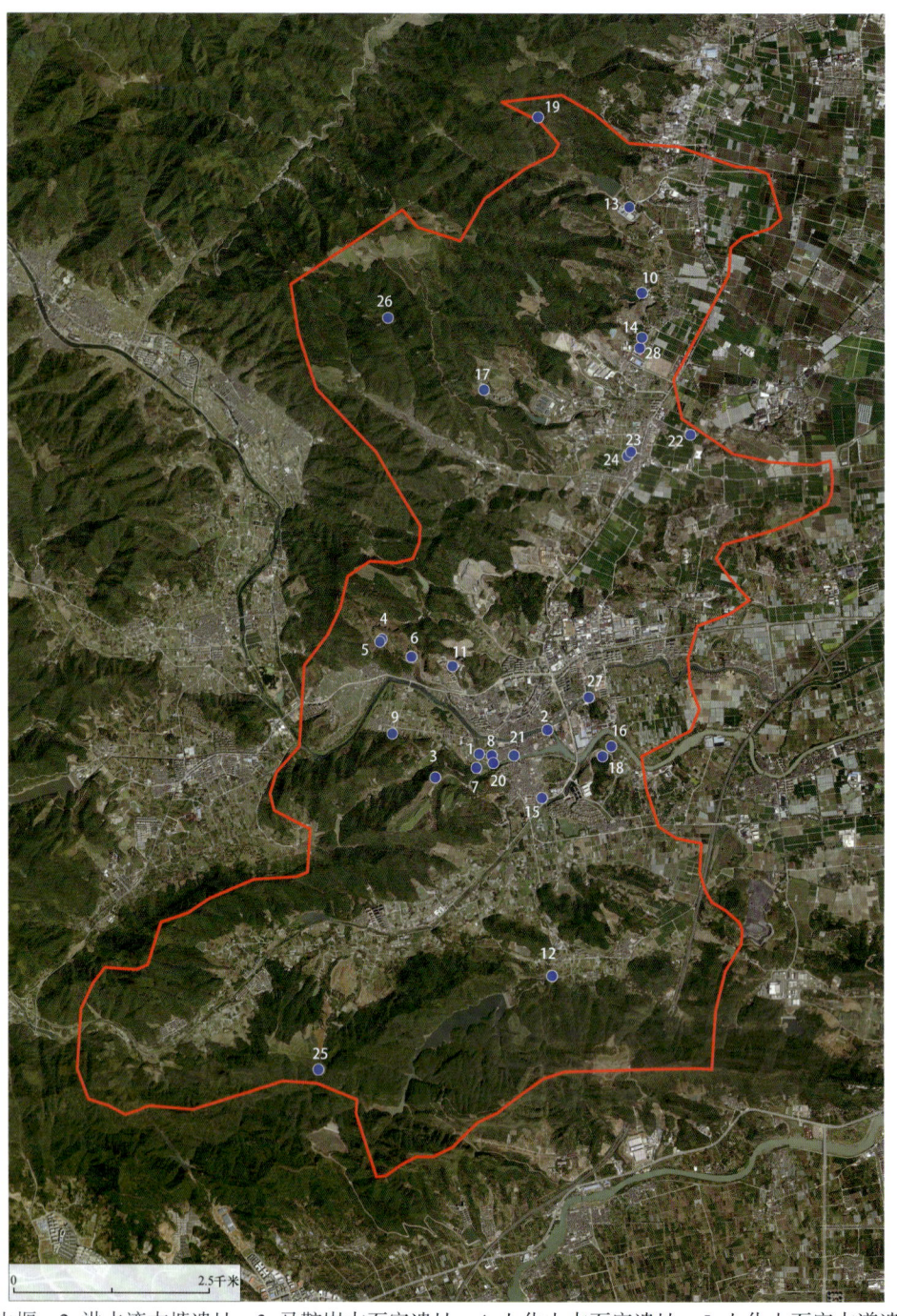

1. 它山堰　2. 洪水湾古塘遗址　3. 马鞍岗古石宕遗址　4. 上化山古石宕遗址　5. 上化山石宕古道遗址　6. 天塌宕古遗址　7. 回沙闸古遗址　8. 养正堂　9. 光溪桥　10. 楔楂祖庙　11. 毛家宕遗址及石刻　12. 永峰亭　13. 陈晓云烈士墓　14. 华兴宕遗址　15. 悬慈桥　16. 狮子山古墓群　17. 徐桂林墓及牌坊　18. 高尚宅建筑遗址　19. 象鼻山高氏墓前牌坊　20. 上如松古建筑群　21. 郎官第古建筑群　22. 六贵桥　23. 童家嫁妆井　24. 梅园大桥　25. 蜈蚣桥　26. 大野树山墓道石刻　27. 四明公所（会馆）　28. 三青团鄞县区队旧址

鄞江镇境文物保护单位（点）分布示意图

图版七

乙区山今貌

图版八

1. 洞桥树桥遗址发掘场景

2. 洞桥潘家耷遗址发掘场景

洞桥树桥遗址与潘家耷遗址

图版九

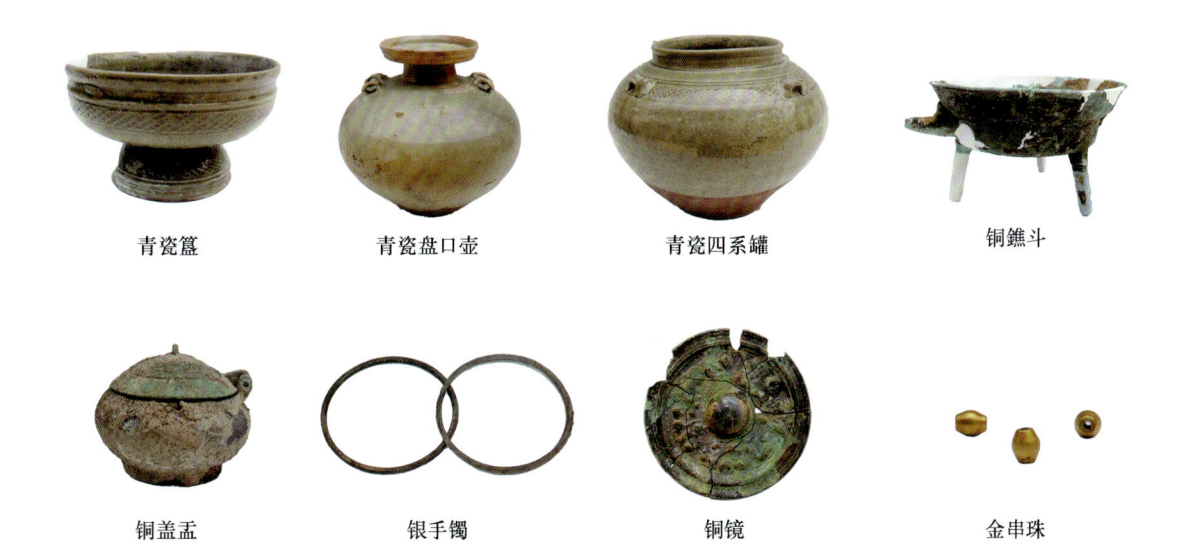

| 青瓷簋 | 青瓷盘口壶 | 青瓷四系罐 | 铜鐎斗 |

| 铜盖盂 | 银手镯 | 铜镜 | 金串珠 |

1. 蜈蚣岭东吴墓部分出土器物

| 青瓷钵 | 青瓷碗 |

| 青瓷三足炉 | 青瓷三足砚 |

2. 蜈蚣岭西晋墓部分出土器物

蜈蚣岭东吴墓与西晋墓部分出土器物

图版一〇

古城畈、高尚宅、悬慈村一带航拍

图版一一

1. 古城畈地块（自东向西）

2. 高尚宅古遗址碑

3. 悬慈村地块（自东向西）

古城畈、高尚宅、悬慈村地块外景

图版一二

1. 论证会场

2. 现场踏查

它山堰1号地块考古项目专家论证会

图版一三

1. 证书

2. 奖牌

"宁波鄞州鄞江宋元遗存"获评2015年度"浙江考古重要发现"证书与奖牌

图版一四

1. 航拍工作照

2. 地球物理探测工作照

科技考古工作

图版一五

1. 遗址局部（自南向北）

2. 遗址勘探土样

乌龟山史前时期遗址

图版一六

1. 凤凰山北汉晋时期遗址（自北向南）

2. 定山桥村北宋元时期遗址勘探土样

3. 天王寺北宋元时期遗址（自北向南）

凤凰山北汉晋时期遗址、定山桥村北宋元时期遗址、天王寺北宋元时期遗址

图版一七

1. 泥苗塘山 Y1
2. 泥苗塘山 Y2 烧土
3. 泥苗塘山 Y3 远景（自东向西）
4. 沿山 Y4

调查发现汉代窑址

图版一八

1. 狮子山 Y6 断面
2. 后头山 Y5
3. 凤凰山窑址废弃堆积
4. 黄岩山窑址废弃堆积

调查发现明清窑址（区）

图版一九

1. 廿四山墓群盗洞

2. 上孙岙"大中十二年□□□"唐墓

调查发现墓葬

图版二〇

1. 鼎足（陈家东山采：2）
2. 盅（后山下采：1）
3. 罐（带领岙采：1）
4. 罐（黄岩山采：2）
5. 罐（新蕾桥采：1）
6. 器底（后山下采：2）
7. 腹片（新蕾桥采：2）
8. 腹片（社田采：4）
9. 腹片（社田采：5）

地表采集史前—战国时期遗物

图版二一

1. 罐（葛水采：3）

2. 钵（上吕家采：1）

3. 钵（上吕家采：4）

4. 钵（上吕家采：5）

5. 钵（上吕家采：9）

6. 碗（定山桥采：3）

7. 碗（古城畈采：6）

8. 盒（后山下采：3）

地表采集汉—五代时期遗物

图版二二

1. 带领呑采：3

2. 带领呑采：4

3. 狮子山采：19

4. 上吕家采：6

5. 定山桥采：1

6. 定山桥采：2

7. 陈家西山采：1

地表采集宋元时期青釉碗底

图版二三

1. 上吕家采:3
2. 葛水采:6
3. 陈家西山采:2
4. 啤酒厂采:4
5. 啤酒厂采:5
6. 带领峇采:2

地表采集宋元时期青釉碗口沿

图版二四

1. 碗（古城畈采：3）

2. 碗（大白山采：1）

3. 碗（沿山采：1）

4. 碗底（天王寺采：3）

5. 碗底（大坟堆采：2）

6. 碗底（高尚宅采：2）

地表采集宋元时期青白釉碗、碗底

图版二五

1. 葛水采:2

2. 葛水采:4

3. 葛水采:5

4. 社田采:1

5. 王家潭采:3

6. 王家潭采:4

地表采集宋元时期青白釉碗口沿

图版二六

1. 碗底（鲍家墈采：1）

2. 碗底［鲍家墈采：1（内底）］

3. 碗底（鲍家墈采：2）

4. 碗底（鲍家墈采：3）

5. 碗底［鲍家墈采：3（外底）］

6. 碗底［高尚宅采：1（内底）］

7. 口沿（鲍家墈采：4）

地表采集明清时期青花碗底、口沿

图版二七

1. 器底（古城畈采：4）

2. 器底（古城畈采：5）

3. 器底（天王寺采：4）

4. 口沿（上吕家采：2）

5. 口沿（社田采：2）

6. 口沿（葛水采：1）

地表采集宋元时期青釉盘

图版二八

1. 盏（古城畈采：2）　　2. 盏（啤酒厂采：6）　　3. 盏（带领岙采：5）

4. 灯盏（古城畈采：1）　5. 灯盏（天王寺采：1）　6. 杯（大坟堆采：1）

7. 韩瓶（天王寺采：2）　8. 器底（社田采：3）　　9. 器耳（上吕家采：7）

地表采集南宋—清代盏、灯盏、杯、韩瓶、器底、器耳

图版二九

1. 口沿（王家潭采：1）
2. 口沿（王家潭采：2） 
3. 口沿（啤酒厂采：3） 
4. 器底（啤酒厂采：2） 
5. 建筑构件（啤酒厂采：1） 
6. 建筑构件（上吕家采：8） 
7. 陶拍（大坟堆采：3） 

地表采集南宋—清代陶器、建筑构件、陶拍

图版三〇

1. 器底（Y2采:1）　　2. 口沿（Y2采:2）

3. 圈足（Y2采:3）　　4. 支架（Y2采:4）

5. 器底（Y2采:5）　　6. 口沿（Y4采:1）

7. 腹片（Y4采:2）　　8. 器底（Y4采:3）

汉代窑址采集遗物

图版三一

1. 器盖（狮子山采：1）
2. A 型缸口沿（狮子山采：10） 
3. A 型缸口沿（后头山采：5） 
4. B 型缸口沿（狮子山采：2） 
5. B 型缸口沿（狮子山采：9） 
6. B 型缸口沿（狮子山采：11） 
7. C 型缸口沿（凤凰山采：1） 

明清窑址采集器盖、缸

图版三二

1. 狮子山采:4
2. 狮子山采:5
3. 狮子山采:6
4. 狮子山采:7
5. 狮子山采:16
6. 后头山采:2
7. 陈家东山采:4

明清窑址采集罐

图版三三

1. 盘（狮子山采：3）

2. 急须（狮子山采：8）

3. 急须（后头山采：4）

4. 腹片（狮子山采：17）

5. 腹片（狮子山采：18）

6. 腹片（黄岩山采：4）

明清窑址采集盘、急须、腹片

图版三四

1. 模具（后头山采：1）

2. 陶拍（后头山采：3）

3. 垫柱（狮子山采：12）

4. 垫柱（狮子山采：13）

明清窑址采集模具、陶拍、垫柱

图版三五

1. 狮子山采：14
2. 狮子山采：15
3. 陈家东山采：1
4. 陈家东山采：3
5. 黄岩山采：1
6. 黄岩山采：3
7. 后头山采：6
8. 后山下采：4

明清窑址采集筒形匣钵

图版三六

2014年度古城畈地块发掘航拍（上南下北）

图版三七

1. 古·G1剖面局部（自东向西）

2. 古·G1剖面局部（自南向北）

发掘Ⅱ区内古·G1剖面

图版三八

1. 码头全景（自西北向东南）

2. 码头全景（自东北向西南）

码头全景

图版三九

1. 古·MT3 与古·MT5（自东北向西南）

2. 古·MT1 与古·MT4（西西南向东北）

3. 古·MT4 基础外木桩

古·MT1、古·MT3、古·MT4、古·MT5

图版四〇

1. 古·MT2 与古·MT3（西西南向东北）

2. 古·MT1（自西北向东南）

古·MT1、古·MT2、古·MT3

图版四一

1. 古·TJ1（自北向南）

2. 古·TJ1 基础（自北向南）

古·TJ1

图版四二

1. 古·TG1 内河道碎石护岸（自西北向东南）

2. 古·TG2 内河道石砌护岸（自西向东）

河道护岸

图版四三

1. 古·L1 西段（自南向北）

2. 古·L1 中段（自东向西）

古·L1

图版四四

1. 古·L1 东段（自西向东）

2. 古·L1 东段立石局部（南向北）

3. 古·L1 剖面（自东向西）

古·L1

图版四五

1. 古·L2（自北向南）

2. 古·Z3（自南向北）

3. 古·Z4（自西北向东南）

古·L2、古·Z3、古·Z4

图版四六

1. 古·Z5（自南向北）

2. 古·Z2（自北向南）

3. 古·Z1 完工照（自东向西）

古·Z5、古·Z2、古·Z1

图版四七

1. 古·F2 局部（自南向北）

2. 古·F5（自北向南）

古·F2 与古·F5

图版四八

1. 古·TJ2 东南局部（自西向东）

2. 古·TJ2 细部

3. 古·PSG1（自北向南）

古·TJ2 与古·PSG1

图版四九

1. 古·H2（自北向南）

2. 古·H3（自南向北）

3. 古·H4（自北向南） 　　4. 古·H5（自南向北）

古·H2、古·H3、古·H4、古·H5

图版五〇

1. A 型（古·F1：14）

2. B 型（古·TG1⑤：1）

3. Ca 型（古·H2：1）

4. Cb 型（古·H4：8）

5. Cb 型（古·H4：12）

6. Cc 型（古·T103⑥：2）

7. Cc 型（古·F3：11）

8. Cc 型（古·T213②：4）

古城畈地块出土晚唐至北宋时期越窑青瓷碗

图版五一

1. Cc 型（古·F5：14）
2. Cc 型（古·H4：6）
3. Cc 型（古·H4：7）
4. Cc 型（古·H4：9）
5. Cc 型（古·H4：10）
6. Cc 型（古·H4：11）
7. Cc 型（古·H4：13）
8. Cc 型（古·H4：14）

古城畈地块出土晚唐至北宋时期越窑青瓷碗

图版五二

1. D 型（古·MT1①：6）

2. E 型（古·F3：4）

3. E 型（古·TG2G1⑪：2）

4. F 型（古·G1⑤：3）

5. F 型（古·G1⑩：2）

6. F 型（古·G1⑩：3）

古城畈地块出土晚唐至北宋时期越窑青瓷碗

图版五三

1. F 型碗（古·T213②：3）

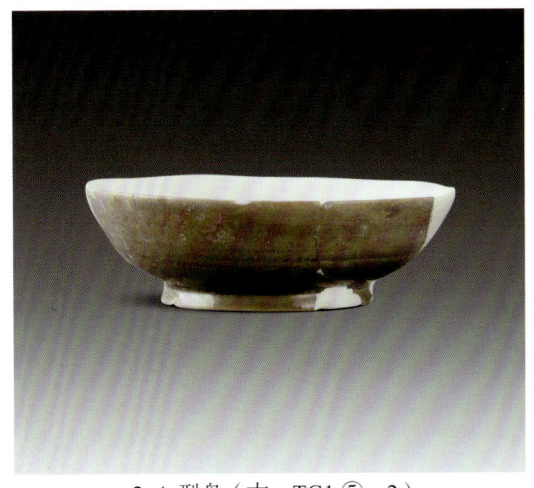

2. A 型盘（古·TG1⑤：2）

3. A 型盘（古·TG2G1⑪：6）

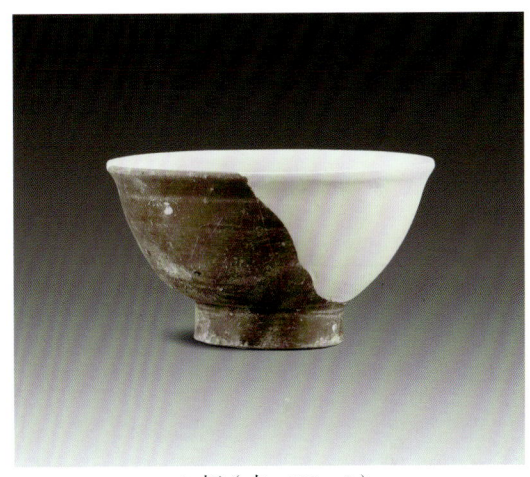

4. 杯（古·H2：3）

5. B 型盘（古·T115③：7）

6. B 型盘（古·T115③：7 内底）

古城畈地块出土晚唐至北宋时期越窑青瓷碗、盘、杯

图版五四

1. 灯盏（古·T113②:1）

2. A型韩瓶（古·F1:11）

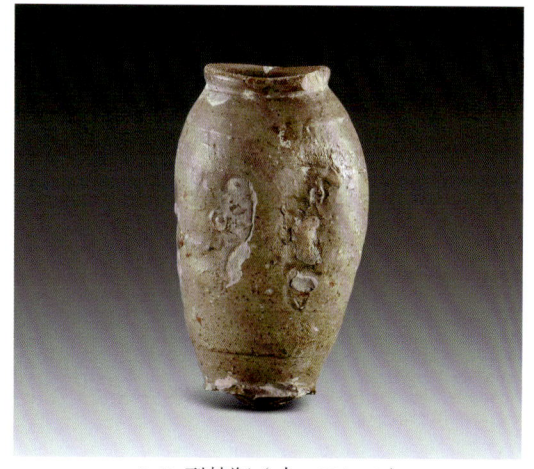

3. B型韩瓶（古·H4:1）

4. B型韩瓶（古·H4:2）

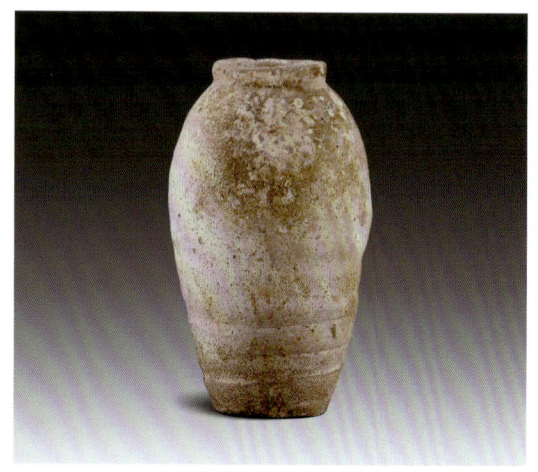

5. B型韩瓶（古·H4:3）

古城畈地块出土晚唐至北宋时期越窑青瓷灯盏、韩瓶

图版五五

1. 洗（古·H4∶4）

2. 洗（古·F5∶19）

3. 器盖（古·MT1①∶18）

4. 器盖（古·MT4②∶5）

5. 器底（古·MT4②∶4）

6. 器底（古·H2∶6）

古城畈地块出土晚唐至北宋时期越窑青瓷洗、器盖、器底

图版五六

1. 古·TG2G1⑫:3

2. 古·TG2G1⑫:3 内底

3. 古·TG2G1⑫:4

4. 古·TG2G1⑫:4 内底

5. 古·Z5:1

6. 古·Z5:1 内底

古城畈地块出土南宋至元代A型龙泉窑瓷碗

图版五七

1. 古·T212②:1

2. 古·T212②:1 内底

3. 古·F1:2

4. 古·T222②:2

5. 古·MT1①:5

6. 古·TG2G1⑫:1

7. 古·MT1①:4

8. 古·MT1①:4 内底

古城畈地块出土南宋至元代B型龙泉窑碗

图版五八

1. 古·T222②：3

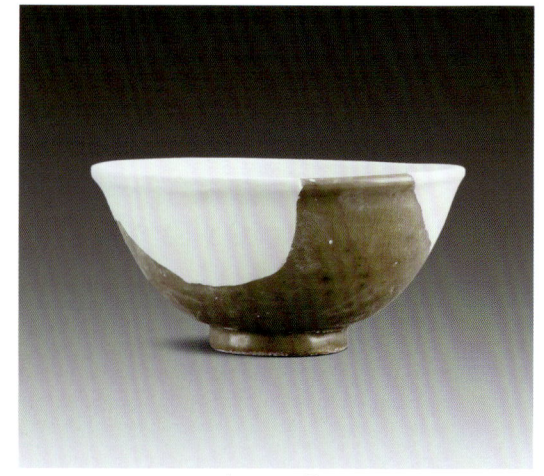

2. 古·G1⑩：7

3. 古·TG2G1⑧：2

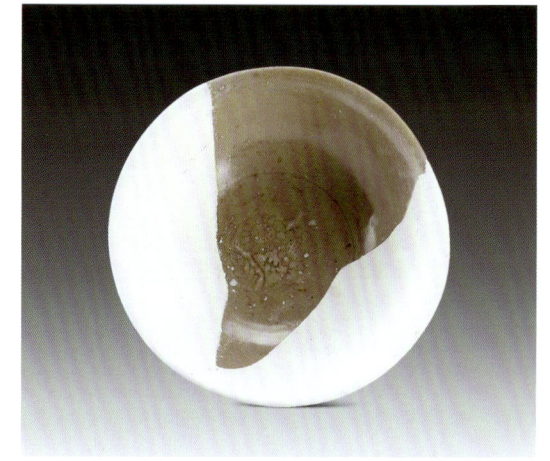

4. 古·TG2G1⑧：2 内底

5. 古·TG2G1⑤：2

6. 古·MT1①：2

古城畈地块出土南宋至元代 Ca 型龙泉窑碗

图版五九

1. Cb 型（古·TG1③：2）

2. Cb 型（古·F1：6）

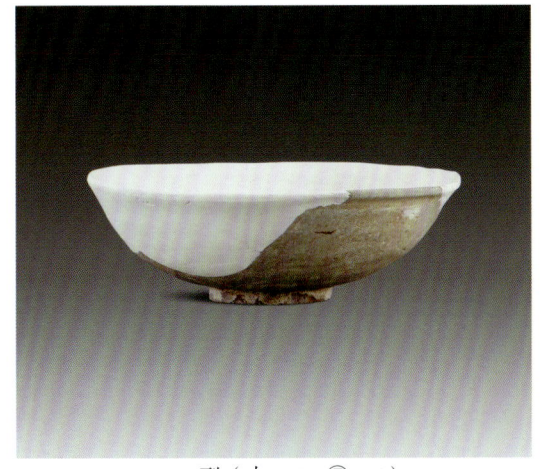

3. D 型（古·G1⑦：4）

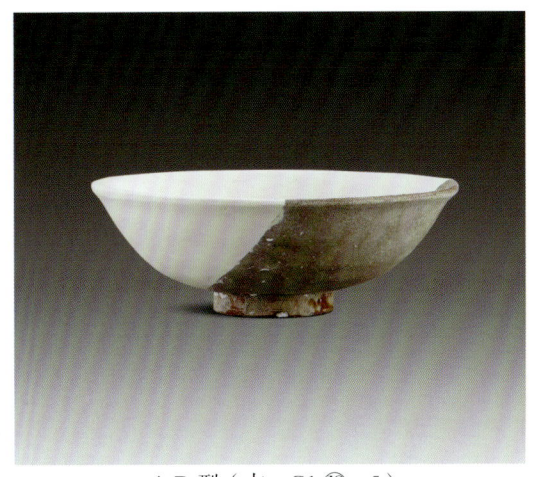

4. D 型（古·G1⑩：5）

5. D 型（古·G1⑬：1）

6. E 型（古·MT1①：9）

古城畈地块出土南宋至元代龙泉窑碗

图版六〇

1. A型（古·G1⑤：5）

2. A型（古·G1⑩：4）

3. A型（古·TG2G1⑩：3）

4. B型（古·TG2G1⑪：5）

5. B型（古·TG2G1⑪：5内底）

古城畈地块出土南宋至元代龙泉窑盘

图版六一

1. C 型盘（古·F1∶5）
2. C 型盘（古·F1∶5 内底） 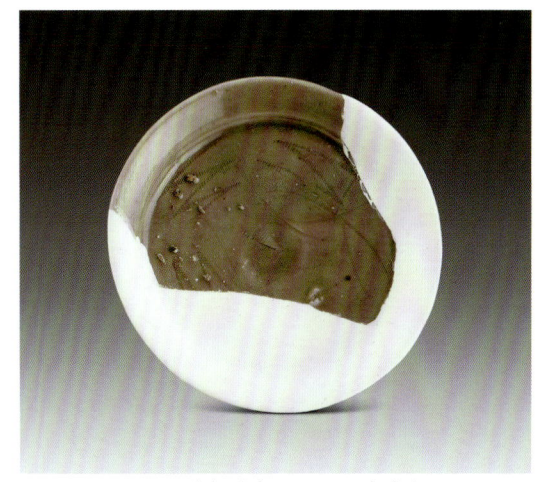
3. C 型盘（古·G1⑤∶6） 
4. 炉（古·F2∶1） 
5. 杯（古·MT1①∶12） 
6. 杯（古·MT1①∶12 内底） 

古城畈地块出土南宋至元代龙泉窑盘、炉、杯

图版六二

1. 瓶（古·TG2G1 ⑨：1）

2. 碗底（古·F2：18 内底）

3. 器底（古·T213 ②：5 内底）

4. 器底（古·T213 ②：5）

古城畈地块出土南宋至元代龙泉窑瓶、碗底

图版六三

1. A 型（古·TG1③：1）

2. A 型（古·TG1③：1 内底）

3. A 型（古·Z5：2）

4. A 型（古·Z5：2 内底）

5. B 型（古·G1⑦：5）

6. B 型（古·G1⑬：2）

7. B 型（古·TG2G1⑧：4）

8. B 型（古·TG2G1⑩：1）

古城畈地块出土南宋至元代闽清义窑碗

图版六四

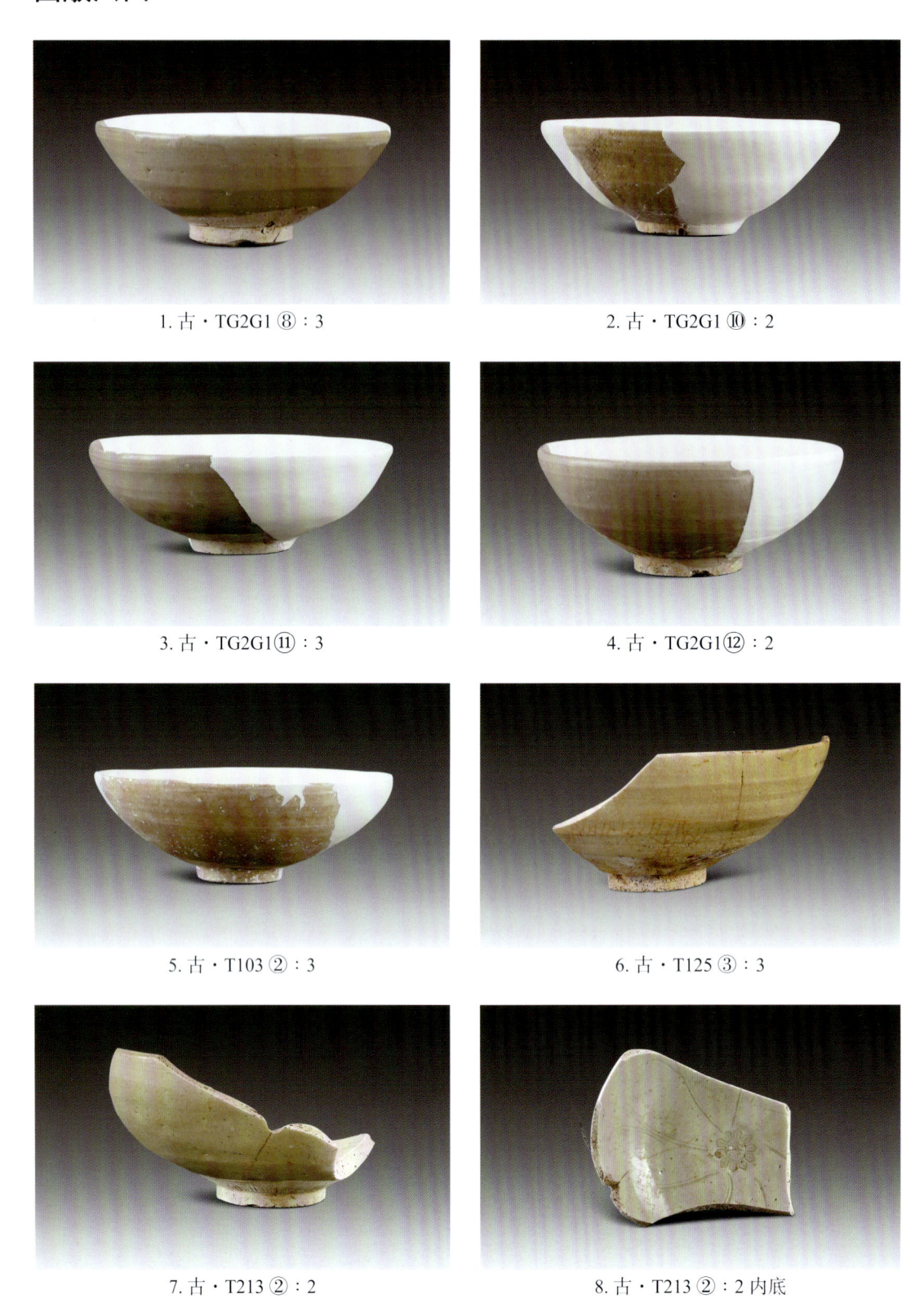

1. 古·TG2G1⑧:3

2. 古·TG2G1⑩:2

3. 古·TG2G1⑪:3

4. 古·TG2G1⑫:2

5. 古·T103②:3

6. 古·T125③:3

7. 古·T213②:2

8. 古·T213②:2 内底

古城畈地块出土南宋至元代C型闽清义窑碗

图版六五

1. C 型碗（古·T125③：4）

2. D 型碗（古·T213②：1）

3. 碗底（古·T213②：7）

4. 碗底（古·T213②：7 内底）

5. 鸟食罐（古·F3：6）

古城畈地块出土南宋至元代闽清义窑碗、碗底、鸟食罐

图版六六

1. 古·F2:8
2. 古·F2:9
3. 古·H4:16
4. 古·H4:26
5. 古·H4:20
6. 古·H4:20 内壁
7. 古·H4:24
8. 古·H4:24 内壁

古城畈地块出土南宋至元代A型连江浦口窑碗

图版六七

1. 古·H4:19

2. 古·H4:19 内壁

3. 古·F2:3

4. 古·F2:3 内壁

5. 古·MT1①:3

6. 古·TG2G1⑧:1

古城畈地块出土南宋至元代 B 型连江浦口窑碗

图版六八

1. C 型（古·F3∶3）
2. C 型（古·F3∶3 内壁）
3. C 型（古·TG2G1⑤∶1）
4. E 型（古·T103③∶6）
5. D 型（古·T232③∶1）
6. D 型（古·T232③∶1 内壁）
7. D 型（古·H4∶27）
8. D 型（古·H4∶27 内壁）

古城畈地块出土南宋至元代连江浦口窑碗

图版六九

1. 古·G1⑭:1

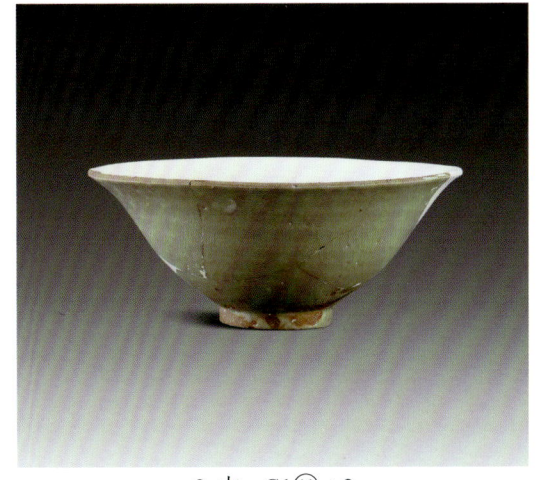

2. 古·G1⑭:2

3. 古·G1⑭:3

4. 古·G1⑭:11

5. 古·Z4:1

6. 古·MT1①:7

古城畈地块出土南宋至元代A型柘荣青兰面窑碗

图版七〇

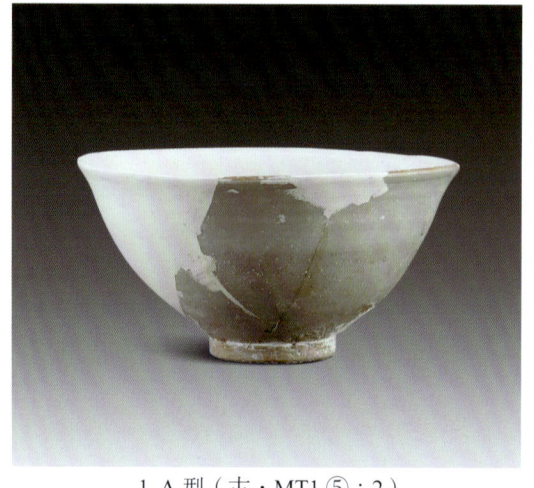

1. A 型（古·MT1⑤∶2）

2. A 型（古·MT1⑤∶4）

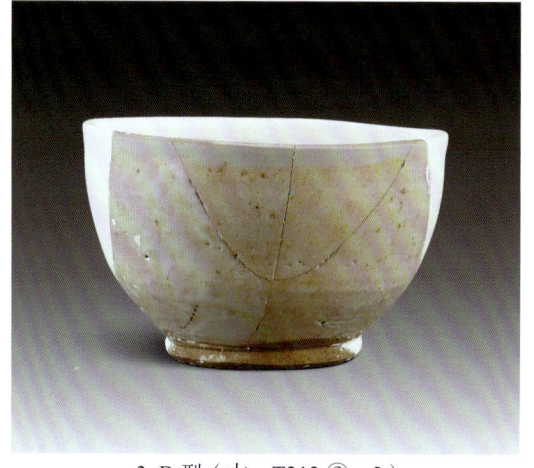

3. B 型（古·T212②∶2）

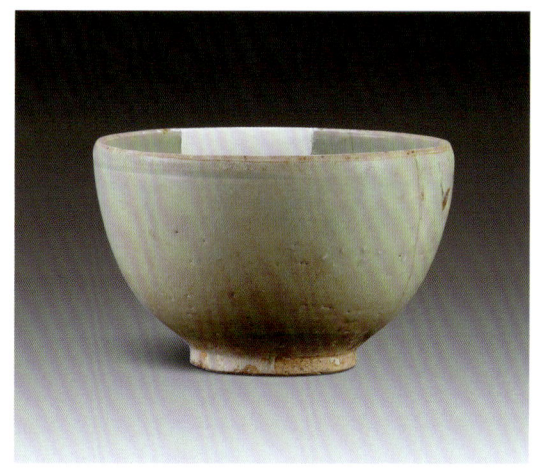

4. B 型（古·Z5∶4）

5. B 型（古·MT1⑤∶5）

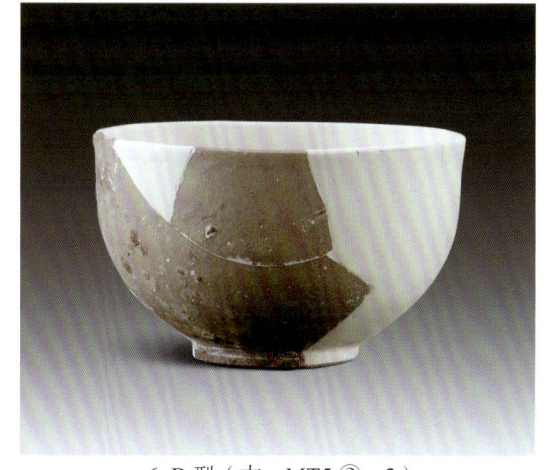

6. B 型（古·MT5②∶2）

古城畈地块出土南宋至元代柘荣青兰面窑碗

图版七一

1. 景德镇窑碗（古·G1⑭∶8）
2. 景德镇窑碗（古·G1⑭∶8内底） 
3. 景德镇窑盘（古·TG2G1⑪∶4） 
4. 景德镇窑盘（古·TG2G1⑪∶4内底） 
5. 景德镇窑盘（古·TG1②∶1） 
6. 景德镇窑盘（古·TG1②∶1内底） 
7. 江山碗窑器盖（古·F2∶11） 
8. 磁州窑瓷片（古·T103②∶2） 

古城畈地块出土南宋至元代景德镇窑、江山碗窑、磁州窑瓷器

图版七二

1. 古·F5∶1

2. 古·F5∶1 内壁

3. 古·F5∶3

4. 古·F5∶3 内壁

5. 古·H2∶5

6. 古·H2∶5 内壁

古城畈地块出土南宋至元代龙泉窑类型 A 型青釉碗

图版七三

1. 古·H4：17

2. 古·H4：17 内壁

3. 古·H4：21

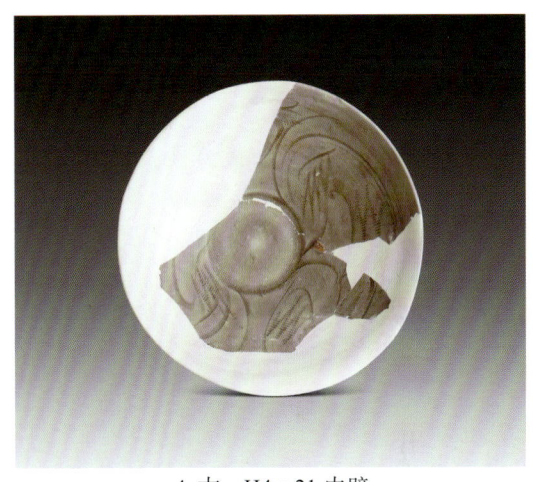

4. 古·H4：21 内壁

5. 古·T213②：10

6. 古·T115③：3

古城畈地块出土南宋至元代龙泉窑类型 A 型青釉碗

图版七四

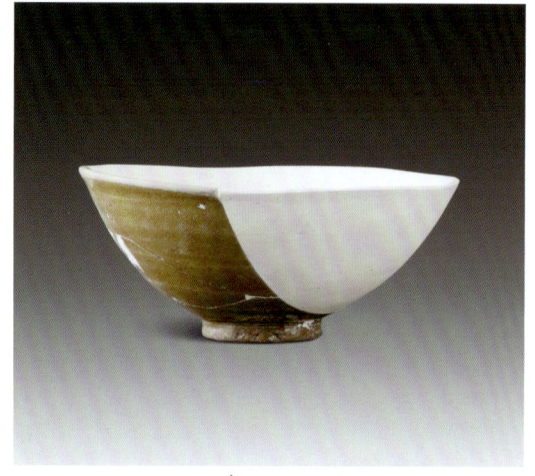

1. 古·H4:18
2. 古·H4:18 内壁 
3. 古·Z5:3 
4. 古·F5:2 
5. 古·F5:4 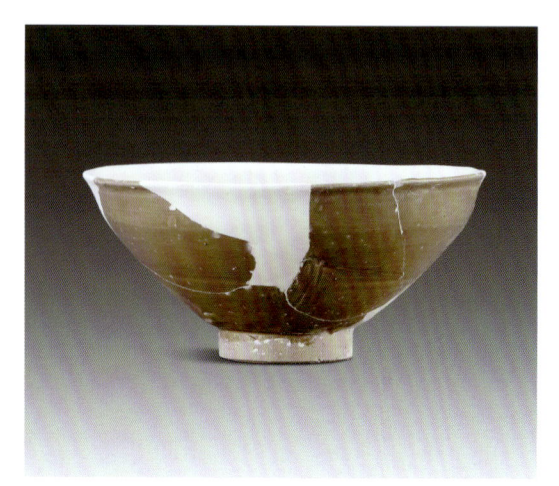

古城畈地块出土南宋至元代龙泉窑类型 B 型青釉碗

图版七五

1. 古·F5：9

2. 古·F5：9 内壁

3. 古·F5：13

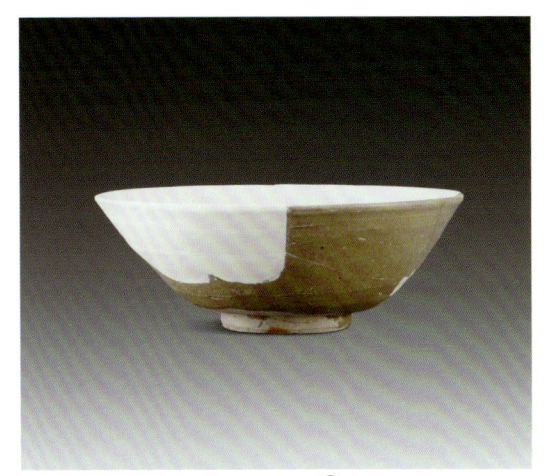

4. 古·TG2G1⑪：1

5. 古·TG2G1⑪：1 内壁

古城畈地块出土南宋至元代龙泉窑类型 B 型青釉碗

图版七六

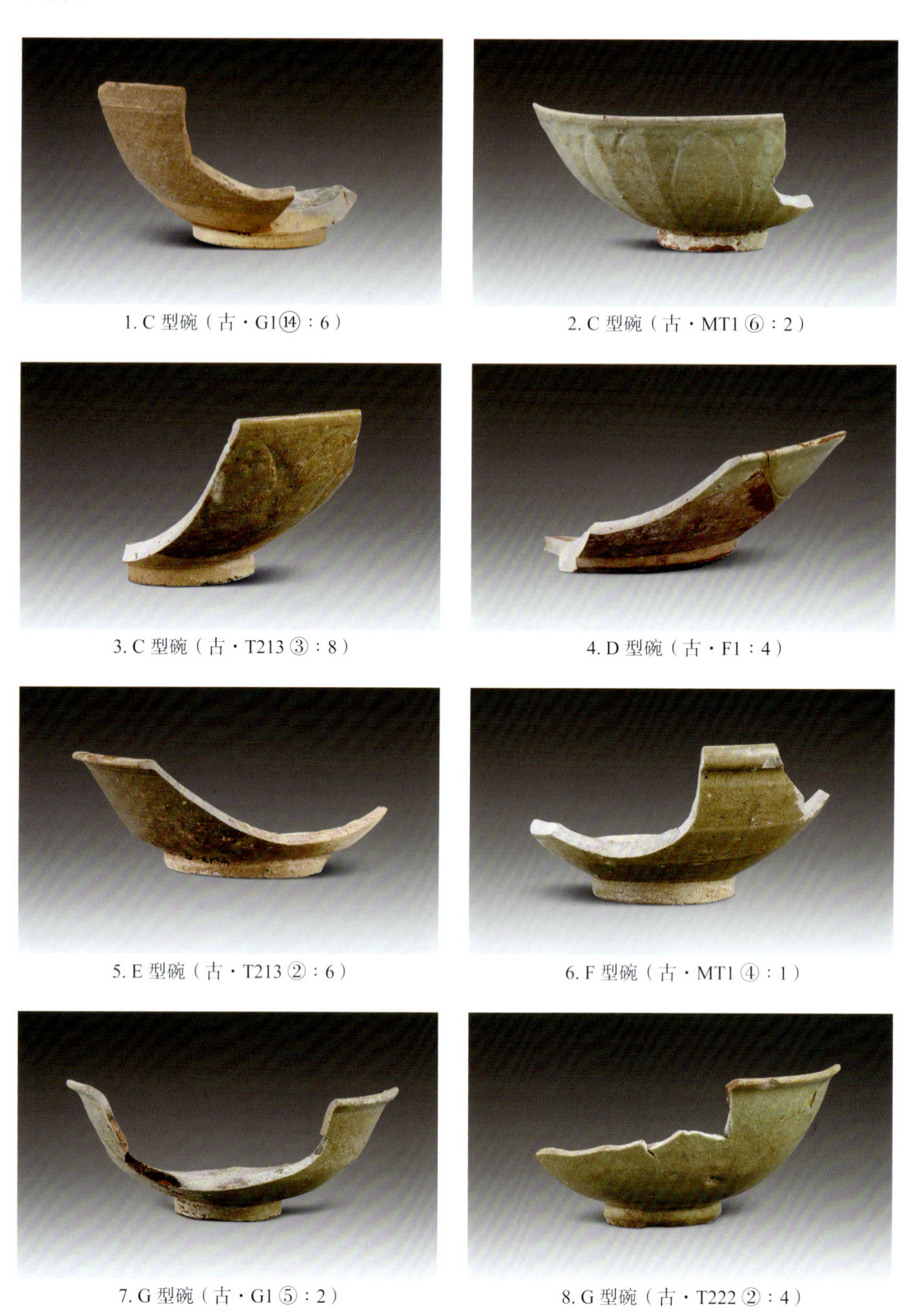

1. C 型碗（古·G1⑭：6）

2. C 型碗（古·MT1⑥：2）

3. C 型碗（古·T213③：8）

4. D 型碗（古·F1：4）

5. E 型碗（古·T213②：6）

6. F 型碗（古·MT1④：1）

7. G 型碗（古·G1⑤：2）

8. G 型碗（古·T222②：4）

古城畈地块出土南宋至元代龙泉窑类型青釉碗

图版七七

1. 古·MT1①:13

2. 古·MT1①:13 内底

3. 古·TG1③:3

4. 古·TG1③:3 内底

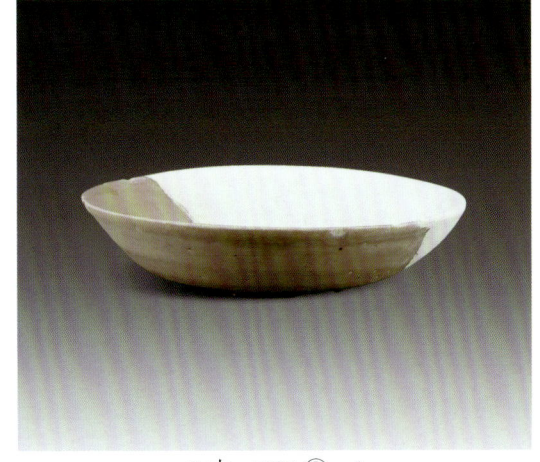

5. 古·TG1③:4

6. 古·TG1③:4 内底

古城畈地块出土南宋至元代龙泉窑类型 A 型青釉盘

图版七八

1. B 型青釉盘（古·TG2G1⑫：5）

2. A 型青白釉碗（古·F3：5）

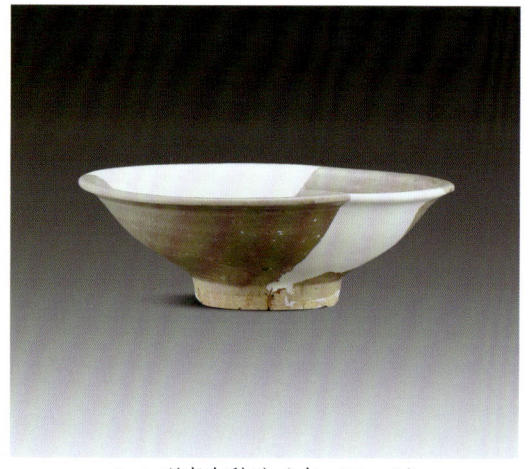

3. A 型青白釉碗（古·F5：5）

4. A 型青白釉碗（古·F5：21）

5. A 型青白釉碗（古·H4：25）

6. A 型青白釉碗（古·T232③：2）

古城畈地块出土南宋至元代龙泉窑类型青釉盘、青白釉碗

图版七九

1. B 型（古·F5：15）

2. B 型（古·F5：17）

3. B 型（古·MT4②：1）

4. C 型（古·F1：15）

5. C 型（古·F5：20）

6. C 型（古·T115③：6）

古城畈地块出土南宋至元代青白釉碗

图版八〇

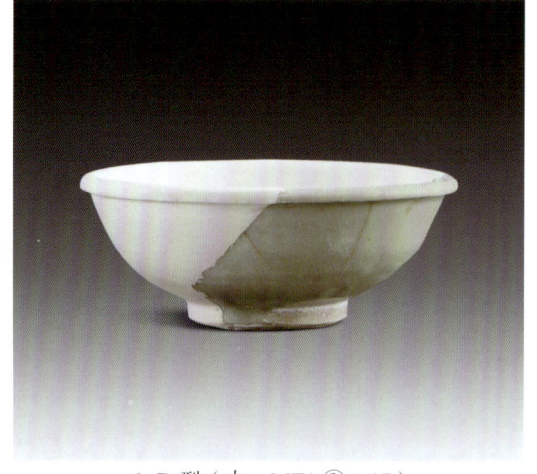

1. D 型（古·MT1①：17）

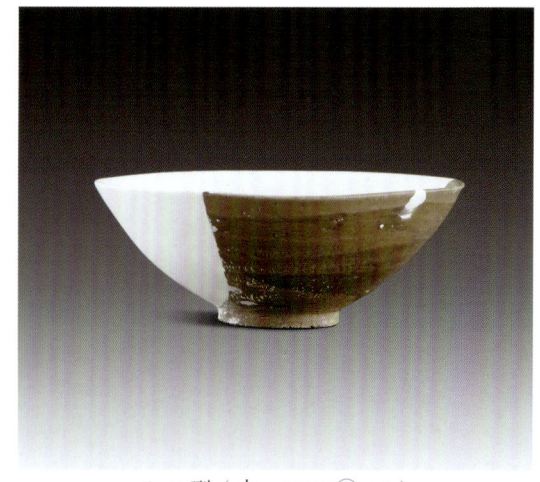

2. E 型（古·MT5②：1）

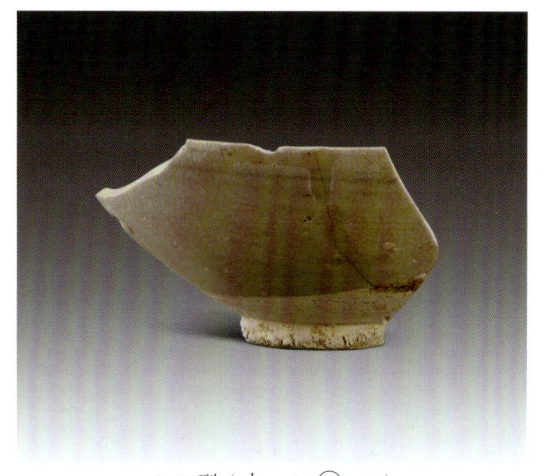

3. E 型（古·G1⑭：4）

4. E 型（古·T115③：1）

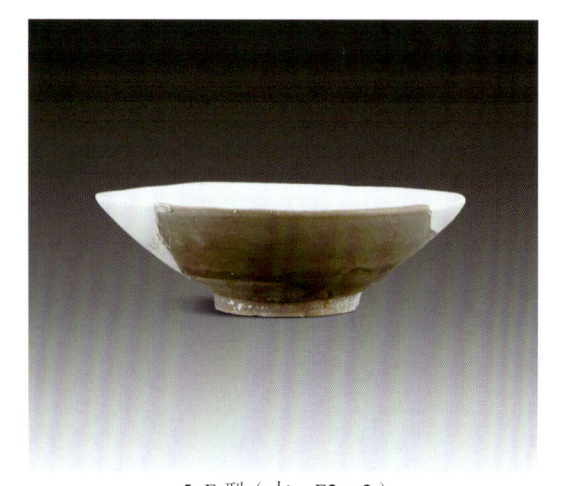

5. F 型（古·F2：2）

6. F 型（古·F2：16）

古城畈地块出土南宋至元代青白釉碗

图版八一

1. G 型（古·T103③：8）

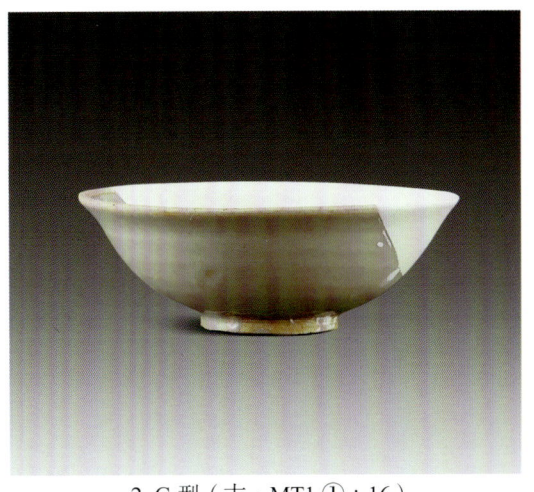

2. G 型（古·MT1①：16）

3. H 型（古·F1：8）

4. H 型（古·MT1①：10）

5. I 型（古·H4：23）

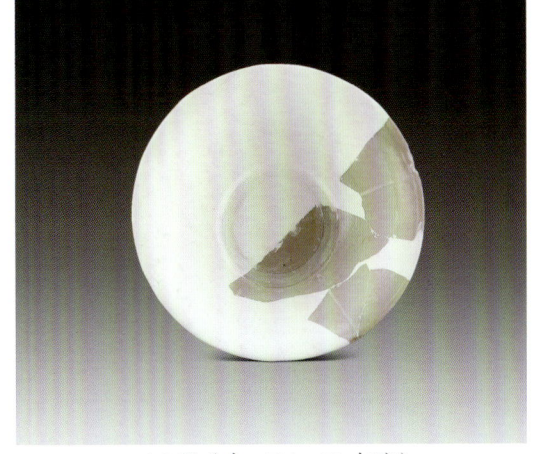

6. I 型（古·H4：23 内壁）

古城畈地块出土南宋至元代青白釉碗

图版八二

1. A 型（古·F2∶15）

2. B 型（古·F1∶10）

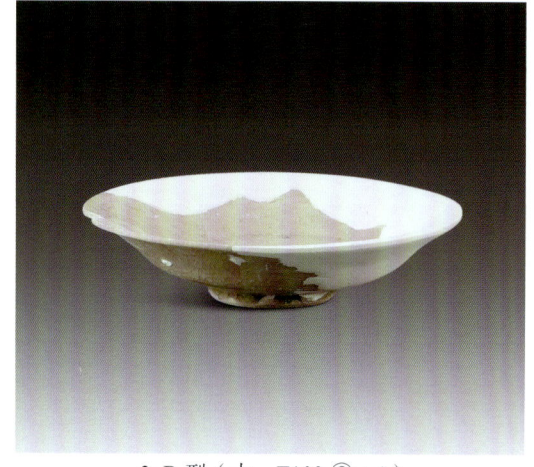

3. B 型（古·T103②∶1）

4. B 型（古·T213③∶1）

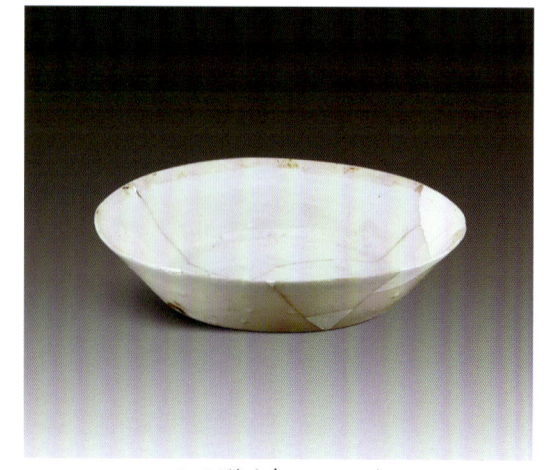

5. C 型（古·Z5∶8）

6. D 型（古·TG2G1⑩∶4）

古城畈地块出土南宋至元代青白釉盘

图版八三

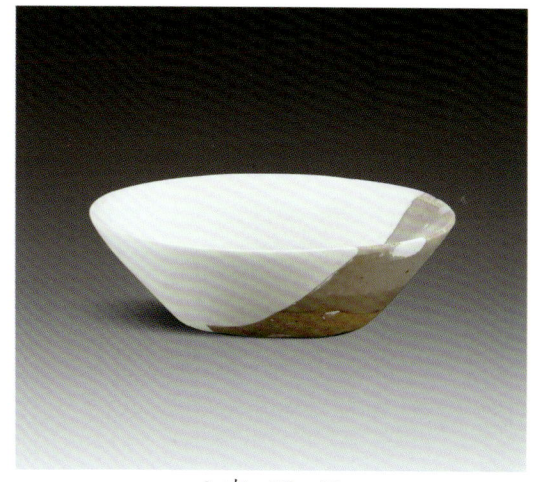

1. 古·T103②:4

2. 古·F2:13

3. 古·F5:16

4. 古·G1⑭:5

5. 古·TG2G1⑪:7

6. 古·MT1⑤:1

古城畈地块出土南宋至元代 E 型青白釉盘

图版八四

1. E 型青白釉盘（古·MT1⑤：3）

2. 青白釉器盖（古·T115③：2）

3. 酱色釉碗（古·F1：3）

4. 酱色釉盏（古·G1⑦：6）

5. 酱色釉盏（古·H4：32）

6. 酱色釉盘（古·MT1①：15）

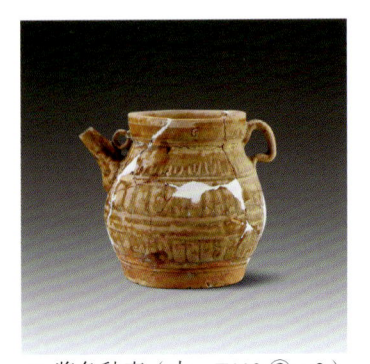

7. 酱色釉壶（古·T113②：2）

8. 酱色釉壶（古·G1⑭：10）

9. 酱色釉韩瓶（古·H2：4）

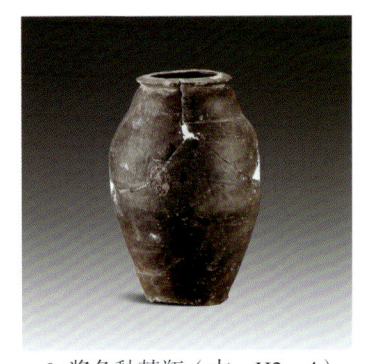

古城畈地块出土南宋至元代青白釉盘、器盖与酱色釉瓷器

图版八五

1. 古·T103⑥:3
2. 古·T213②:8
3. 古·T213③:6
4. 古·T115③:4
5. 古·T115③:5
6. 古·F2:6
7. 古·F2:17
8. 古·F3:1
9. 古·F5:7

古城畈地块出土南宋至元代 A 型黑釉盏

图版八六

1. 古·F5:8
2. 古·F5:18
3. 古·F5:22
4. 古·H4:5
5. 古·H4:28
6. 古·H4:29
7. 古·H4:30
8. 古·Z5:5
9. 古·MT1①:14

古城畈地块出土南宋至元代A型黑釉盏

图版八七

1. A型（古·MT4②:2） 　　2. A型（古·TG1③:5）

3. A型（古·TG1③:6） 　　4. A型（古·TG1③:7）

5. A型（古·TG1③:8） 　　6. B型（古·F3:2）

7. B型（古·F3:15） 　8. B型（古·T103③:7） 　9. C型（古·G1⑭:7）

古城畈地块出土南宋至元代黑釉盏

图版八八

1. 碗（古·H2∶2）

2. 碗（古·H4∶33）

3. 碗（古·T103②∶5）

4. 钵（古·Z5∶6）

5. 壶（古·F3∶10）

6. 壶（古·MT1①∶1）

古城畈地块出土南宋至元代陶器

图版八九

1. 急须（古·TG1③：10）

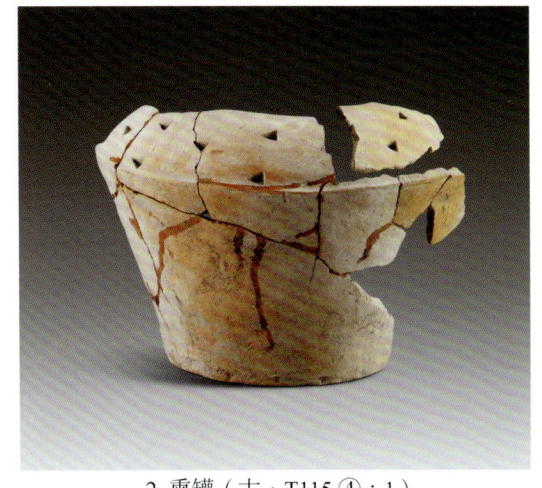

2. 熏罐（古·T115④：1）

3. 熏罐（古·F1：9）

4. 灯盏（古·L1：1）

5. 陶饼（古·F3：12）

古城畈地块出土南宋至元代陶器

图版九〇

1. 拍（古·T213③：5）
2. 拍（古·F5：6）
3. 盏（古·T103③：4）
4. 盏（古·T213②：9）
5. 盏（古·T213③：2）
6. 盏（古·T213③：3）
7. 盏（古·T213③：7）
8. 盏（古·T222②：1）
9. 盏（古·TG1③：9）

古城畈地块出土南宋至元代陶拍、陶盏

图版九一

1. 古·TG2G1⑧：5

2. 古·TG2G1⑧：6

3. 古·TG2G1⑧：7

4. 古·Z5：7

5. 古·F1：12

6. 古·F1：13

7. 古·F1：16

8. 古·F2：4

9. 古·F2：12

古城畈地块出土南宋至元代陶盏

图版九二

1. 古·F2∶14

2. 古·F3∶13

3. 古·F3∶14

4. 古·F5∶10

5. 古·H4∶31

6. 古·H4∶34

7. 古·H4∶35

8. 古·MT1①∶8

9. 古·MT1①∶11

古城畈地块出土南宋至元代陶盏

图版九三

1. 杵（古·G1⑩：1）
2. 杵（古·T103③：1） 
3. 臼（古·G1⑭：9） 
4. 磨（古·T103③：5） 
5. 锤（古·T213③：4） 
6. 权（古·H4：15） 
7. 柱础（古·T103③：3） 
8. 构件（古·T103③：2） 

古城畈地块出土南宋至元代石器

图版九四

1. 玉器（古·F2:7）

2. 瓦当（古·MT4②:3）

3. 瓦当（古·F1:7）

4. 瓦当（古·F2:5）

古城畈地块出土宋元玉器、瓦当

图版九五

1. 盘（古·TG1①：1）

2. A 型碗（古·G1⑤：1）

3. A 型碗（古·G1⑤：7）

4. A 型碗（古·G1⑤：7 内壁）

5. B 型碗（古·TG1①：2）

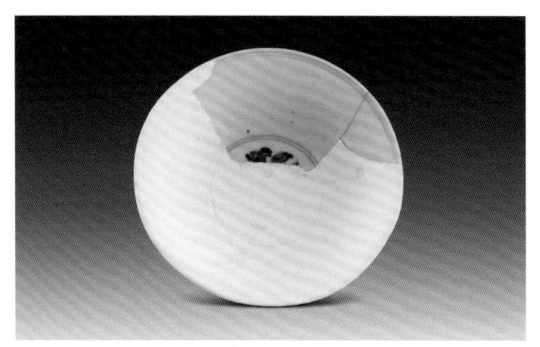

6. B 型碗（古·TG1①：2 内壁）

7. C 型碗（古·G1⑦：1）

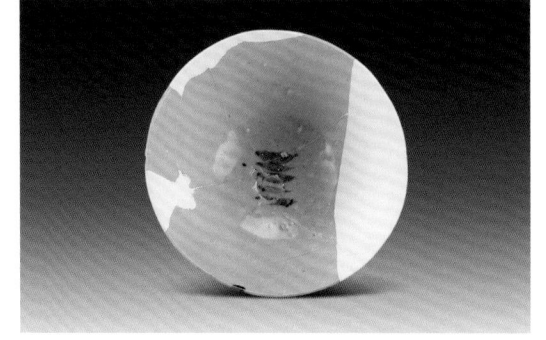

8. C 型碗（古·G1⑦：1 内壁）

古城畈地块出土明清青花瓷器

图版九六

1. 陶勺（古·G1⑦：3）

2. 陶火盘（古·G1⑤：8）

3. 陶罐口沿（古·G1⑤：4）

4. 陶模（古·T104①：1）

5. 瓦头（古·G1⑦：2）

古城畈地块出土明清陶器、瓦头

图版九七

1. 高·T101（自东向西）

2. 高·T102（自南向北）

3. 高·Q1

4. 高·H1

高尚宅地块考古发掘

图版九八

1. 高·T102⑤:2

2. 高·T102⑤:1

3. 高·T102⑥:1

4. 高·T102⑥:1 外底

高尚宅地块出土宋元瓷碗底

图版九九

1. 熙宁元宝（高·T102⑥：2）
2. A型碗（高·T102②：2） 
3. A型碗（高·T102②：6） 
4. B型碗（高·T102②：4） 
5. B型碗（高·T102②：4外底） 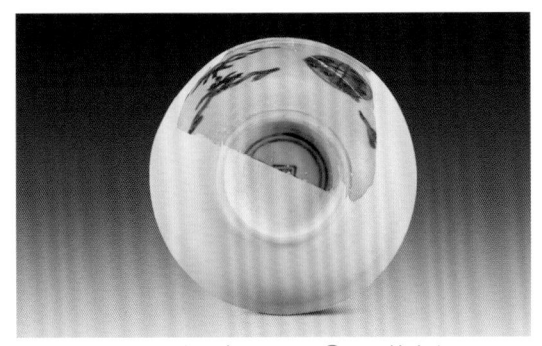
6. B型碗（高·T102②：10） 
7. B型碗（高·T102②：10内壁） 
8. B型碗（高·T102②：10外底） 

高尚宅地块出土宋元铜钱、明清青花碗

图版一〇〇

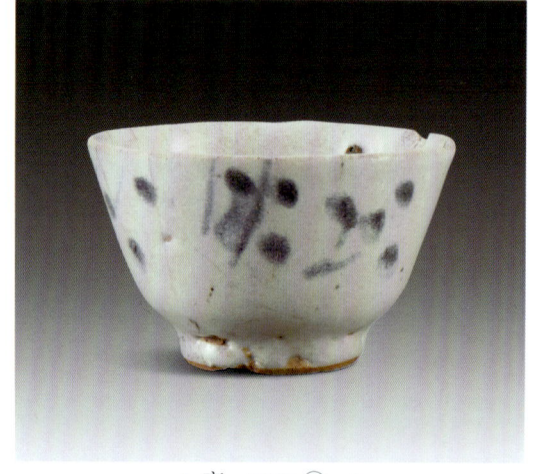

1. 高·T102②:1

2. 高·T102②:8

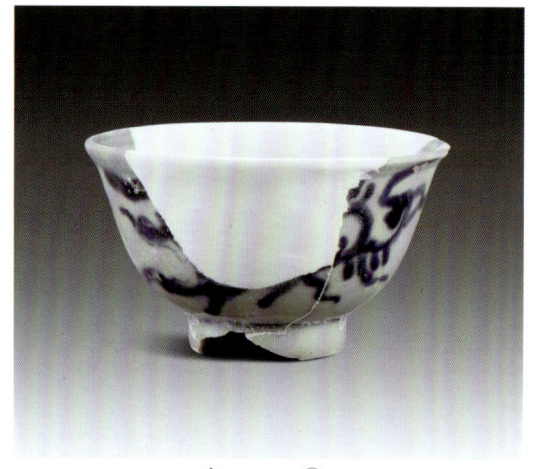

3. 高·T102②:7

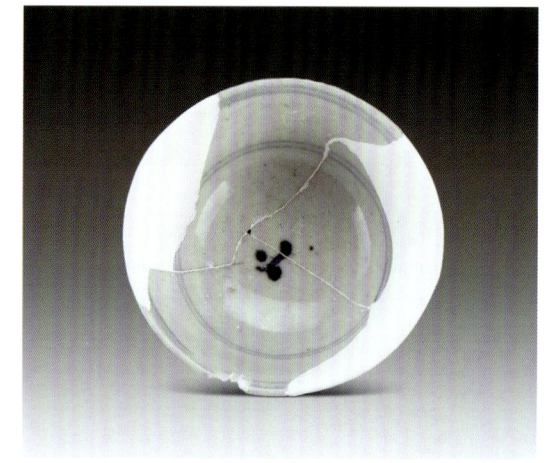

4. 高·T102②:7 内底

5. 高·T102②:9

6. 高·T102②:11

高尚宅地块出土明清青花杯

图版一〇一

1. 盘底（高·T102②：12）
2. 盘底（高·T102②：12 外底） 
3. 碗底（高·T102⑥：6） 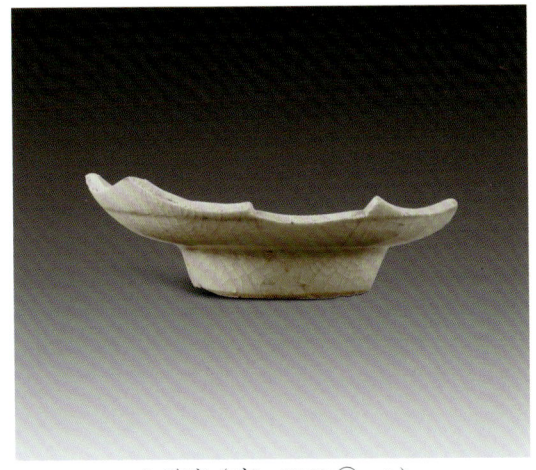
4. 碗底（高·T102⑥：6 内底） 
5. 碗底（高·T102⑥：7） 
6. 碗底（高·T102⑥：7 内底） 

高尚宅地块出土明清青花盘底、碗底

图版一〇二

1. 盆（高·T102②：5）

2. 缸口沿（高·T102⑥：3）

3. 缸口沿（高·T102⑥：4）

4. 缸口沿（高·T102⑥：5）

5. 罐口沿（高·T102②：3）

高尚宅地块出土明清陶器

图版一〇三

1. 悬·T101（自南向北）

2. 悬·T102 北壁

3. 悬·T103 南壁

悬慈村地块考古发掘

图版一〇四

1. 春秋战国原始瓷杯（悬·T102⑤：3）

2. 唐宋青瓷碗底（悬·T102⑤：2）

3. 明清青花罐（悬·T101②：2）

4. 明清青花盘底（悬·T102⑤：4）

悬慈村地块出土春秋战国、唐宋、明清时期器物

图版一〇五

1. 悬·T101②：1 内底 　　2. 悬·T101②：1 外底

3. 悬·T101③：1 内底 　　4. 悬·T101③：1 外底

5. 悬·T102⑤：1 内底 　　6. 悬·T102⑤：1 外底

悬慈村地块出土明清青花碗底

图版一〇六

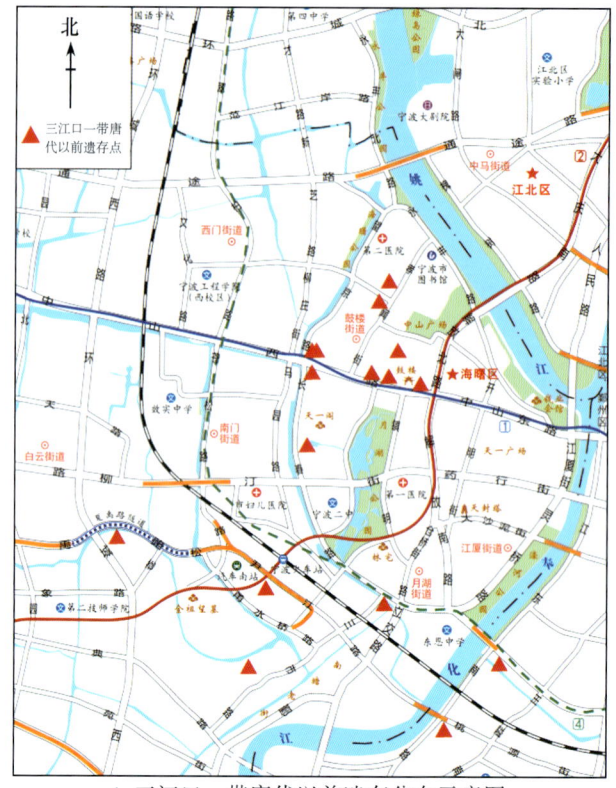

1. 三江口一带唐代以前遗存分布示意图

人面纹瓦当	云纹瓦当	云纹瓦当	青瓷狮形烛台	青瓷盘口壶
泥质灰陶罐	硬陶双系罐	青瓷双系罐	硬陶瓶	青瓷钵
酱釉钱纹罐	青瓷盆	青瓷钵	泥质灰陶钵	青瓷片

2. 三江口一带出土的部分唐代以前遗物

三江口一带唐代以前遗存

危德图夫人徐氏墓志铭